抗日战争时期中国人口伤亡和财产损失调研丛书

主　编　李忠杰

副主编　李　蓉　姚金果
　　　　霍海丹　蒋建农

山东省百县(市、区)抗日战争时期 死难者名录

11

山东省委党史研究室　编

中共党史出版社

山东省抗日战争时期人口伤亡和
财产损失课题研究办公室

(2006 年 9 月)

主 任（重大专项课题组组长） 常连霆

副主任（重大专项课题组副组长） 席 伟

成 员 岳绍红 张绍麟 丁广斌 于文新 王成华

陈金亮 李清汉 郑世诗 宋继法 亓 涛

张启信 范伟正 李秀业 崔维志 张宜华

刘如峰 李双安 苗祥义 韩立明 刘桂林

魏子焱 张艳芳 王增乾

山东省抗日战争时期人口伤亡和
财产损失课题研究办公室

(2008 年 2 月)

主 任（重大专项课题组组长） 常连霆

副主任（重大专项课题组副组长） 席 伟

成 员 岳绍红 张绍麟 丁广斌 侯希杰 张开增

陈金亮 李清汉 郑世诗 秦佑镇 亓 涛

张启信 范伟正 李秀业 李克彬 李风华

刘如峰 李双安 魏玉杰 韩立明

山东省抗日战争时期人口伤亡和
财产损失课题研究办公室

(2010 年 7 月)

主　任（重大专项课题组组长）　　常连霆

副主任（重大专项课题组副组长）　　席　伟　韩立明

成　员　　岳绍红　张绍麟　丁广斌　张开增　褚金光

　　　　　李清汉　郑世诗　秦佑镇　亓　涛　张启信

　　　　　范伟正　李秀业　李克彬　李凤华　刘如峰

　　　　　李双安　魏玉杰

山东省抗日战争时期人口伤亡和
财产损失课题研究办公室

(2014 年 8 月)

主　任（重大专项课题组组长）　　常连霆

副主任（重大专项课题组副组长）　　席　伟　韩立明

成　员　　刘　浩　冯　英　司志兰　张开增　褚金光

　　　　　杨仁祥　郑世诗　崔　康　牛国新　肖　怡

　　　　　肖　梅　李秀业　李洪彦　刘宝良　张绪阳

　　　　　李文进　李允富　张　华

《山东省百县（市、区）抗日战争时期死难者名录》编纂委员会

（2014 年 8 月）

主　任	常连霆			
副主任	邱传贵	林　杰	席　伟	李晨玉
	韩延明	吴士英	臧济红	
成　员	姚丙华	韩立明	田同军	郭洪云	危永安
	许　元	刘　浩	冯　英	司志兰	张开增
	褚金光	杨仁祥	郑世诗	崔　康	牛国新
	肖　怡	肖　梅	李秀业	李洪彦	刘宝良
	张绪阳	李文进	李允富		

主　编	常连霆			
副主编	席　伟	韩立明		
编　辑	赵　明	李　峰	吕　海	李草晖	邱吉元
	王华艳	尹庆峰	郑功臣	贾文章	韩　莉
	姜俊英	曹东亚	高培忠	刘佳慧	韩百功
	李治朴	李耀德	宋元明	李海卫	封彦君
	韩庆伟	刘　可	邵维霞	潘维胜	郭纪锋
	刘兆东	吉薇薇	杨兴文	王玉玺	宁　峰
	陈　旭	罗　丹	焦晓丽	赵建国	孙　颖

王红兵	张　丽	樊京荣	曾世芳	田同军
郭洪云	危永安	许　元	肖　夏	张耀龙
闫化川	乔士华	邱从强	刘　莹	孟红兵
王增乾	左进峰	马　明	潘　洋	吴秀才
张　华	张江山	朱伟波	耿玉石	秦国杰
王小龙	齐　薇	柳　晶		

编纂说明

　　本名录以 2006 年山东省抗日战争时期人口伤亡和财产损失大型调研活动收集的见证人、知情人口述资料为基础整理编纂而成。

　　按照中央党史研究室关于开展抗日战争时期中国人口伤亡和财产损失调研方案的总体要求，在中央党史研究室的精心组织和科学指导下，山东省于 2006 年开展了抗日战争时期人口伤亡和财产损失大型调研活动。调研期间，全省组织 32 万余名乡村走访调查人员，走访调查了省内 95% 以上的行政村和 80% 以上的 70 岁以上老人，收集见证人和知情人关于日军屠杀平民的证言证词 79 万余份。此后，在中央党史研究室的指导下，山东省委党史研究室组织各市、县（市、区）委党史研究室以县（市、区）为单位认真梳理证言证词等调研资料，于 2010 年整理形成了包括 140 个县（市、区）和 16 个经济开发区、高新技术开发区的《山东省抗日战争时期伤亡人员名录》，共收录现山东行政区域范围内抗日战争期间（1937 年 7 月至 1945 年 8 月）因战争因素造成伤亡的人员 46.9 万余名。2014 年初，根据中央党史研究室关于编纂出版《抗日战争时期中国人口伤亡和财产损失调研丛书》的部署，我们以《山东省抗日战争时期伤亡人员名录》为基础，选择信息比较完整、填写比较规范的 100 个县（市、区）抗日战争时期死难人员名录，经省市县三级党史部门进一步整理、编纂，形成了《山东省百县（市、区）抗日战争时期死难者名录》，共收录死难者 169173 人。

　　本名录所收录的死难者，系指抗日战争时期因日本发动侵略战争，在山东境内造成死难的平民。包括被杀死、轰炸及其引起火灾等致死和因生化战、被奸淫、被迫吸毒等而死，以及因战争因素造成的饿死、冻死、累死等其他非正常死亡的平民。死难者信息主要来源于 2006 年乡村走访调查的口述资料，也有个别县（市、区）收录了文献资料中记载的部分死难者。死难者信息包含"姓名"、"籍贯"、"年龄"、"性别"、"死难时间" 5 项要素。在编纂过程中，我们尽量使各项要素达到规范、完整。但由于历史已经过去了 60 多年，行政区划有很大变动，人口迁徙规模很大，流动状况非常复杂，有的见证人和知情人对死难者信息的记忆本身就不完整；由于参与调查笔录和名录整理的人员多达数万人，对死难者信息各要素的规范和掌握也难以做到完全一致，所以，名录编纂工作非常复杂。为了保证科学性、规范性和准确性，我们尽可能采取了比较合理的处理方式，现特作如下说明：

1. "姓名"一栏中，一律以见证人和知情人的证言证词记录的死难者姓名为依据。证言证词怎么记录的，名录就怎么记载，在编纂中未作改变和加工。有些死难者姓名为乳名、绰号，有的乳名、绰号多则四个字，少则一个字；有些死难者姓名是以其家人或关联人的姓名记录的，用"××之子"、"××之家属之一"、"××之家属之二"等表述；还有些死难人员无名无姓但职业指向明确，如"卖炸鱼之妇女"、"老油匠"等；还有个别情况，是死难人员的亲属感到死难人员的乳名、绰号不雅，为其重新起了名字。上述情况都依据证言证词上的原始记录保留了其称谓。有的死难者只知道姓氏，如"杨某某"、"李××"等，在编纂中我们作了适当规范，其名字统一用"×"号代替，如"杨××"、"李××"等。

2. "籍贯"一栏中，地名为2006年调研时的名称。部分县（市、区）收录了少量非本县（市、区）籍或非山东籍，但死难地在本县（市、区）的死难者。凡山东省籍的死难人员均略去了省名，一般标明了县（市、区）、乡（镇）、村三级名称。但也有个别条目，由于证言证词记录不完整，只记录了县名或县、乡（镇）两级名称或县、村两级名称。村一级名称，有些标注了"村"字，有些标注了"社区"，有些既未标注"村"字，也未标注"社区"，在编纂中我们未作规范。对于死难者籍贯不明，但能够说明其死难时居住地点或工作、就业的组织（单位）情况的，也在此栏中予以保留。

3. "年龄"一栏中，死难者的岁数大多是见证人或知情人回忆或与同龄人比对后估算的，所以整数相对较多。由于年代久远，亦不可避免地存在着部分死难者年龄要素缺失的情况。

4. "性别"一栏中，个别死难者的性别因调查笔录漏记，其性别难以判断和核查，只能暂时空缺。另外，由于乡村风俗习惯造成的个别男性取女性名字，如"张二妮"性别为"男"等情况均保持原貌。

5. "死难时间"一栏中，由于年代久远，当事人或知情人记忆模糊，部分死难者遇难时间没有留下精确的记录。凡确认抗日战争时期死难，但无法确定具体年份的用"—"作了标示。另外，把农历和公历混淆的情况也较多见，也不排除个别把年份记错的情况。

在编纂中，对于见证人或知情人证言证词中缺漏的要素，在对应的表格栏目内采用"—"标示。

本名录所收录的100个县（市、区）的名称、区域范围，均为2006年山东省开展抗日战争时期人口伤亡和财产损失大型调研活动时的名称和区域范围。各县（市、区）死难者名录填报单位、填表人及填报时间，保留了2009年各县（市、区）伤亡人员名录形成时的记录，核实人、责任人除保留原核实人和责任人外，增加了2014年各县（市、区）复核时的核实人和责任人。名录所依据的证言证词原件存于各县（市、区）党史部门或档案馆。

编　者
2014 年 8 月

目　　录

沂水县抗日战争时期死难者名录

姓　名	籍　贯	年龄	性别	死难时间
陈永春	沂水县诸葛镇下洼子村	24	男	1937 年 12 月
王　玉	沂水县高桥镇梨园沟村	50	男	1937 年 12 月
张玉现	沂水县高桥镇坪下河村	37	男	1941 年 2 月
杨士英之祖父	沂水县高桥镇木山村	38	男	1939 年 11 月
时华廷之祖父	沂水县沂水镇阳东街	50	男	1937 年 12 月
殷道全	沂水县高桥镇杨家坪村	24	男	1941 年 12 月
娄　三	沂水县崔家峪镇凌家坊村	35	男	1937 年 12 月
王清翠	沂水县崔家峪镇上龙口村	16	男	1937 年 12 月
夏丰友之父	沂水县崔家峪镇上龙口村	22	男	1937 年 12 月
李　松	沂水县崔家峪镇南峪村	28	男	1937 年 12 月
宋佃文	沂水县崔家峪镇南峪村	22	男	1937 年 12 月
宋佃友	沂水县崔家峪镇南峪村	25	男	1937 年 12 月
郝明云之父	沂水县高桥镇沭水二村	27	男	1937 年 12 月
徐作奎	沂水县高桥镇沭水二村	28	男	1937 年 12 月
宋佃介	沂水县高桥镇柳子沟村	25	男	1937 年 12 月
秦洪云之父	沂水县高桥镇秦家洼村	—	男	1937 年 12 月
秦秀云	沂水县高桥镇秦家洼村	25	男	1937 年 12 月
谭其恩	沂水县高桥镇大瓮山村	21	男	1937 年 12 月
谭治春	沂水县高桥镇大瓮山村	19	男	1937 年 12 月
吴学顺	沂水县高桥镇张家荣仁村	50	男	1937 年 12 月
项京增之兄	沂水县高桥镇大岭村	14	男	1943 年
刘井勤之妻	沂水县高桥镇刘家山宋村	19	女	1937 年
刘成全之大姐	沂水县高桥镇刘家山宋村	17	女	1937 年
刘成全之二姐	沂水县高桥镇刘家山宋村	14	女	1937 年
王明深	沂水县诸葛镇下胡同峪村	30	男	1937 年
武善文	沂水县崔家峪镇施家官庄村	25	男	1938 年 10 月
马元海	沂水县泉庄乡东棋盘村	21	男	1938 年 10 月
李春胡	沂水县泉庄乡石旺峪村	13	男	1938 年 10 月
高金笛	沂水县富官庄乡高家石岭村	17	男	1938 年 2 月
高小春	沂水县富官庄乡高家石岭村	18	男	1938 年 2 月
高玉超之母	沂水县富官庄乡高家石岭村	17	女	1938 年 2 月

姓 名	籍 贯	年 龄	性 别	死难时间
高金筹之母	沂水县富官庄乡高家石岭村	18	女	1938 年 2 月
高金全之兄	沂水县富官庄乡高家石岭村	18	男	1938 年 2 月
毕庆松	沂水县富官庄乡高家石岭村	17	男	1938 年 2 月
高金箱	沂水县富官庄乡高家石岭村	17	男	1938 年 2 月
高小木	沂水县富官庄乡高家石岭村	17	男	1938 年 2 月
王成全	沂水县龙家圈乡甘河村	—	男	1938 年 2 月
徐志征	沂水县龙家圈乡上峪子村	37	男	1938 年 3 月 8 日
徐志全	沂水县龙家圈乡上峪子村	36	男	1938 年 3 月 8 日
徐志宽	沂水县龙家圈乡上峪子村	24	男	1938 年 3 月 8 日
徐扫胡	沂水县龙家圈乡上峪子村	27	男	1938 年 3 月 8 日
孔现铎	沂水县龙家圈乡上峪子村	58	男	1938 年 3 月 8 日
张 氏	沂水县龙家圈乡上峪子村	56	女	1938 年 3 月 8 日
孔宪余	沂水县龙家圈乡上峪子村	37	男	1938 年 3 月 8 日
孔庆贵	沂水县龙家圈乡上峪子村	20	男	1938 年 3 月 8 日
刘 奎	沂水县龙家圈乡上峪子村	55	男	1938 年 3 月 8 日
刘 三	沂水县龙家圈乡上峪子村	53	男	1938 年 3 月 8 日
刘 蒙	沂水县龙家圈乡上峪子村	31	男	1938 年 3 月 8 日
刘李氏	沂水县龙家圈乡上峪子村	45	女	1938 年 3 月 8 日
刘世录	沂水县龙家圈乡上峪子村	60	男	1938 年 3 月 8 日
刘哑巴	沂水县龙家圈乡上峪子村	17	男	1938 年 3 月 8 日
刘 五	沂水县龙家圈乡上峪子村	38	男	1938 年 3 月 8 日
王怀治	沂水县龙家圈乡上峪子村	78	男	1938 年 3 月 8 日
王振全	沂水县龙家圈乡上峪子村	38	男	1938 年 3 月 8 日
王小花	沂水县龙家圈乡上峪子村	12	男	1938 年 3 月 8 日
王 顺	沂水县龙家圈乡上峪子村	8	男	1938 年 3 月 8 日
王振修	沂水县龙家圈乡上峪子村	50	男	1938 年 3 月 8 日
王二妮	沂水县龙家圈乡上峪子村	20	女	1938 年 3 月 8 日
高 东	沂水县龙家圈乡上峪子村	24	男	1938 年 3 月 8 日
冯放牛	沂水县龙家圈乡上峪子村	37	男	1938 年 3 月 8 日
韩 四	沂水县龙家圈乡上峪子村	18	男	1938 年 3 月 8 日
闫 ×	沂水县许家湖镇后邑山村	25	男	1938 年 3 月 8 日
韩 ×	沂水县沂水镇城里街	26	男	1938 年 3 月 8 日
王 绪	沂水县沂水镇城里街	50	男	1938 年 3 月 8 日
王哑巴	沂水县沂水镇城里街	21	男	1938 年 3 月 8 日

姓 名	籍 贯	年龄	性别	死难时间
周　×	沂水县沂水镇城里街	24	男	1938 年 3 月 8 日
田 氏	沂水县沂水镇城里街	40	女	1938 年 3 月 8 日
刘富顺	沂水县沂水镇茶庵街	60	男	1938 年 3 月 8 日
田 辇	沂水县沂水镇湖埠西村	20	男	1938 年 3 月 8 日
田 会	沂水县沂水镇湖埠西村	18	男	1938 年 3 月 8 日
曹 大	沂水县沂水镇城里街	30	男	1938 年 3 月 8 日
郭 三	沂水县许家湖镇后岜山村	18	男	1938 年 3 月 8 日
刘玉顺	沂水县沂水镇城里街	42	男	1938 年 3 月 8 日
周彦祥	沂水县许家湖镇七里桥子村	20	男	1938 年 3 月 8 日
王训廷之五叔	沂水县龙家圈乡下峪子村	50	男	1938 年 3 月 8 日
刘敬坡之父	沂水县龙家圈乡下峪子村	60	男	1938 年 3 月 8 日
王世德之母	沂水县龙家圈乡下峪子村	40	女	1938 年 3 月 8 日
王宗荣之叔	沂水县龙家圈乡下峪子村	35	男	1938 年 3 月 8 日
王宗平之三伯	沂水县龙家圈乡下峪子村	30	男	1938 年 3 月 8 日
王宗平堂爷爷	沂水县龙家圈乡下峪子村	45	男	1938 年 3 月 8 日
刘道士之女	沂水县沂水镇	20	女	1938 年 3 月 8 日
谭二月	沂水县沂水镇	40	男	1938 年 3 月 8 日
王世义	沂水县龙家圈乡下峪子村	50	男	1938 年 3 月 8 日
王登廷	沂水县龙家圈乡下峪子村	31	男	1938 年 3 月 8 日
王宗明	沂水县龙家圈乡下峪子村	21	男	1938 年 3 月 8 日
曹学玉之父	沂水县沂水镇茶庵街	25	男	1938 年 3 月 8 日
谭四月	沂水县沂水镇茶庵街	45	男	1938 年 3 月 8 日
刘兴连之父	沂水县沂水镇茶庵街	46	男	1938 年 3 月 8 日
杨廷珍之叔	沂水县沂水镇茶庵街	38	男	1938 年 3 月 8 日
于光通	沂水县沙沟镇四官旺村	14	男	1938 年 3 月 30 日
田洪策	沂水县沙沟镇四官旺村	30	男	1938 年 3 月 30 日
刘立三	沂水县姚店子镇苗家庄村	22	男	1938 年 3 月
刘立满	沂水县泉庄乡东棋盘村	60	男	1938 年春
刘深恩	沂水县泉庄乡石旺峪村	21	男	1938 年春
武善德	沂水县泉庄乡石旺峪村	38	男	1938 年春
闵庆丰之母	沂水县泉庄乡江家安村	28	女	1938 年春
耿贵起	沂水县泉庄乡尹家峪村	15	男	1938 年春
李　×	沂水县四十里堡镇吴家沟村	18	女	1938 年 4 月 1 日
艾连双	沂水县四十里堡镇四十里堡村	—	女	1938 年 4 月 1 日

姓 名	籍 贯	年龄	性别	死难时间
王宗山	沂水县四十里堡镇四十里堡村	—	男	1938 年 4 月 1 日
夏竹苓	沂水县四十里堡镇双河村	38	男	1938 年 4 月 1 日
孙培富	沂水县四十里堡镇大李马庄村	16	男	1938 年 4 月 22 日
李永文	沂水县泉庄乡后里庄村	38	男	1938 年 4 月 23 日
刘中月	沂水县泉庄乡后里庄村	35	男	1938 年 4 月 23 日
张瞎子	沂水县泉庄乡后里庄村	40	男	1938 年 4 月 23 日
李士堂之家属	沂水县泉庄乡后里庄村	52	女	1938 年 4 月 23 日
张 二	沂水县泉庄乡后里庄村	34	男	1938 年 4 月 23 日
李富芳	沂水县诸葛镇西坡庄村	30	男	1938 年 4 月
王 云	沂水县诸葛镇西坡庄村	32	男	1938 年 4 月
李中义	沂水县诸葛镇西坡庄村	33	男	1938 年 4 月
王云云之女	沂水县诸葛镇西坡庄村	18	女	1938 年 4 月
杨 三	沂水县诸葛镇西坡庄村	25	男	1938 年 4 月
王效忠	沂水县诸葛镇西坡庄村	35	男	1938 年 4 月
王永弟	沂水县诸葛镇西坡庄村	20	男	1938 年 4 月
王贵余	沂水县诸葛镇西坡庄村	20	男	1938 年 4 月
王立文之子	沂水县诸葛镇西坡庄村	20	男	1938 年 4 月
王永福	沂水县诸葛镇西坡庄村	21	男	1938 年 4 月
于建学	沂水县诸葛镇下梭峪村	29	男	1938 年 4 月
于秀阳	沂水县诸葛镇下梭峪村	27	男	1938 年 4 月
于正华	沂水县诸葛镇下梭峪村	61	男	1938 年 4 月
于庆祥	沂水县诸葛镇下梭峪村	70	男	1938 年 4 月
于京松之母	沂水县诸葛镇下梭峪村	—	女	1938 年 4 月
王 氏	沂水县诸葛镇上梭峪村	70	女	1938 年 4 月
朱学法	沂水县诸葛镇上梭峪村	59	男	1938 年 4 月
李善贵	沂水县诸葛镇后河西村	32	男	1938 年 4 月
夏德江	沂水县崔家峪镇上龙口村	20	女	1938 年 4 月
张玉池	沂水县泉庄乡坡峪村	26	男	1938 年 4 月
谢安太	沂水县姚店子镇后楼村	15	男	1938 年 4 月
李 坤	沂水县姚店子镇后楼村	16	男	1938 年 4 月
王允升	沂水县四十里堡镇四十里堡村	—	男	1938 年 4 月
徐 四	沂水县沂水镇武家洼村	45	男	1938 年 5 月
武维栋	沂水县沂水镇武家洼村	56	男	1938 年 5 月
武春潮之祖父	沂水县沂水镇武家洼村	54	男	1938 年 5 月

姓 名	籍 贯	年 龄	性 别	死难时间
武元友之祖父	沂水县沂水镇武家洼村	55	男	1938 年 5 月
高庆华	沂水县富官庄乡泉子崖村	19	男	1938 年 6 月
王发贵	沂水县许家湖镇丰台湖村	35	男	1938 年 6 月
韩希元之女	沂水县许家湖镇丰台湖村	12	女	1938 年 6 月
沙作录	沂水县沙沟镇上流庄村	21	男	1938 年 6 月
沙良法	沂水县沙沟镇上流庄村	27	男	1938 年 6 月
刘克定	沂水县高桥镇刘家山宋村	22	男	1938 年 7 月
牛颜礼	沂水县泉庄乡坡峪村	25	男	1938 年 7 月
高万凤	沂水县富官庄乡高家石岭村	17	男	1938 年 8 月
段学德	沂水县崔家峪镇南梨园村	54	男	1938 年 8 月
段学起	沂水县崔家峪镇南梨园村	49	男	1938 年 8 月
孙长胜	沂水县夏蔚镇泉峪村	32	男	1938 年 8 月
张文才	沂水县高庄镇上峪村	22	男	1938 年 8 月
张永凡	沂水县龙家圈乡公家疃村	16	男	1938 年 8 月
张忠田	沂水县黄山铺镇小庄子村	21	男	1938 年 8 月
张忠义	沂水县黄山铺镇小庄子村	19	男	1938 年 8 月
褚太济	沂水县黄山铺镇小庄子村	23	男	1938 年 8 月
曹长槐	沂水县诸葛镇凤落院村	17	男	1938 年 9 月
黄喜增	沂水县许家湖镇西斜午村	18	男	1938 年 9 月
李贵德	沂水县诸葛镇西埠前村	26	男	1939 年 1 月
孔庆堂	沂水县沂水镇孔家庄村	19	男	1938 年 12 月
杜秀兰	沂水县夏蔚镇南王家庄子村	25	男	1938 年 12 月
王德祥	沂水县沂水镇东关街	30	男	1938 年
袁大姐	沂水县沂水镇东关街	20	女	1938 年
来瑞文	沂水县沂水镇牛岭埠村	22	男	1938 年
梁合春	沂水县沂水镇牛岭埠村	23	男	1938 年
王寿刚	沂水县沂水镇田庄村	—	男	1938 年
王同福	沂水县沂水镇前石良村	40	男	1938 年
陈希皋	沂水县沂水镇前石良村	37	男	1938 年
张东连	沂水县沂水镇友兰官庄村	—	男	1938 年
彭纪祥	沂水县沂水镇朝阳官庄村	40	男	1938 年
谢毛金	沂水县沂水镇跋山店子村	—	男	1938 年
相 氏	沂水县道托乡青山铺村	30	女	1938 年
王玉琢之叔	沂水县道托乡青山铺村	32	男	1938 年

姓 名	籍 贯	年 龄	性 别	死难时间
季守善之妻	沂水县道托乡韩家曲村	25	女	1938 年
王 氏	沂水县道托乡道托村	33	女	1938 年
佟 明	沂水县高桥镇柳子沟村	25	男	1938 年
佟 才	沂水县高桥镇柳子沟村	18	男	1938 年
秦二曼	沂水县高桥镇秦家洼村	17	男	1938 年
刘明堂	沂水县高桥镇河北村	39	男	1938 年
贺方等	沂水县马站镇上尧村	33	男	1938 年
刘金玉	沂水县马站镇上尧村	35	男	1938 年
张本傲	沂水县马站镇上高庄村	35	男	1938 年
杨立明	沂水县马站镇上高庄村	62	男	1938 年
张保胜	沂水县马站镇珠江店子村	25	男	1938 年
张廷明	沂水县马站镇珠江店子村	35	男	1938 年
尹正玉	沂水县马站镇闫家店子村	27	男	1938 年
刘富吉	沂水县马站镇闫家店子村	27	男	1938 年
刘富坤	沂水县马站镇闫家店子村	25	男	1938 年
刘庆叶	沂水县马站镇闫家店子村	25	女	1938 年
王永苹	沂水县马站镇闫家店子村	24	女	1938 年
杨成功	沂水县马站镇荣兴村	24	男	1938 年
宋朝红	沂水县马站镇荣兴村	25	女	1938 年
宋升华	沂水县马站镇荣兴村	54	女	1938 年
吕会开	沂水县马站镇荣兴村	53	男	1938 年
杨成华	沂水县马站镇姚洼村	24	女	1938 年
黄学春	沂水县马站镇姚洼村	45	男	1938 年
刘 同	沂水县马站镇姚洼村	43	男	1938 年
徐焕田	沂水县马站镇姚洼村	46	男	1938 年
李保元	沂水县马站镇姚洼村	51	男	1938 年
李宗学	沂水县马站镇姚洼村	42	男	1938 年
刘立同	沂水县马站镇姚洼村	45	男	1938 年
张迎立	沂水县马站镇姚洼村	54	男	1938 年
张为好	沂水县马站镇姚洼村	54	男	1938 年
徐树立	沂水县马站镇姚洼村	36	男	1938 年
徐永田	沂水县马站镇徐家店子村	32	男	1938 年
徐本力	沂水县马站镇下高庄村	26	男	1938 年
杨玉凯	沂水县马站镇下高庄村	33	男	1938 年

姓 名	籍 贯	年龄	性别	死难时间
贾文泰	沂水县马站镇贾家官庄村	30	男	1938 年
刘金星表妹夫	沂水县马站镇朱刘店村	19	男	1938 年
闫永庆	沂水县马站镇闫家店子村	25	男	1938 年
徐健洋大儿子	沂水县马站镇徐家官庄	13	男	1938 年
宋立增	沂水县诸葛镇张耿村	32	男	1938 年
耿为珍	沂水县诸葛镇张耿村	22	男	1938 年
杨 氏	沂水县诸葛镇张耿村	35	女	1938 年
张佃太	沂水县诸葛镇张耿村	29	男	1938 年
刘新明	沂水县诸葛镇大峪村	—	男	1938 年
刘启贵	沂水县诸葛镇大峪村	—	男	1938 年
王守平之叔伯祖父	沂水县龙家圈乡下峪子村	45	男	1938 年
黄新乙	沂水县龙家圈乡东宣庄村	37	男	1938 年
赵小恩	沂水县龙家圈乡吴坡村	18	男	1938 年
聂小喜	沂水县龙家圈乡吴坡村	30	男	1938 年
赵大妮	沂水县龙家圈乡吴坡村	25	女	1938 年
马小增	沂水县龙家圈乡港埠口村	26	男	1938 年
杨秀清	沂水县黄山铺镇大高庄村	—	男	1938 年
武修聋	沂水县黄山铺镇东上坪村	38	男	1938 年
江祝氏	沂水县黄山铺镇西上坪村	64	女	1938 年
江兆伦之女	沂水县黄山铺镇西上坪村	4	女	1938 年
阚成刚	沂水县夏蔚镇东上位村	37	男	1938 年
张桑氏	沂水县夏蔚镇东上位村	72	女	1938 年
王军来	沂水县夏蔚镇透明崮村	16	男	1938 年
张志开	沂水县高庄镇下里庄村	—	男	1938 年
陈玉顺	沂水县高庄镇下峪村	—	男	1938 年
重士明	沂水县院东头乡留虎峪村	—	男	1938 年
刘立常	沂水县院东头乡留虎峪村	—	男	1938 年
王士文	沂水县院东头乡院东头村	34	男	1938 年
孟光文之父	沂水县姚店子镇阳早村	—	男	1938 年
李平发之妻	沂水县姚店子镇阳早村	—	女	1938 年
徐士荣之父	沂水县姚店子镇阳早村	—	男	1938 年
徐士荣之叔	沂水县姚店子镇阳早村	—	男	1938 年
袁敬烈	沂水县姚店子镇崮山前村	53	男	1938 年
袁扣封	沂水县姚店子镇崮山前村	27	男	1938 年

姓 名	籍 贯	年龄	性别	死难时间
袁家封	沂水县姚店子镇崮山前村	9	男	1938年
袁锡封	沂水县姚店子镇崮山前村	16	男	1938年
李长周	沂水县许家湖镇潘家沟村	21	男	1938年
赵兴松	沂水县诸葛镇小峪村	27	男	1938年
王京太	沂水县泉庄乡黄崖村	49	男	1939年1月4日
李 氏	沂水县泉庄乡黄崖村	14	女	1939年1月4日
马×之女	沂水县沂水镇毛家窑村	5	女	1939年1月
武为成	沂水县沂水镇柏家坪村	—	男	1939年1月
刘庆清	沂水县沂水镇长安村	—	男	1939年1月
刘 敏	沂水县沂水镇长安村	—	男	1939年1月
吴庆林	沂水县沂水镇长安村	—	男	1939年1月
张海源	沂水县沂水镇长安村	—	男	1939年1月
英学春之女	沂水县高庄镇小朱家庄村	—	女	1939年1月
胡明来	沂水县沙沟镇对崮峪村	—	男	1939年2月20日
于国兴	沂水县诸葛镇会仙院村	19	男	1939年2月
崔名严	沂水县泉庄乡塔井峪村	25	男	1939年3月
韩义廷	沂水县沂水镇黄泥崖村	32	男	1939年3月
赵福明	沂水县龙家圈乡上肖家沟村	26	男	1939年3月
郭文春	沂水县院东头乡风凉坪村	26	男	1939年3月
李洪吉	沂水县黄山铺镇刘家岭村	26	男	1939年3月
张京来	沂水县泉庄乡张庄村	69	男	1939年4月22日
张焕廷	沂水县沙沟镇上流庄村	20	男	1939年4月23日
丁中恒	沂水县沙沟镇上流庄村	30	男	1939年4月23日
丁中仁	沂水县沙沟镇上流庄村	23	男	1939年4月23日
张中兴	沂水县沙沟镇上流庄村	20	男	1939年4月23日
丁连营	沂水县沙沟镇上流庄村	27	男	1939年4月23日
丁中堂	沂水县沙沟镇上流庄村	15	男	1939年4月23日
丁中树	沂水县沙沟镇上流庄村	20	男	1939年4月23日
刘进友	沂水县沙沟镇上流庄村	22	男	1939年4月23日
赵传友	沂水县沙沟镇上流庄村	18	男	1939年4月23日
丁中洋	沂水县沙沟镇上流庄村	16	男	1939年4月23日
丁中敬	沂水县沙沟镇上流庄村	14	男	1939年4月23日
沙连法	沂水县沙沟镇上流庄村	20	男	1939年4月23日
刘艳法	沂水县沙沟镇上流庄村	40	男	1939年4月23日

姓 名	籍 贯	年 龄	性 别	死难时间
赵厚清	沂水县沙沟镇上流庄村	18	男	1939 年 4 月 23 日
李士学	沂水县泉庄乡南坡村	19	男	1939 年 4 月 23 日
赵玉田之妻	沂水县泉庄乡南坡村	41	女	1939 年 4 月 23 日
赵兆峰	沂水县泉庄乡南坡村	52	男	1939 年 4 月 23 日
李洪仁	沂水县沙沟镇东于沟村	50	男	1939 年 4 月 30 日
冯吉之母	沂水县沂水镇冯家庄村	24	女	1939 年 4 月
刘中兴之妻	沂水县高桥镇胡庄村	27	女	1939 年 4 月
刘中兴之女	沂水县高桥镇胡庄村	8	女	1939 年 4 月
刘中河之女	沂水县高桥镇胡庄村	5	女	1939 年 4 月
张为凡	沂水县夏蔚镇赵高峪村	40	男	1939 年 4 月
张王氏	沂水县夏蔚镇赵高峪村	38	女	1939 年 4 月
吴苏氏	沂水县夏蔚镇赵高峪村	27	女	1939 年 4 月
刘老太	沂水县夏蔚镇赵高峪村	60	女	1939 年 4 月
张黄氏	沂水县高庄镇西良村	—	女	1939 年 4 月
解 端	沂水县许家湖镇后坡村	24	男	1939 年 4 月
赵春田	沂水县沂水镇小滑石沟村	19	男	1939 年 4 月
王起昌	沂水县诸葛镇大诸葛村	22	男	1939 年 4 月
刘庆恩	沂水县泉庄乡石旺峪村	24	男	1939 年 4 月
刘清堂	沂水县富官庄乡垛庄村	33	男	1939 年 5 月
蔡其云之三弟	沂水县富官庄乡上蔡家沟村	18	男	1939 年 5 月
黄增福	沂水县诸葛镇会仙院村	18	男	1939 年 5 月
朱文凤	沂水县夏蔚镇甄家疃村	21	男	1939 年 5 月
刘永梅	沂水县圈里乡北岱庄村	22	女	1939 年 6 月 1 日
刘明伦	沂水县圈里乡北岱庄村	41	男	1939 年 6 月 1 日
牛 氏	沂水县圈里乡北岱庄村	63	女	1939 年 6 月 1 日
刘洪民	沂水县圈里乡北岱庄村	62	男	1939 年 6 月 1 日
刘明德	沂水县圈里乡北岱庄村	57	男	1939 年 6 月 1 日
刘永庆	沂水县圈里乡北岱庄村	22	男	1939 年 6 月 1 日
刘洪德	沂水县圈里乡北岱庄村	55	男	1939 年 6 月 1 日
刘永成	沂水县圈里乡北岱庄村	31	男	1939 年 6 月 1 日
程 氏	沂水县圈里乡南岱庄村	23	女	1939 年 6 月 1 日
申 氏	沂水县圈里乡南岱庄村	54	女	1939 年 6 月 1 日
闫德川	沂水县圈里乡瑞龙口村	42	男	1939 年 6 月 1 日
王允勺	沂水县圈里乡哨虎峪村	17	男	1939 年 6 月 1 日

姓 名	籍 贯	年 龄	性 别	死难时间
王台三	沂水县圈里乡哨虎峪村	15	男	1939 年 6 月 1 日
王照新	沂水县圈里乡哨虎峪村	58	男	1939 年 6 月 1 日
马 瑞	沂水县沂水镇毛家尧村	26	男	1939 年 6 月
赵厚吉	沂水县夏蔚镇付家坊村	36	男	1939 年 6 月
张成海	沂水县夏蔚镇付家坊村	25	男	1939 年 6 月
李长友	沂水县夏蔚镇付家坊村	23	男	1939 年 6 月
张成兰	沂水县夏蔚镇付家坊村	22	女	1939 年 6 月
徐王氏	沂水县夏蔚镇付家坊村	38	女	1939 年 6 月
帅 峰	沂水县夏蔚镇付家坊村	—	男	1939 年 6 月
张景德	沂水县许家湖镇前南社村	18	男	1939 年 6 月
张洪顺	沂水县姚店子镇埠前庄村	25	男	1939 年 6 月
李 文	沂水县沂水镇金牛官庄村	39	男	1939 年 7 月
王长德	沂水县高桥镇新华村	15	男	1939 年 7 月
程现学之母	沂水县富官庄乡东石壁口村	24	女	1939 年 7 月
程现学之父	沂水县富官庄乡东石壁口村	49	男	1939 年 7 月
程森福之姑	沂水县富官庄乡东石壁口村	19	女	1939 年 7 月
王方田	沂水县诸葛镇下华庄村	21	男	1939 年 7 月
张世增	沂水县诸葛镇下崮村	27	男	1939 年 7 月
安丰三	沂水县龙家圈乡中山庄村	27	男	1939 年 7 月
刘 干	—	26	男	1939 年 8 月 16 日
蔡公田	沂水县富官庄乡上蔡家沟村	17	男	1939 年 8 月
王家献	沂水县富官庄乡徕庄村	18	男	1939 年 8 月
石立志	沂水县富官庄乡徕庄村	17	男	1939 年 8 月
公茂中	沂水县高庄镇朱位村	—	男	1939 年 8 月
徐传策	沂水县泉庄乡马头崖村	20	男	1939 年 8 月
田明治	沂水县诸葛镇葛庄村	25	男	1939 年 8 月
张连岱	沂水县诸葛镇店子村	23	男	1939 年 8 月
刘进宽	沂水县夏蔚镇云头峪村	22	男	1939 年 8 月
孟光有	沂水县姚店子镇八宝庄村	17	男	1939 年 8 月
林树德	沂水县院东头乡张家岭子村	31	男	1939 年 8 月
卢玉兴	沂水县沙沟镇麻峪子村	—	男	1939 年 9 月 30 日
卢凤成	沂水县沙沟镇麻峪子村	—	男	1939 年 9 月 30 日
李 氏	沂水县诸葛镇大圈村	45	女	1939 年 9 月
杨伟新	沂水县诸葛镇坡庄三村	22	男	1939 年 9 月

姓 名	籍 贯	年龄	性别	死难时间
刘纪全	沂水县诸葛镇坡庄三村	23	男	1939 年 9 月
王 聚	沂水县诸葛镇坡庄三村	27	男	1939 年 9 月
王明新	沂水县诸葛镇坡庄三村	46	男	1939 年 9 月
王明太	沂水县诸葛镇坡庄三村	51	男	1939 年 9 月
王 云	沂水县诸葛镇坡庄三村	21	男	1939 年 9 月
王 信	沂水县诸葛镇坡庄三村	25	男	1939 年 9 月
王孝忠	沂水县诸葛镇坡庄三村	42	男	1939 年 9 月
王明玲	沂水县诸葛镇坡庄三村	27	男	1939 年 9 月
王贵余	沂水县诸葛镇坡庄三村	21	男	1939 年 9 月
王志贞	沂水县诸葛镇坡庄三村	28	男	1939 年 9 月
王玉仁	沂水县诸葛镇坡庄三村	25	男	1939 年 9 月
二 杨	沂水县诸葛镇坡庄三村	27	男	1939 年 9 月
庞振云	沂水县诸葛镇文家峪村	42	男	1939 年 9 月
刘立兆	沂水县院东头乡刘家店子村	20	男	1939 年 9 月
孟兆文	沂水县四十里堡镇薛家马庄村	15	男	1939 年 9 月
孙 仁	沂水县四十里堡镇薛家马庄村	33	男	1939 年 9 月
田 福	沂水县四十里堡镇薛家马庄村	—	男	1939 年 9 月
赵金发	沂水县四十里堡镇程家马庄村	—	男	1939 年 9 月
白培庆	沂水县许家湖镇白家马庄村	21	男	1939 年 9 月
王玉升	沂水县诸葛镇东于家河村	—	男	1939 年 10 月
刘 刚	沂水县院东头乡刘家店子村	17	男	1939 年 10 月
武传义	沂水县道托乡余粮村	20	男	1939 年 10 月
杨德富	沂水县高庄镇武台官庄村	26	男	1939 年 10 月
马利成	沂水县黄山铺镇胡家庄村	22	男	1939 年 11 月
高宝章	沂水县沙沟镇黑石沟村	—	男	1939 年 12 月 30 日
高庆良	沂水县沙沟镇黑石沟村	—	男	1939 年 12 月 30 日
于长江	沂水县沙沟镇于家洞村	—	男	1939 年 12 月 30 日
王东运	沂水县崔家峪镇西虎崖村	27	男	1939 年 12 月
王孝生	沂水县崔家峪镇西虎崖村	23	男	1939 年 12 月
张兴成	沂水县高庄镇陈家林村	—	男	1939 年 12 月
刘富俊	沂水县院东头乡刘家店子村	41	男	1939 年 12 月
刘张氏	沂水县院东头乡刘家店子村	42	女	1939 年 12 月
刘志广之妹	沂水县院东头乡刘家店子村	5	女	1939 年 12 月
韩德成	沂水县沂水镇黄泥崖村	—	男	1939 年

姓 名	籍 贯	年 龄	性 别	死难时间
付云田	沂水县沂水镇牛岭埠村	23	男	1939 年
许盘明	沂水县沂水镇鼓山前村	23	男	1939 年
张大春	沂水县沂水镇友兰官庄村	—	男	1939 年
彭运水	沂水县沂水镇朝阳官庄村	22	男	1939 年
张曰才	沂水县沂水镇朝阳官庄村	18	男	1939 年
秦××	沂水县高桥镇秦家洼村	25	男	1939 年
杨文昌之父	沂水县高桥镇木山村	38	男	1939 年
杨文昌之母	沂水县高桥镇木山村	37	女	1939 年
杨士英之祖母	沂水县高桥镇木山村	63	女	1939 年
杨士英之兄	沂水县高桥镇木山村	18	男	1939 年
杨士伦之兄	沂水县高桥镇木山村	34	男	1939 年
王秀均	沂水县高桥镇碑石岭村	21	男	1939 年
陈祥吉	沂水县高桥镇小瓮山村	38	男	1939 年
陈祥吉之长子	沂水县高桥镇小瓮山村	18	男	1939 年
陈祥吉之次子	沂水县高桥镇小瓮山村	14	男	1939 年
秦二羊	沂水县高桥镇小瓮山村	28	男	1939 年
吴清祥之父	沂水县高桥镇张家山宋村	37	男	1939 年
田兴举	沂水县马站镇北坡村	34	男	1939 年
姚金学	沂水县马站镇四山官庄村	30	男	1939 年
贾怀德	沂水县马站镇贾家官庄村	33	男	1939 年
张树同之姑	沂水县杨庄镇后金花峪村	22	女	1939 年
牛老七	沂水县圈里乡中朱营村	33	男	1939 年
耿玉汉	沂水县诸葛镇耿家王峪村	23	男	1939 年
李富荣	沂水县龙家圈乡柳泉村	25	男	1939 年
赵西田	沂水县龙家圈乡前马荒村	59	男	1939 年
马立成	沂水县黄山铺镇胡家庄村	22	男	1939 年
姜××	沂水县夏蔚镇土洼村	15	男	1939 年
张希旺	沂水县夏蔚镇土洼村	18	男	1939 年
张希×	沂水县夏蔚镇土洼村	23	男	1939 年
刘全×	沂水县夏蔚镇土洼村	16	男	1939 年
高学宜	沂水县夏蔚镇土洼村	37	男	1939 年
王善民之姐	沂水县夏蔚镇大战地村	—	女	1939 年
王太华	沂水县夏蔚镇双山村	21	男	1939 年
张道修	沂水县夏蔚镇水源坪村	23	男	1939 年

姓 名	籍 贯	年 龄	性 别	死难时间
伊方友	沂水县夏蔚镇水源坪村	48	男	1939 年
王汉武	沂水县夏蔚镇水源坪村	23	男	1939 年
王希兹	沂水县夏蔚镇王庄村	20	男	1939 年
高玉吉	沂水县夏蔚镇王庄村	21	男	1939 年
高玉蕴	沂水县夏蔚镇王庄村	18	男	1939 年
张 二	沂水县夏蔚镇王庄村	18	男	1939 年
孙××	沂水县夏蔚镇王庄村	18	男	1939 年
王希×	沂水县夏蔚镇王庄村	20	男	1939 年
王 ×	沂水县夏蔚镇王庄村	16	女	1939 年
疯婆婆	沂水县夏蔚镇王庄村	57	女	1939 年
公茂堂之父	沂水县夏蔚镇王庄村	20	男	1939 年
韩顺富	沂水县夏蔚镇长岭村	18	男	1939 年
武式福	沂水县夏蔚镇长岭村	18	男	1939 年
牛 大	沂水县夏蔚镇长岭村	20	男	1939 年
阚成恩之妻	沂水县夏蔚镇长岭村	20	女	1939 年
袁福盛	沂水县夏蔚镇东良村	20	男	1939 年
刘焕祥	沂水县夏蔚镇东良村	20	男	1939 年
刘开菊	沂水县夏蔚镇东良村	18	男	1939 年
李发开之妻	沂水县夏蔚镇东良村	27	女	1939 年
冯贵山	沂水县夏蔚镇东良村	21	男	1939 年
冯来子	沂水县夏蔚镇东良村	23	女	1939 年
冯喜子	沂水县夏蔚镇东良村	20	男	1939 年
张元明	沂水县夏蔚镇东良村	20	男	1939 年
袁王氏	沂水县夏蔚镇刘家峪村	36	女	1939 年
杨德胜	沂水县夏蔚镇杨家峪村	21	男	1939 年
牟长松	沂水县夏蔚镇牟家坊村	56	男	1939 年
曹自保	沂水县夏蔚镇连崮峪村	18	男	1939 年
孙玉秋	沂水县夏蔚镇麦坡村	20	男	1939 年
范京忠	沂水县夏蔚镇麦坡村	19	男	1939 年
张承堂	沂水县夏蔚镇麦坡村	19	男	1939 年
岳洪才之父	沂水县夏蔚镇柳树头村	35	男	1939 年
武 四	沂水县夏蔚镇泉峪村	21	男	1939 年
觉荣和尚	沂水县夏蔚镇院庄村	—	男	1939 年
瞿贵立	沂水县夏蔚镇院庄村	—	男	1939 年

姓 名	籍 贯	年龄	性别	死难时间
李袁氏	沂水县夏蔚镇院庄村	—	女	1939 年
阚××	沂水县夏蔚镇院庄村	—	男	1939 年
王德美	沂水县夏蔚镇院庄村	—	男	1939 年
李明相	沂水县夏蔚镇透明崮村	15	男	1939 年
王清荣	沂水县高庄镇上马都峪村	—	男	1939 年
李彦来	沂水县高庄镇崖北头村	—	男	1939 年
王小三	沂水县高庄镇下薛村	—	男	1939 年
公茂秀	沂水县泉庄乡马头崖村	23	女	1939 年
夏 祥	沂水县院东头乡独路子村	81	男	1939 年
夏怀山	沂水县院东头乡独路子村	28	男	1939 年
李新东	沂水县院东头乡独路子村	29	男	1939 年
刘同桂	沂水县姚店子镇阳早村	—	男	1939 年
刘腊月	沂水县姚店子镇阳早村	—	男	1939 年
彭贵山	沂水县姚店子镇户山店村	39	男	1939 年
戚荣太	沂水县姚店子镇东戚家庄村	12	男	1939 年
戚大少	沂水县姚店子镇东戚家庄村	19	男	1939 年
戚佃太	沂水县姚店子镇东戚家庄村	—	男	1939 年
张西子	沂水县姚店子镇东戚家庄村	15	男	1939 年
戚步义	沂水县姚店子镇东戚家庄村	—	男	1939 年
韩 三	沂水县姚店子镇大桥村	—	男	1939 年
潘四礼之妻	沂水县姚店子镇东水旺庄村	21	女	1939 年
刘相玉	沂水县姚店子镇东水旺庄村	19	男	1939 年
张玉印	沂水县许家湖镇万泉湖村	21	男	1939 年
杨德全	沂水县许家湖镇胡家马庄村	28	男	1939 年
孙方五	沂水县诸葛镇大诸葛村	18	男	1939 年
王树栋	沂水县诸葛镇坡庄二村	26	男	1939 年
赵仁刚	沂水县龙家圈乡吴坡村	28	男	1939 年
高秀成	沂水县龙家圈乡南套村	29	男	1939 年
周光学	沂水县黄山铺镇小高庄村	24	男	1939 年
马宋氏	沂水县沂水镇毛家窑村	24	女	1940 年 1 月
王夕合	沂水县高桥镇新华村	15	男	1940 年 1 月
王夕汉	沂水县高桥镇新华村	25	男	1940 年 1 月
张学贵	沂水县圈里乡上考洼村	50	男	1940 年 1 月
翟法忠	沂水县崔家峪镇凌家坊村	40	男	1940 年 1 月

姓 名	籍 贯	年 龄	性 别	死难时间
祝春全	沂水县崔家峪镇南垛庄铺村	18	男	1940年1月
徐怀举	沂水县崔家峪镇南垛庄铺村	19	男	1940年1月
刘廷仙	沂水县诸葛镇刘家河北村	21	男	1940年1月
李敬德	沂水县泉庄乡磨石沟村	—	男	1940年2月
王立春	沂水县沂水镇向阳村	23	男	1940年2月
刘九元	沂水县诸葛镇后文村	20	男	1940年2月
耿志山	沂水县诸葛镇桃树坊村	—	男	1940年2月
张学勤	沂水县诸葛镇后文村	28	男	1940年3月16日
王兆乾	沂水县诸葛镇后文村	16	男	1940年3月16日
刘公安	沂水县诸葛镇前文一村	22	男	1940年3月16日
张善富	沂水县诸葛镇前文三村	20	男	1940年3月16日
相兆行	沂水县沙沟镇双山村	—	男	1940年3月30日
赵庆奎	沂水县沂水镇南关街	22	男	1940年3月
徐建芳	沂水县沂水镇小梨行村	59	男	1940年3月
徐作善	沂水县沂水镇小梨行村	22	男	1940年3月
庞宗喜	沂水县富官庄乡徕庄村	20	男	1940年3月
庞宗永	沂水县富官庄乡徕庄村	17	男	1940年3月
高明珍	沂水县圈里乡南岱庄村	58	男	1940年3月
赵兴明	沂水县龙家圈乡上肖家沟村	—	男	1940年3月
张 梅	沂水县泉庄乡马头崖村	48	男	1940年3月
张廷宾	沂水县泉庄乡前里庄村	35	男	1940年3月
刘成玉	沂水县许家湖镇水汪村	21	男	1940年3月
徐安坤	沂水县许家湖镇西梅沟村	20	男	1940年3月
肖 缀	沂水县四十里堡镇漩沟子村	20	男	1940年3月
孔兆春	沂水县四十里堡镇漩沟子村	35	男	1940年3月
张玉录	沂水县四十里堡镇漩沟子村	23	男	1940年3月
王清桂	沂水县四十里堡镇北王家岭村	37	男	1940年3月
孔庆杭	沂水县沂水镇孔家庄村	22	男	1940年3月
李 升	沂水县道托乡刘官庄村	28	男	1940年3月
孔照金	沂水县高桥镇凤凰官庄村	19	男	1940年3月
郭洪录	沂水县马站镇戴家后沟村	41	男	1940年3月
阎秀增	沂水县夏蔚镇后村	28	男	1940年3月
高来升	沂水县崔家峪镇崔家峪村	24	男	1940年3月
王京×	沂水县诸葛镇张家旺村	22	男	1940年3月

姓 名	籍 贯	年 龄	性 别	死难时间
刘滋泉	蒙阴县垛庄镇垛庄村	30	男	1940 年 4 月 23 日
孙学轮	沂水县泉庄乡沙地村	39	男	1940 年 4 月 23 日
孙成兴	沂水县泉庄乡沙地村	34	男	1940 年 4 月 23 日
帅明礼	沂水县泉庄乡沙地村	29	男	1940 年 4 月 23 日
孙全文	沂水县泉庄乡沙地村	35	男	1940 年 4 月 23 日
陈善斋	沂水县泉庄乡沙地村	31	男	1940 年 4 月 23 日
孙全成	沂水县泉庄乡沙地村	28	男	1940 年 4 月 23 日
陈德合	沂水县泉庄乡沙地村	37	男	1940 年 4 月 23 日
葛祥春之弟	沂水县沙沟镇黄土泉村	—	男	1940 年 4 月 28 日
赵王氏	沂水县诸葛镇上峪村	—	女	1940 年 4 月
赵 妮	沂水县诸葛镇上峪村	—	女	1940 年 4 月
扈举芳	沂水县诸葛镇下小诸葛村	—	男	1940 年 4 月
黄丕后之祖父	沂水县夏蔚镇葛沟村	70	男	1940 年 4 月
黄丕后之祖母	沂水县夏蔚镇葛沟村	65	女	1940 年 4 月
段希龙	沂水县夏蔚镇葛沟村	42	男	1940 年 4 月
孙 烈	沂水县四十里堡镇大李马庄村	—	男	1940 年 4 月
王希儒	沂水县道托乡上良峪村	30	男	1940 年 4 月
黄家七人之一	沂水县夏蔚镇葛沟村	—	男	1940 年 4 月
黄家七人之二	沂水县夏蔚镇葛沟村	—	男	1940 年 4 月
黄家七人之三	沂水县夏蔚镇葛沟村	—	男	1940 年 4 月
黄家七人之四	沂水县夏蔚镇葛沟村	—	男	1940 年 4 月
黄家七人之五	沂水县夏蔚镇葛沟村	—	女	1940 年 4 月
黄家七人之六	沂水县夏蔚镇葛沟村	—	女	1940 年 4 月
黄家七人之七	沂水县夏蔚镇葛沟村	—	女	1940 年 4 月
杨树田	沂水县沂水镇南关街	54	男	1940 年 5 月
陈树苓之母	沂水县富官庄乡东石壁口村	26	女	1940 年 5 月
陈树苓之大姐	沂水县富官庄乡东石壁口村	5	女	1940 年 5 月
陈树苓之二姐	沂水县富官庄乡东石壁口村	3	女	1940 年 5 月
邢茂臣	沂水县龙家圈乡甘河村	—	男	1940 年 5 月
张书善之父	沂水县崔家峪镇上常庄村	27	男	1940 年 5 月
王 礼	沂水县崔家峪镇北梨园村	17	男	1940 年 5 月
梁廷周	沂水县崔家峪镇五口村	31	男	1940 年 5 月
赵善正	沂水县道托乡刘官庄村	20	男	1940 年 5 月
吴彦起	沂水县高桥镇核桃园村	37	男	1940 年 5 月

姓 名	籍 贯	年 龄	性 别	死难时间
郝全德	沂水县龙家圈乡盆山村	29	男	1940 年 5 月
王青吉	沂水县富官庄乡黄崖村	23	男	1940 年 6 月
董召忽	沂水县富官庄乡大沈家沟村	24	男	1940 年 6 月
陈中礼	沂水县崔家峪镇北梨园村	19	男	1940 年 6 月
宗润富	沂水县姚店子镇峙山庄村	25	男	1940 年 6 月
孔成玉	沂水县	—	男	1940 年 6 月
朱文德之祖父	沂水县崔家峪镇青石坊村	48	男	1940 年 7 月
张玉光	沂水县泉庄乡坡峪村	20	男	1940 年 7 月
赵下全	沂水县姚店子镇后楼村	22	男	1940 年 7 月
赵 氏	沂水县姚店子镇后楼村	20	女	1940 年 7 月
庄乾成	沂水县许家湖镇后南社村	39	男	1940 年 7 月
孙秀学	沂水县诸葛镇葛庄村	24	男	1940 年 7 月
徐高臣	沂水县诸葛镇张家庄子村	30	男	1940 年 7 月
崔光新	沂水县诸葛镇张耿村	20	男	1940 年 7 月
刘英厚	沂水县夏蔚镇南庄村	20	男	1940 年 7 月
朱瑞亭	沂水县沙沟镇下山阳村	50	男	1940 年 8 月 11 日
于松奎	沂水县沙沟镇南泮池村	—	男	1940 年 8 月 30 日
张真慧	沂水县沙沟镇刘家洞村	—	男	1940 年 8 月 30 日
大 墩	沂水县沙沟镇上山阳村	—	男	1940 年 8 月 30 日
张华兴	沂水县泉庄乡张庄村	24	男	1940 年 8 月
王京全	沂水县院东头乡丰粮坪村	—	男	1940 年 8 月
冯希同	沂水县许家湖镇冯家官庄村	18	男	1940 年 8 月
王纪好	沂水县许家湖镇吕丈坡村	25	男	1940 年 8 月
武纪民	沂水县沂水镇薛家庄村	18	男	1940 年 8 月
张宝成	沂水县沂水镇前庞家庄村	18	男	1940 年 8 月
孙树俭	沂水县道托乡余粮村	27	男	1940 年 8 月
张志培	沂水县夏蔚镇云头峪村	39	男	1940 年 8 月
牛奎元	沂水县夏蔚镇上里庄村	26	男	1940 年 8 月
李 成	沂水县黄山铺镇大高庄村	24	男	1940 年 8 月
李新荣	沂水县院东头乡独路子村	50	男	1940 年 9 月 29 日
杨友田	沂水县沂水镇南关街	43	男	1940 年 9 月
韩忠胜	沂水县沂水镇全美官庄村	62	男	1940 年 9 月
王西成	沂水县沂水镇全美官庄村	40	男	1940 年 9 月
孙学信	沂水县夏蔚镇燕子峪村	20	男	1940 年 9 月

姓 名	籍 贯	年 龄	性 别	死难时间
孙学文之祖父	沂水县夏蔚镇燕子峪村	40	男	1940 年 9 月
孙学文之大祖父	沂水县夏蔚镇燕子峪村	41	男	1940 年 9 月
朱大全	沂水县夏蔚镇燕子峪村	45	男	1940 年 9 月
孙 连	沂水县夏蔚镇燕子峪村	55	男	1940 年 9 月
孙兴伦之祖父	沂水县夏蔚镇燕子峪村	39	男	1940 年 9 月
张保哲	沂水县夏蔚镇燕子峪村	22	男	1940 年 9 月
朱文环之祖父	沂水县夏蔚镇燕子峪村	60	男	1940 年 9 月
朱文扩之父	沂水县夏蔚镇燕子峪村	41	男	1940 年 9 月
孙玉成	沂水县夏蔚镇燕子峪村	58	男	1940 年 9 月
张 七	沂水县夏蔚镇燕子峪村	20	男	1940 年 9 月
孙学起	沂水县泉庄乡沙地村	32	男	1940 年 9 月
李新贵	沂水县院东头乡独路子村	40	男	1940 年 9 月
许振祥	沂水县沂水镇城里街	19	男	1940 年 9 月
武长录	沂水县高庄镇拐棒峪村	21	男	1940 年 9 月
宋长仁	沂水县夏蔚镇东上位村	19	男	1940 年 9 月
戚金居	沂水县姚店子镇庞家庄村	27	男	1940 年 9 月
夏连胜	沂水县姚店子镇埠前庄村	27	男	1940 年 9 月
武善福	沂水县龙家圈乡崮安村	32	男	1940 年 9 月
张富祥	沂水县诸葛镇李家河北村	34	男	1940 年 10 月
武玉才	沂水县夏蔚镇上桃峪村	20	男	1940 年 10 月
任 三	沂水县夏蔚镇上桃峪村	18	男	1940 年 10 月
孔现斗	沂水县沂水镇孔家庄村	33	男	1940 年 10 月
徐传林	沂水县沂水镇徐家洼村	17	男	1940 年 10 月
徐新如	沂水县院东头乡四门洞村	22	男	1940 年 10 月
肖常英	沂水县龙家圈乡信家庄村	19	男	1940 年 10 月
郭凤乾	沂水县沂水镇西朱家庄村	29	男	1940 年 11 月
李茂春	沂水县沂水镇南松峰村	33	男	1940 年 11 月
张启周	沂水县杨庄镇张崖头村	22	男	1940 年 12 月
张×××	沂水县杨庄镇张崖头村	10	女	1940 年 12 月
张成存	沂水县院东头乡单家庄村	28	男	1940 年 12 月
王 德	沂水县高桥镇王家牛旺村	25	男	1940 年 12 月
阮超江	沂水县诸葛镇下古村	18	男	1940 年 12 月
涂福吉	沂水县沂水镇南关街	51	男	1940 年
涂福吉之子	沂水县沂水镇南关街	33	男	1940 年

姓　名	籍　贯	年龄	性别	死难时间
李友叶	沂水县沂水镇东关街	20	男	1940 年
杨克胜	沂水县沂水镇柏家坪村	—	男	1940 年
王佃华	沂水县沂水镇柏家坪村	—	男	1940 年
蒋发青	沂水县沂水镇大滑石沟村	38	男	1940 年
王茂林	沂水县沂水镇东古城村	20	男	1940 年
王者福	沂水县沂水镇东古城村	21	男	1940 年
李癸廷	沂水县沂水镇东朱家庄村	28	男	1940 年
徐跃武之母	沂水县高桥镇沭水南岭村	35	女	1940 年
李英相之叔	沂水县高桥镇沭水南岭村	19	男	1940 年
张克经	沂水县高桥镇张家牛旺村	20	男	1940 年
张克俭	沂水县高桥镇张家牛旺村	18	男	1940 年
李春校	沂水县高桥镇荣沟村	18	男	1940 年
王　乾	沂水县高桥镇凤凰官庄村	25	男	1940 年
曹家祥	沂水县马站镇曹家庄村	31	男	1940 年
马连升	沂水县马站镇曹家庄村	34	男	1940 年
赵月东之父	沂水县马站镇东旺村	38	男	1940 年
张世钦	沂水县杨庄镇上儒林村	20	男	1940 年
李美林	沂水县圈里乡下李村	23	男	1940 年
王立部	沂水县诸葛镇前文一村	22	男	1940 年
王立志	沂水县诸葛镇前文一村	24	男	1940 年
刘玉顺	沂水县诸葛镇前文一村	30	男	1940 年
刘公僅	沂水县诸葛镇前文一村	23	男	1940 年
刘公云	沂水县诸葛镇前文三村	26	男	1940 年
耿孝三	沂水县诸葛镇张耿村	30	男	1940 年
罗振太	沂水县诸葛镇张耿村	22	男	1940 年
耿春兴	沂水县诸葛镇张耿村	34	男	1940 年
耿山廷	沂水县诸葛镇张耿村	30	男	1940 年
耿善宝	沂水县诸葛镇张耿村	33	男	1940 年
李长吉	沂水县诸葛镇张耿村	36	男	1940 年
张子林	沂水县诸葛镇小暖峪村	—	男	1940 年
徐中冶	沂水县诸葛镇后河西村	22	男	1940 年
赵西顺	沂水县龙家圈乡吴坡村	39	男	1940 年
肖德坤	沂水县龙家圈乡下肖家沟村	—	男	1940 年
曹德荣	沂水县龙家圈乡柳泉村	35	男	1940 年

姓 名	籍 贯	年 龄	性 别	死难时间
刘培伦	沂水县黄山铺镇胡家庄村	32	男	1940 年
史云祥	沂水县黄山铺镇胡家庄村	24	男	1940 年
李洪吉	沂水县黄山铺镇胡家庄村	—	男	1940 年
王克善	沂水县黄山铺镇小松林村	27	男	1940 年
王克升	沂水县黄山铺镇小松林村	19	男	1940 年
王学师	沂水县黄山铺镇小松林村	22	男	1940 年
杨克征	沂水县黄山铺镇小松林村	30	男	1940 年
武德余	沂水县黄山铺镇南朱冬村	20	男	1940 年
武元隆	沂水县黄山铺镇南朱冬村	—	男	1940 年
翟召祥	沂水县崔家峪镇凌家坊村	—	男	1940 年
翟全云	沂水县崔家峪镇凌家坊村	—	男	1940 年
王玉尊	沂水县夏蔚镇上里庄村	3	男	1940 年
王玉征	沂水县夏蔚镇上里庄村	37	男	1940 年
王玉传	沂水县夏蔚镇上里庄村	37	男	1940 年
牛圣奎	沂水县夏蔚镇上里庄村	33	男	1940 年
王恩文之叔	沂水县夏蔚镇上里庄村	31	男	1940 年
王方存之父	沂水县夏蔚镇上里庄村	28	男	1940 年
张继岭	沂水县夏蔚镇上里庄村	22	男	1940 年
赵建臣	沂水县夏蔚镇上里庄村	33	男	1940 年
姜立平	沂水县夏蔚镇土洼村	21	男	1940 年
刘彦臣	沂水县夏蔚镇云头峪村	21	男	1940 年
刘 冬	沂水县夏蔚镇云头峪村	19	男	1940 年
刘之丕	沂水县夏蔚镇云头峪村	20	男	1940 年
戴发成	沂水县夏蔚镇云头峪村	21	男	1940 年
谭 训	沂水县夏蔚镇东村	44	男	1940 年
孝义三	沂水县夏蔚镇东村	35	男	1940 年
杨 健	沂水县夏蔚镇东村	58	男	1940 年
杨德军	沂水县夏蔚镇东村	32	男	1940 年
张京友	沂水县夏蔚镇北峪子村	30	男	1940 年
段希海	沂水县夏蔚镇葛沟村	38	男	1940 年
牟方康	沂水县夏蔚镇牟家坊村	—	男	1940 年
陈 亮	沂水县夏蔚镇牟家坊村	—	男	1940 年
李应全	沂水县夏蔚镇店子村	39	男	1940 年
李应举之妻	沂水县夏蔚镇店子村	24	女	1940 年

姓　名	籍　贯	年　龄	性　别	死难时间
张希生	沂水县夏蔚镇松泉村	33	男	1940 年
韩李氏	沂水县夏蔚镇松泉村	56	女	1940 年
牛永臣	沂水县夏蔚镇柳树头村	21	男	1940 年
张子凡之父	沂水县夏蔚镇甄家疃村	23	男	1940 年
孙明忠	沂水县高庄镇古坟坦村	—	男	1940 年
刘永录	沂水县高庄镇上峪村	—	男	1940 年
张开光之长兄	沂水县高庄镇上峪村	—	男	1940 年
张道友之祖父	沂水县高庄镇上峪村	—	男	1940 年
刘月亭	沂水县高庄镇良疃村	—	男	1940 年
公玉珠	沂水县高庄镇公家庄子村	—	男	1940 年
公茂玉	沂水县高庄镇桃花坪村	—	男	1940 年
刁荣成	沂水县高庄镇黄连官庄村	14	男	1940 年
赵尊法	沂水县高庄镇黄连官庄村	15	男	1940 年
赵金中	沂水县高庄镇中峪村	—	男	1940 年
郝　氏	沂水县高庄镇中峪村	—	女	1940 年
齐同仁	沂水县高庄镇中峪村	—	男	1940 年
张培贞	沂水县泉庄乡马头崖村	44	男	1940 年
周光成	沂水县院东头乡独路子村	35	男	1940 年
王德祥	沂水县姚店子镇墓上贤村	—	男	1940 年
李廷志之母	沂水县姚店子镇墓上贤村	—	女	1940 年
武善贵	沂水县姚店子镇崔山店村	39	男	1940 年
张玉树	沂水县姚店子镇凤台庄村	22	男	1940 年
潘德进	沂水县姚店子镇东水旺庄村	22	男	1940 年
刘成功	沂水县许家湖镇夏家楼村	30	男	1940 年
谭文熙	沂水县许家湖镇李庄村	36	男	1940 年
袁仁烈	沂水县许家湖镇后城子村	15	男	1940 年
谭振双	沂水县许家湖镇北社村	50	男	1940 年
刘　福	沂水县四十里堡镇四十里堡村	31	男	1940 年
韩永庆	沂水县道托乡石硷村	27	男	1940 年
曹际亮	沂水县杨庄镇庄科村	23	男	1940 年
赵傅同	沂水县沙沟镇后朱雀村	26	男	1940 年
于德功	沂水县诸葛镇小峪村	27	男	1940 年
苗春溪	沂水县诸葛镇小峪村	28	男	1940 年
杨茂春	沂水县诸葛镇于家河村	26	男	1940 年

姓 名	籍 贯	年 龄	性 别	死难时间
谢 四	沂水县诸葛镇于家河村	37	男	1940 年
方玉长	沂水县诸葛镇武将峪村	22	男	1940 年
刘忠恩	沂水县诸葛镇徐家河村	22	男	1940 年
张善松	沂水县诸葛镇前文村	17	男	1940 年
张俊道	沂水县高庄镇柴阳村	20	男	1940 年
张之敬	沂水县高庄镇下里庄村	18	男	1940 年
宗西言	沂水县夏蔚镇甄家疃村	36	男	1940 年
陈英奎	沂水县龙家圈乡公家疃村	21	男	1940 年
孙友孟	沂水县黄山铺镇岳庄村	21	男	1940 年
刘立信	沂水县姚店子镇埠前庄村	16	男	1940 年
徐方奎	沂水县龙家圈乡营盘村	19	男	1940 年
王中修	沂水县龙家圈乡西中峪村	32	男	1940 年
刘配伦	沂水县黄山铺镇胡家庄村	32	男	1940 年
相明奎	沂水县龙家圈乡张岱村	42	男	1940 年
翟召祥之子	沂水县崔家峪镇凌家万村	—	男	1940 年
胡光海之三兄	沂水县沙沟镇对崮峪村	—	男	1941 年 1 月 15 日
高丕梓	沂水县富官庄乡西石壁口村	25	男	1941 年 1 月
高敬田	沂水县富官庄乡西石壁口村	22	男	1941 年 1 月
高洪双	沂水县富官庄乡西石壁口村	24	男	1941 年 1 月
高金田	沂水县富官庄乡西石壁口村	22	男	1941 年 1 月
高丕海	沂水县富官庄乡西石壁口村	20	男	1941 年 1 月
高新名	沂水县富官庄乡西石壁口村	40	男	1941 年 1 月
高洪进	沂水县富官庄乡西石壁口村	27	男	1941 年 1 月
相作林	沂水县圈里乡北相家庄村	60	男	1941 年 1 月
李华杰	沂水县诸葛镇上古村	—	男	1941 年 1 月
李明盘	沂水县诸葛镇上古村	—	男	1941 年 1 月
张立全	沂水县诸葛镇上古村	—	男	1941 年 1 月
张培勋之父	沂水县诸葛镇上古村		男	
王 氏	沂水县诸葛镇上古村	—	女	1941 年 1 月
阮学成	沂水县诸葛镇上古村	—	男	1941 年 1 月
刘金刚	沂水县诸葛镇上古村	—	男	1941 年 1 月
李玉国之祖父	沂水县诸葛镇上古村	—	男	1941 年 1 月
刘方习之兄	沂水县崔家峪镇西虎崖村	18	男	1941 年 1 月
王贵信	沂水县高庄镇石井村	—	男	1941 年 1 月

姓 名	籍 贯	年龄	性别	死难时间
张守树	沂水县泉庄乡张庄村	—	男	1941年1月
王俊斋	沂水县许家湖镇东邱村	13	男	1941年1月
娄德胜	沂水县许家湖镇东梅沟村	26	男	1941年1月
李书元	沂水县高桥镇荣沟村	28	男	1941年1月
韩京清	沂水县高桥镇韩家岔河村	29	男	1941年1月
李连芳	沂水县诸葛镇葛庄村	40	男	1941年1月
张瑞增	沂水县崔家峪镇上常庄村	19	男	1941年1月
王见寿	沂水县崔家峪镇北梨园村	19	男	1941年2月
许盘铭	沂水县沂水镇红卫村	23	男	1941年2月
李梅芬	沂水县沂水镇南松丰村	27	男	1941年2月
魏德传	沂水县泉庄乡魏家洼村	21	男	1941年2月
董玉克	沂水县高庄镇王家林村	24	男	1941年2月
姚 辉	沂水县姚店子镇关帝庙村	23	男	1941年2月
刘成江	沂水县院东头乡安全庄村	38	男	1941年3月5日
都烈斗	沂水县院东头乡横岭官庄村	34	男	1941年3月20日
程安贵	沂水县沙沟镇程家官庄村	—	男	1941年3月30日
程乐林	沂水县沙沟镇程家官庄村	—	男	1941年3月30日
程彦会	沂水县沙沟镇程家官庄村	—	男	1941年3月30日
程会新	沂水县沙沟镇程家官庄村	—	男	1941年3月30日
高敬奎	沂水县富官庄乡西石壁口村	28	男	1941年3月
高太八	沂水县富官庄乡西石壁口村	35	男	1941年3月
高太强	沂水县富官庄乡西石壁口村	17	男	1941年3月
高丕合	沂水县富官庄乡西石壁口村	50	男	1941年3月
高太祥	沂水县富官庄乡西石壁口村	30	男	1941年3月
高太吉	沂水县富官庄乡西石壁口村	23	男	1941年3月
庞世成	沂水县富官庄乡徐庄村	21	男	1941年3月
李温德	沂水县诸葛镇李家河北村	18	男	1941年3月
段丰遗	沂水县崔家峪镇南梨园村	55	男	1941年3月
武二宁	沂水县高庄镇朱位村	38	男	1941年3月
孟凡恩	沂水县高庄镇朱位村	33	男	1941年3月
公方仁之子	沂水县高庄镇朱位村	31	男	1941年3月
李 信	沂水县高庄镇朱位村	35	男	1941年3月
瞿 ×	沂水县高庄镇朱位村	36	男	1941年3月
武善运	沂水县沂水镇双泉村	28	男	1941年3月

姓 名	籍 贯	年 龄	性 别	死难时间
高法明	沂水县沂水镇吴家洼村	21	男	1941 年 3 月
张世安	沂水县马站镇上高庄村	26	男	1941 年 3 月
王同新	沂水县诸葛镇下古村	26	男	1941 年 3 月
江东增	沂水县诸葛镇江家官庄村	37	男	1941 年 3 月
李士运	沂水县泉庄乡西郭庄村	20	男	1941 年 3 月
张喜平	沂水县夏蔚镇土洼村	27	男	1941 年 3 月
张志德	沂水县夏蔚镇范峪村	20	男	1941 年 3 月
王进成	沂水县龙家圈乡上峪子村	23	男	1941 年 3 月
付学德	沂水县崔家峪镇南垛庄铺村	19	男	1941 年 3 月
郑月常	沂水县院东头乡西杨家崖村	22	男	1941 年 4 月 8 日
赵玉太	沂水县龙家圈乡张岱村	—	男	1941 年 4 月
黄始光	沂水县姚店子镇姚店子村	35	男	1941 年 4 月
黄厚培	沂水县姚店子镇姚店子村	20	男	1941 年 4 月
曹包生	沂水县沂水镇红卫村	21	男	1941 年 4 月
王青贵	沂水县道托乡西官庄村	36	男	1941 年 4 月
张子文	沂水县高桥镇改作村	32	男	1941 年 4 月
刘九松	沂水县诸葛镇安门头村	22	男	1941 年 4 月
耿爱云	沂水县泉庄乡里庄村	33	男	1941 年 4 月
黄日功	沂水县高庄镇王家庄子村	19	男	1941 年 4 月
武京书	沂水县姚店子镇后武家庄村	24	男	1941 年 4 月
张京顺	沂水县姚店子镇后武家庄村	24	男	1941 年 4 月
杨振德	沂水县姚店子镇后武家庄村	31	男	1941 年 4 月
肖龙民	沂水县沙沟镇大东峪村	—	男	1941 年 5 月 30 日
肖为德	沂水县沙沟镇大东峪村	—	男	1941 年 5 月 30 日
肖跃民	沂水县沙沟镇大东峪村	—	男	1941 年 5 月 30 日
肖桂民	沂水县沙沟镇大东峪村	—	男	1941 年 5 月 30 日
贺法兴	沂水县杨庄镇西寨村	30	男	1941 年 5 月
公信东	沂水县高庄镇朱位村	21	男	1941 年 9 月
李 富	沂水县四十里堡镇下店村	20	男	1941 年 5 月
咸庆祥	沂水县院东头乡崮墩村	21	男	1941 年 5 月
丰德禄	沂水县诸葛镇李家河北村	27	男	1941 年 6 月
王庆顺	沂水县许家湖镇吕丈坡村	23	男	1941 年 6 月
王立哲	沂水县许家湖镇东邱村	30	男	1941 年 6 月
张志信	沂水县夏蔚镇范峪村	35	男	1941 年 6 月

姓 名	籍 贯	年 龄	性 别	死难时间
程生林	沂水县沙沟镇程家官庄村	—	男	1941 年 7 月 30 日
高学书	沂水县富官庄乡泉子崖村	21	男	1941 年 7 月
刘长和	沂水县崔家峪镇崔家峪村	27	男	1941 年 7 月
张成太	沂水县崔家峪镇崔家峪村	24	男	1941 年 7 月
孙玉法	沂水县夏蔚镇西坪村	45	男	1941 年 7 月
田锡文	沂水县沂水镇城里街	20	男	1941 年 7 月
赵玉林	沂水县诸葛镇李家营村	24	男	1941 年 7 月
高俊立	沂水县诸葛镇李家营村	20	男	1941 年 7 月
徐凤起	沂水县龙家圈乡里万村	32	男	1941 年 7 月
刘延山	沂水县高桥镇刘家山宋村	27	男	1941 年 8 月
张现明	沂水县富官庄乡张家石岭村	20	男	1941 年 8 月
王继夏之兄	沂水县诸葛镇新庄村	27	男	1941 年 8 月
陈宗修	沂水县崔家峪镇李家峪村	17	男	1941 年 8 月
陈富贵	沂水县崔家峪镇崔家峪村	24	男	1941 年 8 月
李世义	沂水县崔家峪镇崔家峪村	13	男	1941 年 8 月
张道东	沂水县泉庄乡张庄村	—	男	1941 年 8 月
张洪日	沂水县姚店子镇土城庄村	38	男	1941 年 8 月
张锡敬	沂水县许家湖镇西官庄村	16	男	1941 年 8 月
王长元	沂水县沂水镇太平村	41	男	1941 年 8 月
王守增	沂水县诸葛镇新庄村	22	男	1941 年 8 月
刁庆云	沂水县诸葛镇小峪村	35	男	1941 年 8 月
刘进刚	沂水县夏蔚镇云头峪村	21	男	1941 年 8 月
赵九善	沂水县夏蔚镇上桃峪村	28	男	1941 年 8 月
王东和	沂水县夏蔚镇上里庄村	23	男	1941 年 8 月
王增成	沂水县崔家峪镇凰龙坊村	29	男	1941 年 8 月
谭纪新	沂水县姚店子镇西南社村	18	男	1941 年 8 月
马文堂	沂水县院东头乡马泉村	19	男	1941 年 8 月
张归锋	沂水县诸葛镇新民官庄村	23	男	1941 年 9 月 16 日
张归俊	沂水县诸葛镇新民官庄村	22	男	1941 年 9 月 16 日
崔明坚	沂水县诸葛镇新民官庄村	22	男	1941 年 9 月 16 日
段志相	沂水县诸葛镇新民官庄村	20	男	1941 年 9 月 16 日
刘玉芹	沂水县诸葛镇新民官庄村	23	男	1941 年 9 月 16 日
崔金甫	沂水县诸葛镇新民官庄村	24	男	1941 年 9 月 16 日
张大鞭	沂水县院东头乡南墙峪村	40	男	1941 年 9 月 18 日

姓 名	籍 贯	年 龄	性 别	死难时间
张 氏	沂水县院东头乡南墙峪村	49	女	1941 年 9 月 18 日
李 氏	沂水县院东头乡南墙峪村	37	女	1941 年 9 月 18 日
顺 子	沂水县院东头乡西墙峪村	11	男	1941 年 9 月 18 日
代 ×	沂水县院东头乡西墙峪村	—	男	1941 年 9 月 18 日
代××	沂水县院东头乡西墙峪村	—	男	1941 年 9 月 18 日
张文池	沂水县院东头乡西墙峪村	81	男	1941 年 9 月 18 日
陈中福	沂水县诸葛镇石龙口村	56	男	1941 年 9 月
侯继青	沂水县诸葛镇石龙口村	48	男	1941 年 9 月
刘魏氏	沂水县诸葛镇上峪村	—	女	1941 年 9 月
武西三	沂水县诸葛镇秀峪村	24	男	1941 年 9 月
武纪元	沂水县诸葛镇武家河北村	30	男	1941 年 9 月
苗永录	沂水县诸葛镇武家河北村	40	男	1941 年 9 月
李连清之兄	沂水县崔家峪镇西虎崖村	23	男	1941 年 9 月
孙丕才	沂水县夏蔚镇下桃峪村	30	男	1941 年 9 月
孙纪荣	沂水县夏蔚镇下桃峪村	42	男	1941 年 9 月
孙纪凤之妻	沂水县夏蔚镇下桃峪村	31	女	1941 年 9 月
孙培玉	沂水县高庄镇五台官庄村	—	男	1941 年 9 月
李 京	沂水县高庄镇朱位村	24	男	1941 年 9 月
瞿 三	沂水县高庄镇朱位村	35	男	1941 年 9 月
武才善	沂水县高庄镇朱位村	30	男	1941 年 9 月
赵 庄	沂水县高庄镇朱位村	20	男	1941 年 9 月
武纪纲	沂水县院东头乡小于岭村	31	男	1941 年 9 月
赵 氏	沂水县姚店子镇后楼村	21	女	1941 年 9 月
刘立全	沂水县姚店子镇吉子山村	45	男	1941 年 9 月
李厚武	沂水县姚店子镇吉子山村	35	男	1941 年 9 月
李王氏	沂水县姚店子镇吉子山村	64	女	1941 年 9 月
李培玖	沂水县姚店子镇吉子山村	45	男	1941 年 9 月
李玉堂	沂水县姚店子镇吉子山村	22	男	1941 年 9 月
张洪宝	沂水县姚店子镇西仁家旺村	—	男	1941 年 9 月
宗树英	沂水县姚店子镇峙山庄村	16	男	1941 年 9 月
潘学成	沂水县姚店子镇东水旺庄村	32	男	1941 年 9 月
张佃兴	沂水县姚店子镇赵庄子村	50	男	1941 年 9 月
刘树泰	沂水县姚店子镇西水旺庄村	25	男	1941 年 9 月
刘树春	沂水县姚店子镇西水旺庄村	35	男	1941 年 9 月

姓 名	籍 贯	年 龄	性 别	死难时间
李凤山	沂水县四十里堡镇大李马庄村	22	男	1941 年 9 月
江振叶	沂水县沂水镇红卫村	22	男	1941 年 9 月
李丙元	沂水县沙沟镇于家洞村	37	男	1941 年 9 月
李安德	沂水县诸葛镇李家河北村	37	男	1941 年 9 月
刘振庆	沂水县诸葛镇河南村	27	男	1941 年 9 月
杨成德	沂水县诸葛镇马场峪村	34	男	1941 年 9 月
李士太	沂水县泉庄乡尹家峪村	25	男	1941 年 9 月
张守忠	沂水县泉庄乡张庄村	21	男	1941 年 9 月
张焕友	沂水县泉庄乡河西村	22	男	1941 年 9 月
张照中	沂水县夏蔚镇范峪村	20	男	1941 年 9 月
衣廷会	沂水县高庄镇良疃村	40	男	1941 年 9 月
王清博	沂水县高庄镇高庄村	17	男	1941 年 9 月
刘德存	沂水县夏蔚镇晏婴店子村	46	男	1941 年 9 月
朱文远	沂水县夏蔚镇甄家疃村	23	男	1941 年 9 月
刘树三	沂水县姚店子镇西水旺庄村	20	男	1941 年 9 月
张恒顺	沂水县姚店子镇埠前庄村	31	男	1941 年 9 月
张文义	沂水县泉庄乡张庄村	28	男	1941 年 10 月 22 日
肖光勤	沂水县沙沟镇辉泉村	—	男	1941 年 10 月 30 日
牛彦来	沂水县泉庄乡三庄村	33	男	1941 年 10 月
马士兴	沂水县院东头乡马家崖村	25	男	1941 年 10 月
张 氏	沂水县院东头乡小于岭村	33	女	1941 年 10 月
孟广余	沂水县院东头乡前石门村	—	男	1941 年 10 月
马奎礼	沂水县院东头乡前石门村	—	男	1941 年 10 月
马奎超	沂水县院东头乡前石门村	—	男	1941 年 10 月
马孟仁	沂水县院东头乡前石门村	—	男	1941 年 10 月
马收福	沂水县院东头乡郑家庄村	60	男	1941 年 10 月
杨克礼	沂水县诸葛镇正峪官庄村	27	男	1941 年 10 月
崔鸿升	沂水县诸葛镇正峪官庄村	16	男	1941 年 10 月
徐自兴	沂水县诸葛镇张耿村	37	男	1941 年 10 月
王东民	沂水县高庄镇高庄村	21	男	1941 年 10 月
张扈道	沂水县高庄镇门庄村	24	男	1941 年 10 月
孙玉生	沂水县龙家圈乡港埠口村	27	男	1941 年 10 月
刘业龙	沂水县沂水镇城里村	21	男	1941 年 11 月
李世玉	沂水县诸葛镇埠前村	37	男	1941 年 11 月

姓 名	籍 贯	年 龄	性 别	死难时间
冯立成	沂水县崔家峪镇吕公峪村	42	男	1941 年 11 月
郭立堂之妻	沂水县姚店子镇吉家庄村	39	女	1941 年 11 月
李迎春	沂水县姚店子镇吉家庄村	36	男	1941 年 11 月
吉 丛	沂水县姚店子镇吉家庄村	30	男	1941 年 11 月
王京春	沂水县姚店子镇烟家庄村	21	男	1941 年 11 月
刘兆丰之祖母	沂水县姚店子镇烟家庄村	31	女	1941 年 11 月
马曰瀛	沂水县马站镇南杏山村	35	男	1941 年 11 月
于玉贵	沂水县诸葛镇范家旺村	34	男	1941 年 11 月
张志道	沂水县夏蔚镇南庄村	18	男	1941 年 11 月
朱宗全	沂水县夏蔚镇甄家疃村	34	男	1941 年 11 月
牛衍高	沂水县黄山铺镇西宣庄村	20	男	1941 年 11 月
黄宝山	沂水县龙家圈乡港卜口村	26	男	1941 年 11 月
姚善云	沂水县高桥镇杨家坪村	26	男	1941 年 12 月
姚 伟	沂水县高桥镇杨家坪村	25	男	1941 年 12 月
张玉钧	沂水县崔家峪镇龙凤湾村	20	男	1941 年 12 月
张元勋	沂水县崔家峪镇龙凤湾村	18	男	1941 年 12 月
张宝哲	沂水县崔家峪镇龙凤湾村	24	男	1941 年 12 月
谭纪同	沂水县许家湖镇东梅沟村	—	男	1941 年 12 月
牛元贞	沂水县马站镇姚洼村	41	男	1941 年 12 月
武善林	沂水县诸葛镇下古村	26	男	1941 年 12 月
耿月林	沂水县诸葛镇耿家王峪村	39	男	1941 年 12 月
肖德松	沂水县龙家圈乡下肖家沟村	20	男	1941 年 12 月
王大兰	沂水县泉庄乡石棚村	50	男	1941 年春
狄相友	沂水县泉庄乡石棚村	37	男	1941 年春
王温来	沂水县泉庄乡石棚村	38	男	1941 年春
张孟力	沂水县院东头乡师家崖村	43	男	1941 年冬
黄振合	沂水县院东头乡后石门村	29	男	1941 年秋
黄振月	沂水县院东头乡后石门村	—	男	1941 年秋
修 来	沂水县院东头乡后石门村	—	男	1941 年秋
王富贵	沂水县沂水镇北关街	—	男	1941 年
安司二	沂水县沂水镇东关街	10	男	1941 年
杨维法	沂水县沂水镇前埠东村	—	男	1941 年
杨维锡	沂水县沂水镇前埠东村	—	男	1941 年
赵玉升	沂水县沂水镇团结村	20	男	1941 年

姓 名	籍 贯	年 龄	性 别	死难时间
高世玉	沂水县沂水镇高家岭村	76	男	1941 年
王新成	沂水县沂水镇罗家庄村	21	男	1941 年
曹立长	沂水县高桥镇沭水南岭村	40	男	1941 年
吴彦起	沂水县高桥镇沭水南岭村	39	男	1941 年
王 英	沂水县高桥镇碑石岭村	19	男	1941 年
刘十五	沂水县高桥镇沭水三村	38	男	1941 年
杨凡增之兄	沂水县马站镇石家庄村	5	男	1941 年
刘廷志之前妻	沂水县马站镇石家庄村	26	女	1941 年
刘 克	沂水县马站镇石家庄村	25	男	1941 年
杨连春	沂水县马站镇石泉官庄村	38	男	1941 年
孙全兴	沂水县马站镇杏山村	39	男	1941 年
董 四	沂水县马站镇杏山村	29	男	1941 年
谭京周	沂水县马站镇杨家城子村	30	男	1941 年
马 池	沂水县马站镇张家后沟村	36	男	1941 年
王 军	沂水县马站镇代家后沟村	38	男	1941 年
徐建正	沂水县马站镇黄家后沟村	24	男	1941 年
李世下之二兄	沂水县杨庄镇峨山口村	23	男	1941 年
薛二牛	沂水县杨庄镇峨山口村	14	男	1941 年
张友太	沂水县杨庄镇峨山口村	30	男	1941 年
刘朋友之父	沂水县杨庄镇南躲庄村	35	男	1941 年
任 双	沂水县杨庄镇东寨村	15	男	1941 年
武纪荣	沂水县杨庄镇东寨村	39	女	1941 年
刘 店	沂水县杨庄镇东寨村	61	男	1941 年
刘洪吉	沂水县圈里乡上良门村	39	男	1941 年
张 信	沂水县圈里乡上良门村	46	男	1941 年
张文仁	沂水县圈里乡上良门村	17	男	1941 年
刘瑞×	沂水县圈里乡上良门村	20	男	1941 年
刘瑞×	沂水县圈里乡上良门村	20	男	1941 年
张文福	沂水县圈里乡上良门村	19	男	1941 年
刘洪军	沂水县圈里乡上良门村	21	男	1941 年
刘瑞正	沂水县圈里乡上良门村	51	男	1941 年
刘光庆	沂水县圈里乡中良门村	29	男	1941 年
刘增信	沂水县圈里乡中良门村	24	男	1941 年
刘光钱	沂水县圈里乡中良门村	21	男	1941 年

姓 名	籍 贯	年 龄	性 别	死难时间
刘增成	沂水县圈里乡中良门村	19	男	1941 年
刘增新	沂水县圈里乡中良门村	24	男	1941 年
郭长福	沂水县圈里乡中良门村	21	男	1941 年
刘光银	沂水县圈里乡中良门村	20	男	1941 年
谭京文	沂水县圈里乡中良门村	19	男	1941 年
程孝德	沂水县圈里乡后朱营村	68	男	1941 年
程×培	沂水县圈里乡后朱营村	20	男	1941 年
程花培	沂水县圈里乡后朱营村	31	男	1941 年
程荣廷	沂水县圈里乡西相家庄村	37	男	1941 年
程旗廷	沂水县圈里乡西相家庄村	41	男	1941 年
解相氏	沂水县圈里乡下良门村	29	女	1941 年
解宗顺	沂水县圈里乡下良门村	39	男	1941 年
解奎爱	沂水县圈里乡下良门村	44	男	1941 年
刘成常	沂水县诸葛镇大崮后村	84	男	1941 年
刘生福	沂水县诸葛镇大崮后村	19	男	1941 年
王文明	沂水县诸葛镇后文村	28	男	1941 年
王业科	沂水县诸葛镇后文村	23	男	1941 年
耿德欣	沂水县诸葛镇东王峪村	23	男	1941 年
耿永信	沂水县诸葛镇耿家王峪村	24	男	1941 年
耿永旬	沂水县诸葛镇耿家王峪村	20	男	1941 年
刘振民	沂水县诸葛镇新民官庄村	20	男	1941 年
王成志之父	沂水县诸葛镇庞家河村	30	男	1941 年
张世增	沂水县诸葛镇庞家河村	30	男	1941 年
王金文	沂水县诸葛镇西于家河村	—	男	1941 年
李焕光	沂水县诸葛镇东河西村	—	男	1941 年
孙 ×	沂水县诸葛镇红石崖村	28	男	1941 年
邢 ×	沂水县诸葛镇红石崖村	25	男	1941 年
武善桐	沂水县诸葛镇红石崖村	26	男	1942 年
张彦德	沂水县龙家圈乡崮安村	—	男	1941 年
倪朝海	沂水县龙家圈乡崮安村	—	男	1941 年
武善友	沂水县龙家圈乡崮安村	—	男	1941 年
张永吉	沂水县龙家圈乡南套村	35	男	1941 年
张纪东	沂水县龙家圈乡南套村	40	男	1941 年
杨培修之妻	沂水县龙家圈乡西草沟村	—	女	1941 年

姓　名	籍　贯	年　龄	性　别	死难时间
杨焕奎之兄	沂水县龙家圈乡西草沟村	—	男	1941 年
刘青松	沂水县龙家圈乡信家庄村	—	男	1941 年
孙连义	沂水县龙家圈乡信家庄村	—	男	1941 年
魏兆余	沂水县龙家圈乡盆山村	—	男	1941 年
韩庆丰	沂水县龙家圈乡盆山村	—	男	1941 年
代守宽	沂水县龙家圈乡泮池沟村	21	男	1941 年
黄坡录	沂水县龙家圈乡泮池沟村	12	男	1941 年
徐元运	沂水县龙家圈乡泮池沟村	28	男	1941 年
徐元峰	沂水县龙家圈乡泮池沟村	41	男	1941 年
黄家祥	沂水县龙家圈乡港埠口村	17	男	1938 年
黄大愣	沂水县龙家圈乡港埠口村	20	男	1941 年
田贵珍	沂水县龙家圈乡公家瞳村	52	男	1941 年
黄学敏	沂水县龙家圈乡黄家安村	—	男	1941 年
武纪顺	沂水县龙家圈乡崮安村	—	男	1941 年
刘乃本	沂水县龙家圈乡后埠子村	60	男	1941 年
冯树青之三祖母	沂水县龙家圈乡柴山村	—	女	1941 年
马元义	沂水县龙家圈乡柴山村	—	男	1941 年
黄元富	沂水县龙家圈乡泉沟村	—	男	1941 年
肖连相之三子	沂水县龙家圈乡下肖家沟村	—	男	1941 年
王永轩之姐	沂水县龙家圈乡马车岭村	—	女	1941 年
张继孟	沂水县龙家圈乡马车岭村	—	男	1941 年
王德原	沂水县龙家圈乡前坊村	—	男	1941 年
王为德	沂水县龙家圈乡里坊村	—	男	1941 年
胡家春	沂水县龙家圈乡里坊村	—	男	1941 年
孙　竹	沂水县龙家圈乡里坊村	—	男	1941 年
胡家旺	沂水县龙家圈乡里坊村	—	男	1941 年
李增昌	沂水县龙家圈乡里坊村	—	男	1941 年
齐振法	沂水县黄山铺镇朴城峪村	27	男	1941 年
齐　堂	沂水县黄山铺镇埝子村	42	男	1941 年
李培吉	沂水县黄山铺镇胡家庄村	19	男	1941 年
武德贞	沂水县黄山铺镇南朱冬村	22	男	1941 年
许家临	沂水县黄山铺镇蒋庄村	20	男	1941 年
赵常信	沂水县黄山铺镇崖下村	28	男	1941 年
齐彦学	沂水县黄山铺镇西黄庄村	17	男	1941 年

姓 名	籍 贯	年 龄	性 别	死难时间
王友陈	沂水县夏蔚镇土洼村	15	男	1941 年
公茂春	沂水县夏蔚镇东坪村	51	男	1941 年
邹文汉	沂水县夏蔚镇北上位村	48	男	1941 年
王仲三	沂水县夏蔚镇北上位村	53	男	1941 年
谭洪进	沂水县夏蔚镇后村	33	男	1941 年
张关才	沂水县夏蔚镇朱家坪村	42	男	1941 年
谢文庆之妻	沂水县夏蔚镇朱家坪村	16	女	1941 年
袁××	沂水县夏蔚镇南上位村	45	男	1941 年
谭洪臣	沂水县夏蔚镇南峪村	50	男	1941 年
付 春	沂水县高庄镇拐棒峪村	—	男	1941 年
杜宝胜	沂水县高庄镇谷子峪村	—	男	1941 年
武见太	沂水县高庄镇龙湾村	—	男	1941 年
四妮子	沂水县高庄镇龙湾村	—	女	1941 年
孙培良	沂水县高庄镇王家林村	30	男	1941 年
孙兴叶	沂水县高庄镇王家林村	61	男	1941 年
王京臣	沂水县高庄镇上马都峪村	30	男	1941 年
李 丑	沂水县高庄镇下马都峪村	30	男	1941 年
张包氏	沂水县高庄镇后沟村	40	女	1941 年
张黄氏	沂水县高庄镇古坟坦村	20	女	1941 年
公茂山	沂水县泉庄乡马头崖村	22	男	1941 年
刘明德	沂水县院东头乡许家峪村	36	男	1941 年
代文平	沂水县院东头乡许家峪村	47	男	1941 年
代 好	沂水县院东头乡许家峪村	21	男	1941 年
黄保勋	沂水县院东头乡姜家坪村	26	男	1941 年
朱树林	沂水县院东头乡四门洞村	—	男	1941 年
徐新余	沂水县院东头乡四门洞村	—	男	1941 年
张相明	沂水县院东头乡田家峪村	—	男	1941 年
张之东	沂水县姚店子镇黄山庄村	18	男	1941 年
张之福	沂水县姚店子镇黄山庄村	20	男	1941 年
刘希凤	沂水县姚店子镇永富庄村	50	男	1941 年
刘会言	沂水县姚店子镇永富庄村	48	男	1941 年
徐新宝	沂水县姚店子镇永富庄村	27	男	1941 年
徐 氏	沂水县姚店子镇永富庄村	50	女	1941 年
武传梅	沂水县姚店子镇崮山店村	40	男	1941 年

姓 名	籍 贯	年 龄	性 别	死难时间
张洪荣	沂水县姚店子镇西仁家旺村	28	男	1941 年
杨立成	沂水县姚店子镇姚店子村	28	男	1941 年
张西桥	沂水县姚店子镇红门岭村	—	男	1941 年
张西福	沂水县姚店子镇红门岭村	—	男	1941 年
刘少怀	沂水县姚店子镇埠前庄村	45	男	1941 年
杨忠孝	沂水县姚店子镇埠前庄村	42	男	1941 年
程秀娜	沂水县姚店子镇埠前庄村	19	女	1941 年
程三妮	沂水县姚店子镇埠前庄村	15	女	1941 年
张二妮	沂水县姚店子镇埠前庄村	13	女	1941 年
张四妮	沂水县姚店子镇埠前庄村	11	女	1941 年
程昌海	沂水县姚店子镇埠前庄村	45	女	1941 年
程勉海	沂水县姚店子镇埠前庄村	48	女	1941 年
李俊利	沂水县许家湖镇东营村	—	男	1941 年
冯世武	沂水县许家湖镇东营村	—	男	1941 年
李国荣	沂水县许家湖镇东营村	—	男	1941 年
李为民	沂水县许家湖镇东营村	—	男	1941 年
程玉林	沂水县许家湖镇东营村	—	男	1941 年
李成林	沂水县许家湖镇东营村	—	男	1941 年
李克明	沂水县许家湖镇东升村	—	男	1941 年
刘 ×	沂水县许家湖镇东升村	—	男	1941 年
耿善庆	沂水县许家湖镇吕丈坡村	23	男	1941 年
于任奎	沂水县许家湖镇河东村	20	男	1941 年
李彦农	沂水县许家湖镇前坡村	35	男	1941 年
王发新	沂水县许家湖镇东邱村	19	男	1941 年
王发忠	沂水县许家湖镇东邱村	19	男	1941 年
许 松	沂水县许家湖镇许家湖村	44	男	1941 年
许盘明	沂水县沂水镇太平村	28	男	1941 年
李庆福	沂水县高桥镇保安官庄村	32	男	1941 年
王永明	沂水县高桥镇保安官庄村	21	男	1941 年
夏永修	沂水县高桥镇夏家官庄村	26	男	1941 年
张玉修	沂水县高桥镇徐家荣仁村	37	男	1941 年
马曰俊	沂水县马站镇南杏山村	38	男	1941 年
张永祯	沂水县诸葛镇新庄村	23	男	1941 年
张廷菊	沂水县诸葛镇下小诸葛村	21	男	1941 年

姓 名	籍 贯	年 龄	性 别	死难时间
王明利	沂水县诸葛镇坡庄二村	36	男	1941 年
李洪九	沂水县诸葛镇大圈村	29	男	1941 年
李忠贤	沂水县诸葛镇西坡庄村	28	男	1941 年
武善美	沂水县诸葛镇西坡庄村	21	男	1941 年
王天祯	沂水县诸葛镇店子村	25	男	1941 年
张洪福	沂水县诸葛镇店子村	19	男	1941 年
耿玉锡	沂水县诸葛镇耿家王峪村	20	男	1941 年
耿希魁	沂水县诸葛镇耿家王峪村	31	男	1941 年
罗振江	沂水县诸葛镇东王峪村	27	男	1941 年
冯纪余	沂水县诸葛镇西埠前村	22	男	1941 年
孙德轩	沂水县	26	男	1941 年
高世玉	沂水县夏蔚镇回峰涧村	23	男	1943 年
刘佃义	沂水县高庄镇王家庄子村	27	男	1941 年
孙学宽	沂水县夏蔚镇朱家坪村	20	男	1941 年
阚兆丕	沂水县夏蔚镇黄泉村	54	男	1941 年
张顺祥	沂水县夏蔚镇夏蔚东村	31	男	1941 年
张学智	沂水县夏蔚镇上里庄村	19	男	1941 年
李富寿	沂水县崔家峪镇崔家峪村	19	男	1941 年
陈福贵	沂水县崔家峪镇崔家峪村	24	男	1941 年
董树春	沂水县龙家圈乡里坊村	22	男	1941 年
张玉廷	沂水县崔家峪镇黑坊村	33	男	1941 年
郭培元	沂水县崔家峪镇青石坊村	23	男	1941 年
牛树亮	沂水县龙家圈乡前埠子村	19	男	1941 年
孙廷江	沂水县姚店子镇永富庄村	29	男	1941 年
谭文明	沂水县龙家圈乡信家庄村	31	男	1941 年
齐德田	沂水县黄山铺镇朴城峪村	28	男	1941 年
于国富	沂水县龙家圈乡张岱村	21	男	1941 年
李永庆之妹	沂水县沙沟镇沙沟村	—	女	1942 年 1 月 3 日
李中兴之五叔	沂水县沙沟镇沙沟村	—	男	1942 年 1 月 3 日
李永英之父	沂水县沙沟镇沙沟村	—	男	1942 年 1 月 3 日
李金川	沂水县沙沟镇沙沟村	—	男	1942 年 1 月 3 日
李金川之母	沂水县沙沟镇沙沟村	—	女	1942 年 1 月 3 日
李金川之大妹	沂水县沙沟镇沙沟村	—	女	1942 年 1 月 3 日
李金川之二妹	沂水县沙沟镇沙沟村	—	女	1942 年 1 月 3 日

姓　名	籍　贯	年　龄	性　别	死难时间
王明恩	沂水县沙沟镇沙沟村	—	男	1942 年 1 月 3 日
李二奎	沂水县沙沟镇沙沟村	—	男	1942 年 1 月 3 日
刘明方之子	沂水县沙沟镇沙沟村	—	男	1942 年 1 月 3 日
李成义	沂水县沙沟镇沙沟村	—	男	1942 年 1 月 15 日
李新成	沂水县沙沟镇沙沟村	—	男	1942 年 1 月 15 日
刘春汉	沂水县高桥镇西河南村	15	男	1942 年 1 月
刘延卓	沂水县高桥镇刘家山宋村	37	男	1942 年 1 月
邱京良	沂水县马站镇朱刘店村	31	男	1942 年 1 月
张××	沂水县杨庄镇下杨林村	20	男	1942 年 1 月
张　氏	沂水县杨庄镇下杨林村	42	女	1942 年 1 月
张明洁	沂水县杨庄镇下杨林村	32	男	1942 年 1 月
贺××	沂水县杨庄镇下杨林村	34	男	1942 年 1 月
李元德	沂水县杨庄镇上牛山村	29	男	1942 年 1 月
鞠××	沂水县杨庄镇上牛山村	27	男	1942 年 1 月
周克义	沂水县杨庄镇大沟村	20	男	1942 年 1 月
隋喜山	沂水县圈里乡天晴旺村	67	男	1942 年 1 月
高发成	沂水县圈里乡天晴旺村	53	男	1942 年 1 月
高永吉	沂水县圈里乡天晴旺村	37	男	1942 年 1 月
高发科	沂水县圈里乡天晴旺村	40	男	1942 年 1 月
张重吉	沂水县圈里乡天晴旺村	30	男	1942 年 1 月
高连芬	沂水县圈里乡天晴旺村	42	男	1942 年 1 月
高连玉	沂水县圈里乡天晴旺村	32	男	1942 年 1 月
高连臣	沂水县圈里乡天晴旺村	37	男	1942 年 1 月
高连必	沂水县圈里乡天晴旺村	29	男	1942 年 1 月
张玉山	沂水县许家湖镇东邱村	26	男	1942 年 1 月
王中信	沂水县许家湖镇南王庄村	20	男	1942 年 1 月
张彦庆	沂水县沂水镇姚家官庄村	23	男	1942 年 1 月
张在田	沂水县夏蔚镇南庄村	20	男	1942 年 1 月
张坤道	沂水县夏蔚镇石家官庄村	24	男	1942 年 1 月
马乾立	沂水县院东头乡马家崖村	52	男	1942 年 2 月 13 日
于相锡	沂水县沙沟镇四官旺村	24	男	1942 年 2 月
赵月宝	沂水县杨庄镇孟母村	24	男	1942 年 2 月
赵月宝之长子	沂水县杨庄镇孟母村	3	男	1942 年 2 月
赵月宝之妻	沂水县杨庄镇孟母村	26	女	1942 年 2 月

姓　名	籍　贯	年　龄	性　别	死难时间
赵月宝之女	沂水县杨庄镇孟母村	2	女	1942年2月
赵月宝之次子	沂水县杨庄镇孟母村	1	男	1942年2月
王正堂	沂水县圈里乡松林村	34	男	1942年2月
李京田	沂水县圈里乡小峪沟村	35	男	1942年2月
张宝书	沂水县崔家峪镇龙凤湾村	22	男	1942年2月
张奎选	沂水县崔家峪镇李家峪村	25	男	1942年2月
黄照元	沂水县许家湖镇前南社村	18	男	1942年2月
郭光瑞	沂水县四十里堡镇苍子坡村	19	男	1942年2月
徐厚田	沂水县沂水镇徐家洼村	41	男	1942年2月
孙学祥	沂水县高桥镇沙岭子村	23	男	1942年2月
刘治礼	沂水县马站镇祉村	21	男	1942年2月
刘洪五	沂水县诸葛镇河西村	24	男	1942年2月
李烈东之二弟	沂水县沙沟镇沙沟村	—	男	1942年3月30日
李中街	沂水县沙沟镇沙沟村	—	男	1942年3月30日
张瑞廷	沂水县沙沟镇上峪村	—	男	1942年3月30日
李春泉	沂水县沙沟镇上峪村	—	男	1942年3月30日
于祥俊	沂水县沙沟镇于家庄村	—	男	1942年3月30日
孙守义	沂水县沙沟镇于家庄村	—	男	1942年3月30日
孙守三	沂水县沙沟镇于家庄村	—	男	1942年3月30日
肖红杰	沂水县沙沟镇大东峪村	—	男	1942年3月30日
肖作民	沂水县沙沟镇大东峪村	—	男	1942年3月30日
肖护民	沂水县沙沟镇大东峪村	—	男	1942年3月30日
刘业胜	沂水县沂水镇城里村	20	男	1942年3月
公培振	沂水县黄山铺镇小官庄村	21	男	1942年3月
李连周	沂水县崔家峪镇吕公峪村	37	男	1942年3月
潘成	沂水县崔家峪镇李家峪村	29	男	1942年3月
朱喜美	沂水县崔家峪镇李家峪村	33	男	1942年3月
张江会之兄	沂水县崔家峪镇李家峪村	24	男	1942年3月
王宝仁	沂水县姚店子镇王家洼村	38	男	1942年3月
刘杰	沂水县姚店子镇烟家庄村	25	男	1942年3月
刘洪	沂水县姚店子镇烟家庄村	22	男	1942年3月
来瑞云	沂水县沂水镇牛岭埠村	34	男	1942年3月
李成文	沂水县沂水镇李家洼村	26	男	1942年3月
刘洪泗	沂水县沙沟镇野坊村	29	男	1942年3月

姓 名	籍 贯	年 龄	性 别	死难时间
孙照林	沂水县诸葛镇马场峪村	20	男	1942 年 3 月
罗进太	沂水县诸葛镇张耿村	29	男	1942 年 3 月
马佃太	沂水县诸葛镇张耿村	34	男	1942 年 3 月
解士德	沂水县泉庄乡梅家坡村	26	男	1942 年 3 月
朱京全	沂水县夏蔚镇石牛峪村	29	男	1942 年 3 月
滕厚贻	沂水县龙家圈乡东大埠岭村	27	男	1942 年 3 月
程玉泉	沂水县龙家圈乡港埠口村	22	男	1942 年 3 月
赵成立之外祖父	沂水县黄山铺镇小庄子村	57	男	1942 年 4 月
杨春茂	沂水县崔家峪镇李家峪村	22	男	1942 年 4 月
潘成之兄	沂水县崔家峪镇李家峪村	28	男	1942 年 4 月
庄明省	沂水县高庄镇上薛村	—	男	1942 年 4 月
徐子明	沂水县泉庄乡崮崖村	22	男	1942 年 4 月
刘敬信	沂水县姚店子镇苗家庄村	20	男	1942 年 4 月
李树春	沂水县许家湖镇南小尧村	20	男	1942 年 4 月
李清普	沂水县高桥镇杨家坪村	26	男	1942 年 4 月
樊增科	沂水县诸葛镇罗家场村	21	男	1942 年 4 月
张志礼	沂水县泉庄乡西棋盘村	34	男	1942 年 4 月
王玉文	沂水县夏蔚镇杨家峪村	19	男	1939 年
肖凤声	沂水县龙家圈乡下肖家沟村	23	男	1942 年 4 月
杨增贵	沂水县龙家圈乡柴山村	29	男	1942 年 4 月
李光德	沂水县龙家圈乡张岱村	22	男	1942 年 4 月
刘新征	沂水县沙沟镇刘家洞村	—	男	1942 年 5 月 30 日
刘新水	沂水县沙沟镇刘家洞村	—	男	1942 年 5 月 30 日
赵文荣	沂水县高桥镇马家林村	23	男	1942 年 5 月
李建利	沂水县诸葛镇李家营村	29	男	1942 年 5 月
高树海	沂水县沂水镇阳西街	24	男	1942 年 5 月
田花春	沂水县崔家峪镇崔家峪村	30	男	1942 年 5 月
徐恩汉	沂水县高桥镇徐家牛旺村	34	男	1942 年 6 月
邵明文之父	沂水县杨庄镇邵家楼村	34	男	1942 年 6 月
张连进	沂水县圈里乡张家洼村	31	男	1942 年 6 月
李成林	沂水县诸葛镇葛庄村	29	男	1942 年 6 月
小 社	沂水县诸葛镇东沟村	—	男	1942 年 6 月
罗传时	沂水县龙家圈乡张岱村	—	男	1942 年 6 月
刘恩荣	沂水县黄山铺镇吕家庄村	40	男	1942 年 6 月

姓　名	籍　贯	年　龄	性　别	死难时间
张希贵	沂水县黄山铺镇岳庄村	37	男	1942 年 6 月
秋　来	沂水县崔家峪镇磨峪村	18	男	1942 年 6 月
张德安	沂水县姚店子镇前朱家楼子村	20	男	1942 年 6 月
李忠高	沂水县沙沟镇西院村	20	男	1942 年 6 月
刘花海	沂水县泉庄乡松元村	29	男	1942 年 6 月
刘　烈	沂水县姚店子镇埠前庄村	23	女	1942 年 6 月
郭玉升	沂水县沙沟镇西于沟村	—	男	1942 年 7 月 14 日
田树义	沂水县沙沟镇西于沟村	—	男	1942 年 7 月 14 日
田元功	沂水县沙沟镇西于沟村	—	男	1942 年 7 月 14 日
刘化本	沂水县沙沟镇西于沟村	—	男	1942 年 7 月 14 日
田德闲之弟	沂水县沙沟镇西于沟村	—	男	1942 年 7 月 14 日
田培林	沂水县沙沟镇西于沟村	—	男	1942 年 7 月 14 日
李洪仁之长子	沂水县沙沟镇东于沟村	—	男	1942 年 7 月 14 日
王永德	沂水县沙沟镇孔家庄村	24	男	1942 年 7 月 14 日
孔现池	沂水县沙沟镇孔家庄村	—	男	1942 年 7 月 14 日
镇	沂水县沙沟镇孔家庄村	—	男	1942 年 7 月 14 日
李月功	沂水县沙沟镇小崮头村	—	男	1942 年 7 月 15 日
李月中	沂水县沙沟镇小崮头村	—	男	1942 年 7 月 15 日
李发伦之妻	沂水县沙沟镇小崮头村	—	女	1942 年 7 月 15 日
李月广	沂水县沙沟镇小崮头村	—	男	1942 年 7 月 15 日
李世家	沂水县沙沟镇小崮头村	—	男	1942 年 7 月 15 日
联　池	沂水县沙沟镇小崮头村	4	男	1942 年 7 月 15 日
李士荣之父	沂水县沙沟镇小崮头村	—	男	1942 年 7 月 15 日
李月同之二兄	沂水县沙沟镇小崮头村	—	男	1942 年 7 月 15 日
于希庭	沂水县沙沟镇于家洞村	—	男	1942 年 7 月 15 日
赵学仁	沂水县杨庄镇上牛山村	25	男	1942 年 7 月
田淑平	沂水县杨庄镇上牛山村	22	男	1942 年 7 月
高学信	沂水县富官庄乡泉子崖村	22	男	1942 年 7 月
石立海	沂水县富官庄乡徕庄村	32	男	1942 年 7 月
庞宗礼	沂水县富官庄乡徕庄村	22	男	1942 年 7 月
侯振起	沂水县诸葛镇店子村	29	男	1942 年 7 月
刘成义	沂水县诸葛镇店子村	27	男	1942 年 7 月
黄发元	沂水县诸葛镇北黄家庄村	17	男	1942 年 7 月
刘为其	沂水县诸葛镇罗家场村	22	男	1942 年 7 月

姓 名	籍 贯	年 龄	性 别	死难时间
李京生	沂水县崔家峪镇西虎崖村	29	男	1942 年 7 月
张大同之叔	沂水县崔家峪镇西虎崖村	18	男	1942 年 7 月
屈立山	沂水县姚店子镇大桥村	22	男	1942 年 7 月
田付增	沂水县许家湖镇北社村	25	男	1942 年 7 月
王纪本	沂水县沂水镇大沟村	35	男	1942 年 7 月
徐恩太	沂水县高桥镇夏家官庄村	23	男	1942 年 7 月
赵 美	沂水县诸葛镇上峪村	26	男	1942 年 7 月
孙付林	沂水县夏蔚镇朱家坪村	—	男	1943 年 9 月
都烈文	沂水县院东头乡官庄村	34	男	1942 年 8 月 19 日
刘世仁	沂水县院东头乡下小庄村	41	男	1942 年 8 月 19 日
刘清阵	沂水县院东头乡下小庄村	14	男	1942 年 8 月 19 日
刘清春	沂水县院东头乡下小庄村	25	男	1942 年 8 月 19 日
马祥红	沂水县沙沟镇芝麻峪村	—	男	1942 年 8 月 30 日
朱尤双之祖父	沂水县沙沟镇富昌村	—	男	1942 年 8 月 30 日
陈会兴之妹	沂水县沙沟镇富昌村	20	女	1942 年 8 月 30 日
胡家印	沂水县高桥镇西河南村	25	男	1942 年 8 月
吴陈氏	沂水县诸葛镇南门楼村	—	女	1942 年 8 月
张学吉	沂水县黄山铺镇吕家庄村	40	男	1942 年 8 月
武纪奎	沂水县崔家峪镇施家官庄村	35	男	1942 年 8 月
武纪全	沂水县崔家峪镇施家官庄村	38	男	1942 年 8 月
段孟修	沂水县崔家峪镇南梨园村	60	男	1942 年 8 月
武营太	沂水县崔家峪镇花峪村	25	男	1942 年 8 月
张之展	沂水县姚店子镇麦坡坪村	7	男	1942 年 8 月
薛法梅	沂水县沂水镇后小河街	18	男	1942 年 8 月
王克贵	沂水县沂水镇小滑石沟村	22	男	1942 年 8 月
王世法	沂水县沂水镇全美官庄村	25	男	1942 年 8 月
潘玉乾	沂水县沂水镇北松丰村	24	男	1942 年 8 月
李德胜	沂水县高桥镇荣沟村	25	男	1942 年 8 月
武纪旺	沂水县诸葛镇下胡同峪村	22	男	1942 年 8 月
曹恒志	沂水县诸葛镇凤落院村	18	男	1942 年 8 月
王朝会	沂水县高庄镇高庄村	22	男	1942 年 8 月
付占广	沂水县高庄镇门庄村	28	男	1942 年 8 月
陈凤林	沂水县黄山铺镇大松林村	22	男	1942 年 8 月
赵长仪	沂水县姚店子镇麦坡坪村	29	男	1942 年 8 月

姓 名	籍 贯	年龄	性别	死难时间
付玉俊	沂水县崔家峪镇南垛庄铺村	30	男	1942年8月
李文相	沂水县崔家峪镇南峪村	20	男	1942年8月
于本江	沂水县沙沟镇三泉村	—	男	1942年9月24日
葛恒春之妹	沂水县沙沟镇黄土泉村	15	女	1942年9月24日
王京堂之父	沂水县沙沟镇黄土泉村	—	男	1942年9月24日
葛春范之四弟	沂水县沙沟镇黄土泉村	—	男	1942年9月24日
葛朝远之祖父	沂水县沙沟镇黄土泉村	—	男	1942年9月24日
王 九	沂水县沙沟镇夹石峪村	—	男	1942年9月24日
于松芹之父	沂水县沙沟镇北泮池村	—	男	1942年9月24日
于恩路之妹	沂水县沙沟镇北泮池村	—	女	1942年9月24日
于世昌	沂水县沙沟镇北泮池村	—	男	1942年9月24日
于恒太	沂水县沙沟镇南泮池村	—	男	1942年9月24日
于见丰之叔	沂水县沙沟镇南泮池村	—	男	1942年9月24日
侯相池	沂水县沙沟镇侯家官庄村	—	男	1942年9月24日
王恩成	沂水县沙沟镇侯家官庄村	—	男	1942年9月24日
王 云	沂水县沙沟镇侯家官庄村	—	男	1942年9月24日
葛太平	沂水县沙沟镇辉泉村	—	男	1942年9月24日
肖光厚	沂水县沙沟镇辉泉村	—	男	1942年9月24日
肖光海	沂水县沙沟镇辉泉村	—	男	1942年9月24日
刘常荣之弟	沂水县沙沟镇辉泉村	—	男	1942年9月24日
成	沂水县沙沟镇辉泉村	—	男	1942年9月24日
莒 州	沂水县沙沟镇辉泉村	—	男	1941年10月
马桂军	沂水县沙沟镇道德坪村	—	男	1942年9月24日
马桂臻	沂水县沙沟镇道德坪村	—	男	1942年9月24日
马清墨	沂水县沙沟镇道德坪村	—	男	1942年9月24日
李月忠	沂水县沙沟镇贺家沟村	—	男	1942年9月24日
鞠培升之三叔	沂水县沙沟镇贺家沟村	—	男	1942年9月24日
丁文友之祖父	沂水县沙沟镇贺家沟村	—	男	1942年9月24日
丁增奎	沂水县沙沟镇芝麻峪村	—	男	1942年9月24日
刘立吉	沂水县沙沟镇芝麻峪村	—	男	1942年9月24日
刘月芳	沂水县沙沟镇芝麻峪村	—	男	1942年9月24日
刘月本	沂水县沙沟镇芝麻峪村	—	男	1942年9月24日
金中正之兄	沂水县沙沟镇上流庄村	—	男	1942年9月24日
刘中兰	沂水县沙沟镇霹雳石村	—	男	1942年9月24日

姓　名	籍　贯	年　龄	性　别	死难时间
李　二	沂水县沙沟镇霹雳石村	—	男	1942 年 9 月 24 日
程彦全	沂水县沙沟镇程家官庄村	—	男	1942 年 9 月 24 日
朱德军	沂水县沙沟镇下山阳村	22	男	1942 年 9 月 24 日
扣	沂水县沙沟镇崖庄村	26	男	1942 年 9 月 24 日
刘祥举	沂水县沙沟镇洪洞村	—	男	1942 年 9 月 24 日
唐玉法	沂水县沙沟镇洪洞村	—	男	1942 年 9 月 24 日
孟广元之妻	沂水县沙沟镇洪洞村	—	女	1942 年 9 月 24 日
孟广法之妻	沂水县沙沟镇洪洞村	—	女	1942 年 9 月 24 日
刘祥增	沂水县沙沟镇洪洞村	—	男	1942 年 9 月 24 日
孟庆昌	沂水县沙沟镇洪洞村	—	男	1942 年 9 月 24 日
孟庆伍	沂水县沙沟镇洪洞村	—	男	1942 年 9 月 24 日
孟　灼	沂水县沙沟镇洪洞村	—	男	1942 年 9 月 24 日
刘洪池	沂水县沙沟镇野坊村	—	男	1942 年 9 月 24 日
刘克治	沂水县沙沟镇野坊村	—	男	1942 年 9 月 24 日
成　子	沂水县沙沟镇野坊村	—	男	1942 年 9 月 24 日
刘克成	沂水县沙沟镇野坊村	—	男	1942 年 9 月 24 日
刘金浩之次女	沂水县沙沟镇野坊村	—	女	1942 年 9 月 24 日
叶	沂水县沙沟镇野坊村	—	男	1942 年 9 月 24 日
刘桂泉之大姑	沂水县沙沟镇野坊村	—	女	1942 年 9 月 24 日
刘桂泉之三姑	沂水县沙沟镇野坊村	—	女	1942 年 9 月 24 日
牛　屎	沂水县沙沟镇野坊村	—	男	1942 年 9 月 24 日
刘培征之女	沂水县沙沟镇野坊村	—	女	1942 年 9 月 24 日
刘夕生之姐	沂水县沙沟镇野坊村	—	女	1942 年 9 月 24 日
刘夕顺之姐	沂水县沙沟镇野坊村	—	女	1942 年 9 月 24 日
刘京瑞	沂水县沙沟镇野坊村	—	男	1942 年 9 月 24 日
刘德顺之女	沂水县沙沟镇野坊村	—	女	1942 年 9 月 24 日
李京贵	沂水县沙沟镇小崮头村	—	男	1942 年 9 月 24 日
李京贵之子	沂水县沙沟镇小崮头村	6	男	1942 年 9 月 24 日
李洪福之三叔	沂水县沙沟镇小崮头村	—	男	1942 年 9 月 24 日
于左臣	沂水县沙沟镇于家洞村	—	男	1942 年 9 月 24 日
于子富之叔	沂水县沙沟镇于家洞村	—	男	1942 年 9 月 24 日
李富元	沂水县沙沟镇对崮峪村	—	男	1942 年 9 月 24 日
李富元之长子	沂水县沙沟镇对崮峪村	—	男	1942 年 9 月 24 日
胡光耀	沂水县沙沟镇对崮峪村	—	男	1942 年 9 月 24 日

姓　名	籍　贯	年　龄	性　别	死难时间
胡光友之兄	沂水县沙沟镇对崮峪村	—	男	1942 年 9 月 24 日
李新明	沂水县沙沟镇对崮峪村	—	男	1942 年 9 月 24 日
于步高之父	沂水县沙沟镇对崮峪村	—	男	1942 年 9 月 24 日
于步高之母	沂水县沙沟镇对崮峪村	—	女	1942 年 9 月 24 日
于步恒之妻	沂水县沙沟镇对崮峪村	—	女	1942 年 9 月 24 日
于子祥之父	沂水县沙沟镇对崮峪村	—	男	1942 年 9 月 24 日
李月兰	沂水县沙沟镇对崮峪村	—	男	1942 年 9 月 24 日
胡光江	沂水县沙沟镇对崮峪村	—	男	1942 年 9 月 24 日
胡宝生之四叔	沂水县沙沟镇对崮峪村	44	男	1942 年 9 月 24 日
胡宝生之三叔	沂水县沙沟镇对崮峪村	—	男	1942 年 9 月 24 日
刘成浩之子	沂水县沙沟镇对崮峪村	—	男	1942 年 9 月 24 日
胡光良	沂水县沙沟镇对崮峪村	25	男	1942 年 9 月 24 日
于步明	沂水县沙沟镇对崮峪村	—	男	1942 年 9 月 24 日
于忠和	沂水县沙沟镇对崮峪村	—	男	1942 年 9 月 24 日
于忠和之妻	沂水县沙沟镇对崮峪村	—	女	1942 年 9 月 24 日
李安新之长子	沂水县沙沟镇对崮峪村	—	男	1942 年 9 月 24 日
李安新之次子	沂水县沙沟镇对崮峪村	—	男	1942 年 9 月 24 日
李安新之三子	沂水县沙沟镇对崮峪村	—	男	1942 年 9 月 24 日
李长友之父	沂水县沙沟镇对崮峪村	—	男	1942 年 9 月 24 日
李长友之母	沂水县沙沟镇对崮峪村	—	女	1942 年 9 月 24 日
胡廷菊之侄子	沂水县沙沟镇对崮峪村	—	男	1942 年 9 月 24 日
胡廷菊之长子	沂水县沙沟镇对崮峪村	—	男	1942 年 9 月 24 日
李月忠	沂水县沙沟镇对崮峪村	—	男	1942 年 9 月 24 日
李月杰之五子	沂水县沙沟镇对崮峪村	—	男	1942 年 9 月 24 日
胡广周之妻	沂水县沙沟镇对崮峪村	—	女	1942 年 9 月 24 日
胡明芳之母	沂水县沙沟镇对崮峪村	32	女	1942 年 9 月 24 日
胡宝安之母	沂水县沙沟镇对崮峪村	—	女	1942 年 9 月 24 日
胡卫山	沂水县沙沟镇对崮峪村	—	男	1942 年 9 月 24 日
胡宝连	沂水县沙沟镇对崮峪村	—	男	1942 年 9 月 24 日
李青春之兄	沂水县沙沟镇对崮峪村	—	男	1942 年 9 月 24 日
李光春之母	沂水县沙沟镇对崮峪村	—	女	1942 年 9 月 24 日
李光春之妹	沂水县沙沟镇对崮峪村	—	女	1942 年 9 月 24 日
于子瑞之父	沂水县沙沟镇对崮峪村	—	男	1942 年 9 月 24 日
胡为祥之妻	沂水县沙沟镇对崮峪村	—	女	1942 年 9 月 24 日

姓　名	籍　贯	年　龄	性　别	死难时间
唐兆明之父	沂水县沙沟镇对崮峪村	—	男	1942 年 9 月 24 日
唐兆明之伯	沂水县沙沟镇对崮峪村	—	男	1942 年 9 月 24 日
李传福之父	沂水县沙沟镇对崮峪村	—	男	1942 年 9 月 24 日
唐作清之父	沂水县沙沟镇对崮峪村	—	男	1942 年 9 月 24 日
于忠吉	沂水县沙沟镇对崮峪村	—	男	1942 年 9 月 24 日
于忠坡	沂水县沙沟镇对崮峪村	—	男	1942 年 9 月 24 日
李秀春	沂水县沙沟镇对崮峪村	—	男	1942 年 9 月 24 日
李守珍	沂水县诸葛镇下胡同峪村	20	女	1942 年 9 月 24 日
王　森	沂水县诸葛镇下胡同峪村	19	男	1942 年 9 月 24 日
杨克吉	沂水县诸葛镇大暖峪村	36	男	1942 年 9 月 24 日
赵廷希	沂水县诸葛镇大暖峪村	40	男	1942 年 9 月 24 日
谢科祯	沂水县诸葛镇大暖峪村	36	男	1942 年 9 月 24 日
杨克修	沂水县诸葛镇大暖峪村	44	男	1942 年 9 月 24 日
杨瑞林	沂水县诸葛镇大暖峪村	46	男	1942 年 9 月 24 日
武纪明	沂水县诸葛镇武家河北村	21	男	1942 年 9 月 24 日
刘本举	沂水县院东头乡姜家坪村	62	男	1942 年 9 月 24 日
王树义	沂水县诸葛镇下胡同峪村	19	男	1942 年 9 月
王明法	沂水县诸葛镇下胡同峪村	30	男	1942 年 9 月
张树梅	沂水县诸葛镇下胡同峪村	19	男	1942 年 9 月
刘久奎	沂水县诸葛镇下胡同峪村	21	男	1942 年 9 月
王明花	沂水县诸葛镇下胡同峪村	19	男	1942 年 9 月
王树区	沂水县诸葛镇下胡同峪村	22	男	1942 年 9 月
刘胜林	沂水县诸葛镇下胡同峪村	21	男	1942 年 9 月
朱茂行	沂水县诸葛镇大圈村	21	男	1942 年 9 月
朱茂玉	沂水县诸葛镇大圈村	19	男	1942 年 9 月
黄启祥	沂水县诸葛镇大圈村	22	男	1942 年 9 月
刘胜平	沂水县诸葛镇上胡同峪村	14	男	1942 年 9 月
张连胜	沂水县诸葛镇上胡同峪村	15	男	1942 年 9 月
王京堂	沂水县诸葛镇下华庄村	30	男	1942 年 9 月
王　氏	沂水县诸葛镇下华庄村	22	女	1942 年 9 月
杨　氏	沂水县诸葛镇下华庄村	30	女	1942 年 9 月
武　子	沂水县诸葛镇下华庄村	4	男	1942 年 9 月
杨兆太	沂水县诸葛镇东卞山村	26	男	1942 年 9 月
杨　武	沂水县诸葛镇东卞山村	56	男	1942 年 9 月

姓 名	籍 贯	年 龄	性 别	死难时间
李子升	沂水县诸葛镇七沟村	26	男	1942 年 9 月
王同升	沂水县诸葛镇七沟村	29	男	1942 年 9 月
李元太	沂水县诸葛镇前沟子村	29	男	1942 年 9 月
徐文兴	沂水县诸葛镇前沟子村	30	男	1942 年 9 月
李元坡	沂水县诸葛镇前沟子村	28	男	1942 年 9 月
李垂德	沂水县诸葛镇前沟子村	29	男	1942 年 9 月
李元林	沂水县诸葛镇前沟子村	21	男	1942 年 9 月
徐永田	沂水县诸葛镇前沟子村	27	男	1942 年 9 月
李元和	沂水县诸葛镇前沟子村	28	男	1942 年 9 月
徐文清	沂水县诸葛镇前沟子村	29	男	1942 年 9 月
王清恩	沂水县诸葛镇凤凰峪村	22	男	1942 年 9 月
王文常	沂水县诸葛镇凤凰峪村	23	男	1942 年 9 月
陈永顺	沂水县诸葛镇下洼子村	26	男	1942 年 9 月
徐永利	沂水县诸葛镇下洼子村	31	男	1942 年 9 月
陈万梅	沂水县诸葛镇下洼子村	41	男	1942 年 9 月
魏玉德	沂水县诸葛镇下洼子村	30	男	1942 年 9 月
陈洪端	沂水县诸葛镇下洼子村	32	男	1942 年 9 月
王 氏	沂水县诸葛镇下洼子村	27	女	1942 年 9 月
刘洪娟	沂水县诸葛镇下洼子村	19	女	1942 年 9 月
赵恩祥	沂水县诸葛镇大崖头村	22	男	1942 年 9 月
徐永吉	沂水县诸葛镇大崖头村	30	男	1942 年 9 月
赵恩云	沂水县诸葛镇大崖头村	21	男	1942 年 9 月
徐永常	沂水县诸葛镇大崖头村	28	男	1942 年 9 月
徐金升	沂水县诸葛镇大崖头村	29	男	1942 年 9 月
徐永田	沂水县诸葛镇大崖头村	21	男	1942 年 9 月
武继善	沂水县诸葛镇大崖头村	30	男	1942 年 9 月
徐兆良	沂水县诸葛镇大崖头村	21	男	1942 年 9 月
王恒淑	沂水县诸葛镇大崖头村	41	男	1942 年 9 月
徐文良	沂水县诸葛镇大崖头村	21	男	1942 年 9 月
徐永军	沂水县诸葛镇大崖头村	28	男	1942 年 9 月
徐金堂	沂水县诸葛镇大崖头村	29	男	1942 年 9 月
徐文交	沂水县诸葛镇大崖头村	30	男	1942 年 9 月
徐文军	沂水县诸葛镇大崖头村	31	男	1942 年 9 月
徐永贵	沂水县诸葛镇安家圈村	41	男	1942 年 9 月

姓 名	籍 贯	年 龄	性 别	死难时间
徐金国之祖父	沂水县诸葛镇安家圈村	61	男	1942 年 9 月
周纪余	沂水县诸葛镇峪武将峪村	37	男	1942 年 9 月
张修德	沂水县诸葛镇峪武将峪村	30	男	1942 年 9 月
赵富坤	沂水县诸葛镇峪武将峪村	27	男	1942 年 9 月
武恩善	沂水县高庄镇朱位村	36	男	1942 年 9 月
武成善之妻	沂水县高庄镇朱位村	29	女	1942 年 9 月
公和尚	沂水县高庄镇朱位村	41	男	1942 年 9 月
曹淑美	沂水县院东头乡张家庄子村	18	女	1942 年 9 月
王文谭	沂水县院东头乡上岩峪村	28	男	1942 年 9 月
张成英	沂水县院东头乡上岩峪村	15	女	1942 年 9 月
杜守学之祖父	沂水县院东头乡田家峪村	—	男	1942 年 9 月
杜修真	沂水县院东头乡田家峪村	—	男	1942 年 9 月
杜太三之父	沂水县院东头乡田家峪村	—	男	1942 年 9 月
杜西铎	沂水县院东头乡田家峪村	—	男	1942 年 9 月
张立安	沂水县姚店子镇土城庄村	41	男	1942 年 9 月
张京贵	沂水县姚店子镇丰台村	21	男	1942 年 9 月
张京荣	沂水县姚店子镇丰台村	26	男	1942 年 9 月
庞文友	沂水县沂水镇前庞家庄村	32	男	1942 年 9 月
苗文后	沂水县沂水镇北松峰村	27	男	1942 年 9 月
芦月亮	沂水县诸葛镇于家河村	32	男	1942 年 9 月
张成业	沂水县诸葛镇葛庄村	20	男	1942 年 9 月
王文升	沂水县诸葛镇葛庄村	27	男	1942 年 9 月
曹宝荣	沂水县诸葛镇葛庄村	25	男	1942 年 9 月
李忠信	沂水县诸葛镇西坡庄村	38	男	1942 年 9 月
李堂芳	沂水县诸葛镇西坡庄村	22	男	1942 年 9 月
李东春	沂水县诸葛镇下崮村	21	男	1942 年 9 月
阮 兰	沂水县诸葛镇下崮村	21	男	1942 年 9 月
张世德	沂水县诸葛镇下崮村	22	男	1942 年 9 月
陈守明	沂水县诸葛镇下崮村	22	男	1942 年 9 月
王成德	沂水县诸葛镇店子村	25	男	1942 年 9 月
耿永连	沂水县诸葛镇耿家王峪村	18	男	1942 年 9 月
朱文利	沂水县高庄镇拐棒峪村	21	男	1942 年 9 月
朱文举	沂水县高庄镇拐棒峪村	26	男	1942 年 9 月
刘怀真	沂水县夏蔚镇付家坊村	25	男	1942 年 9 月

姓　名	籍　贯	年　龄	性　别	死难时间
张道信	沂水县夏蔚镇牛场子村	22	男	1942 年 9 月
张佃臻	沂水县黄山铺镇蛮庄村	25	男	1942 年 9 月
张孟臻	沂水县院东头乡佟家庄村	22	男	1942 年 9 月
张树德	沂水县院东头乡单家庄村	35	男	1942 年 9 月
张京顺	沂水县院东头乡崮墩村	25	男	1942 年 10 月 19 日
王举同	沂水县泉庄乡梅家坡村	24	男	1942 年 10 月
陈希奎	沂水县沂水镇前石良村	41	男	1942 年 10 月
武善甫	沂水县沂水镇柏家坪村	29	男	1942 年 10 月
黄法增	沂水县高桥镇夏家官庄村	21	男	1942 年 10 月
时世华	沂水县马站镇杨家朱江村	26	男	1942 年 10 月
杨培松	沂水县泉庄乡杨家洼村	23	男	1942 年 10 月
张元勋	沂水县崔家峪镇龙凤湾村	45	男	1942 年 10 月
张开田	沂水县沂水镇友兰官庄村	—	男	1942 年 11 月
赵培叶	沂水县许家湖镇东梅沟村	26	男	1942 年 11 月
聂彩廷	沂水县高庄镇高庄村	45	男	1942 年 11 月
安	沂水县沙沟镇张马庄村	—	男	1942 年 12 月 21 日
王光采之叔	沂水县圈里乡涝坡村	22	男	1942 年 12 月 23 日
王光营之父	沂水县圈里乡涝坡村	36	男	1942 年 12 月 23 日
王振凡之二祖父	沂水县圈里乡涝坡村	39	男	1942 年 12 月 23 日
葛秀阶之妻	沂水县圈里乡涝坡村	26	女	1942 年 12 月 23 日
王光显之姑夫	沂水县圈里乡涝坡村	29	男	1942 年 12 月 23 日
赵俊和	沂水县杨庄镇大沟村	35	男	1942 年 12 月
牛　区	沂水县圈里乡圈里村	79	男	1942 年 12 月
申文明之父	沂水县圈里乡圈里村	36	男	1942 年 12 月
申文明之母	沂水县圈里乡圈里村	34	女	1942 年 12 月
王夕真	沂水县圈里乡松林村	23	男	1942 年 12 月
刘美光	沂水县圈里乡上李村	30	男	1942 年 12 月
李启文之子	沂水县圈里乡上李村	4	男	1942 年 12 月
王廷东	沂水县崔家峪镇大辉泉村	21	男	1942 年 12 月
刘门厚	沂水县夏蔚镇南庄村	33	男	1942 年 12 月
王永烈	沂水县夏蔚镇南庄村	42	男	1942 年 12 月
王文德	沂水县夏蔚镇南庄村	54	男	1942 年 12 月
刘随后之兄	沂水县夏蔚镇南庄村	18	男	1942 年 12 月
刘长进之祖父	沂水县夏蔚镇南庄村	24	男	1942 年 12 月

姓 名	籍 贯	年 龄	性 别	死难时间
张道生	沂水县夏蔚镇南庄村	42	男	1942 年 12 月
王文冲	沂水县夏蔚镇南庄村	43	男	1942 年 12 月
刘福厚	沂水县夏蔚镇南庄村	43	男	1942 年 12 月
徐文竹	沂水县诸葛镇大崖头村	29	男	1942 年 12 月
刘长贵	沂水县夏蔚镇南庄村	22	男	1942 年 12 月
张京科	沂水县姚店子镇丰台庄村	26	男	1942 年 12 月
阚士俭	沂水县夏蔚镇黄泉村	32	男	1942 年 12 月
武学善	沂水县夏蔚镇黄泉村	33	男	1942 年 12 月
田宝德	沂水县沂水镇湖埠西村	19	男	1942 年
杨学高	沂水县沂水镇前埠东村	—	男	1942 年
来文厚	沂水县沂水镇牛岭埠村	31	男	1942 年
庄金科	沂水县沂水镇牛岭埠村	42	男	1942 年
武纪后	沂水县沂水镇后庞家庄村	43	男	1942 年
刘启运	沂水县沂水镇后庞家庄村	25	男	1942 年
徐光云	沂水县沂水镇朝阳官庄村	30	男	1942 年
许盘名	沂水县沂水镇太平官庄村	40	男	1942 年
张学勤	沂水县沂水镇东朱家庄村	29	男	1942 年
王春元之长子	沂水县高桥镇沭水南岭村	11	男	1942 年
神和升之祖父	沂水县马站镇神家庄村	40	男	1942 年
黄培刚	沂水县马站镇黄家安口村	32	男	1942 年
神乐京之父	沂水县马站镇黄家安口村	31	男	1942 年
黄玉良之祖母	沂水县马站镇黄家安口村	31	女	1942 年
尹 淑	沂水县马站镇乔家官庄村	35	男	1942 年
李淑江	沂水县马站镇乔家官庄村	34	男	1942 年
冯圣文	沂水县马站镇天桥官庄村	40	男	1942 年
韩祥阳	沂水县马站镇杨家城子村	22	男	1942 年
杨志强	沂水县马站镇杨家城子村	30	男	1942 年
黄 利	沂水县马站镇杨家城子村	32	男	1942 年
黄汝春	沂水县马站镇杨家城子村	30	男	1942 年
杨 华	沂水县马站镇杨家城子村	29	男	1942 年
杨一业	沂水县马站镇杨家城子村	30	男	1942 年
杨 林	沂水县马站镇杨家城子村	30	男	1942 年
杨太伟	沂水县马站镇杨家城子村	30	男	1942 年
杨杰民	沂水县马站镇杨家城子村	31	男	1942 年

姓　名	籍　贯	年　龄	性　别	死难时间
王新民	沂水县马站镇杨家城子村	25	男	1942 年
杨继民	沂水县马站镇杨家城子村	27	男	1942 年
王　利	沂水县马站镇杨家城子村	34	男	1942 年
刘恩田	沂水县马站镇北坡村	61	男	1942 年
邱云税	沂水县马站镇石碰村	34	男	1942 年
邱配叶	沂水县马站镇石碰村	33	男	1942 年
邱夕年	沂水县马站镇石碰村	38	男	1942 年
丘同志	沂水县马站镇关项村	42	男	1942 年
刘永年	沂水县马站镇关项村	37	男	1942 年
鞠太富	沂水县马站镇八大庄村	42	男	1942 年
石庆礼	沂水县马站镇米山村	42	男	1942 年
石庆兴	沂水县马站镇米山村	34	男	1942 年
李培红之大伯	沂水县杨庄镇西山根村	14	男	1942 年
李祥万之祖母	沂水县杨庄镇西山根村	61	女	1942 年
李祥林之父	沂水县杨庄镇西山根村	56	男	1942 年
陈培梓	沂水县杨庄镇郭家峪村	39	男	1942 年
张存太之祖父	沂水县杨庄镇峨山口村	60	男	1942 年
张存太之祖母	沂水县杨庄镇峨山口村	56	女	1942 年
张学连之母	沂水县杨庄镇峨山口村	63	女	1942 年
秦彦贞	沂水县杨庄镇秦家庄村	31	男	1942 年
秦托云	沂水县杨庄镇秦家庄村	25	男	1942 年
秦满云	沂水县杨庄镇秦家庄村	32	男	1942 年
刘兵珍	沂水县杨庄镇秦家庄村	30	男	1942 年
孟庆余	沂水县杨庄镇汞丹山村	33	男	1942 年
孟现平	沂水县杨庄镇汞丹山村	22	男	1942 年
张文庆	沂水县杨庄镇汞丹山村	17	男	1942 年
周树祥	沂水县杨庄镇大沟村	12	男	1942 年
吴学新	沂水县杨庄镇大沟村	30	男	1942 年
徐富贵之母	沂水县杨庄镇庄科村	41	女	1942 年
陈洪双	沂水县杨庄镇南仉林村	24	男	1942 年
赵学坤之祖母	沂水县圈里乡圈里村	—	女	1942 年
董　四	沂水县圈里乡圈里村	45	男	1942 年
牛庆山之子	沂水县圈里乡圈里村	21	男	1942 年
牛王氏	沂水县圈里乡圈里村	32	女	1942 年

姓 名	籍 贯	年 龄	性 别	死难时间
刘玉良之母	沂水县圈里乡桥北头村	21	女	1942 年
贾 江	沂水县圈里乡河西村	50	男	1942 年
秀	沂水县圈里乡北朱堡村	7	女	1942 年
高玉英	沂水县圈里乡南朱堡村	27	男	1942 年
高为弟	沂水县圈里乡南朱堡村	25	男	1942 年
高玉善之母	沂水县圈里乡南朱堡村	27	女	1942 年
高春香之母	沂水县圈里乡南朱堡村	39	女	1942 年
牛庆光之父	沂水县圈里乡牛老庄村	34	男	1942 年
辛杨州	沂水县圈里乡牛老庄村	13	男	1942 年
高培暖之祖父	沂水县圈里乡南山村	53	男	1942 年
王培修之祖父	沂水县圈里乡南山村	52	男	1942 年
申兰会之妻	沂水县圈里乡田岔河村	25	女	1942 年
刘祥德	沂水县圈里乡吉林村	19	男	1942 年
刘兰根	沂水县圈里乡吉林村	23	男	1942 年
刘世奎	沂水县圈里乡吉林村	24	男	1942 年
刘喜德	沂水县圈里乡吉林村	15	男	1942 年
王振民	沂水县圈里乡七箭村	26	男	1942 年
王振理	沂水县圈里乡七箭村	19	男	1942 年
郭 田	沂水县圈里乡七箭村	30	男	1942 年
颜成明	沂水县圈里乡上二郎峪村	19	男	1942 年
颜京利之祖父	沂水县圈里乡中二郎峪村	35	男	1942 年
许 氏	沂水县圈里乡许家庄村	24	女	1942 年
史敬同之叔	沂水县圈里乡许家庄村	60	男	1942 年
相文升	沂水县圈里乡许家庄村	27	男	1942 年
高 升	沂水县圈里乡谭家沟村	62	男	1942 年
程仁帮	沂水县圈里乡高家庄村	51	男	1942 年
郭顺富	沂水县圈里乡高家庄村	59	男	1942 年
高志坤	沂水县圈里乡高家庄村	30	男	1942 年
申仕钦之祖父	沂水县圈里乡红石峪村	47	男	1942 年
孙秀学	沂水县诸葛镇大崮后村	24	男	1942 年
刘成吉	沂水县诸葛镇大崮后村	24	男	1942 年
陈贵普	沂水县诸葛镇东王峪村	32	男	1942 年
耿善欣	沂水县诸葛镇东王峪村	27	男	1942 年
耿永秀	沂水县诸葛镇耿家王峪村	26	女	1942 年

姓　名	籍　贯	年　龄	性　别	死难时间
耿永善	沂水县诸葛镇耿家王峪村	21	男	1942 年
王文启	沂水县诸葛镇耿家王峪村	24	男	1942 年
耿永文	沂水县诸葛镇耿家王峪村	20	男	1942 年
崔明文	沂水县诸葛镇耿家王峪村	22	男	1942 年
郭　氏	沂水县诸葛镇耿家王峪村	23	女	1942 年
崔明义	沂水县诸葛镇新民官庄村	22	男	1942 年
王续久	沂水县诸葛镇新民官庄村	21	男	1942 年
刘玉树	沂水县诸葛镇新民官庄村	22	男	1942 年
陈　奇	沂水县诸葛镇上小诸葛村	16	男	1942 年
耿孝成	沂水县诸葛镇张家坼村	32	男	1942 年
张学文	沂水县诸葛镇略疃村	41	男	1942 年
李清臣	沂水县诸葛镇略疃村	20	男	1942 年
李杜学	沂水县诸葛镇略疃村	21	男	1942 年
李富祥	沂水县诸葛镇略疃村	21	男	1942 年
李生元	沂水县诸葛镇略疃村	20	男	1942 年
张子林之长子	沂水县诸葛镇小暖峪村	17	男	1942 年
杨宗修	沂水县诸葛镇大暖峪村	28	男	1942 年
周文章	沂水县诸葛镇上华庄村	36	男	1942 年
刁长明	沂水县诸葛镇西卞山村	27	男	1942 年
刁九福	沂水县诸葛镇西卞山村	26	男	1942 年
谢平功	沂水县诸葛镇司家沟村	28	男	1942 年
庞传强	沂水县诸葛镇司家沟村	25	男	1942 年
唐森富	沂水县诸葛镇新庄村	28	男	1942 年
王少喜	沂水县诸葛镇新庄村	29	男	1942 年
王佃任	沂水县诸葛镇新庄村	27	男	1942 年
刘振贵之父	沂水县诸葛镇新庄村	25	男	1942 年
王埠玲	沂水县诸葛镇新庄村	24	男	1942 年
王同英之叔	沂水县诸葛镇新庄村	23	男	1942 年
申　氏	沂水县诸葛镇新庄村	26	女	1942 年
王少增	沂水县诸葛镇新庄村	41	男	1942 年
王继兴之子	沂水县诸葛镇新庄村	21	男	1942 年
曹保芝	沂水县诸葛镇下小诸葛村	—	男	1942 年
王　茂	沂水县诸葛镇马场峪村	—	男	1942 年
宋光友	沂水县诸葛镇马场峪村	—	男	1942 年

姓 名	籍 贯	年 龄	性 别	死难时间
杨任氏	沂水县诸葛镇马场峪村	—	女	1942 年
李金田	沂水县诸葛镇马场峪村	—	男	1942 年
李杨氏	沂水县诸葛镇马场峪村	—	女	1942 年
孙广善	沂水县诸葛镇马场峪村	—	男	1942 年
孙刘氏	沂水县诸葛镇马场峪村	—	女	1942 年
张 氏	沂水县诸葛镇马场峪村	—	女	1942 年
张彦秀	沂水县诸葛镇大峪村	—	男	1942 年
刁枚×	沂水县诸葛镇小峪村	—	男	1942 年
刘廷高	沂水县诸葛镇刘家河北村	35	男	1942 年
韩世增	沂水县诸葛镇刘家河北村	42	男	1942 年
刘世修	沂水县诸葛镇刘家河北村	37	男	1942 年
刘廷光	沂水县诸葛镇刘家河北村	52	男	1942 年
刘振堂	沂水县诸葛镇刘家河北村	39	男	1942 年
王 用	沂水县诸葛镇刘家河北村	32	男	1942 年
韩柱子	沂水县诸葛镇刘家河北村	35	男	1942 年
韩臻子	沂水县诸葛镇刘家河北村	32	男	1942 年
刘振远	沂水县诸葛镇刘家河北村	48	男	1942 年
马瑞同	沂水县诸葛镇马家河北村	32	男	1942 年
滕立成	沂水县龙家圈乡向沂村	40	男	1942 年
陈×庭	沂水县龙家圈乡西中峪村	—	男	1942 年
杨克功之女	沂水县龙家圈乡泮池沟村	20	女	1942 年
田道奎	沂水县龙家圈乡黄崖村	60	男	1942 年
刘树业	沂水县龙家圈乡龙家圈村	12	男	1942 年
高葫头	沂水县龙家圈乡龙家圈村	47	男	1942 年
李瑞同	沂水县龙家圈乡龙家圈村	34	男	1942 年
高燕冲	沂水县龙家圈乡龙家圈村	14	男	1942 年
武希登之妻	沂水县龙家圈乡营盘村	75	女	1942 年
毛彦富	沂水县龙家圈乡上峪子村	31	男	1942 年
肖德恩	沂水县龙家圈乡下肖家沟村	—	男	1942 年
肖德林	沂水县龙家圈乡下肖家沟村	—	男	1942 年
肖连进	沂水县龙家圈乡下肖家沟村	—	男	1942 年
王永环	沂水县龙家圈乡里坊村	—	男	1942 年
相梅成	沂水县龙家圈乡张岱村	—	男	1942 年
于国龙	沂水县龙家圈乡张岱村	—	男	1942 年

姓 名	籍 贯	年 龄	性 别	死难时间
于国乾	沂水县龙家圈乡张岱村	—	男	1942 年
牛西元	沂水县黄山铺镇东泉庄村	26	男	1942 年
武善氏	沂水县黄山铺镇胡家庄村	25	女	1942 年
熊德全	沂水县黄山铺镇西泉庄村	—	男	1942 年
陈丰林	沂水县黄山铺镇大松林村	46	男	1942 年
徐练奎	沂水县黄山铺镇大松林村	40	男	1942 年
徐连吉	沂水县黄山铺镇大松林村	38	男	1942 年
付万增	沂水县黄山铺镇龙官庄村	38	男	1942 年
武德全	沂水县黄山铺镇南朱冬村	25	男	1942 年
武善书	沂水县黄山铺镇蒋庄村	18	男	1942 年
王开发	沂水县黄山铺镇崖下村	29	男	1942 年
熊宗奎	沂水县夏蔚镇土洼村	35	男	1942 年
张松平	沂水县夏蔚镇土洼村	19	男	1942 年
王京志	沂水县夏蔚镇北上位村	18	男	1942 年
孙廷顺	沂水县夏蔚镇北上位村	38	男	1942 年
闫德全之祖父	沂水县夏蔚镇后村	25	男	1942 年
刘新厚	沂水县夏蔚镇店子村	53	男	1942 年
闫义德	沂水县崔家峪镇南峪村	38	男	1942 年
王为生之祖父	沂水县夏蔚镇南峪村	56	男	1942 年
王立功	沂水县夏蔚镇柳树头村	21	男	1942 年
潘玉兰	沂水县夏蔚镇柳树头村	22	男	1942 年
朱文秀之父	沂水县夏蔚镇甄家疃村	22	男	1942 年
大麻子	沂水县夏蔚镇甄家疃村	27	男	1942 年
张 二	沂水县夏蔚镇甄家疃村	41	男	1942 年
朱 田	沂水县夏蔚镇甄家疃村	42	男	1942 年
朱玉山	沂水县夏蔚镇甄家疃村	24	男	1942 年
朱 仁	沂水县夏蔚镇甄家疃村	41	男	1942 年
张子山	沂水县夏蔚镇甄家疃村	43	男	1942 年
张 帽	沂水县夏蔚镇甄家疃村	52	男	1942 年
赵玉收	沂水县高庄镇赵家庄子村	—	男	1942 年
王杨氏	沂水县高庄镇马兰村	—	女	1942 年
王清汉	沂水县高庄镇马兰村	—	男	1942 年
张怀贞	沂水县高庄镇杏峪村	—	男	1942 年
杨忠存	沂水县高庄镇良疃村	—	男	1942 年

姓 名	籍 贯	年 龄	性 别	死难时间
张济时	沂水县泉庄乡罗汉崖村	41	男	1942 年
张道林	沂水县院东头乡桃棵子村	19	男	1942 年
张道亮	沂水县院东头乡桃棵子村	—	男	1942 年
巩佃友	沂水县院东头乡上岩峪村	26	男	1942 年
刘长三	沂水县院东头乡许家峪村	13	男	1942 年
刘方志	沂水县院东头乡许家峪村	31	男	1942 年
刘志胜	沂水县院东头乡许家峪村	20	男	1942 年
刘方德	沂水县院东头乡许家峪村	20	男	1942 年
王廷信	沂水县姚店子镇黄山庄村	22	男	1942 年
黄玉家	沂水县姚店子镇东黄家庄村	19	男	1942 年
潘纪兴	沂水县姚店子镇东水旺庄村	22	男	1942 年
尹作功	沂水县许家湖镇夏家楼村	30	男	1942 年
李长富之母	沂水县许家湖镇李家庄村	42	女	1942 年
王庆福	沂水县许家湖镇吕丈坡村	37	男	1942 年
王 宝	沂水县许家湖镇吕丈坡村	28	男	1942 年
于秀成	沂水县许家湖镇河东村	46	男	1942 年
苗贵吉	沂水县许家湖镇荆山岭村	24	男	1942 年
李佃举	沂水县许家湖镇荆山岭村	31	男	1942 年
胡长富	沂水县许家湖镇荆山岭村	26	男	1942 年
黄培孝	沂水县许家湖镇后城子村	19	男	1942 年
黄习明	沂水县许家湖镇龙泉站村	14	男	1942 年
黄家臣	沂水县许家湖镇北社村	36	男	1942 年
李进荣	沂水县四十里堡镇西李庄村	53	男	1942 年
傅丰斋	沂水县沂水镇南关街	43	男	1942 年
张德荣	沂水县沙沟镇张家双沟村	20	男	1942 年
李忠德	沂水县沙沟镇沙沟村	21	男	1942 年
王金祥	沂水县沙沟镇于家双沟村	26	男	1942 年
王忠钦	沂水县诸葛镇坡庄二村	20	男	1942 年
李金川	沂水县诸葛镇会仙院村	28	男	1942 年
王太祥	沂水县诸葛镇会仙院村	28	男	1942 年
侯春泽	沂水县诸葛镇店子村	26	男	1942 年
黄家成	沂水县诸葛镇大崮峪村	18	男	1942 年
于松唐	沂水县诸葛镇郝仙院村	28	男	1942 年
李洪九	沂水县诸葛镇东埠前村	26	男	1942 年

姓　名	籍　贯	年　龄	性　别	死难时间
李　科	沂水县诸葛镇张耿村	56	男	1942 年
刘　俊	沂水县沂水镇南关街	—	女	1942 年
伊方水	沂水县夏蔚镇水源坪村	30	男	1942 年
许学纲	沂水县高庄镇西良村	28	男	1942 年
武启胜	沂水县夏蔚镇上江峪村	26	男	1942 年
阚赵太	沂水县夏蔚镇西坪村	29	男	1942 年
王乃全	沂水县高庄镇佛庄村	20	男	1942 年
郭玉太	沂水县崔家峪镇崔家峪村	31	男	1942 年
王　连	沂水县崔家峪镇崔家峪村	26	男	1942 年
朱长名	沂水县崔家峪镇青石坊村	19	男	1942 年
王春永	沂水县黄山铺镇岳庄村	22	男	1942 年
吉善三	沂水县姚店子镇吉家庄村	21	男	1942 年
程德法	沂水县姚店子镇埠前庄村	20	男	1942 年
王春亮	沂水县龙家圈乡刘诸坞村	23	男	1942 年
吴炳善	沂水县黄山铺镇大高庄村	27	男	1942 年
杜见成	沂水县黄山铺镇崖上村	31	男	1942 年
周广治	沂水县黄山铺镇小高庄村	18	男	1942 年
黄升勋	沂水县龙家圈乡南黄家庄村	31	男	1942 年
李　氏	沂水县龙家圈乡东李家庄村	—	女	1943 年 1 月 16 日
薛永民	沂水县沂水镇刘官庄村	23	男	1943 年 1 月
马桂吉	沂水县高桥镇马家河村	22	男	1943 年 1 月
刘成全	沂水县诸葛镇店子村	26	男	1943 年 1 月
侯宝元之父	沂水县诸葛镇店子村	26	男	1943 年 1 月
徐进鹤	沂水县许家湖镇新建村	29	男	1943 年 1 月
周西坤	沂水县许家湖镇新建村	22	男	1943 年 1 月
徐进田	沂水县许家湖镇新建村	25	男	1943 年 1 月
解仁先	沂水县沂水镇前石良村	35	男	1943 年 1 月
李忠庆	沂水县诸葛镇西坡庄村	33	男	1943 年 1 月
毕世合	沂水县诸葛镇江家官庄村	22	男	1943 年 1 月
毕玉宽	沂水县诸葛镇江家官庄村	22	男	1943 年 1 月
李兴忠	沂水县泉庄乡东郭庄村	22	男	1943 年 1 月
王永祥	沂水县沙沟镇上麻庄村	—	男	1943 年 2 月
李　星	沂水县沂水镇刘官庄村	22	男	1943 年 2 月
肖玉奎	沂水县高桥镇马家林村	20	男	1943 年 2 月

姓 名	籍 贯	年 龄	性 别	死难时间
魏德忠	沂水县泉庄乡石佛沟村	24	男	1943 年 2 月
李瑞太	沂水县泉庄乡尹家峪村	38	男	1943 年 2 月
张怀宝之家属	沂水县泉庄乡前里庄村	40	女	1943 年 2 月
张怀宝之女	沂水县泉庄乡前里庄村	8	女	1943 年 2 月
孔庆珂	沂水县沂水镇孔家庄村	30	男	1943 年 2 月
赵玉德	沂水县沂水镇团结村	24	男	1943 年 2 月
冯登元	沂水县诸葛镇下胡同峪村	26	男	1943 年 2 月
张立成	沂水县夏蔚镇杨家峪村	24	男	1943 年 2 月
王连增	沂水县沙沟镇西坪村	—	男	1943 年 3 月 30 日
赵之相	沂水县沙沟镇柏山村	19	男	1943 年 3 月 30 日
赵恩元	沂水县沙沟镇后朱雀村	—	男	1943 年 3 月 30 日
赵恩元之弟	沂水县沙沟镇后朱雀村	—	男	1943 年 3 月 30 日
赵恩啟	沂水县沙沟镇后朱雀村	—	男	1943 年 3 月 30 日
赵丰荣	沂水县沙沟镇后朱雀村	—	男	1943 年 3 月 30 日
赵丰荣之大弟	沂水县沙沟镇后朱雀村	—	男	1943 年 3 月 30 日
赵丰荣之二弟	沂水县沙沟镇后朱雀村	—	男	1943 年 3 月 30 日
赵庆丰	沂水县沂水镇南关街	30	男	1943 年 3 月
李士勉	沂水县泉庄乡张宅村	40	男	1943 年 3 月
王彦法	沂水县姚店子镇吉子山村	28	男	1943 年 3 月
韩世亮	沂水县沂水镇小半城村	16	男	1943 年 3 月
李学忠	沂水县沂水镇小滑石沟村	24	男	1943 年 3 月
朱成运	沂水县沂水镇小滑石沟村	25	男	1943 年 3 月
何绍玖	沂水县高桥镇韩家岔河村	20	男	1943 年 3 月
郭 立	沂水县高桥镇刘家长林村	34	男	1943 年 3 月
刘子功	沂水县马站镇马站村	29	男	1943 年 3 月
黄守宽	沂水县马站镇小胡村	23	男	1943 年 3 月
李春孝	沂水县诸葛镇马场峪村	22	男	1943 年 3 月
秦成起	沂水县夏蔚镇西山村	24	男	1943 年 3 月
都树才	沂水县高庄镇杏峪村	20	男	1943 年 3 月
武发胜	沂水县夏蔚镇上江峪村	19	男	1943 年 3 月
王京宝	沂水县诸葛镇张家旺村	22	男	1940 年 3 月
马希同	沂水县沙沟镇上麻庄村	—	男	1943 年 4 月 8 日
张学友之母	沂水县沙沟镇石泉峪村	30	女	1943 年 4 月 30 日
曹宝生	沂水县沂水镇鼓山前村	19	男	1943 年 4 月

姓 名	籍 贯	年 龄	性 别	死难时间
段付吉	沂水县崔家峪镇南梨园村	18	男	1943 年 4 月
段孟生	沂水县崔家峪镇南梨园村	18	男	1943 年 4 月
高文堂	沂水县崔家峪镇南梨园村	25	男	1943 年 4 月
徐甲山	沂水县崔家峪镇南梨园村	22	男	1943 年 4 月
刘学开	沂水县崔家峪镇西荆山头村	33	男	1943 年 4 月
刘学闲	沂水县崔家峪镇西荆山头村	30	男	1943 年 4 月
徐新亭	沂水县姚店子镇大桥村	18	男	1943 年 4 月
谭振山	沂水县许家湖镇北社村	30	男	1943 年 4 月
申士德	沂水县杨庄镇四官庄村	29	男	1943 年 4 月
王文吉	沂水县诸葛镇张耿村	22	男	1943 年 4 月
吴秀成	沂水县崔家峪镇崔家峪村	19	男	1943 年 4 月
肖凤经	沂水县龙家圈乡下肖家沟村	17	男	1943 年 4 月
于俊喜	沂水县沙沟镇虎峪村	—	男	1943 年 5 月 30 日
肖玉茂	沂水县沙沟镇虎峪村	—	男	1943 年 5 月 30 日
陆 政	沂水县沙沟镇虎峪村	—	男	1943 年 5 月 30 日
吴洪云	沂水县杨庄镇吴家楼子村	30	男	1943 年 5 月
公茂泉	沂水县崔家峪镇凌家圫村	31	男	1943 年 5 月
公方泽	沂水县崔家峪镇凌家圫村	54	男	1943 年 5 月
孙 普	沂水县四十里堡镇孙家河村	24	男	1943 年 5 月
乔彦龙	沂水县高桥镇沭水二村	21	男	1943 年 5 月
魏洪升	沂水县诸葛镇魏家沟村	24	男	1943 年 5 月
张京本	沂水县泉庄乡张庄村	24	男	1943 年 5 月
梁廷德	沂水县泉庄乡张庄村	21	男	1943 年 5 月
法元信	沂水县院东头乡寨子山村	25	男	1943 年 5 月
武春兰	沂水县诸葛镇武家河北村	23	男	1943 年 6 月 8 日
曹明山	沂水县高桥镇酿泉官庄村	19	男	1943 年 6 月
刘金星之表姐夫	沂水县马站镇朱刘店村	25	男	1943 年 6 月
张廷山	沂水县诸葛镇张家旺村	18	男	1943 年 6 月
孙连阳	沂水县四十里堡镇孙家河村	23	男	1943 年 6 月
王春元	沂水县诸葛镇大崮峪村	17	男	1943 年 6 月
马维贞	沂水县诸葛镇大崮前村	34	男	1943 年 6 月
董敬玉	沂水县泉庄乡泉庄村	41	男	1943 年 6 月
李瑞传	沂水县沙沟镇于家双沟村	45	男	1943 年 7 月 30 日
李 长	沂水县沙沟镇于家双沟村	12	男	1943 年 7 月 30 日

姓 名	籍 贯	年龄	性别	死难时间
杨宝山	沂水县沂水镇大伴城村	—	男	1943 年 7 月
杨刘氏	沂水县沂水镇大伴城村	—	女	1943 年 7 月
吴见竟	沂水县高桥镇袁家荣仁村	17	男	1943 年 7 月
周克祥	沂水县杨庄镇大沟村	39	男	1943 年 7 月
柳顺海	沂水县富官庄乡徕庄村	24	男	1943 年 7 月
申兆瑞	沂水县圈里乡田岔河村	19	男	1943 年 7 月
李伪民	沂水县诸葛镇李家营村	29	男	1943 年 7 月
李国荣	沂水县诸葛镇李家营村	29	男	1943 年 7 月
李传仁	沂水县诸葛镇李家营村	28	男	1943 年 7 月
李京仁	沂水县诸葛镇李家营村	29	男	1943 年 7 月
李传修	沂水县诸葛镇李家营村	28	男	1943 年 7 月
李洪烈	沂水县诸葛镇李家营村	28	男	1943 年 7 月
武善娇	沂水县崔家峪镇施家官庄村	5	女	1943 年 7 月
刘长荣	沂水县崔家峪镇磨峪村	39	男	1943 年 7 月
刘长臣	沂水县崔家峪镇磨峪村	39	男	1943 年 7 月
李方成	沂水县崔家峪镇大辉泉村	23	男	1943 年 7 月
魏盛祥	沂水县泉庄乡张庄村	—	男	1943 年 7 月
张 仁	沂水县许家湖镇北小尧村	41	男	1943 年 7 月
赵红录	沂水县许家湖镇东梅沟村	33	男	1943 年 7 月
王夕存	沂水县沂水镇东古城村	28	男	1943 年 7 月
李树田	沂水县沂水镇闫家庄村	23	男	1943 年 7 月
李奉秀	沂水县诸葛镇下华庄村	23	男	1943 年 7 月
王成田	沂水县诸葛镇下华庄村	22	男	1943 年 7 月
英悦法	沂水县高庄镇小朱家庄村	21	男	1943 年 7 月
李 学	沂水县崔家峪镇南峪村	22	男	1943 年 7 月
黄法桂	沂水县龙家圈乡南黄家庄村	—	男	1943 年 8 月 14 日
李付田	沂水县龙家圈乡东李家庄村	—	男	1943 年 8 月 14 日
李善正	沂水县高桥镇荣沟村	22	男	1943 年 8 月
刘疫壮	沂水县诸葛镇店子村	29	男	1943 年 8 月
公培珍	沂水县崔家峪镇凌家湾村	27	男	1943 年 8 月
徐怀祥	沂水县崔家峪镇南垛庄铺村	21	男	1943 年 8 月
祝春太	沂水县崔家峪镇南垛庄铺村	22	男	1943 年 8 月
张之成	沂水县姚店子镇麦坡坪村	23	男	1943 年 8 月
李花春	沂水县姚店子镇唐家河村	57	男	1943 年 8 月

姓 名	籍 贯	年 龄	性 别	死难时间
黄家一	沂水县姚店子镇姚店子村	23	男	1943 年 8 月
许洪法	沂水县姚店子镇姚店子村	27	男	1943 年 8 月
张道兴	沂水县夏蔚镇云头峪村	21	男	1943 年 8 月
李长胜	沂水县夏蔚镇水源坪村	38	男	1943 年 8 月
潘永贵	沂水县夏蔚镇柳树头村	18	男	1943 年 8 月
高学太	沂水县夏蔚镇西峰峪村	20	男	1943 年 8 月
朱清传	沂水县夏蔚镇朱家坪村	23	男	1943 年 8 月
刘公然	沂水县姚店子镇永富庄村	41	男	1943 年 8 月
刘喜恩	沂水县泉庄乡东郭庄村	19	男	1943 年 9 月 12 日
佟金营	沂水县龙家圈乡甘河村	—	男	1943 年 9 月
陈光才	沂水县黄山铺镇吕家庄村	21	男	1943 年 9 月
李 四	沂水县崔家峪镇施家官庄村	10	男	1943 年 9 月
赵平稳	沂水县崔家峪镇凰龙圻村	15	男	1943 年 9 月
吴秀福	沂水县崔家峪镇崔家峪村	20	男	1943 年 9 月
张之德	沂水县姚店子镇麦坡坪村	22	男	1943 年 9 月
小举子	沂水县姚店子镇麦坡坪村	18	男	1943 年 9 月
刘宝忠	沂水县沂水镇大半城村	37	男	1943 年 9 月
赵春胜	沂水县沂水镇常家沟村	20	男	1943 年 9 月
贺法林	沂水县沂水镇城里街	23	男	1943 年 9 月
杨金松	沂水县马站镇四山官庄村	21	男	1943 年 9 月
顾 喜	沂水县诸葛镇司家沟村	27	男	1943 年 9 月
李增顺	沂水县龙家圈乡里圻村	35	男	1943 年 9 月
张文春	沂水县院东头乡崮墩村	49	男	1943 年 10 月
赵庆堂	沂水县沂水镇南庄村	26	男	1943 年 10 月
季立吉	沂水县道托乡韩家曲村	16	男	1943 年 10 月
王永年	沂水县	36	男	1943 年 10 月
王庆方	沂水县泉庄乡江家安村	27	男	1943 年 10 月
徐振鹤	沂水县姚店子镇袁家林村	28	男	1943 年 10 月
周西昆	沂水县姚店子镇袁家林村	20	男	1943 年 10 月
黄升勋	沂水县许家湖镇前进村	34	男	1943 年 11 月
王文胜	沂水县道托乡西官庄村	27	男	1943 年 11 月
李文全	沂水县杨庄镇北仉林村	23	男	1943 年 11 月
高凤岐	沂水县诸葛镇葛庄村	20	男	1943 年 11 月
朱永合	沂水县诸葛镇西卞山村	24	男	1943 年 11 月

姓 名	籍 贯	年 龄	性 别	死难时间
宋树岱	沂水县夏蔚镇晏婴店子村	44	男	1943 年 11 月
徐家彬	沂水县崔家峪镇南梨园村	23	男	1943 年 11 月
褚泰然	沂水县黄山铺镇东泉庄村	17	男	1943 年 11 月
黄尔成	沂水县崔家峪镇南垛庄铺村	22	男	1943 年 11 月
王玉吉	沂水县崔家峪镇南垛庄铺村	26	男	1943 年 11 月
徐子厚	沂水县沂水镇前晏家铺村	33	男	1943 年 12 月
毕玉堂	沂水县诸葛镇新民官庄村	20	男	1943 年 12 月
张庆才	沂水县高庄镇下里庄村	23	男	1943 年 12 月
李希德	沂水县黄山铺镇胡家庄村	24	男	1943 年 12 月
刘宽贤	沂水县	—	男	1943 年 12 月
张洪山	沂水县院东头乡张家峪子村	40	男	1943 年秋
张丙照	沂水县沂水镇黄泥崖村	—	男	1943 年
张成录	沂水县沂水镇姚家官庄村	—	男	1943 年
李连科	沂水县沂水镇李家洼村	25	男	1943 年
周道德	沂水县沂水镇李家洼村	37	男	1943 年
武传路	沂水县沂水镇西古城村	19	男	1943 年
张海栋	沂水县沂水镇朝阳官庄村	31	男	1943 年
张海新	沂水县沂水镇朝阳官庄村	20	男	1943 年
徐善平	沂水县沂水镇荷叶官庄村	17	男	1943 年
齐　氏	沂水县道托乡后涝坡村	23	女	1943 年
王　二	沂水县高桥镇汤家官庄村	32	男	1943 年
王　传	沂水县高桥镇碑石岭村	28	男	1943 年
刘延顺	沂水县高桥镇刘家山宋村	27	男	1943 年
神和兴之祖父	沂水县马站镇神家庄村	42	男	1943 年
徐以明之祖父	沂水县马站镇徐家官庄村	40	男	1943 年
徐建祥之子	沂水县马站镇徐家官庄村	19	男	1943 年
史京友之长兄	沂水县马站镇徐家官庄村	25	男	1943 年
左红余	沂水县马站镇北郭家湖村	22	男	1943 年
韩佃章	沂水县马站镇北郭家湖村	34	男	1943 年
田文祥	沂水县马站镇北郭家湖村	39	男	1943 年
韩德月	沂水县马站镇北郭家湖村	22	男	1943 年
杨立胜	沂水县马站镇北坡村	38	男	1943 年
石庆辉	沂水县马站镇米山村	43	男	1943 年
鞠星海	沂水县马站镇东旺村	38	男	1943 年

姓　名	籍　贯	年　龄	性　别	死难时间
王子莲	沂水县马站镇东旺村	41	男	1943 年
周安男	沂水县马站镇东旺村	38	男	1943 年
秦家庄	沂水县马站镇东旺村	39	男	1943 年
陈星海	沂水县马站镇东旺村	39	男	1943 年
张学福	沂水县杨庄镇汞丹山村	23	男	1943 年
孟庆福	沂水县杨庄镇汞丹山村	25	男	1943 年
孟庆仁	沂水县杨庄镇汞丹山村	23	男	1943 年
孟庆友	沂水县杨庄镇汞丹山村	27	男	1943 年
秦德厚	沂水县杨庄镇秦家庄村	31	男	1943 年
秦德重	沂水县杨庄镇秦家庄村	25	男	1943 年
贾　氏	沂水县圈里乡圈里村	44	女	1943 年
李启芬	沂水县圈里乡圈里村	20	女	1943 年
李　竹	沂水县圈里乡圈里村	8	男	1943 年
申文贤	沂水县圈里乡圈里村	50	男	1943 年
王夕恩	沂水县圈里乡河西村	30	男	1943 年
王德顺	沂水县圈里乡陈官庄村	33	男	1943 年
陈加友之姑	沂水县圈里乡陈官庄村	22	女	1943 年
李洪江	沂水县圈里乡上獐子峪村	28	男	1943 年
张立善	沂水县圈里乡前朱营村	23	男	1943 年
程纪荣之父	沂水县圈里乡前朱营村	67	男	1943 年
张立本	沂水县圈里乡前朱营村	57	男	1943 年
刘成德	沂水县诸葛镇大崮后村	23	男	1943 年
刘立建	沂水县诸葛镇大崮后村	26	男	1943 年
王立修	沂水县诸葛镇前文一村	19	男	1943 年
王德林	沂水县诸葛镇新民官庄村	24	男	1943 年
武月成	沂水县诸葛镇上小诸葛村	11	男	1943 年
刘于宽	沂水县诸葛镇上小诸葛村	14	男	1943 年
张文台	沂水县诸葛镇河西庄村	41	男	1943 年
李富臣	沂水县诸葛镇略瞳村	47	男	1943 年
靳士义	沂水县诸葛镇上华庄村	35	男	1943 年
解夕信	沂水县诸葛镇上华庄村	35	男	1943 年
张东信	沂水县诸葛镇上华庄村	40	男	1943 年
宋永合	沂水县诸葛镇西卞山村	23	男	1943 年
宋之杰	沂水县诸葛镇西卞山村	18	男	1943 年

姓 名	籍 贯	年龄	性别	死难时间
惠青松	沂水县诸葛镇西卞山村	27	男	1943 年
惠青茂	沂水县诸葛镇西卞山村	26	男	1943 年
惠西中	沂水县诸葛镇西卞山村	29	男	1943 年
宋幸三	沂水县诸葛镇常庄村	23	男	1943 年
宋永寿	沂水县诸葛镇常庄村	25	男	1943 年
宋德义	沂水县诸葛镇常庄村	26	男	1943 年
江东修	沂水县诸葛镇江家官庄村	32	男	1943 年
毕善庆	沂水县诸葛镇江家官庄村	31	男	1943 年
江兆芹之子	沂水县诸葛镇江家官庄村	15	男	1943 年
江玉相之弟	沂水县诸葛镇江家官庄村	12	男	1943 年
黄老大	沂水县诸葛镇江家官庄村	25	男	1943 年
黄老二	沂水县诸葛镇江家官庄村	23	男	1943 年
孙纪连	沂水县诸葛镇马场峪村	73	男	1943 年
刘学福	沂水县诸葛镇西于家河村	21	男	1943 年
崔学永	沂水县诸葛镇后河西村	18	男	1943 年
徐后金	沂水县诸葛镇后河西村	16	男	1943 年
于金超	沂水县诸葛镇于家旺村	21	男	1943 年
于希升	沂水县诸葛镇于家旺村	17	男	1943 年
杨之平	沂水县诸葛镇于家旺村	36	男	1943 年
刘 大	沂水县龙家圈乡马池水村	55	男	1943 年
赵银刚	沂水县龙家圈乡吴坡村	22	男	1943 年
杨氏之女	沂水县龙家圈乡泮池沟村	20	女	1943 年
马风臻	沂水县龙家圈乡龙家圈村	18	女	1944 年
胡振英	沂水县龙家圈乡泉沟村	——	女	1943 年
周西仁	沂水县黄山铺镇小高庄村	86	男	1943 年
朱参谋	沂水县黄山铺镇小高庄村	26	男	1943 年
吴 氏	沂水县黄山铺镇大高庄村	——	女	1943 年
褚太然	沂水县黄山铺镇东泉庄村	17	男	1943 年
黄桂六	沂水县黄山铺镇黄石官庄村	67	男	1943 年
邱学荣	沂水县黄山铺镇黄石官庄村	26	男	1943 年
邱宝柱	沂水县黄山铺镇黄石官庄村	34	男	1943 年
夏京田	沂水县黄山铺镇黄石官庄村	36	男	1943 年
吴法吉	沂水县黄山铺镇西泉庄村	16	男	1943 年
王为贞	沂水县黄山铺镇东朱陈村	34	男	1943 年

姓　名	籍　贯	年　龄	性　别	死难时间
张敬田	沂水县黄山铺镇东土沟村	19	男	1943 年
王学增	沂水县黄山铺镇大官庄村	29	男	1943 年
王成业	沂水县黄山铺镇石巴崖村	20	男	1943 年
闫修贞	沂水县夏蔚镇东村	22	男	1943 年
闫凤良	沂水县夏蔚镇北上位村	19	男	1943 年
谭洪彬	沂水县夏蔚镇后村	54	男	1943 年
颜士仁	沂水县夏蔚镇回峰涧村	24	男	1943 年
高士玉	沂水县夏蔚镇回峰涧村	23	男	1943 年
孙付林	沂水县夏蔚镇朱家坪村	23	男	1943 年
王为候	沂水县夏蔚镇西村	35	男	1943 年
刘俊德	沂水县夏蔚镇店子村	42	男	1943 年
宋树移	沂水县夏蔚镇店子村	52	男	1943 年
牛振水	沂水县夏蔚镇柳树头村	22	男	1943 年
李　儿	沂水县夏蔚镇崮前崖村	31	男	1943 年
朱文举	沂水县夏蔚镇甄家疃村	33	男	1943 年
朱万富	沂水县高庄镇下马都峪村	23	男	1943 年
张学友	沂水县高庄镇下里庄村	29	男	1943 年
张学余	沂水县高庄镇下里庄村	29	男	1943 年
张庆文	沂水县高庄镇陈家沟村	48	男	1943 年
张庆轩	沂水县高庄镇陈家沟村	45	男	1943 年
张安廷	沂水县高庄镇门庄村	33	男	1943 年
郝　二	沂水县高庄镇门庄村	15	男	1943 年
刘洪山	沂水县泉庄乡马头崖村	52	男	1944 年
张万宝之母	沂水县泉庄乡河南村	39	女	1943 年
张元美	沂水县泉庄乡石牛坡村	25	男	1943 年
马士修	沂水县院东头乡曲家洞子村	26	男	1943 年
张道瑞	沂水县院东头乡张家庄子村	17	男	1943 年
刘进兴	沂水县院东头乡上岩峪村	26	男	1943 年
赵长庆	沂水县姚店子镇黄山庄村	43	男	1943 年
张之安	沂水县姚店子镇黄山庄村	24	男	1943 年
黄中训	沂水县姚店子镇东黄家庄村	53	男	1943 年
李洪选	沂水县姚店子镇姚店子村	23	男	1943 年
李洪仁	沂水县姚店子镇姚店子村	41	男	1943 年
张　六	沂水县姚店子镇红门岭村	12	男	1943 年

姓 名	籍 贯	年 龄	性 别	死难时间
潘西成	沂水县姚店子镇东水旺庄村	24	男	1943 年
程海廷	沂水县姚店子镇埠前庄村	22	男	1943 年
李付田	沂水县许家湖镇李家庄村	42	男	1943 年
于守成	沂水县许家湖镇于家官庄村	27	男	1943 年
闫廷瑞	沂水县许家湖镇后邑山村	28	男	1943 年
郭相垛	沂水县许家湖镇后邑山村	22	男	1943 年
闫郭氏	沂水县许家湖镇后邑山村	41	女	1943 年
于 四	沂水县许家湖镇河东村	57	男	1943 年
黄 氏	沂水县许家湖镇河东村	61	女	1943 年
闫明胜	沂水县许家湖镇大桥村	25	男	1943 年
窦敬让	沂水县许家湖镇大桥村	30	男	1943 年
袁礼封	沂水县许家湖镇后城子村	23	男	1943 年
贾相义	沂水县许家湖镇宝泉村	19	男	1943 年
黄发贵	沂水县许家湖镇永胜村	—	男	1943 年
高传文	沂水县道托乡小店子村	19	男	1943 年
鞠允新	沂水县官庄乡桃洼村	22	男	1943 年
胡宝善	沂水县沙沟镇对崮峪村	21	男	1943 年
丁文山	沂水县诸葛镇范家旺村	18	男	1943 年
李崇德	沂水县诸葛镇凤凰峪村	35	男	1943 年
高鑫亨	沂水县诸葛镇小暖峪村	24	男	1943 年
丁瑞祯	沂水县诸葛镇大诸葛村	23	男	1943 年
武善保	沂水县诸葛镇红石崖村	26	男	1943 年
段富山	沂水县诸葛镇南门楼村	19	男	1943 年
刘玉美	沂水县诸葛镇前文村	23	男	1943 年
张风忠	沂水县诸葛镇常庄村	20	男	1943 年
庞传芬	沂水县诸葛镇庞家河村	33	女	1943 年
刘德平	沂水县夏蔚镇晏婴店子村	24	男	1943 年
胡成才	沂水县夏蔚镇石牛峪村	41	男	1943 年
韩友才	沂水县崔家峪镇崔家峪村	34	男	1943 年
黄厚田	沂水县姚店子镇坡子村	22	男	1943 年
滕玉勤	沂水县龙家圈乡东大埠岭村	23	男	1943 年
马风全	沂水县姚店子镇烟家庄村	21	男	1943 年
刘全三	沂水县龙家圈乡信家庄村	23	男	1943 年
刘培勤	沂水县龙家圈乡杨诸坞村	18	男	1943 年

姓 名	籍 贯	年 龄	性 别	死难时间
周锡仁	沂水县黄山铺镇小高庄村	25	男	1943 年
秦大佑	沂水县杨庄镇秦家庄村	—	男	1943 年
张志新	沂水县高庄镇下里庄村	31	男	1944 年
李义臣之四兄	沂水县诸葛镇略疃村	15	男	1943 年
周明太	沂水县龙家圈乡甘河村	—	男	1944 年 1 月
相奎安	沂水县崔家峪镇施家官庄村	34	男	1944 年 1 月
李德春	沂水县崔家峪镇下泉村	40	男	1944 年 1 月
梁廷迎	沂水县崔家峪镇五口村	18	男	1944 年 1 月
张 台	沂水县泉庄乡前里庄村	50	男	1944 年 1 月
王立坤	沂水县许家湖镇东邱村	17	男	1944 年 1 月
黄发贵	沂水县许家湖镇前进村	19	男	1944 年 1 月
孔现龙	沂水县沂水镇孔家庄村	51	男	1944 年 1 月
赵树志	沂水县许家湖镇西赵家楼村	23	男	1944 年 1 月
邱洪如	沂水县沂水镇后善疃村	21	男	1945 年 2 月
解安吉	沂水县杨庄镇泉富村	14	男	1944 年 2 月
解延发	沂水县杨庄镇泉富村	19	男	1944 年 2 月
解延广	沂水县杨庄镇泉富村	24	男	1944 年 2 月
程 所	沂水县富官庄乡大沈家沟村	20	男	1944 年 2 月
董丰容	沂水县富官庄乡大沈家沟村	20	男	1944 年 2 月
杨立太	沂水县马站镇杨家珠江村	22	男	1944 年 2 月
刘功禄	沂水县马站镇杨家珠江村	31	男	1944 年 2 月
杨文斗	沂水县诸葛镇于家旺村	36	男	1944 年 2 月
肖正山	沂水县沙沟镇肖家杨庄村	—	男	1944 年 3 月 30 日
肖成先	沂水县沙沟镇肖家杨庄村	—	男	1944 年 3 月 30 日
肖乐德	沂水县沙沟镇肖家杨庄村	—	男	1944 年 3 月 30 日
葛春增	沂水县沙沟镇虎峪村	—	男	1944 年 3 月 30 日
王文斗	沂水县沂水镇太平官庄村	50	男	1944 年 3 月
王培松	沂水县富官庄乡黄崖村	32	男	1944 年 3 月
庞宗良	沂水县富官庄乡徕庄村	17	男	1944 年 3 月
相京春	沂水县崔家峪镇施家官庄村	21	男	1944 年 3 月
李文治	沂水县崔家峪镇北梨园村	22	男	1944 年 3 月
李 泽	沂水县崔家峪镇北梨园村	22	男	1944 年 3 月
王 三	沂水县高庄镇黄石板村	32	男	1944 年 3 月
张满道	沂水县高庄镇佛庄村	36	男	1944 年 3 月

姓名	籍贯	年龄	性别	死难时间
李瑞平	沂水县高庄镇佛庄村	19	男	1944年3月
张之廷	沂水县姚店子镇土城庄村	19	男	1944年3月
王茂盛	沂水县许家湖镇东邱村	17	男	1944年3月
徐志芳	沂水县许家湖镇东梅沟村	18	男	1944年3月
马连秀	沂水县四十里堡镇薛官庄村	20	男	1944年3月
张文山	沂水县沂水镇石良店子村	25	男	1944年3月
刘树立	沂水县马站镇孔家珠江村	28	男	1944年3月
武纪松	沂水县诸葛镇大圈村	28	男	1944年3月
耿为智	沂水县诸葛镇张耿村	26	男	1944年3月
颜世仁	沂水县夏蔚镇西峰峪村	26	男	1944年3月
谭曰相	沂水县院东头乡下岩峪村	20	男	1944年3月
赵子全	沂水县高桥镇酿泉官庄村	20	男	1944年4月
刘立田	沂水县崔家峪镇下泉村	41	男	1944年4月
王东平	沂水县崔家峪镇九山官庄村	22	男	1944年4月
苏立明	沂水县许家湖镇袁家庄村	26	男	1944年4月
李汉洲	沂水县沙沟镇沙沟村	25	男	1944年4月
李金朋	沂水县沙沟镇沙沟村	23	男	1944年4月
王香	沂水县诸葛镇坡庄三村	18	男	1944年4月
徐博友	沂水县泉庄乡梅家坡村	29	男	1944年4月
孙立本	沂水县姚店子镇后武家庄村	38	男	1944年4月
许秀山	沂水县沂水镇南关街	32	男	1944年5月
张宝元	沂水县沂水镇解家官庄村	—	男	1944年5月
李落春	沂水县崔家峪镇下泉村	41	男	1944年5月
郭纪中	沂水县崔家峪镇北梨园村	23	男	1944年5月
曹德望	沂水县崔家峪镇上泉村	23	男	1944年5月
王常海	沂水县高庄镇高庄村	33	男	1944年6月
王荣	沂水县高庄镇五台官庄村	41	男	1944年5月
李田成	沂水县高庄镇佛庄村	34	男	1944年5月
孙德付	沂水县高庄镇佛庄村	34	男	1944年5月
四结巴	沂水县高庄镇佛庄村	41	男	1944年5月
赵下德	沂水县姚店子镇后楼村	23	男	1944年5月
许洪彬	沂水县姚店子镇姚店子村	26	男	1944年5月
史运早	沂水县沂水镇大滑石沟村	20	男	1944年5月
高培文	沂水县沙沟镇于家双沟村	30	男	1944年5月

姓 名	籍 贯	年 龄	性 别	死难时间
赵付祥	沂水县沂水镇金牛官庄村	18	男	1944 年 6 月
王培富	沂水县富官庄乡黄崖村	35	男	1944 年 6 月
陈德全	沂水县崔家峪镇下泉村	38	男	1944 年 6 月
王名坡	沂水县高庄镇高庄村	10	男	1944 年 6 月
王建山之叔	沂水县高庄镇高庄村	35	男	1944 年 6 月
刘乃杰	沂水县高庄镇佛庄村	19	男	1944 年 6 月
谢玉喜	沂水县四十里堡镇后岔河村	—	男	1944 年 6 月
申士明	沂水县杨庄镇四官庄村	25	男	1944 年 6 月
郝立祥	沂水县杨庄镇四官庄村	26	男	1944 年 6 月
高连平	沂水县沙沟镇西院村	24	男	1944 年 6 月
张随道	沂水县高庄镇佛庄村	15	男	1944 年 6 月
赵永学	沂水县四十里堡镇大赵屯村	43	男	1944 年 7 月 23 日
杨启远	沂水县沂水镇南关街	35	男	1944 年 7 月
秦桃气	沂水县高桥镇胡庄村	20	男	1944 年 7 月
张振迎	沂水县高桥镇胡庄村	39	男	1944 年 7 月
贾元福	沂水县高桥镇西河南村	17	男	1944 年 7 月
宋友秀	沂水县富官庄乡宋家箕山村	22	男	1944 年 7 月
张祥伍	沂水县富官庄乡何家庄子村	37	男	1944 年 7 月
黄西其	沂水县龙家圈乡北小官庄村	—	男	1944 年 7 月
赵树平	沂水县龙家圈乡北越庄村	—	男	1944 年 7 月
马仕太	沂水县崔家峪镇东虎崖村	24	男	1944 年 7 月
赵传礼之叔	沂水县崔家峪镇崔家峪村	19	男	1944 年 7 月
江 ×	沂水县崔家峪镇崔家峪村	31	男	1944 年 7 月
宗润芳	沂水县姚店子镇峙山庄村	33	男	1944 年 7 月
翟 茂	沂水县四十里堡镇吕官庄村	—	男	1944 年 7 月
孙乃奎	沂水县沂水镇阳东街	21	男	1944 年 7 月
侯经营	沂水县沂水镇后埠东村	29	男	1944 年 7 月
王希章	沂水县道托乡南下庄村	54	男	1944 年 7 月
樊新民	沂水县诸葛镇罗家场村	23	男	1944 年 7 月
李树开	沂水县泉庄乡磨石沟村	25	男	1944 年 7 月
张志山	沂水县泉庄乡张庄村	18	男	1944 年 7 月
狄元清	沂水县泉庄乡石棚村	23	男	1944 年 7 月
孙长友	沂水县夏蔚镇麦坡村	20	男	1944 年 7 月
范京娥	沂水县夏蔚镇麦坡村	30	男	1944 年 7 月

姓 名	籍 贯	年 龄	性 别	死难时间
张训范	沂水县夏蔚镇牛场子村	20	男	1944 年 7 月
张炳安	沂水县姚店子镇朱家楼子村	31	男	1944 年 7 月
康连斗	沂水县沙沟镇夹石峪村	—	男	1944 年 8 月 30 日
黄武氏	沂水县龙家圈乡北小官庄村	—	女	1944 年 8 月
段孟平	沂水县崔家峪镇南梨园村	52	男	1944 年 8 月
段孟道	沂水县崔家峪镇南梨园村	60	男	1944 年 8 月
段孟和	沂水县崔家峪镇南梨园村	28	男	1944 年 8 月
段学忠	沂水县崔家峪镇南梨园村	27	男	1944 年 8 月
李刘氏	沂水县崔家峪镇崔家峪村	22	女	1944 年 8 月
于德福	沂水县崔家峪镇大辉泉村	18	男	1944 年 8 月
包铁蛋	沂水县高庄镇黄石板村	35	男	1944 年 8 月
赵常胜	沂水县姚店子镇麦坡坪村	22	男	1944 年 8 月
王在荣	沂水县姚店子镇吉子山村	16	男	1944 年 8 月
黄兆现	沂水县许家湖镇东梅沟村	18	男	1944 年 8 月
顾相河	沂水县沂水镇顾家崖村	31	男	1944 年 8 月
王松年	沂水县沂水镇顾家崖村	32	男	1944 年 8 月
申茂金	沂水县沂水镇大半城村	19	男	1944 年 8 月
袁丰海	沂水县沂水镇东升村	33	男	1944 年 8 月
孙芝列	沂水县四十里堡镇大孙家马庄村	19	男	1944 年 8 月
马曰池	沂水县马站镇南杏山村	25	男	1944 年 8 月
张荣三	沂水县马站镇上高庄村	26	男	1944 年 8 月
于花垒	沂水县沙沟镇三泉村	23	男	1944 年 8 月
于金起	沂水县诸葛镇于家旺村	23	男	1944 年 8 月
王清连	沂水县诸葛镇徐家河村	23	男	1944 年 8 月
高玉信	沂水县夏蔚镇长岭村	20	男	1944 年 8 月
武京胜	沂水县夏蔚镇上江峪村	19	男	1944 年 8 月
王清福	沂水县高庄镇高庄村	24	男	1944 年 8 月
刘桂安	沂水县崔家峪镇西荆山头村	19	男	1944 年 8 月
黄学农	沂水县龙家圈乡黄家安村	30	男	1944 年 8 月
孟昭芳	沂水县龙家圈乡泉沟村	19	男	1944 年 8 月
徐黎平	—	—	—	1944 年 8 月
刘振江	—	—	—	1944 年 8 月
刘连正	沂水县诸葛镇前文一村	22	男	1944 年 9 月
黄西其之母	沂水县龙家圈乡北小官庄村	—	女	1944 年 9 月

姓 名	籍 贯	年 龄	性 别	死难时间
公茂营	沂水县崔家峪镇凌家坊村	42	男	1944 年 9 月
公肖氏	沂水县崔家峪镇凌家坊村	54	女	1944 年 9 月
刘成仙之妻	沂水县崔家峪镇下泉村	41	女	1944 年 9 月
孙学文	沂水县崔家峪镇对荆峪村	23	男	1944 年 9 月
将立坤	沂水县崔家峪镇对荆峪村	24	男	1944 年 9 月
李士传	沂水县泉庄乡张庄村	20	男	1944 年 9 月
潘元平	沂水县姚店子镇吉子山村	19	男	1944 年 9 月
王良臣	沂水县姚店子镇吉子山村	14	男	1944 年 9 月
李振福之母	沂水县龙家圈乡北小官庄村	—	女	1944 年 10 月
解学芹	沂水县沂水镇侯家石良村	19	男	1944 年 10 月
刘丁芬	沂水县沂水镇前善疃村	30	男	1944 年 10 月
董玉芬	沂水县官庄乡何家庄子村	20	男	1944 年 10 月
王鼎新	沂水县诸葛镇新民官庄村	22	男	1944 年 10 月
刘配厚	沂水县夏蔚镇麦坡村	19	男	1944 年 10 月
徐振田	沂水县姚店子镇袁家林村	24	男	1944 年 10 月
屈立山	沂水县姚店子镇小武家庄村	26	男	1944 年 10 月
尖 氏	沂水县龙家圈乡北小官庄村	—	女	1944 年 11 月
王永义	沂水县崔家峪镇下泉村	39	男	1944 年 11 月
戚永钦	沂水县四十里堡镇石山子村	33	男	1944 年 11 月
郭凤楼	沂水县四十里堡镇双泉村	32	男	1944 年 11 月
张建周	沂水县泉庄乡张庄村	24	男	1944 年 11 月
张录泉	沂水县黄山铺镇吕家庄村	20	男	1944 年 11 月
师光田	沂水县院东头乡师家崖村	23	男	1944 年 11 月
张现春	沂水县沙沟镇四官旺村	41	男	1944 年 12 月 28 日
梁厚升	沂水县沂水镇牛岭埠村	23	男	1944 年 12 月
董方奎之二兄	沂水县圈里乡石牛埠村	39	男	1944 年 12 月
张振才	沂水县圈里乡石牛埠村	35	男	1944 年 12 月
刘洪录	沂水县圈里乡北相家庄村	47	男	1944 年 12 月
武善法	沂水县崔家峪镇北垛庄铺村	22	男	1944 年 12 月
武传德	沂水县崔家峪镇北垛庄铺村	16	男	1944 年 12 月
李长富	沂水县崔家峪镇吕公峪村	24	男	1944 年 12 月
罗金山	沂水县许家湖镇园里村	19	男	1944 年 12 月
段树秋	沂水县杨庄镇四社村	24	男	1944 年 12 月
王立正	沂水县诸葛镇上小诸葛村	41	男	1944 年 12 月

姓 名	籍 贯	年 龄	性 别	死难时间
张连全	沂水县泉庄乡中良子村	33	男	1944 年 12 月
张胜仪	沂水县高庄镇下马都峪村	28	男	1944 年 12 月
张为景	沂水县	—	男	1944 年 12 月
李玉成	沂水县	—	男	1944 年 12 月
周德福	沂水县沂水镇阳东街	19	男	1944 年
周德福之祖父	沂水县沂水镇阳东街	—	男	1944 年
赵来玉	沂水县沂水镇回民街	—	男	1944 年
史强	沂水县沂水镇大滑石沟村	24	男	1944 年
孔庆恩	沂水县沂水镇姚家官庄村	20	男	1944 年
武世训	沂水县沂水镇西古城村	—	男	1944 年
武善孝	沂水县沂水镇后善疃村	19	男	1944 年
武汉兴	沂水县沂水镇后善疃村	28	男	1944 年
武善庆	沂水县沂水镇后善疃村	21	男	1944 年
董玉亮	沂水县沂水镇兴升村	18	男	1944 年
黄付连	沂水县道托乡塔坡村	20	男	1944 年
王彦分	沂水县道托乡下良峪村	20	男	1944 年
王为山	沂水县道托乡下良峪村	21	男	1944 年
王俊法	沂水县道托乡下良峪村	20	男	1944 年
王彦照	沂水县道托乡下良峪村	21	男	1944 年
刘纪平	沂水县高桥镇朱家沟村	26	男	1944 年
王 义	沂水县高桥镇朱家沟村	19	男	1944 年
秦子升	沂水县高桥镇小瓮山村	17	男	1944 年
季 泰	沂水县高桥镇沭水三村	34	男	1944 年
李文友	沂水县高桥镇张家山宋村	33	男	1944 年
邱德元	沂水县马站镇王井村	42	男	1944 年
庞士全	沂水县马站镇王井村	41	男	1944 年
王明亮	沂水县马站镇王井村	40	男	1944 年
韩富兴	沂水县马站镇王井村	42	男	1944 年
刘汉业	沂水县马站镇董家庄村	36	男	1944 年
刘聚军	沂水县马站镇双龙埠村	38	男	1944 年
王王升	沂水县马站镇马站村	24	男	1944 年
程先珠	沂水县马站镇马站村	33	女	1944 年
苏 林	沂水县马站镇马站村	33	男	1944 年
贾 强	沂水县马站镇马站村	34	男	1944 年

姓 名	籍 贯	年 龄	性 别	死难时间
秦 荣	沂水县马站镇马站村	32	男	1944 年
李均一	沂水县马站镇马站村	33	男	1944 年
孙 孝	沂水县马站镇马站村	34	男	1944 年
孙全文	沂水县马站镇马站村	34	男	1944 年
杨继文	沂水县马站镇马站村	33	男	1944 年
刘新立	沂水县马站镇马站村	37	男	1944 年
刘 人	沂水县马站镇马站村	36	男	1944 年
辛 功	沂水县马站镇马站村	34	男	1944 年
刘彦仑	沂水县马站镇马站村	33	男	1944 年
王 集	沂水县马站镇马站村	33	女	1944 年
程培生	沂水县马站镇王家旺村	39	男	1944 年
王佃杰	沂水县马站镇王家旺村	36	男	1944 年
王佃琥	沂水县马站镇王家旺村	41	男	1944 年
王佃太	沂水县马站镇王家旺村	38	男	1944 年
富宁之兄	沂水县马站镇关顶村	39	男	1944 年
吴玉富	沂水县杨庄镇方家沟村	26	男	1944 年
吴洪仁之三伯	沂水县杨庄镇方家沟村	22	男	1944 年
陈红早	沂水县杨庄镇郭家峪村	55	男	1944 年
崔 荣	沂水县杨庄镇张楼子村	22	男	1944 年
吴洪珍	沂水县杨庄镇张楼子村	20	男	1944 年
王富中	沂水县杨庄镇张楼子村	22	男	1944 年
吴洪思	沂水县杨庄镇张楼子村	14	男	1944 年
张文修	沂水县杨庄镇张楼子村	18	男	1944 年
李启文	沂水县圈里乡圈里村	16	女	1944 年
程纪×	沂水县圈里乡前朱营村	59	男	1944 年
张同文	沂水县圈里乡前朱营村	62	男	1944 年
耿在柱	沂水县诸葛镇耿家王峪村	20	男	1944 年
谢金来	沂水县诸葛镇大暖峪村	20	男	1944 年
张文明	沂水县诸葛镇大暖峪村	20	男	1944 年
杨克奎	沂水县诸葛镇大暖峪村	21	男	1944 年
杨克义	沂水县诸葛镇大暖峪村	29	男	1944 年
靳权成	沂水县诸葛镇上华庄村	22	男	1944 年
王立永	沂水县诸葛镇下小诸葛村	39	男	1944 年
王 刚	沂水县诸葛镇下小诸葛村	38	男	1944 年

姓 名	籍 贯	年 龄	性 别	死难时间
卢洪亮	沂水县诸葛镇西于家河村	34	男	1944 年
耿宝利	沂水县诸葛镇东河西村	24	男	1944 年
薛连明	沂水县诸葛镇东河西村	32	男	1944 年
韩德秋	沂水县龙家圈乡上肖家沟村	—	男	1944 年
李汉顺	沂水县龙家圈乡上肖家沟村	—	男	1944 年
赵家三兄妹之一	沂水县龙家圈乡赵诸坞村	—	女	1944 年
赵家三兄妹之二	沂水县龙家圈乡赵诸坞村	—	男	1944 年
赵家三兄妹之三	沂水县龙家圈乡赵诸坞村	—	男	1944 年
杨玉安	沂水县龙家圈乡刘诸坞村	30	男	1944 年
王中修	沂水县龙家圈乡杨诸坞村	—	男	1944 年
白建训	沂水县龙家圈乡武诸坞村	—	男	1944 年
陈思堂	沂水县龙家圈乡北越庄村	—	男	1944 年
牛为街之妻	沂水县龙家圈乡东大埠岭村	50	女	1944 年
韩 氏	沂水县龙家圈乡东大埠岭村	60	女	1944 年
牛衍祥之妻	沂水县龙家圈乡东大埠岭村	33	女	1944 年
张录全	沂水县黄山铺镇吕家庄村	22	男	1944 年
王日法	沂水县黄山铺镇岳庄村	26	男	1944 年
付万元	沂水县黄山铺镇龙山官庄村	39	男	1944 年
李兴发	沂水县夏蔚镇北峪子村	26	男	1944 年
张付才	沂水县夏蔚镇朱家坪村	36	男	1944 年
朱万录	沂水县高庄镇下马都峪村	23	男	1943 年
王友×	沂水县高庄镇陈家林村	—	男	1944 年
张升贞	沂水县高庄镇柴阳村	21	男	1944 年
张桂平	沂水县高庄镇柴阳村	24	男	1944 年
张志进	沂水县高庄镇下里庄村	48	男	1944 年
张志元	沂水县高庄镇下里庄村	45	男	1944 年
张志升	沂水县高庄镇下里庄村	28	男	1944 年
张学文	沂水县高庄镇陈家沟村	45	男	1944 年
张荣廷	沂水县高庄镇门庄村	44	男	1944 年
尹在水	沂水县泉庄乡三庄村	—	男	1944 年
张元文	沂水县泉庄乡石牛坡村	26	男	1944 年
孟昭成	沂水县姚店子镇黄山庄村	19	男	1944 年
张之德	沂水县姚店子镇黄山庄村	22	男	1944 年
黄家孝	沂水县姚店子镇东黄家庄村	20	男	1944 年

姓 名	籍 贯	年 龄	性 别	死难时间
黄仁烈	沂水县姚店子镇东黄家庄村	22	男	1944 年
戚步文	沂水县姚店子镇西戚家庄村	—	男	1944 年
谭纪三	沂水县许家湖镇李庄村	27	男	1944 年
马连升	沂水县许家湖镇北小尧村	23	男	1944 年
王立培	沂水县许家湖镇荆山岭村	19	男	1944 年
黄传巨	沂水县许家湖镇元里村	22	男	1944 年
黄发福	沂水县许家湖镇永胜村	21	男	1944 年
张 平	沂水县沂水镇阳西街	17	男	1944 年
徐庆来	沂水县沂水镇徐家洼村	28	男	1944 年
徐宝信	沂水县沂水镇小梨行村	28	男	1944 年
郝锡明	沂水县马站镇富岭官庄村	23	男	1944 年
孙振友	沂水县官庄乡后沟村	26	男	1944 年
高玉朋	沂水县官庄乡闵家泉头村	28	男	1944 年
田士杰	沂水县沙沟镇川店村	20	男	1944 年
唐连斗	沂水县沙沟镇野坊村	27	男	1944 年
胡光中	沂水县沙沟镇对崮峪村	29	男	1944 年
李世升	沂水县沙沟镇小崮头村	31	男	1944 年
朱宝芹	沂水县沙沟镇芝麻峪村	21	男	1944 年
王立永	沂水县沙沟镇龙河官庄村	31	男	1944 年
王 贵	沂水县诸葛镇下华庄村	19	男	1944 年
王玉俊	沂水县诸葛镇上小诸葛村	27	男	1944 年
李学志	沂水县诸葛镇红花峪村	34	男	1944 年
江玉安	沂水县诸葛镇江家官庄村	28	男	1944 年
张连全	沂水县诸葛镇会仙院村	31	男	1944 年
黄勤勋	沂水县诸葛镇凤落院村	21	男	1944 年
赵玉忠	沂水县泉庄乡石佛沟村	40	男	1944 年
陈永增	沂水县泉庄乡罗汉崖村	26	男	1944 年
赵傅明	沂水县夏蔚镇水源坪村	24	男	1944 年
阎秀安	沂水县夏蔚镇透明崮村	20	男	1944 年
武传增	沂水县夏蔚镇双山村	22	男	1944 年
刘建成	沂水县夏蔚镇院庄村	28	男	1944 年
王建功	沂水县高庄镇王家庄子村	27	男	1944 年
刘乃可	沂水县高庄镇谷子峪村	19	男	1944 年
王汉三	沂水县高庄镇王家林村	24	男	1944 年

姓　名	籍　贯	年　龄	性　别	死难时间
李怀真	沂水县高庄镇黄石板村	21	男	1944 年
杨秀田	沂水县高庄镇高庄村	24	男	1944 年
胡家龙	沂水县夏蔚镇石牛峪村	28	男	1944 年
张宪华	沂水县夏蔚镇甄家疃村	24	男	1944 年
石焕三	沂水县崔家峪镇凰龙圻村	19	男	1944 年
李连胜	沂水县崔家峪镇西虎崖村	19	男	1944 年
郝维明	沂水县龙家圈乡柴山村	23	男	1944 年
刘桂照	沂水县崔家峪镇西荆山头村	24	男	1944 年
张景范	沂水县崔家峪镇上常庄村	23	男	1944 年
王曰法	沂水县黄山铺镇岳庄村	26	男	1944 年
袁树立	沂水县姚店子镇埠前庄村	22	男	1944 年
陈允合	沂水县龙家圈乡陈诸坞村	18	男	1944 年
李文法	沂水县黄山铺镇小庄子村	19	男	1944 年
郑治山	沂水县龙家圈乡杨诸坞村	24	男	1944 年
高尚文	沂水县龙家圈乡龙家圈村	30	男	1944 年
罗守德	沂水县龙家圈乡张岱村	21	男	1944 年
李　滋	沂水县龙家圈乡张岱村	29	男	1944 年
赵现来	沂水县沂水镇南关街	53	男	1945 年 1 月
陈友三	沂水县沂水镇泥峪子村	19	男	1945 年 1 月
王心兴	沂水县富官庄乡黄崖村	27	男	1945 年 1 月
张信希	沂水县道托乡牛岭官庄	23	男	1945 年 1 月
曹恒吉	沂水县诸葛镇凤落院村	23	男	1945 年 1 月
唐永法	沂水县沙沟镇于家庄村	—	男	1945 年 2 月
唐永虎	沂水县沙沟镇于家庄村	—	男	1945 年 2 月
赵乐德	沂水县沂水镇井峪村	26	男	1945 年 2 月
陈树礼	沂水县沂水镇井峪村	18	男	1945 年 2 月
田永祥	沂水县圈里乡上獐子峪村	39	男	1945 年 2 月
朱迪街	沂水县圈里乡朱家峪子村	30	男	1945 年 2 月
朱　×	沂水县圈里乡朱家峪子村	31	女	1945 年 2 月
朱　×	沂水县圈里乡朱家峪子村	30	女	1945 年 2 月
朱迪松	沂水县圈里乡朱家峪子村	35	男	1945 年 2 月
朱迪松之妻	沂水县圈里乡朱家峪子村	33	女	1945 年 2 月
朱　×	沂水县圈里乡朱家峪子村	19	男	1945 年 2 月
朱　×	沂水县圈里乡朱家峪子村	17	男	1945 年 2 月

姓 名	籍 贯	年 龄	性 别	死难时间
朱迪运	沂水县圈里乡朱家峪子村	20	男	1945 年 2 月
公培修	沂水县崔家峪镇凌家坊村	21	男	1945 年 2 月
黄才元	沂水县崔家峪镇南垛庄铺村	25	男	1944 年 3 月
郭纪胜	沂水县崔家峪镇北梨园村	20	男	1945 年 2 月
邱洪如	沂水县沂水镇后善疃村	22	男	1945 年 2 月
梁元升	沂水县沂水镇牛岭埠村	23	男	1945 年 2 月
杨成太	沂水县沂水镇闫家庄村	23	男	1945 年 2 月
王清时	沂水县杨庄镇北躲庄村	27	男	1945 年 2 月
郝京明	沂水县杨庄镇四官庄村	36	男	1945 年 2 月
武善秀	沂水县诸葛镇红石崖村	29	男	1945 年 2 月
董长城	沂水县崔家峪镇凌家坊村	15	男	1945 年 3 月
田付祥	沂水县崔家峪镇大辉泉村	20	男	1945 年 3 月
孙学德	沂水县崔家峪镇大辉泉村	24	男	1945 年 3 月
王俊友	沂水县许家湖镇南王庄村	28	男	1945 年 3 月
徐庆福	沂水县沂水镇双泉村	26	男	1945 年 3 月
张文桂	沂水县沂水镇前龙家庄村	32	男	1945 年 3 月
吴玉林	沂水县沂水镇城里街	21	男	1945 年 3 月
王立臣	沂水县沂水镇北关街	20	男	1945 年 3 月
邵明政	沂水县杨庄镇邵家楼村	19	男	1945 年 3 月
刘 介	沂水县圈里乡南山村	29	男	1945 年 3 月
王同友	沂水县诸葛镇七沟村	33	男	1945 年 3 月
魏清臻	沂水县诸葛镇魏家沟村	22	男	1945 年 3 月
张学德	沂水县泉庄乡深门峪村	25	男	1945 年 3 月
高学仪	沂水县夏蔚镇土洼村	25	男	1945 年 3 月
翟发田	沂水县夏蔚镇双山村	40	男	1945 年 3 月
胡家江	沂水县夏蔚镇石牛峪村	24	男	1945 年 3 月
赵永福	沂水县黄山铺镇尧崖头村	42	男	1945 年 3 月
甄字安	沂水县龙家圈乡杨诸坞村	22	男	1945 年 3 月
郭纪全	沂水县崔家峪镇北梨园村	22	男	1945 年 4 月
杜宪修	沂水县院东头乡田家峪村	—	男	1945 年 4 月
杜玉盼	沂水县院东头乡田家峪村	65	男	1945 年 4 月
王连升	沂水县官庄乡垛庄村	27	男	1945 年 4 月
杨 军	沂水县圈里乡吕家西山村	18	男	1945 年 4 月
刘世孝	沂水县院东头乡下小庄村	19	男	1945 年 4 月

姓 名	籍 贯	年 龄	性 别	死难时间
李春清	沂水县沙沟镇虎峪村	—	男	1944 年 9 月
郭茂德	沂水县沙沟镇虎峪村	—	男	1944 年 9 月
杨乐田	沂水县沂水镇南关街	41	男	1945 年 5 月
张增吉	沂水县黄山铺镇吕家庄村	30	男	1945 年 5 月
张同吉	沂水县崔家峪镇施家官庄村	27	男	1945 年 5 月
武康铭	沂水县沂水镇后善疃村	20	男	1945 年 5 月
申京秀	沂水县圈里乡红石峪村	26	男	1945 年 5 月
王茂中	沂水县泉庄乡东棋盘村	22	男	1945 年 5 月
李富海	沂水县夏蔚镇院庄村	30	男	1945 年 5 月
王永录	沂水县高庄镇杏峪村	20	男	1945 年 5 月
张建德	沂水县高庄镇杏峪村	31	男	1945 年 5 月
朱瑞祥	沂水县	—	男	1945 年 5 月
庞会浦	沂水县富官庄乡徕庄村	27	男	1945 年 1 月
周发荣	沂水县沂水镇唐家庄子村	30	男	1945 年 6 月
张学友	沂水县马站镇大水场村	40	男	1945 年 6 月
刘廷峰	沂水县沙沟镇芝麻峪村	37	男	1945 年 6 月
张富贵	沂水县诸葛镇店子村	30	男	1945 年 6 月
许秀厚	沂水县夏蔚镇下桃峪村	24	男	1945 年 6 月
秦英修	沂水县高桥镇胡庄村	28	男	1945 年 7 月
马其昌	沂水县高桥镇西刘方庄村	22	男	1945 年 7 月
高太恒	沂水县富官庄乡西石壁口村	22	男	1945 年 4 月
刘长江	沂水县许家湖镇快堡村	24	男	1945 年 7 月
杨立芬	沂水县许家湖镇柳家庄村	41	男	1945 年 7 月
刘德太	沂水县许家湖镇前南社村	21	男	1945 年 7 月
吴松云	沂水县四十里堡镇吴家沟村	27	男	1945 年 7 月
陈义同	沂水县四十里堡镇小孙马庄村	23	男	1945 年 7 月
刘生云	沂水县四十里堡镇程家马庄村	23	男	1945 年 7 月
孔照贵	沂水县沂水镇孔家庄村	24	男	1945 年 7 月
解英生	沂水县沂水镇毛家窑村	19	男	1945 年 7 月
申士英	沂水县沂水镇小李行村	22	男	1945 年 7 月
王秀信	沂水县沂水镇小滑石沟村	36	男	1945 年 7 月
单廷德	沂水县沂水镇闫家庄村	21	男	1945 年 7 月
刘慎修	沂水县沂水镇长安村	25	男	1945 年 7 月
齐京文	沂水县道托乡石岭村	23	男	1945 年 7 月

姓 名	籍 贯	年 龄	性 别	死难时间
宋善良	沂水县道托乡下村	24	男	1945 年 7 月
陈善田	沂水县高桥镇徐家牛旺村	26	男	1945 年 7 月
王立德	沂水县高桥镇西河南村	21	男	1945 年 7 月
石清溪	沂水县高桥镇沙岭子村	30	男	1945 年 7 月
宋佃钦	沂水县高桥镇柳子沟村	21	男	1945 年 7 月
刘忠善	沂水县马站镇大水场村	19	男	1945 年 7 月
杨玉銮	沂水县马站镇杨家城子村	36	男	1945 年 7 月
张景祥	沂水县杨庄镇太古石村	36	男	1945 年 7 月
田家增	沂水县杨庄镇五山村	16	男	1945 年 7 月
田甲香	沂水县杨庄镇五山村	15	男	1945 年 7 月
程汉堂	沂水县杨庄镇庄科村	22	男	1945 年 7 月
鞠成森	沂水县官庄乡青龙沟村	31	男	1945 年 7 月
于星元	沂水县官庄乡卢沟村	26	男	1945 年 7 月
高邦恩	沂水县官庄乡高家石岭村	24	男	1945 年 7 月
杜长面	沂水县圈里乡杜家岔河村	23	男	1945 年 7 月
胡金廷	沂水县圈里乡下獐子峪村	22	男	1945 年 7 月
朱建庆	沂水县沙沟镇石泉峪村	30	男	1945 年 7 月
张怀义	沂水县沙沟镇沙沟村	20	男	1945 年 7 月
李金义	沂水县沙沟镇沙沟村	24	男	1945 年 7 月
刘全起	沂水县沙沟镇张马庄村	16	男	1945 年 7 月
王传俭	沂水县诸葛镇新庄村	19	男	1945 年 7 月
徐永增	沂水县诸葛镇大崖头村	26	男	1945 年 7 月
周佃顺	沂水县诸葛镇马古峪村	27	男	1945 年 7 月
王京亭	沂水县诸葛镇张家旺村	22	男	1945 年 7 月
李金山	沂水县诸葛镇东河西村	24	男	1945 年 7 月
王亭奎	沂水县诸葛镇前文村	20	男	1945 年 7 月
刘玉安	沂水县诸葛镇前文村	19	男	1945 年 7 月
李升德	沂水县诸葛镇东埠前村	27	男	1945 年 7 月
徐泮林	沂水县泉庄乡西郭庄村	20	男	1945 年 7 月
孙全旺	沂水县泉庄乡沙地村	23	男	1945 年 7 月
王秀和	沂水县诸葛镇河西村	27	男	1945 年 7 月
李长道	沂水县夏蔚镇水源坪村	26	男	1945 年 7 月
高学启	沂水县夏蔚镇西峰峪村	38	男	1945 年 7 月
范京贵	沂水县夏蔚镇麦坡村	23	男	1945 年 7 月

姓 名	籍 贯	年 龄	性 别	死难时间
公长敦	沂水县夏蔚镇南庄村	43	男	1945 年 7 月
朱恒利	沂水县高庄镇拐棒峪村	32	男	1945 年 7 月
郑继华	沂水县高庄镇王家庄子村	22	男	1945 年 7 月
辛颜利	沂水县高庄镇赵家庄子村	28	男	1945 年 7 月
王汉祥	沂水县高庄镇王家林村	20	男	1945 年 7 月
王纯民	沂水县高庄镇黄石板村	22	男	1945 年 7 月
李保全	沂水县崔家峪镇崔家峪村	24	男	1945 年 7 月
陈春林	沂水县黄山铺镇大松林村	26	男	1945 年 7 月
彭华文	沂水县姚店子镇乡大桥村	22	男	1945 年 7 月
黄 超	沂水县姚店子镇坡子村	20	男	1945 年 7 月
吉成发	沂水县姚店子镇吉家庄村	23	男	1945 年 7 月
许明臻	沂水县黄山铺镇小庄子村	23	男	1945 年 7 月
牛树兴	沂水县龙家圈乡前埠子村	24	男	1945 年 7 月
牛树庄	沂水县龙家圈乡前埠子村	27	男	1945 年 7 月
安培勤	沂水县龙家圈乡盆山村	24	男	1945 年 7 月
王春富	沂水县龙家圈乡甘河村	27	男	1945 年 7 月
武善荣	沂水县龙家圈乡甘河村	29	男	1945 年 7 月
王怀信	沂水县诸葛镇七沟村	31	男	1945 年 8 月
王贵福之妻	沂水县诸葛镇七沟村	44	女	1944 年 6 月
耿兆仁	沂水县诸葛镇武家河北村	21	男	1945 年 8 月
王付停	沂水县崔家峪镇东虎崖村	24	男	1945 年 8 月
张立顺	沂水县崔家峪镇吕公峪村	31	男	1945 年 7 月
刘树新	沂水县姚店子镇西水旺庄村	18	男	1945 年 8 月
李学成	沂水县沂水镇七里村	16	男	1945 年 8 月
王桂松	沂水县沂水镇西朱家庄村	23	男	1945 年 8 月
武宪岭	沂水县道托乡余粮村	20	男	1945 年 8 月
王德甫	沂水县道托乡青山铺村	21	男	1945 年 8 月
宋佃汉	沂水县高桥镇柳子沟村	26	男	1945 年 8 月
刘文明	沂水县高桥镇刘家长林村	44	男	1945 年 8 月
马树治	沂水县马站镇北杏山村	22	男	1945 年 8 月
王富锹	沂水县官庄乡垛庄村	22	男	1945 年 8 月
牛庆祥	沂水县圈里乡吕家西山村	21	男	1945 年 8 月
卢金池	沂水县诸葛镇凤凰峪村	21	男	1945 年 8 月
阎俊升	沂水县诸葛镇上小诸葛村	35	男	1945 年 8 月

姓 名	籍 贯	年 龄	性 别	死难时间
周克法	沂水县诸葛镇下古村	21	男	1945 年 8 月
曹振祥	沂水县诸葛镇凤落院村	35	男	1945 年 8 月
刘学恩	沂水县泉庄乡东郭庄村	22	男	1945 年 8 月
耿富云	沂水县诸葛镇中良子村	20	男	1945 年 8 月
马焕刚	沂水县院东头乡马家崖村	22	男	1945 年 8 月
刘成局	沂水县高桥镇刘家山宋村	24	男	1945 年
马成祥	沂水县崔家峪镇上常庄村	30	男	1945 年
张玉祥之兄	沂水县崔家峪镇上常庄村	31	男	1945 年
朱文富	沂水县崔家峪镇东虎崖村	25	男	1945 年
李富全	沂水县崔家峪镇崔家峪村	34	男	1945 年
徐金山	沂水县姚店子镇西仁家旺村	16	男	1945 年
张京美	沂水县姚店子镇丰台村	20	男	1945 年
黄福传	沂水县许家湖镇夏家楼村	16	男	1945 年
黄家欣	沂水县许家湖镇西斜午村	16	男	1945 年
苏佃常	沂水县许家湖镇沙窝村	23	男	1945 年
谭纪范	沂水县许家湖镇李庄村	23	男	1945 年
程学东	沂水县许家湖镇胡家马庄村	20	男	1945 年
袁封和	沂水县许家湖镇南王庄村	27	男	1945 年
袁敬烈	沂水县许家湖镇南王庄村	20	男	1945 年
王文堂	沂水县许家湖镇东王家庄子村	26	男	1945 年
罗玉江	沂水县四十里堡镇吴家沟村	27	男	1945 年
孟宪生	沂水县四十里堡镇孟家庄村	18	男	1945 年
宗占元	沂水县沂水镇吴家洼村	32	男	1945 年
付 林	沂水县沂水镇南场庄村	27	男	1945 年
王世明	沂水县沂水镇冯家庄村	26	男	1945 年
孔庆锡	沂水县沂水镇燕家庄村	28	男	1945 年
宋学法	沂水县马站镇马站村	25	男	1945 年
刘因柱	沂水县马站镇祉村	25	男	1945 年
解永全	沂水县诸葛镇大诸葛村	35	男	1945 年
王正庆	沂水县诸葛镇会仙院村	27	男	1945 年
刘希恩	沂水县泉庄乡东郭庄村	23	男	1945 年
刘法恩	沂水县夏蔚镇土洼村	25	男	1945 年
刘升厚	沂水县夏蔚镇南庄村	20	男	1945 年
池长富	沂水县夏蔚镇南庄村	23	男	1945 年

姓　名	籍　贯	年　龄	性　别	死难时间
邱存永	沂水县夏蔚镇下桃峪村	19	男	1945 年
杨成才	沂水县高庄镇下薛村	33	男	1945 年
李怀珍	沂水县高庄镇下薛村	23	男	1945 年
张学棠	沂水县高庄镇下马都峪村	21	男	1945 年
张存仪	沂水县高庄镇后沟村	24	男	1945 年
赵传江	沂水县高庄镇武台官庄村	21	男	1945 年
王新智	沂水县高庄镇武台官庄村	22	男	1945 年
张在泉	沂水县高庄镇门庄村	18	男	1945 年
阎玉花	沂水县夏蔚镇晏婴店子村	27	男	1945 年
李克堂	沂水县崔家峪镇下常庄村	20	男	1945 年
耿长玉	沂水县崔家峪镇下常庄村	22	男	1945 年
王成宝	沂水县龙家圈乡柳泉村	27	男	1945 年
张树胜	沂水县院东头乡单家庄村	20	男	1945 年
杜宝成	沂水县院东头乡刘店子村	22	男	1945 年
史文法	沂水县龙家圈乡港埠口村	23	男	1945 年
张焕勋	沂水县龙家圈乡张诸坞村	27	男	1945 年
张秀生	沂水县龙家圈乡张诸坞村	25	男	1945 年
张立志	沂水县龙家圈乡张诸坞村	29	男	1945 年
田相兴	沂水县龙家圈乡盆山村	22	男	1945 年
武康铭	沂水县沂水镇后善疃村	20	男	1945 年
李培斗之兄	沂水县高桥镇木山村	24	男	1945 年
徐树臻	沂水县高桥镇夏家官庄村	24	男	1945 年
赵文怀	沂水县高桥镇碑石岭村	23	男	1945 年
李忠本	沂水县高桥镇酿泉官庄村	19	男	1945 年
马成宝	沂水县高桥镇马家方村	31	男	1940 年 8 月
张恩和	沂水县高桥镇张家山宋村	22	男	1945 年
杜恩长	沂水县马站镇杜家庄子村	36	男	1945 年
孙百万	沂水县马站镇马站村	37	男	1945 年
程孝忠	沂水县马站镇程家庄村	42	男	1945 年
张万来	沂水县圈里乡胡家岔河村	29	男	1945 年
刘圣世	沂水县诸葛镇后文村	15	男	1945 年
王立义	沂水县诸葛镇前文一村	21	男	1945 年
周　转	沂水县诸葛镇上华庄村	32	男	1945 年
刁来云	沂水县诸葛镇小峪村	32	男	1945 年

姓　名	籍　贯	年　龄	性　别	死难时间
马庆云	沂水县诸葛镇马家河北村	37	男	1945 年
刘开河	沂水县龙家圈乡港埠口村	27	男	1937 年
郝士福	沂水县龙家圈乡龙家圈村	19	男	1944 年
聂春荣	沂水县龙家圈乡龙家圈村	16	男	1945 年
李长美	沂水县龙家圈乡前坊村	—	女	1943 年
王京贵	沂水县龙家圈乡前坊村	—	男	1943 年
王庆全	沂水县龙家圈乡柳泉村	14	男	1939 年
吴法吉	沂水县黄山铺镇西泉庄村	16	男	1943 年
陈光荣	沂水县黄山铺镇蛮庄村	27	男	1945 年
刘方法	沂水县黄山铺镇蛮庄村	21	男	1945 年
庄廷文	沂水县黄山铺镇小庄子村	27	男	1945 年
刘兴德	沂水县黄山铺镇前朱陈村	37	男	1945 年
张红德	沂水县高庄镇王家庄子村	—	男	1945 年
张建德	沂水县高庄镇东杏峪村	—	男	1945 年
牛东元	沂水县高庄镇柴阳村	21	男	1945 年
张升迎	沂水县高庄镇柴阳村	—	男	1945 年
牛长胜	沂水县高庄镇柴阳村	—	男	1945 年
牛庆志	沂水县泉庄乡三庄村	25	男	1945 年
武善厚	沂水县姚店子镇崮山店村	41	男	1945 年
谭字安	沂水县许家湖镇谭家营村	21	男	1945 年
王学成	沂水县四十里堡镇堡前村	30	男	1945 年
严立昌	沂水县四十里堡镇郭家官庄村	24	男	1945 年
马庆奎	沂水县四十里堡镇连家湖村	29	男	1945 年
赵文增	沂水县沂水镇北张庄村	27	男	1945 年
武维田	沂水县沂水镇柏家坪村	25	男	1945 年
武善者	沂水县沂水镇小滑石沟村	25	男	1945 年
施全礼	沂水县沂水镇长安村	36	男	1945 年
白相时	沂水县杨庄镇白家庄子村	24	男	1945 年
李学乾	沂水县杨庄镇西寨村	27	男	1945 年
鞠进杰	沂水县官庄乡桃洼村	22	男	1945 年
鞠清明	沂水县官庄乡桃洼村	25	男	1945 年
马英臣	沂水县官庄乡马家泉头村	25	男	1945 年
唐永庆	沂水县沙沟镇于家河村	20	男	1945 年
李世传	沂水县沙沟镇小崮头村	31	男	1945 年

姓名	籍贯	年龄	性别	死难时间
赵付勇	沂水县沙沟镇后朱雀村	21	男	1945 年
于思俊	沂水县沙沟镇北泮池村	25	男	1945 年
王同顺	沂水县诸葛镇新庄村	22	男	1945 年
马春增	沂水县诸葛镇新庄村	21	男	1945 年
郎孟兴	沂水县诸葛镇大诸葛村	28	男	1945 年
高甲兴	沂水县诸葛镇大诸葛村	23	男	1945 年
张子仁	沂水县诸葛镇大峪村	42	男	1945 年
王玉祯	沂水县诸葛镇下胡同峪村	28	男	1945 年
王俊法	沂水县诸葛镇东河西村	24	男	1945 年
黄京平	沂水县诸葛镇常庄村	27	男	1945 年
隋化武	沂水县泉庄乡罗汉崖村	24	男	1945 年
袁 刚	沂水县夏蔚镇王庄村	23	男	1945 年
张会高	沂水县夏蔚镇王庄村	30	男	1945 年
张学恒	沂水县夏蔚镇后沟村	22	男	1945 年
张纪武	沂水县高庄镇杏峪官庄村	21	男	1945 年
张宗梅	沂水县高庄镇杏峪官庄村	19	男	1945 年
高兴意	沂水县高庄镇龙湾村	29	男	1945 年
王焕全	沂水县高庄镇黄石板村	26	男	1945 年
张现起	沂水县崔家峪镇西虎崖村	18	男	1945 年
武高纪	沂水县姚店子镇坡子村	27	男	1939 年
黄增传	沂水县姚店子镇东黄家庄村	16	男	1945 年
赵树梅	沂水县龙家圈乡吴坡村	19	男	1945 年
杨洪太	沂水县夏蔚镇范峪村	27	男	—
邵长福	沂水县姚店子镇邵家宅村	—	男	—
解文玉	沂水县姚店子镇邵家宅村	—	男	—
邵明善	沂水县姚店子镇邵家宅村	—	男	1939 年
邵明展	沂水县姚店子镇邵家宅村	—	男	1939 年
王友富	沂水县四十里堡镇四十里堡村	—	男	1938 年
王友春	沂水县四十里堡镇四十里堡村	—	男	1938 年
王富堂	沂水县四十里堡镇四十里堡村	—	男	1938 年
王 平	沂水县四十里堡镇四十里堡村	—	男	1938 年
张玉臻	沂水县高桥镇张家山宋村	29	男	1939 年
牛李氏	沂水县夏蔚镇柳树头村	38	女	1939 年
阚兆松	沂水县夏蔚镇葛沟村	35	男	1940 年 4 月

姓　名	籍　贯	年　龄	性　别	死难时间
明　贵	沂水县夏蔚镇燕子峪村	38	男	1940 年 9 月
王玉华	沂水县夏蔚镇上里庄村	33	男	1940 年
王忠平	沂水县夏蔚镇过虎峪村	27	男	1940 年
阚世金	沂水县夏蔚镇黄泉村	30	男	1940 年
侯立孝	沂水县姚店子镇姚店子村	45	男	1941 年 9 月
黄义为	沂水县姚店子镇姚店子村	47	男	1941 年 11 月
王世奇	沂水县龙家圈乡下峪子村	40	男	1941 年
王增廷之长子	沂水县龙家圈乡下峪子村	4	男	1941 年
王增廷之长女	沂水县龙家圈乡下峪子村	6	女	1941 年
王增廷之次女	沂水县龙家圈乡下峪子村	3	女	1941 年
赵志臣	沂水县龙家圈乡吴坡村	54	男	1941 年
许盘明	沂水县诸葛镇下小诸葛村	—	男	1941 年
李祥春	沂水县龙家圈乡柴山村	44	男	1941 年
相明春	沂水县龙家圈乡柴山村	44	男	1941 年
谢现任	沂水县龙家圈乡柴山村	49	男	1941 年
王维池之弟	沂水县龙家圈乡柴山村	—	男	1941 年
谢文庆	沂水县夏蔚镇朱家坪村	20	男	1941 年
谢玉庆	沂水县夏蔚镇朱家坪村	16	男	1941 年
谢玉林之兄	沂水县夏蔚镇朱家坪村	17	男	1941 年
许连杰	沂水县诸葛镇大圈村	21	男	1942 年 9 月
许玉太	沂水县夏蔚镇下桃峪村	42	男	1942 年 10 月
许士成	沂水县诸葛镇埠前村	21	男	1942 年 11 月
李洪业	沂水县诸葛镇埠前村	22	男	1942 年 11 月
马常贵	沂水县龙家圈乡龙家圈村	41	男	1942 年
大　安	沂水县龙家圈乡龙家圈村	12	男	1942 年
小　安	沂水县龙家圈乡龙家圈村	10	男	1942 年
阚世俭	沂水县夏蔚镇黄泉村	32	男	1942 年
孙学信	沂水县四十里堡镇西李家庄村	25	男	1942 年
田元太	沂水县沙沟镇西于沟村	42	男	1943 年 3 月 30 日
宋　二	沂水县夏蔚镇下桃峪村	18	男	1943 年 9 月
马常贵之妻	沂水县龙家圈乡龙家圈村	38	女	1942 年
张志木	沂水县高庄镇下里庄村	33	男	1943 年
张志恒	沂水县高庄镇下里庄村	34	男	1943 年
郝云祥	沂水县沙沟镇肖家杨庄村	—	男	1944 年 3 月 30 日

姓 名	籍 贯	年 龄	性 别	死难时间
刘纪法	沂水县崔家峪镇上泉村	34	男	1944 年 9 月
刘纪成	沂水县崔家峪镇上泉村	26	男	1944 年 9 月
李寨寨	沂水县崔家峪镇上泉村	20	男	1944 年 9 月
马常贵之女	沂水县龙家圈乡龙家圈村	—	女	1944 年
公茂水	沂水县高庄镇王家林村	—	男	1944 年
孙德存	沂水县高庄镇王家林村	—	男	1944 年
熊连昌	沂水县龙家圈乡前金鸡埠村	40	男	1944 年
郭兆福	沂水县四十里堡镇苍子坡村	—	男	1944 年
公玉先	沂水县高庄镇下里庄村	32	男	1944 年
王心力	沂水县富官庄乡黄崖村	76	男	1945 年 2 月
徐明义	沂水县龙家圈乡龙家圈村	43	男	1945 年
总　计	**2796**			

责任人：李培芬　靳志刚　　　　　核实人：谭庆温　　　　填表人：杨永春　韩中专　孙秋燕
填报单位（签章）：沂水县委党史研究室　　　　　　　　　　填报时间：2009 年 4 月 15 日

沂南县抗日战争时期死难者名录

姓 名	籍 贯	年 龄	性 别	死难时间
牛振美	沂南县苏村镇佟家小河村	—	男	1938 年 1 月 25 日
高刘氏	沂南县大庄镇河阳北村	39	女	1938 年 1 月 25 日
盛金龙	沂南县大庄镇河阳北村	80	男	1938 年 1 月 25 日
杨杜田	沂南县岸堤镇王山峪村	16	男	1938 年 2 月
张再菊之妻	沂南县孙祖镇栗林村	28	女	1938 年 3 月
张祥春	沂南县孙祖镇栗林村	21	男	1938 年 3 月
李佃臣	沂南县孙祖镇栗林村	26	男	1938 年 3 月
李开胜	沂南县岸堤镇王山峪村	25	男	1938 年 3 月
刘曰高	沂南县岸堤镇岩路村	21	男	1938 年 3 月
李广平	沂南县界湖镇团山庄村	30	男	1938 年 3 月 27 日
刘志安	沂南县岸堤镇合兴村	19	男	1938 年 4 月
刘成远	沂南县岸堤镇王山峪村	20	男	1938 年 5 月
李光弟	沂南县葛沟镇团埠村	36	男	1938 年 6 月
李光荣	沂南县葛沟镇团埠村	34	男	1938 年 6 月
王秀一	沂南县葛沟镇王家堰村	21	男	1938 年 6 月
杜英水	沂南县湖头镇邹家哨村	23	男	1938 年 7 月
刘清荣	沂南县湖头镇邹家哨村	15	男	1938 年 7 月
官得修	沂南县界湖镇西村	17	男	1938 年 7 月 7 日
袁中毓	沂南县界湖镇王家独树村	30	男	1938 年 7 月 25 日
姚松廷	沂南县界湖镇圣良庄村	13	男	1938 年 8 月 6 日
高法青	沂南县大庄镇河阳北村	37	男	1938 年 8 月 14 日
宋西四	沂南县大庄镇河阳北村	37	男	1938 年 8 月 14 日
李 秀	沂南县大庄镇河阳北村	52	男	1938 年 8 月 14 日
刘泽宽	沂南县大庄镇河阳北村	27	男	1938 年 8 月 14 日
李保成	沂南县孙祖镇谢家峪村	20	男	1938 年 9 月
姜清坤	沂南县孙祖镇谢家峪村	30	男	1938 年 9 月
刘志友	沂南县孙祖镇幸福峪村	42	男	1938 年 9 月
杨永宽	沂南县岸堤镇王山峪村	19	男	1938 年 12 月
李大兴	沂南县界湖东村	36	男	1938 年 12 月 2 日
陈名起	沂南县孙祖镇东铁峪村	26	男	1938 年
梁宗力	沂南县孙祖镇东铁峪村	28	男	1938 年

姓 名	籍 贯	年 龄	性 别	死难时间
刘安吉	沂南县孙祖镇四里沟村	38	男	1938 年
刘立春	沂南县孙祖镇四里沟村	26	男	1938 年
刘立水	沂南县孙祖镇四里沟村	32	男	1938 年
韩修录	沂南县孙祖镇四里沟村	16	男	1938 年
胡二月	沂南县孙祖镇宝石峪村	20	男	1938 年
张征远	沂南县葛沟镇张家庄村	19	男	1938 年
邵佃法之母	沂南县葛沟镇小康村	58	女	1938 年
高瞎子	沂南县葛沟镇小康村	36	男	1938 年
刘龙汉之妻	沂南县葛沟镇小康村	34	女	1938 年
刘龙汉之母	沂南县葛沟镇小康村	56	女	1938 年
高龙玉	沂南县葛沟镇小康村	30	男	1938 年
赵学章	沂南县铜井镇凤台庄村	20	男	1938 年
赵冠元	沂南县铜井镇新王后村	38	男	1938 年
李明三	沂南县铜井镇新王后村	—	男	1938 年
郑 光	沂南县铜井镇新王后村	—	男	1938 年
李志柱	沂南县铜井镇新王后村	—	男	1938 年
李士达	沂南县铜井镇马泉村	30	男	1938 年
李刘氏	沂南县铜井镇马泉村	34	女	1938 年
李士记	沂南县铜井镇马泉村	35	男	1938 年
张克元	沂南县砖埠镇西岳庄村	—	男	1938 年
王 氏	沂南县砖埠镇双埠村	—	女	1938 年
季清宗	沂南县砖埠镇季家庄村	28	男	1938 年
苏元勋	沂南县砖埠镇常桑杭村	58	男	1938 年
祖发年之母	沂南县依汶镇西依汶村	45	女	1938 年
王洪山	沂南县依汶镇西依汶村	—	男	1938 年
王文富之祖母	沂南县依汶镇西依汶村	—	女	1938 年
王文青之母	沂南县依汶镇西依汶村	—	女	1938 年
王洪山之侄	沂南县依汶镇西依汶村	—	男	1938 年
尹王氏	沂南县依汶镇西依汶村	51	女	1938 年
尹承武	沂南县依汶镇西依汶村	23	男	1938 年
尹成有	沂南县依汶镇西依汶村	19	男	1938 年
尹作贵	沂南县依汶镇西依汶村	42	男	1938 年
尹木廷	沂南县依汶镇西依汶村	28	男	1938 年
杨××	沂南县依汶镇东依汶村	—	男	1938 年

姓 名	籍 贯	年龄	性别	死难时间
刘成亮	沂南县马牧池乡西官庄村	18	男	1938 年
张凤海	沂南经济开发区梓栏村	54	男	1938 年
孙振玉	沂南县杨家坡镇南双泉村	—	男	1938 年
李永喜	沂南县杨家坡镇李家坡村	20	男	1938 年
白现余	沂南县杨家坡镇高阜村	32	男	1938 年
于兆才	沂南县双堠镇艾于湖村	24	男	1938 年
韩明德	沂南县青驼镇青驼南村	20	男	1938 年
李英杰	沂南县青驼镇刘家河疃	34	男	1938 年
刘继勇	沂南县青驼镇刘家河疃	36	男	1938 年
刘兴家	沂南县青驼镇刘家河疃	34	男	1938 年
张树宝	沂南县青驼镇徐公店	30	男	1938 年
赵兴法	沂南县青驼镇秦家庄子	21	男	1938 年
秦兴江	沂南县青驼镇秦家庄子	17	男	1938 年
秦太忠	沂南县青驼镇秦家庄子	28	男	1938 年
高丕成	沂南县青驼镇高家庄子	22	男	1938 年
张永敬	沂南县蒲汪镇董家岭村	21	男	1938 年
张永兴	沂南县蒲汪镇董家岭村	20	男	1938 年
秦敬原	沂南县蒲汪镇石香炉村	35	男	1938 年
刘延全	沂南县蒲汪镇桥头车疃村	18	男	1938 年
潘召贵	沂南县蒲汪镇万成村	41	男	1938 年
赵光欣	沂南县苏村镇夏孟寺	—	男	1938 年
高连青	沂南县辛集镇苗家曲村	20	男	1938 年
王玉德	沂南县岸堤镇岩路村	—	男	1938 年
王 氏	沂南县岸堤镇岩路村	—	女	1938 年
梁 明	沂南县岸堤镇梁家北村	10	男	1938 年
王 氏	沂南县岸堤镇塘家峪子村	—	女	1938 年
张允可	沂南县岸堤镇库东村	30	男	1938 年
赵家堂	沂南县岸堤镇大新庄村	18	男	1938 年
朱希仁	沂南县张庄镇和庄村	25	男	1938 年
王法昌	沂南县张庄镇大峪村	—	男	1938 年
张现胜	沂南县张庄镇大峪村	—	男	1938 年
刘恩印	沂南县大庄镇东司马村	14	男	1939 年 1 月
孙佃德	沂南县葛沟镇孙家堰村	49	男	1939 年 1 月
王道红	沂南县葛沟镇王家堰村	21	男	1939 年 1 月

姓　名	籍　贯	年龄	性别	死难时间
李成林	沂南县苏村镇东风村	—	男	1939 年 1 月
杨小猪	沂南县岸堤镇王山峪村	17	男	1939 年 2 月
张永明	沂南县岸堤镇塘家峪子村	53	男	1939 年 3 月
于凤玲	沂南县界湖镇团山庄村	23	男	1939 年 4 月 22 日
王秀存	沂南县葛沟镇王家堰村	20	男	1939 年 5 月
李开福	沂南县岸堤镇王山峪村	29	男	1939 年 5 月
徐兴勇	沂南县界湖镇徐二村	26	男	1939 年 5 月 3 日
胡家福	沂南县界湖镇北寨村	38	男	1939 年 5 月 6 日
陈　谱	沂南县葛沟镇葛沟北村	10	男	1939 年 6 月
权有学之子	沂南县葛沟镇葛沟北村	11	男	1939 年 6 月
权有学之妻	沂南县葛沟镇葛沟北村	30	女	1939 年 6 月
王贯山之长女	沂南县葛沟镇葛沟北村	11	女	1939 年 6 月
王贯山之次女	沂南县葛沟镇葛沟北村	9	女	1939 年 6 月
王贯山之三女	沂南县葛沟镇葛沟北村	7	女	1939 年 6 月
任兆瑞之子	沂南县葛沟镇葛沟北村	5	男	1939 年 6 月
杜守文之女	沂南县葛沟镇葛沟北村	7	女	1939 年 6 月
陈芳太之女	沂南县葛沟镇葛沟北村	12	女	1939 年 6 月
张春月之女	沂南县葛沟镇葛沟北村	15	女	1939 年 6 月
刘春录之子	沂南县葛沟镇葛沟北村	20	男	1939 年 6 月
刘春录之妻	沂南县葛沟镇葛沟北村	52	女	1939 年 6 月
刘春录之儿媳	沂南县葛沟镇葛沟北村	19	女	1939 年 6 月
刘春录之长女	沂南县葛沟镇葛沟北村	16	女	1939 年 6 月
赵连发	沂南县葛沟镇葛沟北村	34	男	1939 年 6 月
王京俊	沂南县孙祖镇崖子村	24	男	1939 年 7 月
聂青云	沂南县界湖镇后中疃村	40	男	1939 年 8 月 4 日
刘　大	沂南县界湖镇后中疃村	38	男	1939 年 8 月 5 日
张奎元	沂南县界湖镇水浒套村	42	男	1939 年 8 月 24 日
刘继发	沂南县界湖镇水浒套村	26	男	1939 年 8 月 24 日
殷家胜	沂南县孙祖镇幸福峪村	20	男	1939 年 9 月
从大年	沂南县界湖镇西芙蓉村	21	男	1939 年 10 月 21 日
刘安永	沂南县孙祖镇四里沟村	37	男	1939 年
麻佃贵	沂南县孙祖镇崔庄子村	47	男	1939 年
丁　三	沂南县铜井镇两泉坡村	28	男	1939 年
刘李氏	沂南县砖埠镇西岳庄村	—	女	1939 年

姓 名	籍 贯	年 龄	性 别	死难时间
陈洪升	沂南县砖埠镇铁山子村	41	男	1939 年
王李氏	沂南县砖埠镇桃源村	—	女	1939 年
刘策户	沂南县砖埠镇季家庄村	22	男	1939 年
颜振生	沂南县砖埠镇常桑杭村	38	男	1939 年
林胡之子	沂南县依汶镇安保庄村	42	男	1939 年
林窝头	沂南县依汶镇安保庄村	36	男	1939 年
卢德元	沂南县依汶镇运粮村	36	男	1939 年
房兆法	沂南县马牧池乡常山村	60	男	1939 年
高明常	沂南县马牧池乡小保护村	21	男	1939 年
王夫安	沂南县杨家坡镇南双泉村	—	男	1939 年
李自元	沂南县杨家坡镇李家村	21	男	1939 年
李守局	沂南县杨家坡镇李家坡村	22	男	1939 年
李学庆	沂南县杨家坡镇李家坡村	27	男	1939 年
于合义	沂南县双堠镇艾于湖村	34	男	1939 年
孙灯涛	沂南县青驼镇青驼南村	22	男	1939 年
刘廷现	沂南县青驼镇闫家庄子	25	男	1939 年
郑 礼	沂南县青驼镇山北头	—	男	1939 年
张传学	沂南县青驼镇徐公店	13	男	1939 年
张富友	沂南县青驼镇左家庄子	20	男	1939 年
薛生喜	沂南县蒲汪镇薛家庄村	21	男	1939 年
田守茂	沂南县蒲汪镇双营村	48	男	1939 年
田守斋	沂南县蒲汪镇双营村	27	男	1939 年
田守邢	沂南县蒲汪镇双营村	26	男	1939 年
谢配起	沂南县辛集镇房家庄子村	30	男	1939 年
谢俊新	沂南县辛集镇房家庄子村	21	男	1939 年
谢公园	沂南县辛集镇房家庄子村	42	男	1939 年
高世平	沂南县辛集镇金彭店村	41	男	1939 年
高富德	沂南县辛集镇双屯村	—	男	1939 年
高敬成	沂南县辛集镇双屯村	—	男	1939 年
高敬成之子	沂南县辛集镇双屯村	—	男	1939 年
高敬从之妻	沂南县辛集镇双屯村	—	女	1939 年
高敬芝	沂南县辛集镇双屯村	—	男	1939 年
高敬芝之妻	沂南县辛集镇双屯村	—	女	1939 年
李长玉之祖母	沂南县辛集镇双屯村	—	女	1939 年

姓 名	籍 贯	年 龄	性 别	死难时间
高富弟	沂南县辛集镇双屯村	—	男	1939 年
高富弟之子	沂南县辛集镇双屯村	—	男	1939 年
高富弟之次子	沂南县辛集镇双屯村	—	男	1939 年
高振家	沂南县辛集镇小沟村	19	男	1939 年
张维平	沂南县辛集镇张家汪村	40	男	1939 年
张树清	沂南县辛集镇张家汪村	30	男	1939 年
刘振喜	沂南县辛集镇张家汪村	28	男	1939 年
张彦山	沂南县辛集镇张家汪村	26	男	1939 年
孟公氏	沂南县岸堤镇大峪庄村	42	女	1939 年
孟杨氏	沂南县岸堤镇大峪庄村	13	女	1939 年
李绵智	沂南县岸堤镇岩路村	—	男	1939 年
刘 胜	沂南县岸堤镇上高湖村	—	男	1939 年
李梦贵	沂南县岸堤镇兴旺庄村	—	男	1939 年
刘强后	沂南县岸堤镇王山峪村	13	男	1939 年
李长孝	沂南县岸堤镇王山峪村	23	男	1939 年
张代泽	沂南县岸堤镇中高湖后村	—	男	1939 年
薛德吉	沂南县张庄镇薛家水浒	35	男	1939 年
周洪法	沂南县青驼镇东泉头	32	男	1940 年 1 月
杨树贵	沂南县界湖镇西村	21	男	1940 年 2 月
宋允点	沂南县孙祖镇南匣石村	30	男	1940 年 3 月
宋立庄	沂南县孙祖镇南匣石村	29	男	1940 年 3 月
艾学仁	沂南县葛沟镇东安乐村	29	男	1940 年 3 月
张继贵	沂南县葛沟镇东安乐村	31	男	1940 年 3 月
曹宝善	沂南县苏村镇东风村	—	男	1940 年 3 月
肖房竹	沂南县湖头镇肖家哨村	17	男	1940 年 3 月
肖洪九	沂南县湖头镇肖家哨村	17	男	1940 年 3 月
李 瑞	沂南县湖头镇前水由村	17	男	1940 年 3 月
于德堂	沂南县湖头镇于家街村	17	男	1940 年 3 月
肖发山	沂南县湖头镇湖头村	32	男	1940 年 3 月
朱长立	沂南县湖头镇湖头村	20	男	1940 年 3 月
薛彦功	沂南县蒲汪镇山东村	26	男	1940 年 4 月
陈焕祥	沂南县蒲汪镇山东村	24	男	1940 年 4 月
李淑美	沂南县苏村镇东风村	—	男	1940 年 4 月
牛汉杰	沂南县苏村镇佟家小河村	—	男	1940 年 4 月

姓 名	籍 贯	年龄	性 别	死难时间
东二妮	沂南县岸堤镇罗圈峪村	21	女	1940年4月20日
李振恩	沂南县岸堤镇罗圈峪村	23	男	1940年4月20日
陈 二	沂南县岸堤镇罗圈峪村	25	男	1940年4月20日
东克五之祖母	沂南县岸堤镇罗圈峪村	59	女	1940年4月20日
东张氏	沂南县岸堤镇罗圈峪村	31	女	1940年4月20日
东克香	沂南县岸堤镇罗圈峪村	4	女	1940年4月20日
李振荣	沂南县岸堤镇罗圈峪村	26	女	1940年4月20日
李赵氏	沂南县岸堤镇罗圈峪村	58	女	1940年4月20日
田 明	沂南县苏村镇东风村	—	男	1940年5月
陈 福	沂南县大庄镇西司马村	18	男	1940年5月
许 德	沂南县葛沟镇东安乐村	37	男	1940年5月
孙 茂	沂南县葛沟镇王家堰村	31	男	1940年5月
杜长春	沂南县铜井镇大朝阳村	32	男	1940年5月
李 民	沂南县葛沟镇东安乐村	33	男	1940年6月
曹宝荣	沂南县苏村镇东风村	—	男	1940年6月
梁张氏	沂南县界湖镇水浒套村	28	女	1940年6月27日
梁李氏	沂南县界湖镇水浒套村	35	女	1940年6月27日
梁守英	沂南县界湖镇水浒套村	24	男	1940年6月27日
苏锦春	沂南县界湖镇水浒套村	42	男	1940年6月27日
梁志春	沂南县界湖镇水浒套村	36	男	1940年6月27日
贾希光	沂南县界湖镇张家营村	26	男	1940年6月28日
贾焕友	沂南县界湖镇张家营村	37	男	1940年6月28日
于俊奎	沂南县界湖镇远里村	20	男	1940年7月25日
马富修	沂南县苏村镇娄庄村	—	男	1940年8月
刘安进	沂南县岸堤镇合兴村	40	男	1940年8月
刘泽灵	沂南县大庄镇西司马村	23	男	1940年8月
王延连	沂南县张庄镇钮家沟村	24	男	1940年8月
王立功	沂南县岸堤镇兴旺庄村	51	男	1940年8月
姜文清	沂南县孙祖镇谢家峪村	23	男	1940年9月
刘志福	沂南县孙祖镇幸福峪村	28	男	1940年9月
臧万雪	沂南县葛沟镇居泉村	39	男	1940年9月
曹明田	沂南县张庄镇北唐山子村	39	男	1940年9月
刘曰法	沂南县岸堤镇兴旺庄村	38	男	1940年9月3日
从兰胜	沂南县界湖镇西芙蓉村	20	男	1940年9月5日

姓　名	籍　贯	年　龄	性　别	死难时间
从云乔	沂南县界湖镇西芙蓉村	22	男	1940 年 9 月 5 日
高光雷	沂南县铜井镇花山前村	29	男	1940 年 10 月
田　大	沂南县孙祖镇联合村	28	男	1940 年 11 月
殷开坡	沂南县砖埠镇阳都村	23	男	1940 年 12 月
李西珍	沂南县湖头镇后水由村	23	男	1940 年 12 月
李西稠	沂南县湖头镇后水由村	24	男	1940 年 12 月
朱和林	沂南县张庄镇和庄村	25	男	1940 年
刘　象	沂南县孙祖镇刘家坪	40	男	1940 年
宋允发	沂南县孙祖镇刘家坪	41	男	1940 年
胡成花	沂南县孙祖镇刘家坪	42	女	1940 年
郑宽德	沂南县孙祖镇东铁峪村	25	男	1940 年
高元举	沂南县孙祖镇东铁峪村	24	男	1940 年
胡茂德	沂南县孙祖镇东铁峪村	27	男	1940 年
王文斌之子	沂南县孙祖镇崔庄子村	25	男	1940 年
冯文章之弟	沂南县孙祖镇崔庄子村	20	男	1940 年
胡成中	沂南县孙祖镇崖子村	21	男	1940 年
张建得	沂南县铜井镇凤台庄村	38	男	1940 年
赵　大	沂南县铜井镇凤台庄村	62	男	1940 年
张建录	沂南县铜井镇凤台庄村	62	男	1940 年
赵清田	沂南县铜井镇凤台庄村	61	男	1940 年
李庆和	沂南县铜井镇南泉村	—	男	1940 年
李庆文	沂南县铜井镇南泉村	26	男	1940 年
李允村	沂南县铜井镇马泉村	16	男	1940 年
刘策坤	沂南县砖埠镇季家庄村	—	男	1940 年
伏祥玉	沂南县砖埠镇洙阳村	—	男	1940 年
刘策常	沂南县砖埠镇西岳庄村	—	男	1940 年
陈洪良之大姐	沂南县砖埠镇铁山子村	20	女	1940 年
王　西	沂南县砖埠镇桃源村	—	男	1940 年
王　坡	沂南县砖埠镇桃源村	—	男	1940 年
孙开展	沂南县砖埠镇东岳庄村	44	男	1940 年
孙成柱	沂南县砖埠镇东岳庄村	42	男	1940 年
范玉现之父	沂南县砖埠镇东岳庄村	56	男	1940 年
王文成	沂南县砖埠镇常桑杭村	28	男	1940 年
颜振国	沂南县砖埠镇常桑杭村	48	男	1940 年

姓 名	籍 贯	年龄	性别	死难时间
杨周来	沂南县依汶镇东依汶村	44	男	1940年
朱时松	沂南县依汶镇朱家峪子村	42	男	1940年
田洪胜	沂南县依汶镇朱家峪子村	28	男	1940年
高付田	沂南县依汶镇朱家里庄村	28	男	1940年
朱怀珍	沂南县依汶镇朱家里庄村	28	男	1940年
朱凤仁	沂南县依汶镇朱家里庄村	29	男	1940年
朱光福	沂南县依汶镇朱家里庄村	20	男	1940年
朱西文	沂南县依汶镇朱家里庄村	26	男	1940年
崔彦庆	沂南县依汶镇朱家里庄村	20	男	1940年
朱凤吨	沂南县依汶镇朱家里庄村	22	男	1940年
杨荫田	沂南县依汶镇朱家里庄村	29	男	1940年
杨云田	沂南县依汶镇朱家里庄村	24	男	1940年
朱学易	沂南县依汶镇朱家里庄村	26	男	1940年
刘乃松	沂南县依汶镇店子村	27	男	1940年
戴佩文	沂南县依汶镇孙隆村	—	男	1940年
李开传	沂南县马牧池乡横河村	23	男	1940年
李开忠	沂南县马牧池乡小保护村	20	男	1940年
魏照烈	沂南经济开发区新城一村	36	男	1940年
李明生	沂南经济开发区梓栏村	48	男	1940年
李开基	沂南县杨家坡镇东大疃村	—	男	1940年
郭日早	沂南县杨家坡镇凤泉村	34	男	1940年
郭长贵	沂南县杨家坡镇凤泉村	40	男	1940年
纪风尚	沂南县杨家坡镇高阜村	32	男	1940年
白清义	沂南县杨家坡镇高阜村	30	男	1940年
刘聚后	沂南县双堠镇西梭庄村	21	男	1940年
徐来舟	沂南县双堠镇尚店村	—	男	1940年
刘西福	沂南县双堠镇汪家庄村	54	男	1940年
刘乃聚	沂南县双堠镇侍郎宅村	23	男	1940年
宁开太	沂南县双堠镇侍郎宅村	26	男	1940年
陈建章	沂南县双堠镇双堠村	15	男	1940年
陈更念	沂南县双堠镇营后村	15	男	1940年
杨明举	沂南县双堠镇北龙口村	35	男	1940年
周光利	沂南县双堠镇黑山安村	26	男	1940年
周玉祥	沂南县双堠镇黑山安村	25	男	1940年

姓　名	籍　贯	年龄	性别	死难时间
周玉明	沂南县双堠镇黑山安村	16	男	1940 年
韩　昌	沂南县青驼镇青驼北村	19	男	1940 年
刘　浩	沂南县青驼镇青驼北村	22	男	1940 年
杨有生	沂南县青驼镇井泉村	21	男	1940 年
侯德启	沂南县青驼镇陈家寨	20	男	1940 年
曾广秋	沂南县青驼镇窝庄	—	男	1940 年
薛允修	沂南县青驼镇南店	—	男	1940 年
薛秋吉	沂南县青驼镇南店	—	女	1940 年
毕先海	沂南县青驼镇南店	—	男	1940 年
王兴悦	沂南县青驼镇王家圈	26	男	1940 年
董怀更	沂南县青驼镇董店子	24	男	1940 年
张西宝	沂南县青驼镇武庄子	—	男	1940 年
赵兴德	沂南县青驼镇武庄子	11	男	1940 年
张元米	沂南县青驼镇旁沂庄	27	男	1940 年
张玉成	沂南县青驼镇旁沂庄	54	男	1940 年
孙纪文	沂南县青驼镇四岭	—	男	1940 年
丁开放	沂南县青驼镇四岭	15	男	1940 年
杜庆君	沂南县青驼镇四岭	—	男	1940 年
孟兆彩	沂南县青驼镇东泉头	34	男	1940 年
王环礼	沂南县青驼镇西泉头	27	男	1940 年
张彦廷	沂南县青驼镇西泉头	37	男	1940 年
耿喜春	沂南县蒲汪镇圣母冢村	20	男	1940 年
古成福	沂南县蒲汪镇桥头车疃村	34	男	1940 年
李　山	沂南县蒲汪镇瓦插檐村	20	男	1940 年
李　录	沂南县蒲汪镇瓦插檐村	22	男	1940 年
田守美	沂南县蒲汪镇下庄村	14	男	1940 年
田　氏	沂南县蒲汪镇下庄村	33	女	1940 年
陈德红	沂南县蒲汪镇下庄村	8	男	1940 年
翁进妹	沂南县蒲汪镇下庄村	22	女	1940 年
田　氏	沂南县蒲汪镇下庄村	41	女	1940 年
高从心	沂南县大庄镇沟崖村	50	男	1940 年
高春梨	沂南县大庄镇沟崖村	38	男	1940 年
李修智	沂南县大庄镇庙官庄村	25	男	1940 年
李修志	沂南县大庄镇庙官庄村	17	男	1940 年

姓　名	籍　贯	年　龄	性　别	死难时间
高茂介	沂南县大庄镇朱家河村	—	男	1940 年
李奎文	沂南县苏村镇李庄村	—	男	1940 年
曹淑德	沂南县苏村镇大营村	—	男	1940 年
曹汝恒	沂南县苏村镇大营村	—	男	1940 年
娄宝周	沂南县苏村镇娄庄村	—	男	1940 年
艾开举	沂南县辛集镇艾家村	20	男	1940 年
刘　全	沂南县辛集镇常胜村	22	男	1940 年
贺可友	沂南县辛集镇城子庄村	24	男	1940 年
李联换之妻	沂南县辛集镇李家屯村	26	女	1940 年
张　起	沂南县辛集镇刘家汪村	49	男	1940 年
刘杨武之妻	沂南县辛集镇刘家汪村	61	女	1940 年
夏云然	沂南县辛集镇刘庄子村	28	男	1940 年
王同功	沂南县辛集镇苗家曲村	50	男	1940 年
王守成	沂南县辛集镇苗家曲村	39	男	1940 年
王金选	沂南县辛集镇苗家曲村	25	男	1940 年
王玉芝	沂南县辛集镇苗家曲村	19	男	1940 年
王彦江	沂南县辛集镇苗家曲村	12	男	1940 年
李夫善	沂南县辛集镇苗家曲村	13	男	1940 年
李东全	沂南县辛集镇双汪村	—	男	1940 年
刘京春	沂南县辛集镇双汪村	32	男	1940 年
李长春	沂南县辛集镇双汪村	25	男	1940 年
蔡秀宝	沂南县辛集镇太和蔡家村	60	男	1940 年
齐立明	沂南县辛集镇太和蔡家洼村	19	男	1940 年
高宝玉	沂南县辛集镇小沟村	18	男	1940 年
张维侯	沂南县辛集镇张家汪村	22	男	1940 年
付登科	沂南县辛集镇张家汪村	22	男	1940 年
刘是福	沂南县岸堤镇岩路村	—	男	1940 年
李彦余	沂南县岸堤镇岩路村	—	男	1940 年
李茂秋	沂南县岸堤镇大新庄村	—	男	1940 年
田爱英	沂南县岸堤镇前高湖村	22	女	1940 年
张　庆	沂南县岸堤镇前高湖村	—	女	1940 年
朱希点	沂南县张庄镇和庄村	34	男	1940 年
尹传家	沂南县张庄镇松山埠村	23	男	1940 年
尹传柳	沂南县张庄镇松山埠村	17	男	1940 年

姓 名	籍 贯	年 龄	性 别	死难时间
孙德友	沂南县张庄镇松山埠村	21	男	1940 年
尹传秋	沂南县张庄镇松山埠村	20	男	1940 年
李宝坤	沂南县张庄镇南官庄村	34	男	1940 年
赵清张	沂南县张庄镇南官庄村	65	男	1940 年
王世合	沂南县张庄镇南官庄村	75	男	1940 年
邹福喜	沂南县张庄镇辉山村	20	男	1940 年
胡法海	沂南县张庄镇辉山村	20	男	1940 年
潘文柱	沂南县青驼镇闫庄子	28	男	1941 年 1 月
杨兴德	沂南县孙祖镇南瓦庄村	25	男	1941 年 1 月
李长现	沂南县孙祖镇南瓦庄村	26	男	1941 年 1 月
李安存	沂南县孙祖镇南瓦庄村	48	男	1941 年 1 月
范臣文	沂南县铜井镇珠宝村	30	男	1941 年 1 月
孙庆发	沂南县杨家坡镇侯宅村	26	男	1941 年 1 月
刘西语	沂南县界湖镇水浒套村	26	男	1941 年 1 月 26 日
李 柱	沂南县葛沟镇东安乐村	30	男	1941 年 2 月
王纪林	沂南县葛沟镇王家堰村	41	男	1941 年 2 月
刘宗后	沂南县岸堤镇岩路村	—	男	1941 年 2 月
李荣庆	沂南县岸堤镇兴旺庄村	21	男	1941 年 2 月
董其修之妻	沂南县岸堤镇兴旺庄村	48	女	1941 年 2 月
马树敬之妻	沂南县岸堤镇兴旺庄村	60	女	1941 年 2 月
董兆恩	沂南县岸堤镇兴旺庄村	53	男	1941 年 2 月
郝云青	沂南县岸堤镇兴旺庄村	63	男	1941 年 2 月
郝云祥	沂南县岸堤镇兴旺庄村	60	男	1941 年 2 月
刘树桂	沂南县岸堤镇兴旺庄村	28	男	1941 年 2 月
董春妮	沂南县岸堤镇兴旺庄村	10	女	1941 年 2 月
杜以户	沂南县岸堤镇河子沟村	23	男	1941 年 2 月
隋光家	沂南县依汶镇隋安村	—	男	1941 年 2 月
隋文阶	沂南县依汶镇隋安村	—	男	1941 年 2 月
杨运瑞	沂南县大庄镇东司马村	24	男	1941 年 2 月
张庆地	沂南县依汶镇隋安村	—	男	1941 年 2 月
张庆年	沂南县依汶镇隋安村	—	男	1941 年 2 月
张玉争	沂南县依汶镇隋安村	—	男	1941 年 2 月
张廷文	沂南县依汶镇隋安村	28	男	1941 年 2 月
徐吉祥	沂南县界湖镇独树村	29	男	1941 年 2 月 2 日

姓　名	籍　贯	年　龄	性　别	死难时间
胡守全之父	沂南县岸堤镇兴旺庄村	43	男	1941 年 2 月
马树敬	沂南县岸堤镇兴旺庄村	60	男	1941 年 2 月
田　元	沂南县孙祖镇孙祖村	20	男	1941 年 3 月
胡　三	沂南县孙祖镇孙祖村	21	男	1941 年 3 月
麻俊法之父	沂南县孙祖镇东高庄村	45	男	1941 年 3 月
张学成之祖父	沂南县孙祖镇东高庄村	50	男	1941 年 3 月
麻丕章之父	沂南县孙祖镇东高庄村	30	男	1941 年 3 月
宋立芬之母	沂南县孙祖镇东高庄村	36	女	1941 年 3 月
麻士忠	沂南县孙祖镇东高庄村	40	男	1941 年 3 月
麻文明	沂南县孙祖镇东高庄村	40	男	1941 年 3 月
麻春肆	沂南县孙祖镇东高庄村	46	男	1941 年 3 月
麻文元	沂南县孙祖镇东高庄村	46	男	1941 年 3 月
赵永平	沂南县孙祖镇南匣石村	19	男	1941 年 3 月
张中备	沂南县孙祖镇南匣石村	17	男	1941 年 3 月
宋立本	沂南县孙祖镇南匣石村	26	男	1941 年 3 月
庄明秀	沂南县蒲汪镇大王庄村	36	男	1941 年 3 月
刘纪成	沂南县蒲汪镇瓦插檐村	20	男	1941 年 3 月
娄自成	沂南县湖头镇西坡子村	51	男	1941 年 3 月
张立合	沂南县湖头镇西坡子村	47	男	1941 年 3 月
魏廷山	沂南县界湖镇水浒套村	21	男	1941 年 3 月 23 日
胡大公	沂南县孙祖镇孙祖村	22	男	1941 年 4 月
胡太公	沂南县孙祖镇孙祖村	40	男	1941 年 4 月
胡家肥	沂南县孙祖镇孙祖村	19	男	1941 年 4 月
代万秋	沂南县铜井镇薛家庄	27	男	1941 年 4 月
杨曰贵	沂南县界湖镇夏庄村	53	男	1941 年 4 月 2 日
杨曰仁	沂南县界湖镇夏庄村	35	男	1941 年 4 月 2 日
刘乃太	沂南县界湖镇夏庄村	33	男	1941 年 4 月 2 日
杨曰桐	沂南县界湖镇夏庄村	39	男	1941 年 4 月 8 日
刘召太	沂南县界湖镇夏庄村	31	男	1941 年 4 月 25 日
王康成	沂南县界湖镇夏庄村	19	男	1941 年 4 月 25 日
刘长美	沂南县界湖镇夏庄村	31	男	1941 年 4 月 25 日
李士文	沂南县界湖镇夏庄村	21	男	1941 年 4 月 26 日
刘乃修	沂南县界湖镇夏庄村	53	男	1941 年 4 月 26 日
张恒达	沂南县界湖镇夏庄村	55	男	1941 年 4 月 26 日

姓名	籍贯	年龄	性别	死难时间
胡茂元	沂南县孙祖镇孙祖村	60	男	1941年5月
刘泽中	沂南县大庄镇东司马村	20	男	1941年5月
胡成法	沂南县孙祖镇孙祖村	18	男	1941年5月
范恩文	沂南县铜井镇珠宝村	19	男	1941年5月
范金英	沂南县铜井镇珠宝村	21	女	1941年5月
范金兰	沂南县铜井镇珠宝村	18	女	1941年5月
范二秃	沂南县铜井镇珠宝村	15	男	1941年5月
毛刻川	沂南县铜井镇珠宝村	21	男	1941年5月
毛德运	沂南县铜井镇珠宝村	21	男	1941年5月
毛德欣	沂南县铜井镇珠宝村	20	男	1941年5月
毛方正	沂南县铜井镇珠宝村	18	男	1941年5月
毛方平	沂南县铜井镇珠宝村	16	男	1941年5月
范京修	沂南县铜井镇珠宝村	19	男	1941年5月
王好友	沂南县铜井镇珠宝村	21	男	1941年5月
于国跻	沂南县铜井镇珠宝村	20	男	1941年5月
陈龙汉	沂南县铜井镇珠宝村	10	男	1941年5月
毛是严	沂南县铜井镇珠宝村	17	男	1941年5月
习玉桌	沂南县铜井镇珠宝村	19	男	1941年5月
庄老五	沂南县铜井镇珠宝村	19	男	1941年5月
范官祥	沂南县铜井镇珠宝村	16	男	1941年5月
范俊为	沂南县铜井镇珠宝村	21	男	1941年5月
毛庄户	沂南县铜井镇珠宝村	21	男	1941年5月
范明为	沂南县铜井镇珠宝村	20	男	1941年5月
毛大秃	沂南县铜井镇珠宝村	16	男	1941年5月
张启文	沂南县铜井镇珠宝村	20	男	1941年5月
张启杰	沂南县铜井镇珠宝村	21	男	1941年5月
毛德民	沂南县铜井镇珠宝村	20	男	1941年5月
毛德全	沂南县铜井镇珠宝村	17	男	1941年5月
范保成	沂南县铜井镇珠宝村	16	男	1941年5月
范为荣	沂南县铜井镇珠宝村	18	男	1941年5月
范保建	沂南县铜井镇珠宝村	18	男	1941年5月
范春田	沂南县铜井镇珠宝庄村	20	男	1941年5月
范每田	沂南县铜井镇珠宝庄村	20	男	1941年5月
范大秃	沂南县铜井镇珠宝庄村	16	男	1941年5月

姓 名	籍 贯	年 龄	性 别	死难时间
陈京坡	沂南县铜井镇珠宝庄村	20	男	1941 年 5 月
毛小桌	沂南县铜井镇珠宝庄村	18	男	1941 年 5 月
毛兴样	沂南县铜井镇珠宝庄村	17	男	1941 年 5 月
毛 步	沂南县铜井镇珠宝庄村	21	男	1941 年 5 月
毛刻成	沂南县铜井镇珠宝庄村	16	男	1941 年 5 月
毛是秀	沂南县铜井镇珠宝庄村	18	男	1941 年 5 月
张启太	沂南县铜井镇珠宝庄村	21	男	1941 年 5 月
于 五	沂南县铜井镇辉泉村	—	男	1941 年 5 月
孔召香	沂南县蒲汪镇山东村	17	男	1941 年 5 月
徐 纪	沂南县蒲汪镇山东村	33	男	1941 年 5 月
徐立善	沂南县蒲汪镇山东村	35	男	1941 年 5 月
于省三	沂南县蒲汪镇大于庄村	37	男	1941 年 5 月
袁丰烈	沂南县孙祖镇孙祖村	42	男	1941 年 6 月
陈召坤	沂南县葛沟镇东安乐村	34	男	1941 年 6 月
王立法	沂南县葛沟镇居泉村	21	男	1941 年 6 月
黄家骥	沂南县铜井镇金城村	27	男	1941 年 6 月
黄培法	沂南县铜井镇金城村	28	男	1941 年 6 月
袁安烈	沂南县界湖镇团山庄村	50	男	1941 年 6 月 7 日
李广太	沂南县界湖镇团山庄村	50	男	1941 年 6 月 7 日
陈 氏	沂南县界湖镇团山庄村	56	女	1941 年 6 月 7 日
苏廷梅	沂南县界湖镇水浒套村	13	男	1941 年 6 月 9 日
袁树仁	沂南县界湖镇团山庄村	40	男	1941 年 6 月 16 日
聂为标	沂南县界湖镇后中疃村	42	男	1941 年 6 月 19 日
聂庆德	沂南县界湖镇后中疃村	45	男	1941 年 6 月 19 日
聂为伦	沂南县界湖镇后中疃村	43	男	1941 年 6 月 19 日
聂为荣	沂南县界湖镇后中疃村	48	男	1941 年 6 月 20 日
聂德安	沂南县界湖镇后中疃村	20	男	1941 年 6 月 20 日
胡成才	沂南县孙祖镇孙祖村	45	男	1941 年 7 月
尹传开	沂南县孙祖镇黄庄村	39	男	1941 年 7 月
朱继胜	沂南县蒲汪镇下坡村	35	男	1941 年 7 月
朱相烈	沂南县蒲汪镇下坡村	25	男	1941 年 7 月
代万福	沂南县铜井镇薛家庄村	23	男	1941 年 8 月
朱班卿	沂南县蒲汪镇土山村	27	男	1941 年 8 月
张兆吉	沂南县湖头镇前水由村	16	男	1941 年 8 月

姓 名	籍 贯	年 龄	性 别	死难时间
李孟法	沂南县大庄镇西司马村	16	男	1941 年 8 月
周庆海	沂南县大庄镇西司马村	17	男	1941 年 8 月
张修普	沂南县大庄镇前东河村	—	男	1941 年 8 月
徐吉青	沂南县界湖镇南村	27	男	1941 年 8 月 7 日
刘 闲	沂南县界湖镇南村	28	男	1941 年 8 月 7 日
陈中成	沂南县界湖镇南村	27	男	1941 年 8 月 7 日
袁树梅	沂南县界湖镇团山庄村	42	男	1941 年 8 月 24 日
张热白	沂南县界湖镇团山庄村	50	男	1941 年 8 月 24 日
胡乃征	沂南县界湖镇团山庄村	52	男	1941 年 8 月 24 日
姚 成	沂南县界湖镇东村	17	男	1941 年 8 月 26 日
高元宝	沂南县孙祖镇书堂子村	26	男	1941 年 9 月
邢增烈	沂南县孙祖镇邢庄子村	27	男	1941 年 9 月
梅纪友	沂南县孙祖镇邢庄子村	30	男	1941 年 9 月
邢守柱	沂南县孙祖镇邢庄子村	24	男	1941 年 9 月
邢守安	沂南县孙祖镇邢庄子村	25	男	1941 年 9 月
邢守磊	沂南县孙祖镇邢庄子村	27	男	1941 年 9 月
刘乃福	沂南县孙祖镇孟良崮村	19	男	1941 年 9 月
高玉梅	沂南县孙祖镇书堂村	45	男	1941 年 9 月
范增元之母	沂南县铜井镇范家庄村	—	女	1941 年 9 月
范增元之妹	沂南县铜井镇范家庄村	—	女	1941 年 9 月
范李氏	沂南县铜井镇范家庄村	—	女	1941 年 9 月
范 姑	沂南县铜井镇范家庄村	—	女	1941 年 9 月
范张氏	沂南县铜井镇范家庄村	—	女	1941 年 9 月
范占营	沂南县铜井镇龙泉村	—	男	1941 年 9 月
范维兴	沂南县铜井镇龙泉村	—	男	1941 年 9 月
潘 氏	沂南县铜井镇花山前村	57	女	1941 年 9 月
范西现	沂南县铜井镇范家庄村	—	男	1941 年 9 月
范汝安	沂南县铜井镇范家庄村	—	男	1941 年 9 月
范汝钦	沂南县铜井镇范家庄村	—	男	1941 年 9 月
范汝善	沂南县铜井镇范家庄村	—	男	1941 年 9 月
范汝功	沂南县铜井镇范家庄村	—	男	1941 年 9 月
高相贵	沂南县铜井镇花山前村	67	男	1941 年 9 月
高光增	沂南县铜井镇花山前村	33	男	1941 年 9 月
高寿奎	沂南县铜井镇花山前村	27	男	1941 年 9 月

姓 名	籍 贯	年 龄	性 别	死难时间
高光友	沂南县铜井镇花山前村	27	男	1941 年 9 月
高相武	沂南县铜井镇花山前村	33	男	1941 年 9 月
刘德奎	沂南县界湖镇朱家峪村	39	男	1941 年 9 月 21 日
刘善得	沂南县孙祖镇栗林村	21	男	1941 年 10 月
刘成一	沂南县孙祖镇栗林村	26	男	1941 年 10 月
李宝太	沂南县孙祖镇黄庄村	40	男	1941 年 10 月
李中阶	沂南县孙祖镇黄庄村	40	男	1941 年 10 月
宋允官	沂南县孙祖镇黄庄村	40	男	1941 年 10 月
李宝元	沂南县孙祖镇黄庄村	40	男	1941 年 10 月
黄在青	沂南县铜井镇袁家庄村	—	男	1941 年 10 月
刘福德	沂南县铜井镇袁家庄村	—	男	1941 年 10 月
刘墨德	沂南县铜井镇袁家庄村	—	男	1941 年 10 月
刘纪安	沂南县铜井镇袁家庄村	—	男	1941 年 10 月
杜连厚	沂南县铜井镇袁家庄村	—	男	1941 年 10 月
赵佑田	沂南县铜井镇凤台庄村	51	男	1941 年 10 月
赵中武	沂南县铜井镇凤台庄村	53	男	1941 年 10 月
高玉发	沂南县大庄镇金佛院中村	26	男	1941 年 10 月
郇桂祥	沂南县大庄镇金佛院中村	28	男	1941 年 10 月
刘善全	沂南县岸堤镇王山峪村	26	男	1941 年 10 月
姚兴福	沂南县杨家坡镇侯宅村	23	男	1941 年 10 月 2 日
胡先玲之父	沂南县孙祖镇赵家城子村	28	男	1941 年 10 月 13 日
王新汉	沂南县孙祖镇赵家城子村	23	男	1941 年 10 月 13 日
刘平台	沂南县孙祖镇赵家城子村	23	男	1941 年 10 月 13 日
刘日献	沂南县孙祖镇赵家城子村	23	男	1941 年 10 月 13 日
赵永青	沂南县孙祖镇赵家城子村	25	男	1941 年 10 月 13 日
赵光灿	沂南县孙祖镇赵家城子村	25	男	1941 年 10 月 13 日
赵光真	沂南县孙祖镇赵家城子村	25	男	1941 年 10 月 13 日
马得友	沂南县孙祖镇赵家城子村	21	男	1941 年 10 月 13 日
圣玉柱	沂南县孙祖镇赵家城子村	21	男	1941 年 10 月 13 日
赵光禄	沂南县孙祖镇赵家城子村	25	男	1941 年 10 月 13 日
王永节	沂南县孙祖镇赵家城子村	25	男	1941 年 10 月 13 日
韩永顺	沂南县孙祖镇赵家城子村	27	男	1941 年 10 月 13 日
张大臣	沂南县孙祖镇赵家城子村	19	男	1941 年 10 月 13 日
王焕竹	沂南县孙祖镇赵家城子村	28	男	1941 年 10 月 13 日

姓 名	籍 贯	年 龄	性 别	死难时间
吕开大	沂南县孙祖镇赵家城子村	21	男	1941 年 10 月 13 日
王兰艳	沂南县孙祖镇赵家城子村	21	男	1941 年 10 月 13 日
刘玉仁	沂南县岸堤镇东北村	30	男	1941 年 10 月 23 日
张永三	沂南县岸堤镇中高湖村	—	男	1941 年 11 月
南玉春	沂南县岸堤镇中高湖村	—	男	1941 年 11 月
曹明松	沂南县湖头镇曹宅子村	—	男	1941 年 11 月
曹安祥	沂南县湖头镇曹宅子村	—	男	1941 年 11 月
王连胜	沂南县湖头镇曹宅子村	—	男	1941 年 11 月
曹世全	沂南县湖头镇曹宅子村	—	男	1941 年 11 月
孙庆禄	沂南县湖头镇河南沟头村	—	男	1941 年 11 月
张带海	沂南县湖头镇东城子村	—	男	1941 年 11 月
张带荣	沂南县湖头镇东城子村	—	男	1941 年 11 月
姜学月	沂南县湖头镇姜家庄村	—	男	1941 年 11 月
姜秀槐	沂南县湖头镇姜家庄村	—	男	1941 年 11 月
姜秀奇	沂南县湖头镇姜家庄村	—	男	1941 年 11 月
姜秀风	沂南县湖头镇姜家庄村	—	男	1941 年 11 月
姜秀仲	沂南县湖头镇姜家庄村	—	男	1941 年 11 月
王洪一	沂南县依汶镇双村	—	男	1941 年 11 月
王洪升	沂南县依汶镇双村	25	男	1941 年 11 月
王洪义	沂南县依汶镇双村	30	男	1941 年 11 月
刘成化	沂南县界湖镇南村	27	男	1941 年 12 月
郑召同	沂南县界湖镇小白石村	28	男	1941 年 12 月 1 日
郑光友	沂南县界湖镇小白石村	27	男	1941 年 12 月 1 日
郑为春	沂南县界湖镇小白石村	31	男	1941 年 12 月 1 日
张为彦	沂南县岸堤镇大新庄村	—	男	1941 年 12 月
李任廷	沂南县岸堤镇大新庄村	—	男	1941 年 12 月
刘曰平	沂南县岸堤镇大新庄村	—	男	1941 年 12 月
许进路	沂南县湖头镇辛街村	25	男	1941 年 12 月
于 顺	沂南县湖头镇辛街村	19	男	1941 年 12 月
蒋云庆	沂南县湖头镇冷街村	21	男	1941 年 12 月
宋百迎	沂南县湖头镇湖头村	31	男	1941 年 12 月
周 座	沂南县湖头镇湖头村	33	男	1941 年 12 月
杜森林	沂南县湖头镇杜家哨村	28	男	1941 年 12 月
张立祥	沂南县界湖镇北寨村	35	男	1941 年 12 月 4 日

姓 名	籍 贯	年龄	性别	死难时间
陈清德	沂南县界湖镇历山村	28	男	1941 年 12 月 8 日
陈良德	沂南县界湖镇历山村	31	男	1941 年 12 月 8 日
贾焕森	沂南县界湖镇张家营村	28	男	1941 年 12 月 16 日
陈永修	沂南县界湖镇历山村	21	男	1941 年 12 月 21 日
李清文	沂南县界湖镇历山村	20	男	1941 年 12 月 21 日
李长平	沂南县张庄镇小河村	16	男	1941 年
聂洪祥	沂南县界湖镇后中疃村	40	男	1941 年
聂存合	沂南县界湖镇后中疃村	28	男	1941 年
聂纯烈	沂南县界湖镇后中疃村	35	男	1941 年
聂光和	沂南县界湖镇后中疃村	42	男	1941 年
二　娃	沂南县孙祖镇孙祖村	8	男	1941 年
牛　二	沂南县孙祖镇孙祖村	12	男	1941 年
王　氏	沂南县孙祖镇孙祖村	40	女	1941 年
胡　氏	沂南县孙祖镇孙祖村	50	女	1941 年
王彦江	沂南县孙祖镇孟良崮村	21	男	1941 年
张永圣	沂南县孙祖镇芦山村	27	男	1941 年
张永西	沂南县孙祖镇孟良崮村	23	男	1941 年
张夫良	沂南县孙祖镇孟良崮村	27	男	1941 年
张永松	沂南县孙祖镇孟良崮村	28	男	1941 年
王　二	沂南县孙祖镇孟良崮村	25	男	1941 年
王　五	沂南县孙祖镇孟良崮村	27	男	1941 年
王生新	沂南县孙祖镇孟良崮村	21	男	1941 年
林传起	沂南县孙祖镇孟良崮村	23	男	1941 年
刘成峰	沂南县孙祖镇孟良崮村	22	男	1941 年
郭春和	沂南县孙祖镇孟良崮村	25	男	1941 年
杨清生	沂南县孙祖镇新庄子村	—	男	1941 年
杨振贵	沂南县孙祖镇新庄子村	—	男	1941 年
胡　册	沂南县孙祖镇新庄子村	—	男	1941 年
杨寿陈	沂南县孙祖镇新庄子村	—	男	1941 年
刘日兴	沂南县孙祖镇石汪圈村	27	男	1941 年
刘发春	沂南县孙祖镇石汪圈村	25	男	1941 年
赵仲路	沂南县孙祖镇石汪圈村	18	男	1941 年
赵忠祥	沂南县孙祖镇石汪圈村	26	男	1941 年
王东强	沂南县孙祖镇石汪圈村	25	男	1941 年

姓 名	籍 贯	年 龄	性 别	死难时间
贺方可	沂南县孙祖镇石汪圈村	21	男	1941 年
尹作田	沂南县孙祖镇石汪圈村	28	男	1941 年
薛文良	沂南县孙祖镇西铁峪村	20	男	1941 年
梁仁正	沂南县孙祖镇东铁峪村	25	男	1941 年
刘国正	沂南县孙祖镇连顶村	25	男	1941 年
吉怀祥之母	沂南县孙祖镇连顶村	21	女	1941 年
袁士栋	沂南县孙祖镇青龙峪村	32	男	1941 年
王忠余	沂南县孙祖镇青龙峪村	20	男	1941 年
郭中胜	沂南县孙祖镇崖子村	27	男	1941 年
胡家严	沂南县孙祖镇宝石峪村	22	男	1941 年
左焕德	沂南县葛沟镇安太庄村	16	男	1941 年
马新河	沂南县葛沟镇葛沟北村	41	男	1941 年
王秀云	沂南县葛沟镇葛沟北村	16	女	1941 年
张成友	沂南县葛沟镇葛沟北村	16	男	1941 年
邵世庆	沂南县葛沟镇团埠村	28	男	1941 年
安玉美	沂南县铜井镇长旺庄村	—	女	1941 年
高池昌	沂南县铜井镇长旺庄村	—	男	1941 年
朱乃全	沂南县铜井镇长旺庄村	—	男	1941 年
高彦灵	沂南县铜井镇保乐村	—	男	1941 年
高彦果	沂南县铜井镇保泉村	—	男	1941 年
范玉名	沂南县铜井镇保泉村	—	男	1941 年
代京立	沂南县铜井镇保泉村	—	男	1941 年
刘立本	沂南县铜井镇金桥村	—	男	1941 年
刘彭氏	沂南县铜井镇金桥村		女	1941 年
黄文烈	沂南县铜井镇金桥村	—	男	1941 年
刘高氏	沂南县铜井镇金桥村		女	1941 年
张成文	沂南县铜井镇金桥村	—	男	1941 年
张焕文	沂南县铜井镇金桥村	—	男	1941 年
张仁桂	沂南县铜井镇金桥村	15	男	1941 年
王安荣	沂南县铜井镇金桥村	—	男	1941 年
王心田	沂南县铜井镇金桥村	—	男	1941 年
刘 勇	沂南县铜井镇大杜山村	—	男	1941 年
王刚庭	沂南县铜井镇红峪庄村	—	男	1941 年
王起庭	沂南县铜井镇红峪庄村	—	男	1941 年

姓 名	籍 贯	年 龄	性 别	死难时间
李万忠	沂南县铜井镇红峪庄村	—	男	1941 年
王清台	沂南县铜井镇红峪庄村	—	男	1941 年
王得庭	沂南县铜井镇红峪庄村	—	男	1941 年
王 氏	沂南县铜井镇红峪庄村	—	女	1941 年
王西山之祖父	沂南县铜井镇红峪庄村	—	男	1941 年
王伦棒	沂南县铜井镇红峪庄村	—	男	1941 年
范 妮	沂南县铜井镇范家庄村	—	女	1941 年
贺方明之父	沂南县铜井镇香山村	43	男	1941 年
刘西明之叔	沂南县铜井镇香山村	36	男	1941 年
刘立所	沂南县铜井镇香山村	39	男	1941 年
贺发明之母	沂南县铜井镇香山村	58	女	1941 年
赵冲刚	沂南县铜井镇挑峪村	17	男	1941 年
武喜夫	沂南县铜井镇孔家湖村	33	男	1941 年
武江成	沂南县铜井镇孔家湖村	32	男	1941 年
于文菊	沂南县铜井镇孔家湖村	20	男	1941 年
于文太	沂南县铜井镇孔家湖村	33	男	1941 年
赵树甫	沂南县铜井镇孔家湖村	40	男	1941 年
赵西杭	沂南县铜井镇孔家湖村	41	男	1941 年
朱立祥	沂南县铜井镇新王后村	—	男	1941 年
孙学信	沂南县铜井镇新王后村	—	男	1941 年
李志忠	沂南县铜井镇新王后村	—	男	1941 年
孙成仁	沂南县铜井镇新王后村	—	男	1941 年
刘学田	沂南县铜井镇长旺庄村	—	男	1941 年
高立华	沂南县铜井镇长旺庄村	—	男	1941 年
陈兴德	沂南县铜井镇鲁庄村	15	男	1941 年
范俊茂	沂南县铜井镇鲁庄村	17	男	1941 年
范俊清	沂南县铜井镇鲁庄村	15	男	1941 年
范吉清	沂南县铜井镇鲁庄村	15	男	1941 年
王 四	沂南县铜井镇单家庄村	30	男	1941 年
李夫合	沂南县铜井镇单家庄村	20	男	1941 年
高丙修	沂南县铜井镇单家庄村	20	男	1941 年
高丙恒	沂南县铜井镇单家庄村	21	男	1941 年
高丙泰	沂南县铜井镇单家庄村	23	男	1941 年
范瑞奇	沂南县铜井镇单家庄村	20	男	1941 年

姓 名	籍 贯	年龄	性别	死难时间
聂自胜	沂南县铜井镇单家庄村	21	男	1941年
刘敬发	沂南县铜井镇单家庄村	25	男	1941年
范 梦	沂南县铜井镇单家庄村	22	男	1941年
范 马	沂南县铜井镇单家庄村	25	男	1941年
杜 闯	沂南县铜井镇单家庄村	20	男	1941年
范相三	沂南县铜井镇单家庄村	24	男	1941年
刘义安	沂南县铜井镇龙泉村	—	男	1941年
李上席	沂南县铜井镇马泉村	39	男	1941年
李青太	沂南县铜井镇马泉村	41	男	1941年
李士传	沂南县铜井镇马泉村	—	男	1941年
高任和	沂南县铜井镇保乐村	27	男	1941年
王林均之祖父	沂南县铜井镇红峪庄村	—	男	1941年
刘广德	沂南县铜井镇袁家庄村	—	男	1941年
刘继运	沂南县铜井镇袁家庄村	—	男	1941年
张洪金	沂南县铜井镇天城	20	男	1941年
黄明忠	沂南县铜井镇天城	24	男	1941年
黄培法	沂南县铜井镇金砖	34	男	1941年
张淑三	沂南县铜井镇曹家泉	16	男	1941年
高发新	沂南县铜井镇曹家泉	18	男	1941年
张立忠	沂南县铜井镇西南村	18	男	1941年
张宝太	沂南县砖埠镇洙阳村	—	男	1941年
杨德春	沂南县砖埠镇洙阳村	—	男	1941年
伏祥圣	沂南县砖埠镇洙阳村	—	男	1941年
杨德才	沂南县砖埠镇洙阳村	—	男	1941年
李苏氏	沂南县砖埠镇桃源村	—	女	1941年
孙纪峰	沂南县砖埠镇东岳庄村	15	男	1941年
张付臻	沂南县依汶镇安丰村	21	男	1941年
马乾仁	沂南县依汶镇安子村	—	男	1941年
赵德来	沂南县依汶镇国家庄村	51	男	1941年
赵德来之弟	沂南县依汶镇国家庄村	48	男	1941年
赵成仁之母	沂南县依汶镇国家庄村	45	女	1941年
杨二麻	沂南县依汶镇葛庄村	24	男	1941年
魏献海	沂南县依汶镇葛庄村	25	男	1941年
代佩贤	沂南县依汶镇葛庄村	27	男	1941年

姓 名	籍 贯	年 龄	性 别	死难时间
刘 氏	沂南县依汶镇双村	61	女	1941 年
肖宗善	沂南县依汶镇双村	30	男	1941 年
王洪太	沂南县依汶镇双村	28	男	1941 年
王洪升	沂南县依汶镇薄板台村	23	男	1941 年
王洪臣之父	沂南县依汶镇薄板台村	19	男	1941 年
王泽顺	沂南县依汶镇薄板台村	39	男	1941 年
王曰贞	沂南县依汶镇薄板台村	43	男	1941 年
王大头	沂南县依汶镇薄板台村	30	男	1941 年
郭文达	沂南县依汶镇宅科子村	26	男	1941 年
郭相成	沂南县依汶镇宅科子村	50	男	1941 年
郭中林	沂南县依汶镇宅科子村	42	男	1941 年
郭富三	沂南县依汶镇宅科子村	51	男	1941 年
郭文周	沂南县依汶镇宅科子村	39	男	1941 年
赵现东	沂南县依汶镇三合村	23	男	1941 年
赵忠胜	沂南县依汶镇三合村	21	男	1941 年
神德法	沂南县依汶镇涝坡村	30	男	1941 年
王元沛	沂南县依汶镇涝坡村	23	男	1941 年
王坤伍	沂南县依汶镇涝坡村	29	男	1941 年
朱茂春	沂南县依汶镇涝坡村	32	男	1941 年
卢德烈	沂南县依汶镇运粮村	48	男	1941 年
卢成先	沂南县依汶镇运粮村	37	男	1941 年
卢兆顺	沂南县依汶镇运粮村	39	男	1941 年
卢 恒	沂南县依汶镇运粮村	53	男	1941 年
褚庆福	沂南县依汶镇安子村	—	男	1941 年
高寿英	沂南县依汶镇安子村	—	男	1941 年
苗生庆	沂南县依汶镇安子村	—	男	1941 年
褚庆德	沂南县依汶镇安子村	—	男	1941 年
林华荣	沂南县依汶镇大梨峪村	—	男	1941 年
林合荣	沂南县依汶镇小安子村	—	男	1941 年
代京云	沂南县依汶镇孙隆村	—	男	1941 年
代怀庆	沂南县依汶镇孙隆村	—	男	1941 年
代凤祥	沂南县依汶镇孙隆村	—	男	1941 年
王 五	沂南县马牧池乡东柳沟村	26	男	1941 年
马 三	沂南县马牧池乡东柳沟村	37	男	1941 年

姓　名	籍　贯	年　龄	性　别	死难时间
安文明	沂南县马牧池乡东柳沟村	21	男	1941 年
王孝明	沂南县马牧池乡东柳沟村	73	男	1941 年
张乃春	沂南县马牧池乡西北官庄	12	女	1941 年
张京成	沂南县马牧池乡马牧池村	45	男	1941 年
刘元春	沂南县马牧池乡马牧池村	17	女	1941 年
杨　三	沂南县马牧池乡马牧池村	48	男	1941 年
隋月成	沂南县马牧池乡马牧池村	—	男	1941 年
隋月成之亲家	沂南县马牧池乡马牧池村	50	男	1941 年
王亚男	沂南县马牧池乡马牧池村	50	男	1941 年
刘　氏	沂南县马牧池乡马牧池村	—	女	1941 年
隋光际	沂南县马牧池乡马牧池村	60	男	1941 年
隋玉生	沂南县马牧池乡马牧池村	—	男	1941 年
隋光兰之祖父	沂南县马牧池乡马牧池村	—	男	1941 年
杨田之父	沂南县马牧池乡马牧池村	60	男	1941 年
杨西发	沂南县马牧池乡马牧池村	60	男	1941 年
高玉骑	沂南县马牧池乡马牧池村	21	男	1941 年
高洪田	沂南县马牧池乡万粮村	21	男	1941 年
王成怀	沂南县马牧池乡王家安子村	20	男	1941 年
王在香	沂南县马牧池乡王家安子村	30	女	1941 年
房兆延	沂南县马牧池乡王家安子村	20	男	1941 年
王永刚之父	沂南县马牧池乡王家安子村	30	男	1941 年
于学恩	沂南县马牧池乡刘家城子村	23	男	1941 年
王守荣	沂南县马牧池乡刘家城子村	11	女	1941 年
王守良	沂南县马牧池乡刘家城子村	23	男	1941 年
解仪军	沂南县马牧池乡刘家城子村	—	男	1941 年
刘学宗	沂南县马牧池乡西官庄村	19	男	1941 年
孙守伦	沂南县马牧池乡下柳沟村	24	男	1941 年
陈二胖	沂南县马牧池乡张家峪子村	25	男	1941 年
陈二胖之妻	沂南县马牧池乡张家峪子村	24	女	1941 年
陈二胖之子	沂南县马牧池乡张家峪子村	6	男	1941 年
耿善余	沂南县马牧池乡张家峪子村	24	男	1941 年
耿树修	沂南县马牧池乡张家峪子村	28	男	1941 年
陈风堂	沂南县马牧池乡张家峪子村	28	男	1941 年
耿善后之妹	沂南县马牧池乡张家峪子村	30	女	1941 年

姓　名	籍　贯	年　龄	性　别	死难时间
张信余	沂南县马牧池乡张家峪子村	22	男	1941 年
刘振廷	沂南县马牧池乡张家峪子村	40	男	1941 年
刘圣明	沂南县马牧池乡张家峪子村	30	男	1941 年
刘厉平	沂南县马牧池乡张家峪子村	40	男	1941 年
刘方成	沂南县马牧池乡张家峪子村	22	男	1941 年
刘建立	沂南县马牧池乡张家峪子村	23	男	1941 年
张　伟	沂南县马牧池乡野竹旺村	31	男	1941 年
董玉存	沂南县马牧池乡董家庄村	30	男	1941 年
张念典	沂南县马牧池乡董家庄村	37	男	1941 年
黄起文之母	沂南县马牧池乡董家庄村	19	女	1941 年
刘生民	沂南县马牧池乡董家庄村	31	男	1941 年
董荣升	沂南县马牧池乡董家庄村	23	男	1941 年
董玉德	沂南县马牧池乡董家庄村	31	男	1941 年
齐春江	沂南县马牧池乡桃花峪村	67	女	1941 年
刘水田	沂南县马牧池乡桃花峪村	54	男	1941 年
张德胜	沂南经济开发区梓栏村	32	男	1941 年
李宗荣	沂南经济开发区新城一村	36	男	1941 年
于庆祥	沂南经济开发区梓栏村	32	男	1941 年
邱文明	沂南县杨家坡镇坊南村	15	男	1941 年
杨培连	沂南县杨家坡镇坊南村	17	女	1941 年
杨元玲	沂南县杨家坡镇坊南村	16	女	1941 年
赵日恒	沂南县杨家坡镇小徐疃村	22	男	1941 年
赵　训	沂南县杨家坡镇小徐疃村	16	男	1941 年
杨朱氏	沂南县杨家坡镇杨家坡村	—	女	1941 年
白清国	沂南县杨家坡镇高阜村	32	男	1941 年
邵德法	沂南县杨家坡镇石牛村	31	男	1941 年
李布祥	沂南县双堠镇五彩庄	35	男	1941 年
刘红荣	沂南县双堠镇南龙口村	26	男	1941 年
刘生举	沂南县双堠镇埠口村	10	男	1941 年
于兆修	沂南县双堠镇艾于湖村	35	男	1941 年
高连文	沂南县双堠镇侍郎宅村	26	男	1941 年
刘乃苍	沂南县双堠镇双堠村	20	男	1941 年
吴中兰	沂南县双堠镇双堠村	36	女	1941 年
李成叶	沂南县双堠镇双堠村	35	男	1941 年

姓 名	籍 贯	年 龄	性 别	死难时间
高元和	沂南县双堠镇涝子峪村	27	男	1941 年
宁会祥	沂南县双堠镇涝子峪村	40	男	1941 年
靳 氏	沂南县双堠镇涝子峪村	39	女	1941 年
丁维相	沂南县双堠镇涝子峪村	28	男	1941 年
韩光合	沂南县双堠镇营后村	26	男	1941 年
谭立美	沂南县双堠镇黑山安村	16	女	1941 年
刘乃钦	沂南县双堠镇东梭庄村	21	男	1941 年
刘 超	沂南县双堠镇东梭庄村	27	男	1941 年
曹德军	沂南县双堠镇东梭庄村	28	男	1941 年
刘军厚	沂南县双堠镇东梭庄村	21	男	1941 年
董氏之子	沂南县青驼镇朱家崖子村	—	男	1941 年
姚瑞祥	沂南县青驼镇南店	—	男	1941 年
毕先后	沂南县青驼镇南店	—	男	1941 年
鲍亲来之母	沂南县青驼镇南店	—	女	1941 年
陈德全	沂南县青驼镇小湖	—	男	1941 年
刘先后	沂南县青驼镇小湖	—	男	1941 年
代 忙	沂南县青驼镇南店	—	男	1941 年
王京春	沂南县青驼镇大官庄	—	男	1941 年
冯文辉	沂南县青驼镇冯家湖	—	男	1941 年
冯广东	沂南县青驼镇冯家湖	—	男	1941 年
董瑞×	沂南县青驼镇吉拉子	—	男	1941 年
董春华	沂南县青驼镇吉拉子	—	男	1941 年
卢太军	沂南县青驼镇石门	24	男	1941 年
杜加杰	沂南县青驼镇石门	21	男	1941 年
王佃美	沂南县青驼镇石门	33	男	1941 年
文德法	沂南县青驼镇仁义庄	26	男	1941 年
郭姜氏	沂南县青驼镇仁义庄	22	女	1941 年
陈夫友	沂南县青驼镇徐公店	17	男	1941 年
陈夫胜	沂南县青驼镇徐公店	15	男	1941 年
卢秀田	沂南县青驼镇东斗沟	49	男	1941 年
卢善敬	沂南县青驼镇东斗沟	32	男	1941 年
杨玉珂	沂南县青驼镇西斗沟	40	男	1941 年
董 五	沂南县青驼镇东斗沟	26	男	1941 年
冯德荣	沂南县青驼镇大冯楼	66	男	1941 年

姓 名	籍 贯	年 龄	性 别	死难时间
冯义吉	沂南县青驼镇大冯楼	37	男	1941 年
冯光复	沂南县青驼镇大冯楼	38	男	1941 年
冯光川	沂南县青驼镇大冯楼	33	男	1941 年
冯光利	沂南县青驼镇大冯楼	34	男	1941 年
冯连吉	沂南县青驼镇大冯楼	39	男	1941 年
张树标	沂南县蒲汪镇张家营村	20	男	1941 年
赵尔友	沂南县蒲汪镇前坡村	29	男	1941 年
刘继明	沂南县蒲汪镇永和官庄村	28	男	1941 年
薛彦兴	沂南县蒲汪镇薛家庄村	22	男	1941 年
李儒修	沂南县蒲汪镇瓦插檐村	23	男	1941 年
徐德顺	沂南县大庄镇金佛院前村	25	男	1941 年
于 海	沂南县大庄镇金佛院前村	30	男	1941 年
潘廷俊	沂南县大庄镇金佛院前村	32	男	1941 年
高录海	沂南县大庄镇沟崖村	19	男	1941 年
高录西	沂南县大庄镇沟崖村	17	男	1941 年
高力祥	沂南县大庄镇沟崖村	42	男	1941 年
高春渠	沂南县大庄镇沟崖村	45	男	1941 年
高乃端	沂南县大庄镇沟崖村	—	男	1941 年
高录青	沂南县大庄镇沟崖村	—	男	1941 年
高力信	沂南县大庄镇沟崖村	—	男	1941 年
高力仁	沂南县大庄镇沟崖村	43	男	1941 年
高录同	沂南县大庄镇沟崖村	40	男	1941 年
朱立中	沂南县大庄镇沟崖村	18	男	1941 年
郑金乐	沂南县大庄镇前交良村	87	男	1941 年
刘泽时	沂南县大庄镇莪庄村	27	男	1941 年
徐田后	沂南县大庄镇小礼让村	15	男	1941 年
王世东	沂南县大庄镇小礼让村	33	男	1941 年
徐以坡	沂南县大庄镇小礼让村	15	男	1941 年
吉成美	沂南县大庄镇金佛院后村	19	男	1941 年
李淑信	沂南县苏村镇李庄村	—	男	1941 年
杨春兰	沂南县苏村镇杨官庄	41	男	1941 年
艾开美	沂南县辛集镇艾家村	30	男	1941 年
艾同堂	沂南县辛集镇艾家村	18	男	1941 年
李收田	沂南县辛集镇白石泉村	42	男	1941 年

姓 名	籍 贯	年 龄	性 别	死难时间
曹玉俊	沂南县辛集镇白石泉村	—	男	1941 年
李老四	沂南县辛集镇白石泉村	—	男	1941 年
张军向之大伯	沂南县辛集镇白石泉村	—	男	1941 年 11 月
李凤祥之四叔	沂南县辛集镇白石泉村	—	男	1941 年 11 月
徐大中	沂南县辛集镇黄山村	20	男	1941 年
徐小忠	沂南县辛集镇黄山村	19	男	1941 年
徐召国	沂南县辛集镇黄山村	21	男	1941 年
王京山	沂南县辛集镇黄山村	19	男	1941 年
王之升	沂南县辛集镇黄山村	—	男	1941 年
李周林	沂南县辛集镇李家屯村	23	男	1941 年
刘夫延	沂南县辛集镇刘家汪村	34	男	1941 年
李召云	沂南县辛集镇苗家曲村	54	男	1941 年
付登祥	沂南县辛集镇张家汪村	25	男	1941 年
于文平	沂南县辛集镇张家汪村	45	男	1941 年
王荣信	沂南县岸堤镇新兴村		男	1941 年
杨纪田	沂南县岸堤镇王山峪村	23	男	1941 年
杨宝山	沂南县岸堤镇王山峪村	22	男	1941 年
杨张氏	沂南县岸堤镇王山峪村	23	女	1941 年
彭田氏	沂南县岸堤镇东北村	18	女	1941 年
刘济厚	沂南县岸堤镇柳行岔村	21	男	1941 年
公平度	沂南县岸堤镇局埠村	—	男	1941 年
桑见升	沂南县岸堤镇新兴村	29	男	1941 年
吕清英	沂南县岸堤镇新兴村	24	男	1941 年
尹作良	沂南县张庄镇汉沿村	65	男	1941 年
惠德苓	沂南县张庄镇惠家庄	19	男	1941 年
惠恩行	沂南县张庄镇惠家庄	25	男	1941 年
李薛氏	沂南县张庄镇张庄	26	女	1941 年
尹作峻	沂南县张庄镇花峪庄	31	男	1941 年
王纪行	沂南县张庄镇花峪庄	23	男	1941 年
王自义	沂南县张庄镇花峪庄	30	男	1941 年
王纪现	沂南县张庄镇花峪庄	25	男	1941 年
李 助	沂南县张庄镇花峪庄	31	男	1941 年
袁士召	沂南县张庄镇花峪庄	33	男	1941 年
王纪刚	沂南县张庄镇花峪庄	37	男	1941 年

姓 名	籍 贯	年 龄	性 别	死难时间
尹作合	沂南县张庄镇下峪村	28	男	1941 年
苏立东	沂南县张庄镇杏山峪	21	男	1941 年
苏立功	沂南县张庄镇杏山峪	17	男	1941 年
赵玉礼	沂南县张庄镇南官庄村	80	男	1941 年
王世节之叔	沂南县张庄镇南官庄村	71	男	1941 年
蒋 氏	沂南县铜井镇龙泉村	—	女	1942 年 1 月
杨白氏	沂南县苏村镇杨官庄	41	女	1942 年 1 月
袁中后	沂南县界湖镇王家独树村	30	男	1942 年 1 月 5 日
张道美	沂南县界湖镇张家营村	19	男	1942 年 1 月 14 日
张见田	沂南县界湖镇北寨村	39	男	1942 年 1 月 23 日
袁武烈	沂南县界湖镇团山庄村	17	男	1942 年 2 月 11 日
袁丰圈	沂南县界湖镇团山庄村	20	男	1942 年 2 月 11 日
公方连	沂南县界湖镇团山庄村	19	男	1942 年 2 月 12 日
程润廷	沂南县界湖镇周家独树村	24	男	1942 年 2 月 14 日
张洪友	沂南县界湖镇北村	24	男	1942 年 3 月 1 日
刘成吉	沂南县界湖镇西村	22	男	1942 年 3 月
姜自廷	沂南县界湖镇北村	31	男	1942 年 3 月 2 日
姜自美	沂南县界湖镇北村	29	男	1942 年 3 月 3 日
孙洪云	沂南县界湖镇北村	—	男	1942 年 3 月 4 日
杨明春	沂南县界湖镇金场村	32	男	1942 年 3 月 9 日
马廷左	沂南县界湖镇营里村	28	男	1942 年 3 月 9 日
从守田	沂南县界湖镇西芙蓉村	28	男	1942 年 3 月 24 日
张士贞	沂南县孙祖镇东高庄村	25	男	1942 年 4 月
李茂仓	沂南县孙祖镇书堂子村	35	男	1942 年 4 月
李茂玉	沂南县孙祖镇书堂子村	46	男	1942 年 4 月
王永国	沂南县孙祖镇书堂子村	17	男	1942 年 4 月
高玉宝	沂南县孙祖镇书堂子村	26	男	1942 年 4 月
高玉清	沂南县孙祖镇书堂子村	26	男	1942 年 4 月
高元青	沂南县孙祖镇书堂子村	23	男	1942 年 4 月
高元来	沂南县孙祖镇书堂子村	27	男	1942 年 4 月
高元海	沂南县孙祖镇书堂子村	34	男	1942 年 4 月
高士福	沂南县孙祖镇书堂子村	18	男	1942 年 4 月
吉庆中	沂南县孙祖镇书堂子村	13	男	1942 年 4 月
高元红	沂南县孙祖镇书堂子村	26	男	1942 年 4 月

姓　名	籍　贯	年　龄	性　别	死难时间
李运智	沂南县葛沟镇东安乐村	19	男	1942 年 4 月
刘田文	沂南县大庄镇西司马村	26	男	1942 年 4 月
许光礼	沂南县张庄镇钮家沟村	22	男	1942 年 4 月
孟繁明	沂南县岸堤镇中高湖村	33	男	1942 年 4 月 20 日
冯继茂	沂南县孙祖镇里庄	40	男	1942 年 5 月
王京善	沂南县孙祖镇代庄村	54	男	1942 年 5 月
李陈氏	沂南县葛沟镇东安乐村	30	女	1942 年 5 月
艾孝国	沂南县葛沟镇东安乐村	34	男	1942 年 5 月
武宝传	沂南县铜井镇龙凤峪村	31	男	1942 年 5 月
张　起	沂南县蒲汪镇山东村	20	男	1942 年 5 月
张袁氏	沂南县岸堤镇西岩路村	31	女	1942 年 5 月
袁中祥	沂南县岸堤镇西岩路村	33	男	1942 年 5 月
刘恩全	沂南县大庄镇东司马村	18	男	1942 年 5 月
刘吉胜之兄	沂南县岸堤镇西岩路村	33	男	1942 年 5 月
王学迎	沂南县界湖镇史家窝村	34	男	1942 年 6 月
李九田	沂南县葛沟镇东安乐村	34	男	1942 年 6 月
王树先	沂南县葛沟镇东安乐村	32	男	1942 年 6 月
刘明启	沂南县苏村镇西北村	—	男	1942 年 6 月
张道伍	沂南县岸堤镇合兴村	20	男	1942 年 6 月
孟宪宽	沂南县蒲汪镇李家庄村	23	男	1942 年 7 月
王光吉	沂南县苏村镇北良水村	—	男	1942 年 7 月
吉士夫	沂南县大庄镇金佛院中村	26	男	1942 年 7 月
李宣停	沂南县苏村镇杨官庄	23	男	1942 年 7 月
严德贵	沂南县界湖镇大成庄村	40	男	1942 年 7 月 3 日
刘开太	沂南县界湖镇大成庄村	24	男	1942 年 7 月 3 日
董家和	沂南县界湖镇大成庄村	25	男	1942 年 7 月 3 日
袁成修	沂南县界湖镇大成庄村	22	男	1942 年 7 月 3 日
吴士太	沂南县界湖镇大成庄村	23	男	1942 年 7 月 3 日
郑玉杰	沂南县界湖镇小白石村	28	男	1942 年 7 月 7 日
崔中员	沂南县葛沟镇崔家庄村	44	男	1942 年 8 月
王道先	沂南县葛沟镇王家堰村	25	男	1942 年 8 月
宋树兴	沂南县蒲汪镇拐头前村	25	男	1942 年 8 月
刘长峨	沂南县大庄镇金佛院中村	36	男	1942 年 8 月
薛士堂	沂南县蒲汪镇山东村	30	男	1942 年 8 月

姓　名	籍　贯	年龄	性别	死难时间
肖克见	沂南县界湖镇圈里村	23	男	1942 年 8 月 4 日
肖克钦	沂南县界湖镇圈里村	24	男	1942 年 8 月 4 日
郑恩阁	沂南县界湖镇史家窝村	45	男	1942 年 9 月 1 日
袁兴胜	沂南县孙祖镇宝石官庄村	34	男	1942 年 9 月
尹　氏	沂南县孙祖镇宝石官庄村	38	女	1942 年 9 月
尹传祥	沂南县孙祖镇北匣石村	37	男	1942 年 9 月
尹连园	沂南县孙祖镇北匣石村	40	男	1942 年 9 月
尹连征	沂南县孙祖镇北匣石村	30	男	1942 年 9 月
韩丕理	沂南县孙祖镇姚家岭村	26	男	1942 年 9 月
尚兴贵	沂南县孙祖镇谢家峪村	35	男	1942 年 9 月
高元举	沂南县孙祖镇谢家峪村	30	男	1942 年 9 月
刘方顺	沂南县孙祖镇谢家峪村	20	男	1942 年 9 月
马新阶	沂南葛沟镇葛沟北村	42	男	1942 年 9 月
任洪斌	沂南县苏村镇杨家官庄	32	男	1942 年 9 月
马乾德	沂南县界湖镇营里村	24	男	1942 年 9 月 19 日
胡茂顺	沂南县孙祖镇新庄子村	26	男	1942 年 9 月 26 日
范美田	沂南县铜井镇珠宝村	26	男	1942 年 10 月
张培文	沂南县湖头镇黑石沟村	23	男	1942 年 10 月
姚　庆	沂南县湖头镇黑石沟村	24	男	1942 年 10 月
刘春发	沂南县蒲汪镇河南车疃村	20	男	1942 年 11 月
刘志贤之二姐	沂南县铜井镇龙凤峪村	10	女	1942 年 12 月
李恩仁	沂南县界湖镇西明生村	32	男	1942 年 12 月 4 日
李玉祥	沂南县界湖镇西明生村	24	男	1942 年 12 月 4 日
吴文森	沂南县界湖镇西明生村	19	男	1942 年 12 月 4 日
张丕杰	沂南县岸堤镇岩路村	41	男	1942 年秋
张化泽	沂南县岸堤镇岩路村	40	男	1942 年秋
董文富	沂南县岸堤镇兴旺庄村		男	1942 年秋
王克明	沂南县青驼镇吉拉子村	—	男	1942 年
张立东	沂南县界湖镇北寨村	35	男	1942 年
张　氏	沂南县界湖镇北寨村	42	女	1942 年
麻成平之姑	沂南县孙祖镇东高庄村	20	女	1942 年
梁中胜	沂南县孙祖镇代庄村	70	男	1942 年
姜　四	沂南县孙祖镇代庄村	20	男	1942 年
宋汉顺	沂南县孙祖镇河北村	27	男	1942 年

姓 名	籍 贯	年 龄	性 别	死难时间
王治西	沂南县孙祖镇河北村	27	男	1942 年
刘成勤	沂南县孙祖镇河北村	28	男	1942 年
吉利三	沂南县孙祖镇北瓦庄村	25	男	1942 年
吉友三	沂南县孙祖镇北瓦庄村	26	男	1942 年
刘真厚	沂南县孙祖镇芦山村	26	男	1942 年
刘乃焕	沂南县孙祖镇芦山村	25	男	1942 年
宋汉平	沂南县孙祖镇河北村	28	男	1942 年
刘乃仁	沂南县孙祖镇芦山村	22	男	1942 年
陈 相	沂南县孙祖镇新庄子村	—	男	1942 年
郭中才	沂南县孙祖镇西铁峪村	21	男	1942 年
李保义	沂南县孙祖镇天水栈村	30	男	1942 年
薛兆更	沂南县孙祖镇青龙峪村	36	男	1942 年
宋云宾	沂南县孙祖镇青龙峪村	15	男	1942 年
郭相华	沂南县孙祖镇崖子村	28	男	1942 年
宋云宾	沂南县孙祖镇宝石峪村	15	男	1942 年
杨玉山	沂南县铜井镇金桥村	—	男	1942 年
毛 生	沂南县铜井镇珠宝村	22	男	1942 年
刘世柱	沂南县铜井镇大杜山村	—	男	1942 年
李建全	沂南县铜井镇张家坪村	21	男	1942 年
赵 孙	沂南县铜井镇孔家湖村	13	男	1942 年
赵西恩	沂南县铜井镇孔家湖村	56	男	1942 年
武军朝	沂南县铜井镇孔家湖村	62	男	1942 年
赵树同	沂南县铜井镇孔家湖村	22	男	1942 年
赵西发	沂南县铜井镇孔家湖村	38	男	1942 年
王世雄	沂南县铜井镇鲁庄村	—	男	1942 年
李克标	沂南县铜井镇马泉村	42	男	1942 年
赵汉武	沂南县铜井镇凤台庄村	66	男	1942 年
范春城	沂南县铜井镇山旺庄村	—	男	1942 年
董玉全	沂南县铜井镇葛庄子村	34	男	1942 年
夏侯升	沂南县铜井镇石桥庄	32	男	1942 年
王守明	沂南县砖埠镇洙阳村	—	男	1942 年
伏祥风	沂南县砖埠镇洙阳村	—	男	1942 年
张宝桢	沂南县砖埠镇洙阳村	—	男	1942 年
杨 胜	沂南县砖埠镇洙阳村	—	男	1942 年

姓 名	籍 贯	年 龄	性 别	死难时间
伏　氏	沂南县砖埠镇洙阳村	—	女	1942 年
王佃帮	沂南县砖埠镇桃源村	—	男	1942 年
王佃恩	沂南县砖埠镇桃源村	—	男	1942 年
孙永全	沂南县砖埠镇东岳庄村	12	男	1942 年
袁中廷	沂南县依汶镇小安子村	—	男	1942 年
韩太旺	沂南县依汶镇小安子村	—	男	1942 年
崔纪亮	沂南县依汶镇小安子村	—	男	1942 年
刘之法之母	沂南县依汶镇邵家湖村	57	女	1942 年
王善合之弟	沂南县依汶镇隋家店村	20	男	1942 年
胡成元	沂南县依汶镇隋家店村	29	男	1942 年
胡加孝	沂南县依汶镇隋家店村	30	男	1942 年
赵佃之父	沂南县依汶镇隋家店村	18	男	1942 年
代洪贵	沂南县依汶镇隋家店村	21	男	1942 年
刘敬富之母	沂南县依汶镇大保护村	46	女	1942 年
郑　仁	沂南县依汶镇大保护村	16	男	1942 年
赵　年	沂南县依汶镇大保护村	50	男	1942 年
高二之子	沂南县依汶镇安子村	—	男	1942 年
王锡连	沂南县依汶镇后峪子村	—	男	1942 年
赵以松	沂南县依汶镇大保护村	27	男	1942 年
王洪田	沂南县依汶镇薄板台村	22	男	1942 年
郭文道	沂南县依汶镇宅科子村	24	男	1942 年
王泽恒	沂南县依汶镇薄板台村	25	男	1942 年
杨桂升	沂南县依汶镇东依汶村	—	男	1942 年
刘西全	沂南县依汶镇运粮村	39	男	1942 年
张　驰	沂南县依汶镇安丰村	30	男	1942 年
于　芳	沂南县依汶镇安丰村	35	男	1942 年
王　法	沂南县依汶镇汶明村	33	男	1942 年
李德法	沂南县依汶镇汶明村	21	男	1942 年
尹传江	沂南县依汶镇汶明村	22	男	1942 年
邵春京	沂南县依汶镇汶明村	19	男	1942 年
高家彦	沂南县依汶镇汶明村	34	男	1942 年
张文欣	沂南县依汶镇汶明村	25	男	1942 年
朱凤清之妻	沂南县依汶镇朱家里庄村	21	女	1942 年
朱兆彬之母	沂南县依汶镇朱家里庄村	28	女	1942 年

姓 名	籍 贯	年 龄	性 别	死难时间
范成祥	沂南县依汶镇安子村	—	男	1942 年
何忠祥之弟	沂南县依汶镇冯家村	22	男	1942 年
代佩章	沂南县依汶镇孙隆村	—	男	1942 年
吉相清	沂南县依汶镇大梨峪村	—	男	1942 年
李 余	沂南县依汶镇松林村	51	男	1942 年
张洛之子	沂南县依汶镇松林村	21	男	1942 年
国延兰之父	沂南县依汶镇松林村	60	男	1942 年
沈建功	沂南县马牧池乡东柳沟村	37	男	1942 年
沈廷胜	沂南县马牧池乡东柳沟村	42	男	1942 年
苏兆容	沂南县马牧池乡常山庄村	30	男	1942 年
李 本	沂南县马牧池乡常山庄村	47	男	1942 年
王运合	沂南县马牧池乡牛王庙村	—	男	1942 年
王进法	沂南县马牧池乡牛王庙村	—	男	1942 年
刘祥吉	沂南县马牧池乡牛王庙村	—	男	1942 年
刘金顺	沂南县马牧池乡牛王庙村	60	男	1942 年
刘方顺之四女	沂南县马牧池乡牛王庙村	35	女	1942 年
孟光德	沂南县马牧池乡牛王庙村	60	男	1942 年
刘树善	沂南县马牧池乡牛王庙村	55	男	1942 年
刘建荣	沂南县马牧池乡牛王庙村	56	男	1942 年
刘芳明	沂南县马牧池乡牛王庙村	75	男	1942 年
李庆明	沂南县马牧池乡牛王庙村	60	男	1942 年
王运江	沂南县马牧池乡牛王庙村	54	男	1942 年
刘合法	沂南县马牧池乡牛王庙村	53	男	1942 年
刘自锡	沂南县马牧池乡刘家城子村	37	男	1942 年
刘树芬	沂南县马牧池乡刘家城子村	23	女	1942 年
祖围德	沂南县马牧池乡双泉峪子村	21	男	1942 年
祖和佳	沂南县马牧池乡双泉峪子村	18	男	1942 年
祖德法	沂南县马牧池乡双泉峪子村	20	男	1942 年
齐秀元	沂南县马牧池乡沙山村	26	男	1942 年
齐庆元	沂南县马牧池乡沙山村	28	男	1942 年
齐列发	沂南县马牧池乡沙山村	29	男	1942 年
刘 乐	沂南县马牧池乡野竹旺村	25	男	1942 年
刘恩光	沂南县马牧池乡董家庄村	34	男	1942 年
董安力	沂南县马牧池乡董家庄村	30	男	1942 年

姓 名	籍 贯	年 龄	性 别	死难时间
于庆荣	沂南经济开发区梓栏村	29	男	1942 年
张凤林	沂南经济开发区梓栏村	53	男	1942 年
李希敬	沂南经济开发区新城一村	24	男	1942 年
张道尊	沂南经济开发区新城一村	32	男	1942 年
高永元	沂南经济开发区后胡埠村	45	男	1942 年
魏登奎	沂南经济开发区后胡埠村	53	男	1942 年
邱发然	沂南经济开发区新城三村	23	男	1942 年
赵夫君	沂南县杨家坡镇小徐瞳村	21	男	1942 年
杨兰田	沂南县杨家坡镇杨家坡村	29	男	1942 年
杨法成	沂南县杨家坡镇杨家坡村	29	男	1942 年
杨明时	沂南县杨家坡镇杨家坡村	83	男	1942 年
刘贞元	沂南县杨家坡镇杨家坡村	55	男	1942 年
付长荣	沂南县杨家坡镇杨家坡村	63	男	1942 年
卢兆俭	沂南县杨家坡镇杨家坡村	—	男	1942 年
赵方夫	沂南县杨家坡镇杨家坡村	—	男	1942 年
徐洪存	沂南县杨家坡镇徐家沟村	16	男	1942 年
刘长明	沂南县双堠镇果庄村	41	男	1942 年
刘长祥	沂南县双堠镇果庄村	16	男	1942 年
刘泽升	沂南县双堠镇汪家庄村	18	男	1942 年
刘泽才	沂南县双堠镇汪家庄村	16	男	1942 年
王福春	沂南县双堠镇汪家庄村	57	男	1942 年
于兆景	沂南县双堠镇艾于湖村	40	男	1942 年
孙宝田	沂南县双堠镇侍郎宅村	29	男	1942 年
庄荣一	沂南县青驼镇柳河村	—	男	1942 年
路怀×	沂南县青驼镇小湖村	—	男	1942 年
孙会田	沂南县青驼镇大官庄	—	男	1942 年
王 氏	沂南县青驼镇王家圈村	32	女	1942 年
王际伍	沂南县青驼镇王家圈村	36	女	1942 年
董怀柱	沂南县青驼镇董店子	22	男	1942 年
潘文辉	沂南县青驼镇闫家庄子	23	男	1942 年
赵久凤	沂南县青驼镇闫家庄子	28	男	1942 年
刘廷义	沂南县青驼镇闫家庄子	25	男	1942 年
董高生	沂南县青驼镇文化村	19	男	1942 年
李怀宝	沂南县青驼镇文化村	20	男	1942 年

姓 名	籍 贯	年 龄	性 别	死难时间
孝夫德之父	沂南县青驼镇文化村	22	男	1942 年
董润生	沂南县青驼镇文化村	42	男	1942 年
冯张氏	沂南县青驼镇冯家湖	—	女	1942 年
冯刘氏	沂南县青驼镇冯家湖	—	女	1942 年
刘善宝之妻	沂南县青驼镇南新庄	—	女	1942 年
王怀珠之妻	沂南县青驼镇南新庄	—	女	1942 年
丁帮才	沂南县青驼镇南新庄	6	男	1942 年
孙灯启	沂南县青驼镇大磨石沟村	—	男	1942 年
柏广友	沂南县青驼镇石拉子村	22	男	1942 年
徐佰奎	沂南县青驼镇桃花埠	23	男	1942 年
薛士荣	沂南县蒲汪镇聚宝官庄村	21	男	1942 年
崔 烈	沂南县蒲汪镇泥泉官庄村	34	男	1942 年
鲁绪连	沂南县蒲汪镇薛家庄村	20	男	1942 年
张学智	沂南县蒲汪镇圣母冢村	22	男	1942 年
田守举	沂南县蒲汪镇圣母冢村	32	男	1942 年
张桂栋	沂南县蒲汪镇圣母冢村	16	男	1942 年
秦四忠	沂南县蒲汪镇圣母冢村	26	男	1942 年
田玉功	沂南县蒲汪镇圣母冢村	30	男	1942 年
张赵氏	沂南县蒲汪镇圣母冢村	38	女	1942 年
赵张氏	沂南县蒲汪镇圣母冢村	26	女	1942 年
张召国	沂南县蒲汪镇圣母冢村	19	男	1942 年
董福武	沂南县蒲汪镇董家岭村	33	男	1942 年
董玉海	沂南县蒲汪镇董家岭村	18	男	1942 年
杜纪升	沂南县蒲汪镇大王庄村	20	男	1942 年
杜黄氏	沂南县蒲汪镇大王庄村	25	女	1942 年
田刘氏	沂南县蒲汪镇大王庄村	19	女	1942 年
孟昭录	沂南县蒲汪镇金泉沟村	24	男	1942 年
秦敬树	沂南县蒲汪镇石香炉村	43	男	1942 年
穆洪行	沂南县蒲汪镇泥泉官庄村	46	女	1942 年
穆洪堂	沂南县蒲汪镇泥泉官庄村	21	男	1942 年
邵长贵	沂南县大庄镇金佛院前村	18	男	1942 年
朱子德	沂南县大庄镇金佛院前村	22	男	1942 年
袁封韶	沂南县大庄镇金佛院中村	32	男	1942 年
袁钟兴	沂南县大庄镇金佛院中村	25	男	1942 年

姓 名	籍 贯	年 龄	性 别	死难时间
刘乃运	沂南县大庄镇金佛院中村	—	男	1942年
朱法庭之二兄	沂南县大庄镇朱家河村	—	男	1942年
徐章后	沂南县大庄镇金佛院后村	31	男	1942年
王新年	沂南县大庄镇东沂村	—	男	1942年
宋光凡	沂南县大庄镇东沂村	—	男	1942年
范玉珍	沂南县苏村镇夏庄村	—	男	1942年
王 丙	沂南县苏村镇邹家小河村	30	男	1942年
李淑献	沂南县苏村镇李庄村	—	男	1942年
李 晶	沂南县苏村镇李庄村	—	男	1942年
李奎吉	沂南县苏村镇李庄村	—	男	1942年
曹凤林	沂南县苏村镇大营村	—	男	1942年
娄立三	沂南县苏村镇娄庄村	—	男	1942年
娄照庆	沂南县苏村镇娄庄村	—	男	1942年
刘巴头	沂南县辛集镇埠后村	—	男	1942年
刘月然	沂南县辛集镇城子庄村	23	男	1942年
刘汉周	沂南县辛集镇城子庄村	—	男	1942年
贺可善	沂南县辛集镇城子庄村	—	男	1942年
李洪祥	沂南县辛集镇城子庄村	—	男	1942年
马贵仁	沂南县辛集镇东南庄村	30	男	1942年
李 勇	沂南县辛集镇东南庄村	22	男	1942年
马贵江	沂南县辛集镇东南庄村	31	男	1942年
李班子	沂南县辛集镇东南庄村	21	男	1942年
马贵恩之妻	沂南县辛集镇东南庄村	29	女	1942年
谢玉东	沂南县辛集镇房庄子村	23	男	1942年
田守柱	沂南县辛集镇凤头解家村	26	男	1942年
田守安	沂南县辛集镇凤头解家村	24	男	1942年
孙廷桂	沂南县辛集镇凤头王家村	38	男	1942年
肖凤阶	沂南县辛集镇世合村	15	男	1942年
高泽磊	沂南县辛集镇世合村	19	男	1942年
周西茂	沂南县辛集镇世合村	30	男	1942年
胡家祥	沂南县辛集镇太和蔡家村	21	男	1942年
胡乃新	沂南县辛集镇太和蔡家村	—	男	1942年
张洪彬	沂南县辛集镇太和于家村	30	男	1942年
孟庆山	沂南县岸堤镇大峪庄村	27	男	1942年

姓　名	籍　贯	年龄	性别	死难时间
孟繁令	沂南县岸堤镇大峪庄村	26	男	1942 年
孟繁照	沂南县岸堤镇罗圈峪村	40	男	1942 年
董文夫	沂南县岸堤镇兴旺庄村	32	男	1942 年
王克芹	沂南县岸堤镇小峪庄村	20	男	1942 年
李德祥	沂南县岸堤镇小峪庄村	20	男	1942 年
窦子水之子	沂南县岸堤镇柳行岔村	18	男	1942 年
李淑芹	沂南县岸堤镇局埠村	16	男	1942 年
李荣川	沂南县岸堤镇大新庄村	—	男	1942 年
张善行	沂南县岸堤镇大新庄村	—	男	1942 年
公丕胜	沂南县岸堤镇新兴村	17	男	1942 年
桑现全	沂南县岸堤镇新兴村	21	男	1942 年
刘坡厚	沂南县岸堤镇红光村	—	男	1942 年
张丕杰	沂南县岸堤镇中高湖后村	—	男	1942 年
张在荣	沂南县岸堤镇前高湖村	—	男	1942 年
朱茂和	沂南县张庄镇和庄村	21	男	1942 年
郑希中	沂南县张庄镇松山埠村	20	男	1942 年
胡录俭	沂南县张庄镇石门亭村	55	男	1942 年
胡家脉	沂南县张庄镇石门亭村	29	男	1942 年
刘凤德	沂南县张庄镇张庄村	—	男	1942 年
张彦州	沂南县张庄镇南沿汶村	44	男	1942 年
张元答	沂南县张庄镇南沿汶村	18	男	1942 年
丁再公	沂南县张庄镇辉山村	22	男	1942 年
张运成	沂南县孙祖镇南匣石村	15	男	1943 年 1 月
张兴得	沂南县孙祖镇南匣石村	19	男	1943 年 1 月
潘廷俊	沂南县大庄镇金佛院中村	31	男	1943 年 1 月
王进庆	沂南县张庄镇钮家沟村	21	男	1943 年 1 月
田刘氏	沂南县界湖镇潘家庄村	46	女	1943 年 1 月 2 日
高瑞昌	沂南县界湖镇西明生村	24	男	1943 年 1 月 13 日
车玉善之祖母	沂南县界湖镇新庄子村	69	女	1943 年 1 月 18 日
车宗玉之兄	沂南县界湖镇新庄子村	22	男	1943 年 1 月 18 日
孟贤荣	沂南县湖头镇冷街村	17	男	1943 年 2 月
孙光廷	沂南县湖头镇青石岭村	31	男	1943 年 2 月
刘　广	沂南县大庄镇东司马村	17	男	1943 年 2 月
孟　×	沂南县湖头镇黑牛石村	12	男	1943 年 2 月

姓 名	籍 贯	年 龄	性 别	死难时间
李曰荣	沂南县苏村镇门安子村	—	女	1943 年 2 月 19 日
邢宝珍	沂南县苏村镇门安子村	—	女	1943 年 2 月 19 日
肖克堂	沂南县界湖镇圈里村	22	男	1943 年 2 月 27 日
宋允雨	沂南县孙祖镇南匣石村	20	男	1943 年 3 月
高自友	沂南县孙祖镇南匣石村	19	男	1943 年 3 月
尹作安	沂南县孙祖镇南匣石村	22	男	1943 年 3 月
高清言	沂南县砖埠镇双河村	19	男	1943 年 3 月
田生太	沂南县蒲汪镇圣母冢村	30	男	1943 年 3 月
尹春敏	沂南县蒲汪镇土山村	24	男	1943 年 3 月
张培全	沂南县界湖镇水浒套村	32	男	1943 年 3 月 10 日
代进修	沂南县界湖镇水浒套村	47	男	1943 年 3 月 10 日
代洪德	沂南县界湖镇水浒套村	23	男	1943 年 3 月 10 日
袁西法	沂南县砖埠镇双河村	20	男	1943 年 4 月
高升范	沂南县大庄镇大庄村	—	男	1943 年 4 月
高知陶	沂南县大庄镇大庄村	—	男	1943 年 4 月
郭成仁	沂南县孙祖镇杏峪村	26	男	1943 年 5 月
牛永修	沂南县苏村镇佟家小河村	—	男	1943 年 6 月
姜连符	沂南县蒲汪镇拐头前村	23	男	1943 年 7 月
刘曰友	沂南县岸堤镇岩路村	15	男	1943 年 7 月
孙太营	沂南县界湖镇北寨村	36	男	1943 年 7 月 3 日
李会廷	沂南县杨家坡镇李家官庄村	—	男	1943 年 8 月
王花培	沂南县苏村镇北良水村	—	男	1943 年 8 月
袁中会	沂南县界湖镇王家独树村	24	男	1943 年 8 月 17 日
刘勤厚	沂南县界湖镇卫东村	26	男	1943 年 8 月 17 日
朱 富	沂南县界湖镇卫东村	26	男	1943 年 8 月 17 日
王清福	沂南县界湖镇卫东村	22	男	1943 年 8 月 17 日
李学兴	沂南县杨家坡镇李家坡村	19	男	1943 年 9 月
张勤太	沂南县蒲汪镇张家车疃村	25	男	1943 年 9 月
高运祥之母	沂南县大庄镇大庄村	—	女	1943 年 9 月
姚才成	沂南县界湖镇东村	34	男	1943 年 9 月 14 日
王 氏	沂南县界湖镇东村	21	女	1943 年 9 月 14 日
刘继开	沂南县界湖镇水浒套村	23	男	1943 年 9 月 20 日
黄颂年	沂南县铜井镇金城村	31	男	1943 年 10 月
黄家纯	沂南县铜井镇金城村	27	男	1943 年 10 月

姓 名	籍 贯	年 龄	性 别	死难时间
高诒署	沂南县大庄镇大庄村	—	男	1943 年 10 月
高思行	沂南县大庄镇大庄村	—	男	1943 年 10 月
肖 洪	沂南县大庄镇大庄村	—	男	1943 年 10 月
盖洪恩	沂南县铜井镇白衣庵村	17	男	1943 年 10 月
陈凤文	沂南葛沟镇陈家堰村	25	男	1943 年 11 月
李学标	沂南县杨家坡镇李家坡村	24	男	1943 年 11 月
王洪三	沂南县界湖镇营里村	23	男	1943 年 12 月 1 日
范长元	沂南县铜井镇范家庄村	24	男	1943 年 12 月
张绪成	沂南县界湖镇圣良庄村	23	男	1943 年 12 月 6 日
王爱礼	沂南县界湖镇圣良庄村	24	男	1943 年 12 月 7 日
张立义之叔	沂南县孙祖镇东高庄村	23	男	1943 年
麻红章	沂南县孙祖镇东高庄村	24	男	1943 年
张立泉之大伯	沂南县孙祖镇东高庄村	27	男	1943 年
刘立贵	沂南县青驼镇刘家河疃	23	男	1943 年
钟贵善	沂南县青驼镇刘家河疃	21	男	1943 年
刘振义	沂南县青驼镇刘家河疃	25	男	1943 年
刘文利	沂南县青驼镇刘家河疃	24	男	1943 年
刘玉河	沂南县青驼镇刘家河疃	23	男	1943 年
李彦顺	沂南县青驼镇桃花埠	23	男	1943 年
谷元仓	沂南县青驼镇桃花埠	22	男	1943 年
刘善祥	沂南县孙祖镇河北村	25	男	1943 年
王升平	沂南县孙祖镇河北村	26	男	1943 年
宋汉祥	沂南县孙祖镇河北村	27	男	1943 年
李宝法	沂南县孙祖镇西铁峪村	19	男	1943 年
孙光田	沂南县铜井镇三山沟村	21	男	1943 年
袁之泰	沂南县铜井镇三山沟村	23	男	1943 年
王书田	沂南县铜井镇金桥村	—	男	1943 年
刘树信之妻	沂南县铜井镇大杜山村	—	女	1943 年
刘树信之子	沂南县铜井镇大杜山村	—	男	1943 年
刘树信	沂南县铜井镇大杜山村	—	男	1943 年
王西全之兄	沂南县铜井镇红峪庄村	—	男	1943 年
范胜忠	沂南县铜井镇鲁庄村	—	男	1943 年
高任河	沂南县铜井镇保乐村	25	男	1943 年
李德同	沂南县铜井镇张家坪村	23	男	1943 年

姓 名	籍 贯	年 龄	性 别	死难时间
吕济生之兄	沂南县砖埠镇陈家石沟村	19	男	1943 年
王怀营	沂南县砖埠镇山南头村	—	男	1943 年
张洪祥之母	沂南县砖埠镇东岳庄村	21	女	1943 年
代为杰	沂南县依汶镇松林村	40	男	1943 年
国守为	沂南县依汶镇松林村	26	男	1943 年
王兴法	沂南县依汶镇安子村	—	男	1943 年
王元相	沂南县依汶镇薄板台村	27	男	1943 年
郭文茂	沂南县依汶镇宅科子村	22	男	1943 年
卢成友	沂南县依汶镇运粮村	41	男	1943 年
刘存得	沂南县依汶镇运粮村	49	男	1943 年
田洪祥之叔	沂南县依汶镇南栗沟村	—	男	1943 年
代兴三	沂南县依汶镇孙隆村	—	男	1943 年
代佩旬之父	沂南县依汶镇孙隆村	—	男	1943 年
代自方	沂南县依汶镇孙隆村	—	男	1943 年
代成文之祖母	沂南县依汶镇孙隆村	—	女	1943 年
孙兴法	沂南县依汶镇小安子村	—	男	1943 年
刘曰秋	沂南县依汶镇贯头村	44	男	1943 年
刘乃配	沂南县依汶镇贯头村	39	男	1943 年
刘乃胜	沂南县依汶镇贯头村	37	男	1943 年
王 元	沂南县依汶镇贯头村	37	男	1943 年
刘乃旭	沂南县马牧池乡东柳沟村	30	男	1943 年
张中学	沂南县马牧池乡常山庄村	57	男	1943 年
苏合法	沂南县马牧池乡常山庄村	54	男	1943 年
孙守会	沂南县马牧池乡上柳沟村	31	男	1943 年
张德田	沂南县马牧池乡西官庄村	19	男	1943 年
张德运	沂南县马牧池乡西官庄村	20	男	1943 年
刘允利	沂南县马牧池乡西官庄村	20	男	1943 年
来凤祥	沂南县马牧池乡沙山村	30	男	1943 年
李士高	沂南经济开发区德胜官庄村	35	男	1943 年
吴现明	沂南经济开发区德胜官庄村	36	男	1943 年
高连封	沂南经济开发区德胜官庄村	35	男	1943 年
李相贤	沂南经济开发区新城一村	34	男	1943 年
吴兴成	沂南经济开发区梓栏村	44	男	1943 年
杨文林	沂南县杨家坡镇坊南村	23	男	1943 年

姓 名	籍 贯	年 龄	性 别	死难时间
杨贵林	沂南县杨家坡镇坊南村	20	男	1943 年
张永策	沂南县杨家坡镇官泉村	21	男	1943 年
朱立仁	沂南县杨家坡镇官泉村	20	男	1943 年
邵长顺	沂南县杨家坡镇管泉村	18	男	1943 年
卢梦珍	沂南县杨家坡镇管泉村	22	男	1943 年
卢梦远	沂南县杨家坡镇管泉村	24	男	1943 年
卢张氏	沂南县杨家坡镇管泉村	20	女	1943 年
张维友	沂南县杨家坡镇管泉村	21	男	1943 年
张希三	沂南县杨家坡镇管泉村	18	男	1943 年
陈志金	沂南县杨家坡镇宋官庄村	15	男	1943 年
徐××	沂南县杨家坡镇杨家坡村	28	男	1943 年
王德瑞	沂南县杨家坡镇高阜村	23	男	1943 年
王凤池	沂南县杨家坡镇高阜村	25	男	1943 年
纪存才	沂南县杨家坡镇石牛村	27	男	1943 年
郭自宿	沂南县杨家坡镇石牛村	23	男	1943 年
邬新义	沂南县双堠镇东河村	38	男	1943 年
黄俊信	沂南县双堠镇上硪村	15	男	1943 年
黄俊成	沂南县双堠镇上硪村	26	男	1943 年
王文清	沂南县青驼镇青驼西村	23	男	1943 年
曾光启	沂南县青驼镇曾家村	—	男	1943 年
胡家宽	沂南县青驼镇朱家崖子村	—	男	1943 年
王兴汉	沂南县青驼镇王家圈村	42	男	1943 年
惠连长	沂南县青驼镇闫庄子村	24	男	1943 年
刘学青	沂南县青驼镇闫庄子村	29	男	1943 年
冯广恩	沂南县青驼镇冯家湖村	—	男	1943 年
刘乃昌	沂南县青驼镇吉拉子村	—	男	1943 年
张永年	沂南县青驼镇吉拉子村	—	男	1943 年
柏万福	沂南县青驼镇吉拉子村	—	男	1943 年
刘振亭	沂南县青驼镇吉拉子村	—	男	1943 年
石广德	沂南县青驼镇王家坊庄	26	男	1943 年
刘宝生	沂南县青驼镇大磨石沟	—	男	1943 年
李长胜	沂南县青驼镇刘家河疃	17	男	1943 年
邢守礼	沂南县青驼镇邢家河疃	23	男	1943 年
杨青叶	沂南县青驼镇东斗沟村	27	男	1943 年

姓 名	籍 贯	年 龄	性 别	死难时间
梁永法	沂南县蒲汪镇拐头后村	40	男	1943 年
田兆祥	沂南县蒲汪镇田家营村	22	男	1943 年
王化贵	沂南县蒲汪镇秫草村	29	男	1943 年
魏玉良	沂南县蒲汪镇拐头后村	21	男	1943 年
赵同新	沂南县蒲汪镇河南车瞳村	25	男	1943 年
秦彦胜	沂南县蒲汪镇石香炉村	37	男	1943 年
秦立挥	沂南县蒲汪镇石香炉村	20	男	1943 年
秦敬堂	沂南县蒲汪镇石香炉村	23	男	1943 年
赵世广	沂南县蒲汪镇后坡村	19	男	1943 年
赵万泉	沂南县蒲汪镇后坡村	24	男	1943 年
李王氏	沂南县蒲汪镇拐头后村	35	女	1943 年
张玉兰	沂南县蒲汪镇拐头后村	21	男	1943 年
李刘氏	沂南县蒲汪镇拐头后村	32	女	1943 年
徐永厚	沂南县大庄镇金佛院前村	18	男	1943 年
从 四	沂南县大庄镇金佛院前村	18	男	1943 年
潘廷巨	沂南县大庄镇金佛院前村	18	男	1943 年
陈 伍	沂南县大庄镇金佛院前村	49	男	1943 年
张恩荣	沂南县大庄镇金佛院前村	49	男	1943 年
刘乃武	沂南县大庄镇金佛院前村	47	男	1943 年
朱名禄	沂南县大庄镇后东河村	20	男	1943 年
张修斋	沂南县大庄镇前东河村	—	男	1943 年
李世征	沂南县大庄镇前东河村	—	男	1943 年
朱存胜	沂南县大庄镇后交良村	—	男	1943 年
李瑞升	沂南县大庄镇后交良村	—	男	1943 年
暴升云	沂南县大庄镇金佛院后村	30	男	1943 年
刘顺元	沂南县大庄镇金佛院后村	43	男	1943 年
付凯中	沂南县大庄镇东沂村	—	男	1943 年
宋光绪	沂南县大庄镇东沂村	—	男	1943 年
曲元吉	沂南县苏村镇夏庄村	—	男	1943 年
孙树春	沂南县苏村镇夏庄村	—	男	1943 年
李新明	沂南县辛集镇埠后村	—	男	1943 年
李维田	沂南县辛集镇城子庄村	25	男	1943 年
彭洪全	沂南县辛集镇蔡家村	—	男	1943 年
刘长玉	沂南县辛集镇叶家村	—	男	1943 年

姓　名	籍　贯	年　龄	性　别	死难时间
叶春祥	沂南县辛集镇叶家村	25	男	1943 年
赵守治	沂南县辛集镇永太村	25	男	1943 年
刘　氏	沂南县岸堤镇岩路村	—	女	1943 年
张化秋	沂南县岸堤镇岩路村	—	男	1943 年
袁兴福	沂南县岸堤镇岩路村	—	男	1943 年
冯明吉	沂南县岸堤镇岩路村	—	男	1943 年
王东玉	沂南县岸堤镇岩路村	27	男	1943 年
王顺友	沂南县岸堤镇小峪庄村	21	男	1943 年
祖凤传	沂南县岸堤镇大新庄村	18	男	1943 年
赵家保之兄	沂南县岸堤镇大新庄村	18	男	1943 年
马胜才	沂南县岸堤镇大新庄村	22	男	1943 年
麻金山	沂南县岸堤镇大新庄村	22	男	1943 年
麻清杰	沂南县岸堤镇大新庄村	19	男	1943 年
马富才	沂南县岸堤镇大新庄村	—	男	1943 年
马玉增	沂南县岸堤镇大新庄村	—	男	1943 年
董玉堂	沂南县岸堤镇池畔村	—	男	1943 年
张自祥	沂南县岸堤镇西波池村	27	男	1943 年
魏启明	沂南县岸堤镇西波池村	26	男	1943 年
魏庆云	沂南县岸堤镇西波池村	27	男	1943 年
田西九	沂南县岸堤镇前高湖村	—	男	1943 年
丛玉桂	沂南县张庄镇和庄村	27	男	1943 年
耿祥椅	沂南县张庄镇松山埠村	41	男	1943 年
王佃士	沂南县张庄镇左家峪子村	24	男	1943 年
左兆利	沂南县张庄镇左家峪子村	25	男	1943 年
刘洪州	沂南县张庄镇左家峪子村	24	男	1943 年
王世俭	沂南县张庄镇左家峪子村	22	男	1943 年
李遵孔之妹	沂南县张庄镇新庄村	18	女	1943 年
李遵孔之母	沂南县张庄镇新庄村	49	女	1943 年
李遵德之妹	沂南县张庄镇新庄村	22	女	1943 年
李开田	沂南县张庄镇新庄村	26	男	1943 年
李遵玉之兄	沂南县张庄镇新庄村	36	男	1943 年
毛西正	沂南县张庄镇新庄村	24	男	1943 年
李春荣之母	沂南县张庄镇新庄村	49	女	1943 年
王彦诸之兄	沂南县张庄镇新庄村	19	男	1943 年

姓　名	籍　贯	年　龄	性　别	死难时间
王彦诸之姐	沂南县张庄镇新庄村	22	女	1943 年
薛允堂之父	沂南县张庄镇新庄村	44	男	1943 年
李长利	沂南县张庄镇新庄村	28	男	1943 年
李先运之父	沂南县张庄镇新庄村	52	男	1943 年
王佃发	沂南县张庄镇新庄村	26	男	1943 年
陈德亮	沂南县葛沟镇陈家堰村	17	男	1944 年 1 月
李运登	沂南县葛沟镇东安乐村	35	男	1944 年 1 月
宋宝善	沂南县铜井镇灵山村	26	男	1944 年 1 月
张家范	沂南县铜井镇沧浪沟村	21	男	1944 年 1 月
王川德	沂南县界湖镇水浒套村	22	男	1944 年 1 月 14 日
田守信	沂南县蒲汪镇田家营村	21	男	1944 年 2 月
李玉本	沂南县湖头镇李家哨村	35	男	1944 年 2 月
肖克升	沂南县界湖镇圈里村	23	男	1944 年 2 月 27 日
陈学良	沂南县砖埠镇双河村	19	男	1944 年 3 月
关同梅	沂南县湖头镇肖家哨村	13	女	1944 年 3 月
崔宝良	沂南县湖头镇肖家哨村	—	男	1944 年 3 月
肖家兴	沂南县湖头镇肖家哨村	15	男	1944 年 3 月
崔宝德	沂南县湖头镇肖家哨村	—	男	1944 年 3 月
于　街	沂南县湖头镇辛街村	21	男	1944 年 3 月
杨维法	沂南县湖头镇冷街村	16	男	1944 年 3 月
刘清春	沂南县湖头镇刘家哨村	24	男	1944 年 3 月
何玉香	沂南县湖头镇西太沟村	20	男	1944 年 3 月
杜连林	沂南县湖头镇杜家哨村	21	男	1944 年 3 月
李西印	沂南县湖头镇后水由村	—	男	1944 年 3 月
刘录臣	沂南县湖头镇	—	男	1944 年 3 月
郝长祥	沂南县湖头镇下房沟村	—	男	1944 年 3 月
白寇伍	沂南县湖头镇齐家店子村	—	男	1944 年 3 月
张淑经	沂南县铜井镇曹家泉	18	男	1944 年 4 月
李星廷	沂南县杨家坡镇李家官庄村	27	男	1944 年 4 月
苏成田	沂南县界湖镇水浒套村	22	男	1944 年 4 月 5 日
高泽荣	沂南县大庄镇西湖村	19	男	1944 年 4 月 20 日
李允科	沂南县铜井镇马泉村	18	男	1944 年 5 月
苗青林	沂南县界湖镇南村	27	男	1944 年 5 月 18 日
邱青河	沂南县界湖镇南村	28	男	1944 年 5 月 18 日

姓 名	籍 贯	年 龄	性 别	死难时间
王遵国	沂南县界湖镇南村	27	男	1944 年 5 月 18 日
常其林	沂南县界湖镇南村	26	男	1944 年 5 月 18 日
于希海	沂南县界湖镇北寨村	32	男	1944 年 6 月
朱玉祥	沂南县岸堤镇岩路村	24	男	1944 年 6 月
高秀祥	沂南县大庄镇大庄村	21	男	1944 年 6 月
刘志顺	沂南县岸堤镇合兴村	18	男	1944 年 6 月
尹传德	沂南县孙祖镇北匣石村	25	男	1944 年 7 月
王兆玲	沂南县砖埠镇山南头村	—	男	1944 年 7 月
刘守才	沂南县岸堤镇合兴村	18	男	1944 年 7 月
郭云秀	沂南县界湖镇辉峨村	20	男	1944 年 7 月 25 日
程民廷	沂南县界湖镇周家独树村	27	男	1944 年 8 月
曹凤周	沂南县界湖镇石浪头村	31	男	1944 年 8 月 4 日
曹顺栋	沂南县界湖镇石浪头村	32	男	1944 年 8 月 4 日
李祥仁	沂南县杨家坡镇李家官庄村	34	男	1944 年 9 月
王兆贵	沂南县界湖镇西独树村	20	男	1944 年 9 月 27 日
王春太	沂南县界湖镇西独树村	24	男	1944 年 9 月 30 日
彭元清	沂南县铜井镇叶落沟	21	男	1944 年 10 月
吕清渠	沂南县岸堤镇小峪庄村	21	男	1944 年 10 月
于松奎	沂南县界湖镇远里村	31	男	1944 年 11 月 3 日
胡加顺	沂南县界湖镇北寨村	36	男	1944 年 12 月 12 日
张化树	沂南县孙祖镇崖子村	31	男	1944 年
刘绪厚	沂南县孙祖镇芦山村	26	男	1944 年
刘绪云	沂南县孙祖镇芦山村	26	女	1944 年
王京海	沂南县孙祖镇芦山村	25	男	1944 年
宋占山	沂南县孙祖镇青龙峪村	42	男	1944 年
王中交之妻	沂南县孙祖镇青龙峪村	22	女	1944 年
张化海	沂南县孙祖镇崖子村	27	男	1944 年
胡成仓	沂南县孙祖镇崖子村	25	男	1944 年
范成文	沂南县铜井镇鲁庄村	23	男	1944 年
李 明	沂南县铜井镇新王后村	—	男	1944 年
李明证	沂南县铜井镇新王后村	—	男	1944 年
岳河义	沂南县铜井镇莱坪村	21	男	1944 年
王东善	沂南县铜井镇丰收村	22	男	1944 年
刘玉兰	沂南县铜井镇大张庄村	24	男	1944 年

姓 名	籍 贯	年 龄	性 别	死难时间
刘成柱	沂南县铜井镇大杜山村	16	男	1944 年
张家苗	沂南县铜井镇沧浪沟	24	男	1944 年
张连仲	沂南县砖埠镇陈家石沟村	21	男	1944 年
龚长青	沂南县依汶镇松林村	21	男	1944 年
赵纪先	沂南县依汶镇三合村	20	男	1944 年
吕清芝	沂南县马牧池乡西辛庄村	16	男	1944 年
聂洪正	沂南县马牧池乡西寺堡村	20	男	1944 年
牛彦伍	沂南经济开发区梓栏村	53	男	1944 年
孔庆三	沂南经济开发区大埠子村	17	男	1944 年
陈志余	沂南县杨家坡镇宋官庄村	23	男	1944 年
郭庆禄	沂南县杨家坡镇凤泉村	21	男	1944 年
杨同林	沂南县杨家坡镇坊南村	21	男	1944 年
杨元秀	沂南县杨家坡镇坊南村	18	男	1944 年
张其菊	沂南县杨家坡镇徐家沟村	17	男	1944 年
孙 五	沂南县青驼镇青驼北村	28	男	1944 年
朱 氏	沂南县青驼镇朱家崖子村	—	女	1944 年
张学胜之母	沂南县青驼镇南店	—	女	1944 年
尤法举	沂南县青驼镇大官庄	—	男	1944 年
尤光合	沂南县青驼镇大官庄	—	男	1944 年
尤立春之姐	沂南县青驼镇大官庄	—	女	1944 年
朱明之外祖父	沂南县青驼镇大官庄	—	男	1944 年
尤立丕之姐	沂南县青驼镇大官庄	—	女	1944 年
王庆恩	沂南县青驼镇王家圈村	43	男	1944 年
刘振岭	沂南县青驼镇刘家河疃	18	男	1944 年
卢维周	沂南县青驼镇卢家河疃	21	男	1944 年
卢维千	沂南县青驼镇卢家河疃	24	男	1944 年
何光文	沂南县青驼镇上冯家楼	—	男	1944 年
刘春山	沂南县蒲汪镇土山村	38	男	1944 年
魏廷忠	沂南县蒲汪镇拐头后村	21	男	1944 年
王 超	沂南县蒲汪镇崔家车疃村	29	男	1944 年
陈佃起	沂南县蒲汪镇拐头前村	18	男	1944 年
张赵氏	沂南县蒲汪镇圣母冢村	21	女	1944 年
张云升	沂南县蒲汪镇圣母冢村	2	男	1944 年
董玉朋	沂南县蒲汪镇董家岭村	21	男	1944 年

姓 名	籍 贯	年 龄	性 别	死难时间
赵同方	沂南县蒲汪镇于官庄村	21	男	1944 年
李 荣	沂南县蒲汪镇于官庄村	20	男	1944 年
张穆氏	沂南县蒲汪镇双和村	59	女	1944 年
彭成贵	沂南县大庄镇百碇庄村	50	男	1944 年
彭为心	沂南县大庄镇百碇庄村	25	男	1944 年
彭收心	沂南县大庄镇百碇庄村	50	男	1944 年
王纯效	沂南县大庄镇东沂村	—	男	1944 年
陈 龙	沂南县苏村镇陈官庄	55	男	1944 年
杜贵春	沂南县苏村镇陈官庄	—	男	1944 年
李希伍	沂南县苏村镇东李庄	24	男	1944 年
徐凤堂	沂南县苏村镇温官庄	30	男	1944 年
李德兴	沂南县苏村镇李庄村	—	男	1944 年
李奎福	沂南县苏村镇李庄村	—	男	1944 年
李会中	沂南县苏村镇李庄村	—	男	1944 年
刘长可	沂南县辛集镇常胜村	28	男	1944 年
谢忠庆	沂南县辛集镇城子庄村	24	男	1944 年
张 录	沂南县辛集镇凤凰村	25	男	1944 年
李云畦	沂南县辛集镇李林村	26	男	1944 年
王云章	沂南县辛集镇苗家曲村	54	男	1944 年
蔡孝宝	沂南县辛集镇太和蔡家村	—	男	1944 年
彭洪全之兄	沂南县辛集镇太和蔡家村	6	男	1944 年
胡乃修之祖父	沂南县辛集镇太和蔡家村	—	男	1944 年
高新余	沂南县辛集镇小沟村	25	男	1944 年
刘 汉	沂南县辛集镇永太村	35	男	1944 年
何超海	沂南县辛集镇永太村	41	男	1944 年
张宗全	沂南县岸堤镇局埠村	22	男	1944 年
夏焕仓	沂南县岸堤镇局埠村	21	男	1944 年
张善廷	沂南县岸堤镇中高湖村	14	男	1944 年
胡加顺	沂南县岸堤镇兴旺庄村	22	男	1944 年
公林厚	沂南县岸堤镇局埠村	23	男	1944 年
张文芝	沂南县岸堤镇西波池村	22	男	1944 年
薛兆于	沂南县张庄镇薛家村	—	男	1944 年
薛允交之父	沂南县张庄镇薛家村	—	男	1944 年
薛里吉之叔	沂南县张庄镇薛家村	—	男	1944 年

姓　名	籍　贯	年　龄	性　别	死难时间
薛玉昌之妻	沂南县张庄镇薛家村	—	女	1944 年
薛冲吉之母	沂南县张庄镇薛家村	—	女	1944 年
薛高吉之妻	沂南县张庄镇薛家村	—	女	1944 年
薛兆初之母	沂南县张庄镇薛家村	—	女	1944 年
薛玉青	沂南县张庄镇薛家村	—	男	1944 年
尹传桂	沂南县张庄镇下峪村	21	男	1944 年
黄培第	沂南县铜井镇金城村	31	男	1945 年 1 月
王世祯	沂南县岸堤镇红光村	27	男	1945 年 1 月
周长余	沂南县张庄镇周家峪子村	25	男	1945 年 1 月
王守刚	沂南县界湖镇付家庄村	22	男	1945 年 1 月 6 日
王立志	沂南县界湖镇圣良庄村	16	男	1945 年 1 月 10 日
姚廷富	沂南县界湖镇圣良庄村	18	男	1945 年 1 月 10 日
秦文礼	沂南县铜井镇灵山村	29	男	1945 年 2 月
高录序	沂南县大庄镇大庄村	19	男	1945 年 2 月
肖纪芹	沂南县界湖镇辉峨村	26	女	1945 年 2 月 26 日
田利荣	沂南县界湖镇辉峨村	—	女	1945 年 2 月 26 日
刘乃包	沂南县界湖镇辉峨村	30	男	1945 年 2 月 26 日
于学吉	沂南县界湖镇远里村	21	男	1945 年 3 月 1 日
翁振永	沂南县蒲汪镇山脚沟村	23	男	1945 年 3 月
李洪恩	沂南县岸堤镇合兴村	24	男	1945 年 3 月
刘丕章之妻	沂南县孙祖镇栗林村	27	女	1945 年 4 月
李　彬	沂南县蒲汪镇瓦插檐村	22	男	1945 年 4 月
杜凤富	沂南县苏村镇大杜庄村	—	男	1945 年 4 月
刘树其	沂南县岸堤镇大新庄村	—	男	1945 年 4 月
王　六	沂南县岸堤镇大新庄村	—	男	1945 年 4 月
张玉珂	沂南县张庄镇北唐山子村	27	男	1945 年 4 月
范汉荣	沂南县岸堤镇红光村	25	男	1945 年 5 月
王世荣	沂南县岸堤镇红光村	26	男	1945 年 5 月
彭　四	沂南县依汶镇南栗沟村	—	男	1945 年 5 月
高治明	沂南县依汶镇南栗沟村	—	男	1945 年 5 月
付　民	沂南县依汶镇南栗沟村	—	女	1945 年 5 月
解　田	沂南县依汶镇南栗沟村	—	男	1945 年 5 月
梁光里	沂南县依汶镇南栗沟村	—	男	1945 年 5 月
曾传信	沂南县依汶镇南栗沟村	—	男	1945 年 5 月

姓 名	籍 贯	年龄	性别	死难时间
解 存	沂南县依汶镇南栗沟村	—	男	1945 年 5 月
汤立花	沂南县杨家坡镇北双泉村	24	男	1945 年 6 月
孟祥仁	沂南县岸堤镇库东村	—	男	1945 年 6 月
王世文	沂南县孙祖镇宝石峪村	20	男	1945 年 7 月
秦敬胜	沂南县蒲汪镇石香炉村	32	男	1945 年 7 月
赵加生	沂南县岸堤镇红光村	27	男	1945 年 7 月
张 四	沂南县岸堤镇合兴村	23	男	1945 年 8 月
孟庆有	沂南县湖头镇西坡子村	21	男	1945 年 8 月
张士合	沂南县湖头镇西坡子村	—	男	1945 年 8 月
姜立三	沂南县湖头镇姜家庄村	18	男	1945 年 8 月
刘清现	沂南县湖头镇刘家哨村	20	男	1945 年 8 月
刘江岑	沂南县湖头镇刘家哨村	24	男	1945 年 8 月
刘克华	沂南县湖头镇刘家哨村	24	男	1945 年 8 月
柳悦田	沂南县湖头镇陆家哨村	20	男	1945 年 8 月
孟宪军	沂南县湖头镇东坡子村	26	男	1945 年 8 月
杨悦田	沂南县湖头镇陆家哨村	25	男	1945 年 8 月
任春停	沂南县湖头镇大阿疃村	—	男	1945 年 8 月
刘恩劝	沂南县大庄镇莪庄村	33	男	1945 年 8 月
姜叶三	沂南县湖头镇姜家庄村	—	男	1945 年 8 月
李福林	沂南县杨家坡镇李家官庄村	40	男	1945 年 8 月
刘春泽	沂南县界湖镇周家独树村	15	男	1945 年 8 月
孙佃夫之子	沂南县葛沟镇孙家堰村	12	男	1945 年
刘学功	沂南县铜井镇新王前	20	男	1945 年
贾为湘	沂南县苏村镇贾家庄村	—	男	1945 年
陈中伦	沂南县青驼镇闫家庄子	27	男	1945 年
刘平后	沂南县孙祖镇六里沟村	25	男	1945 年
赵 检	沂南县孙祖镇六里沟村	28	男	1945 年
张孝顺	沂南县孙祖镇刘家峪村	27	男	1945 年
孙纪升	沂南县孙祖镇刘家峪村	19	男	1945 年
宋云杰	沂南县孙祖镇青龙峪村	31	男	1945 年
胡家西	沂南县孙祖镇青龙峪村	23	男	1945 年
王庆顺之母	沂南县孙祖镇青龙峪村	23	女	1945 年
徐乃仓	沂南县孙祖镇宝石峪村	30	男	1945 年
沈禄德	沂南县铜井镇山旺庄村	25	男	1945 年

姓 名	籍 贯	年 龄	性 别	死难时间
黄义善	沂南县铜井镇大张庄村	23	男	1945 年
王永成	沂南县铜井镇竹园村	17	男	1945 年
周进荣	沂南县铜井镇小张庄	21	男	1945 年
张兰池	沂南县铜井镇新王后村	21	男	1945 年
赵大个	沂南县依汶镇大保护村	53	男	1945 年
刘长元	沂南县依汶镇东依汶村	—	男	1945 年
张贵德	沂南县依汶镇青杨行村	26	男	1945 年
孙文义	沂南县依汶镇青杨行村	31	男	1945 年
张文福	沂南县依汶镇青杨行村	24	男	1945 年
张坤福	沂南县依汶镇青杨行村	23	男	1945 年
张经利	沂南县依汶镇青杨行村	26	男	1945 年
明希忠之父	沂南县依汶镇青杨行村	25	男	1945 年
彭学成	沂南县依汶镇青杨行村	22	男	1945 年
张洪秋	沂南县依汶镇青杨行村	22	男	1945 年
王文海	沂南县依汶镇青杨行村	22	男	1945 年
王文海之父	沂南县依汶镇青杨行村	46	男	1945 年
王现珍之父	沂南县依汶镇青杨行村	47	男	1945 年
孙明松之父	沂南县依汶镇青杨行村	48	男	1945 年
郭中良	沂南县依汶镇宅科子村	31	男	1945 年
郭仁义	沂南县依汶镇宅科子村	29	男	1945 年
郭文存	沂南县依汶镇宅科子村	24	男	1945 年
郭中友	沂南县依汶镇宅科子村	51	男	1945 年
朱修本	沂南县依汶镇南石旺崖村	—	男	1945 年
朱宗先之父	沂南县依汶镇南石旺崖村	—	男	1945 年
朱茂新	沂南县依汶镇南石旺崖村	—	男	1945 年
朱增烈之兄	沂南县依汶镇南石旺崖村	—	男	1945 年
田富成	沂南县依汶镇冯家村	29	男	1945 年
解朋考	沂南县依汶镇南栗沟村	—	男	1945 年
解 差	沂南县依汶镇南栗沟村	19	男	1945 年
朱献秀之弟	沂南县依汶镇朱家里庄村	21	男	1945 年
朱凤坤之弟	沂南县依汶镇朱家里庄村	19	男	1945 年
代祥峰	沂南县依汶镇松林村	22	男	1945 年
刘树友	沂南县马牧池乡刘家城子村	15	男	1945 年
张德传	沂南县马牧池乡西官庄村	21	男	1945 年

姓 名	籍 贯	年 龄	性 别	死难时间
王道富	沂南县马牧池乡吉利沟村	21	男	1945 年
关 林	沂南县马牧池乡吉利沟村	18	男	1945 年
郝 兴	沂南县马牧池乡吉利沟村	10	男	1945 年
祖发增	沂南县马牧池乡双泉峪子村	19	男	1945 年
孙丙建	沂南县马牧池乡双泉峪子村	22	男	1945 年
祖发友	沂南县马牧池乡双泉峪子村	19	男	1945 年
王连增	沂南县马牧池乡双泉峪子村	23	男	1945 年
刘乃松	沂南县马牧池乡大崔家庄村	22	男	1945 年
王 友	沂南县马牧池乡大崔家庄村	24	男	1945 年
范友良	沂南县马牧池乡大崔家庄村	28	男	1945 年
刘张张	沂南县马牧池乡大崔家庄村	20	男	1945 年
王学文	沂南县马牧池乡小崔家庄村	23	男	1945 年
刘永贵	沂南县马牧池乡柳洪峪村	21	男	1945 年
高会山	沂南经济开发区苗家庄村	22	男	1945 年
刘占德	沂南经济开发区苗家庄村	19	男	1945 年
苗士荣	沂南经济开发区苗家庄村	22	男	1945 年
高万江	沂南经济开发区大埠子村	31	男	1945 年
郭永保	沂南县杨家坡镇凤泉村	19	男	1945 年
郭芝桂	沂南县杨家坡镇凤泉村	19	男	1945 年
郭宝柱	沂南县杨家坡镇坊南村	22	男	1945 年
郭宝民	沂南县杨家坡镇坊南村	20	男	1945 年
纪风东	沂南县杨家坡镇高阜村	35	男	1945 年
郭自京	沂南县杨家坡镇石牛村	26	男	1945 年
刘任后	沂南县双堠镇西梭庄	24	男	1945 年
刘乃礼	沂南县双堠镇西梭庄	23	男	1945 年
刘乃西	沂南县双堠镇西梭庄	25	男	1945 年
刘长增	沂南县双堠镇果庄村	40	男	1945 年
刘全后	沂南县双堠镇果庄村	21	男	1945 年
刘曰才	沂南县双堠镇果庄村	39	男	1945 年
滕万全	沂南县双堠镇果庄村	32	男	1945 年
赵克胜	沂南县双堠镇汪家庄村	17	男	1945 年
巩全福	沂南县双堠镇上碻村	23	男	1945 年
高 喜	沂南县双堠镇上碻村	25	男	1945 年
牛地龙	沂南县双堠镇埠口村	15	男	1945 年

姓 名	籍 贯	年龄	性别	死难时间
刘全德	沂南县青驼镇吴家庄	24	男	1945 年
刘同学	沂南县青驼镇大官庄	—	男	1945 年
董怀涛	沂南县青驼镇董家店子	19	女	1945 年
赵近献	沂南县青驼镇董家店子	17	男	1945 年
韶 四	沂南县青驼镇董家店子	19	男	1945 年
刘文忠	沂南县青驼镇刘家河疃	25	男	1945 年
刘丙让	沂南县青驼镇刘家河疃	21	男	1945 年
张 敫	沂南县青驼镇刘家河疃	20	男	1945 年
卢维户	沂南县青驼镇卢家河疃	19	男	1945 年
卢克孝	沂南县青驼镇卢家河疃	15	男	1945 年
冯太奎	沂南县青驼镇凤鸣口	28	男	1945 年
冯玉秋之妻	沂南县青驼镇凤鸣口	—	女	1945 年
冯贯梅	沂南县青驼镇沟西	—	男	1945 年
冯贯军	沂南县青驼镇凤鸣口	—	男	1945 年
蔡希扬	沂南县青驼镇上冯楼	—	男	1945 年
孔佩修	沂南县蒲汪镇聚宝官庄村	37	男	1945 年
冯 荣	沂南县蒲汪镇石香炉村	26	男	1945 年
付 本	沂南县蒲汪镇石香炉村	19	男	1945 年
付廷英	沂南县蒲汪镇蒲汪村	25	男	1945 年
付廷其	沂南县蒲汪镇蒲汪村	23	男	1945 年
李蔡氏	沂南县蒲汪镇蒲汪村	43	女	1945 年
徐春进	沂南县大庄镇后东河村	—	男	1945 年
徐春英	沂南县大庄镇后东河村	—	男	1945 年
徐春和	沂南县大庄镇后东河村	25	男	1945 年
李兴龙	沂南县大庄镇前东河村	—	男	1945 年
李春元	沂南县大庄镇前东河村	—	男	1945 年
李仲旭	沂南县大庄镇前交良村	26	男	1945 年
徐佃贞	沂南县苏村镇仕子口村	25	男	1945 年
杜荣华	沂南县苏村镇陈家官庄	—	男	1945 年
牛衍足	沂南县苏村镇杨家官庄	20	男	1945 年
杨恩修	沂南县苏村镇杨家官庄	36	男	1945 年
杨春秀	沂南县苏村镇杨家官庄	30	男	1945 年
刘成美	沂南县辛集镇埠后村	—	男	1945 年
刘成升	沂南县辛集镇埠后村	—	男	1945 年

姓　名	籍　贯	年龄	性别	死难时间
肖永年	沂南县辛集镇城子庄村	25	男	1945 年
谢玉喜	沂南县辛集镇房庄子村	24	男	1945 年
苗青林	沂南县辛集镇房庄子村	25	男	1945 年
刘增平	沂南县辛集镇凤凰村	31	男	1945 年
张佃文	沂南县辛集镇永太村	30	男	1945 年
李守仁	沂南县辛集镇永太村	26	男	1945 年
张　连	沂南县辛集镇永太村	21	男	1945 年
徐志法	沂南县岸堤镇库东村	14	男	1945 年
公来后	沂南县岸堤镇小峪庄村	19	男	1945 年
刘乃金	沂南县岸堤镇艾山东村	31	男	1945 年
刘方凡	沂南县岸堤镇艾山东村	31	男	1945 年
孟祥法	沂南县岸堤镇库东村	—	男	1945 年
梁乃全	沂南县岸堤镇库东村	25	男	1945 年
田禹吉	沂南县岸堤镇大峪庄村	26	男	1945 年
公太厚	沂南县岸堤镇局埠村	—	男	1945 年
公爱厚	沂南县岸堤镇局埠村	—	男	1945 年
公堂厚	沂南县岸堤镇局埠村	20	男	1945 年
公纪厚	沂南县岸堤镇局埠村	19	男	1945 年
梁茂全	沂南县岸堤镇大新庄村	—	男	1945 年
陈桂华	沂南县岸堤镇大新庄村	—	男	1945 年
公丕瑞	沂南县岸堤镇新兴村	20	男	1945 年
王奉仁	沂南县岸堤镇新兴村	21	男	1945 年
桑见合	沂南县岸堤镇新兴村	18	男	1945 年
刘欢弟	沂南县岸堤镇艾山东村	—	男	1945 年
张庆丰	沂南县岸堤镇前高湖村	33	男	1945 年
田立官	沂南县岸堤镇前高湖村	30	男	1945 年
田西宁	沂南县岸堤镇前高湖村	34	男	1945 年
邹学和	沂南县岸堤镇胡家沟	21	男	1945 年
田　四	沂南县岸堤镇前高湖村	—	男	1945 年
王延英	沂南县张庄镇大岱村	23	男	1945 年
赵玉树	沂南县张庄镇南官庄村	65	男	1945 年
郑文广	沂南县张庄镇前辉山村	22	男	1945 年
董进文	沂南县张庄镇前辉山村	21	男	1945 年
张存志	沂南县张庄镇前辉山村	23	男	1945 年

姓　名	籍　　　贯	年　龄	性　别	死难时间
郑文林	沂南县张庄镇前辉山村	23	男	1945 年
张现林	沂南县张庄镇大峪村	19	男	1945 年
袁西福	沂南县砖埠镇双河村	—	男	—
王佃轻	沂南县砖埠镇双埠村	—	男	—
卢鹏坤	沂南县砖埠镇双埠村	—	男	—
王佃琴	沂南县砖埠镇双埠村	—	女	—
朱顺五	沂南县大庄镇西关村	19	男	—
袁开山	沂南县大庄镇西关村	21	男	—
高长朋之兄	沂南县大庄镇朱家河村	—	男	—
朱洪奎	沂南县大庄镇朱家河村	—	男	—
朱树增	沂南县大庄镇朱家河村	—	男	—
李长明	沂南县大庄镇菜园村	—	男	—
张学根	沂南县岸堤镇塘子村	28	男	—
赵建祥	沂南县岸堤镇塘子村	27	男	—
高富生	沂南县岸堤镇塘子村	26	男	—
刘信山	沂南县岸堤镇兴旺庄村	21	男	—
付文艳	沂南县岸堤镇兴旺庄村	21	男	—
胡兴叶	沂南县岸堤镇兴旺庄村	—	男	—
李树业	沂南县岸堤镇岸堤村	—	男	—
任殿庆	沂南县岸堤镇岸堤村	—	男	—
田德华	沂南县岸堤镇岸堤村	—	男	—
田德昌	沂南县岸堤镇岸堤村	—	男	—
王彦福	沂南县岸堤镇岸堤村	—	男	—
李开忠	沂南县岸堤镇岸堤村	—	男	—
张录德	沂南县岸堤镇岸堤村	—	男	—
张征德	沂南县岸堤镇岸堤村	—	男	—
李纪运	沂南县岸堤镇岸堤村	—	男	—
李纪才	沂南县岸堤镇岸堤村	—	男	—
明启东	沂南县岸堤镇岸堤村	—	男	—
公方新	沂南县岸堤镇岸堤村	—	男	—
张昌山之弟	沂南县岸堤镇岸堤村	—	男	—
刘方才	沂南县岸堤镇岸堤村	—	男	—
公双厚	沂南县岸堤镇岸堤村	—	男	—
王运岭	沂南县岸堤镇岸堤村	—	男	—

姓 名	籍 贯	年 龄	性 别	死难时间
盛京传	沂南县岸堤镇岸堤村	—	男	—
刘树田	沂南县岸堤镇岸堤村	—	男	—
刘方贤之子	沂南县岸堤镇岸堤村	—	男	—
公 臭	沂南县岸堤镇岸堤村	—	男	—
郭长德	沂南县岸堤镇岸堤村	—	男	—
张学尖	沂南县岸堤镇岸堤村	—	男	—
邵连贵	沂南县岸堤镇岸堤村	—	男	—
郭兴合	沂南县岸堤镇岸堤村	—	男	—
尹作允	沂南县张庄镇松山埠村	—	男	—
伦佃发	沂南县张庄镇松泉峪村	—	男	—
姜西三	沂南县张庄镇松泉峪村	—	男	—
史存家	沂南县张庄镇南官庄村	—	男	—
尹承相	沂南县张庄镇北沿汶村	—	男	—
尹尚进	沂南县张庄镇北沿汶村	—	男	—
赵清后	沂南县张庄镇簸箕掌村	—	男	—
陈冒德之妻	沂南县界湖镇大白石村	18	女	1938 年 9 月 28 日
黄在至	沂南县葛沟镇黄屯村	32	男	1938 年
刘立民	沂南县葛沟镇葛沟北村	41	男	1938 年
高洪善	沂南县铜井镇保泉村	—	男	1938 年
吕济玉	沂南县大庄镇坊前村	—	男	1938 年
曹西正	沂南县苏村镇小营村	—	男	1938 年
曹昌林	沂南县苏村镇小营村	—	男	1938 年
曹西锡	沂南县苏村镇小营村	—	男	1938 年
曹西锡之妻	沂南县苏村镇小营村	—	女	1938 年
曹西锡之女	沂南县苏村镇小营村	—	女	1938 年
梁茂克	沂南县岸堤镇西波池村	—	男	1938 年
张存西	沂南县岸堤镇西波池村	—	男	1938 年
王计明	沂南县岸堤镇西波池村	—	男	1938 年
公厚安	沂南县岸堤镇局埠村	—	男	1938 年
公厚亮	沂南县岸堤镇局埠村	—	男	1938 年
左兴东	沂南县杨家坡镇南左泉村	27	男	1939 年 3 月
左可法	沂南县杨家坡镇南左泉村	39	男	1939 年 3 月
左守先	沂南县杨家坡镇南左泉村	35	男	1939 年 3 月
左兴学	沂南县杨家坡镇南左泉村	26	男	1939 年 3 月

姓 名	籍 贯	年 龄	性 别	死难时间
王世勋	沂南县杨家坡镇东大疃村	—	男	1939 年 3 月
冯至礼	沂南县葛沟镇小康村	36	男	1939 年
李运一	沂南县葛沟镇东安乐村	40	男	1939 年
刘王氏	沂南县葛沟镇葛沟北村	57	女	1939 年
王奉乐	沂南县马牧池乡野竹旺村	21	男	1939 年
郑 善	沂南县青驼镇山北头	22	男	1939 年
李春祥	沂南县大庄镇司马村	—	女	1939 年
张学高	沂南县岸堤镇塘子村	—	男	1939 年
薛陈吉	沂南县张庄镇松泉峪	21	男	1939 年
尹上旬	沂南县张庄镇松泉峪	29	男	1939 年
李玉除	沂南县杨家坡镇李家坡村	22	男	1940 年 3 月
王存德	沂南县葛沟镇东安乐村	48	男	1940 年 8 月
于丰友之二兄	沂南县铜井镇珠宝庄	23	男	1940 年 9 月 1 日
于丰友之父	沂南县铜井镇珠宝庄	45	男	1940 年 9 月 17 日
毛开明	沂南县铜井镇珠宝庄	25	男	1940 年 9 月 17 日
毛开列	沂南县铜井镇珠宝庄	25	男	1940 年 9 月 17 日
于丰明	沂南县铜井镇珠宝庄	24	男	1940 年 9 月 17 日
毛荣奎	沂南县铜井镇珠宝庄	26	男	1940 年 9 月 17 日
毛畋方	沂南县铜井镇珠宝庄	26	男	1940 年 9 月 17 日
范树荣	沂南县铜井镇珠宝庄	28	男	1940 年 9 月 17 日
毛方太	沂南县铜井镇珠宝庄	22	男	1940 年 9 月 17 日
毛德顺	沂南县铜井镇珠宝庄	22	男	1940 年 9 月 17 日
毛洪芝	沂南县铜井镇珠宝庄	28	男	1940 年 9 月 17 日
毛洪祥	沂南县铜井镇珠宝庄	28	男	1940 年 9 月 17 日
毛德光	沂南县铜井镇珠宝庄	28	男	1940 年 9 月 17 日
毛秀信之父	沂南县铜井镇珠宝庄	29	男	1940 年 9 月 17 日
毛秀信之祖父	沂南县铜井镇珠宝庄	—	男	1940 年 9 月 17 日
张文成	沂南县铜井镇珠宝庄	27	男	1940 年 9 月 17 日
于学成	沂南县铜井镇珠宝庄	26	男	1940 年 9 月 17 日
毛兴映	沂南县铜井镇珠宝庄	29	男	1940 年 9 月 17 日
范保贤	沂南县铜井镇珠宝庄	29	男	1940 年 9 月 17 日
于丰友之长兄	沂南县铜井镇珠宝庄	28	男	1940 年 9 月 17 日
毛士燕	沂南县铜井镇珠宝庄	23	男	1940 年 9 月 17 日
毛 成	沂南县铜井镇珠宝庄	27	男	1940 年 9 月 17 日

姓 名	籍 贯	年 龄	性 别	死难时间
刁玉着	沂南县铜井镇珠宝庄	28	男	1940 年 9 月 17 日
毛士贤	沂南县铜井镇珠宝庄	29	男	1940 年 9 月 17 日
陈京景	沂南县铜井镇珠宝庄	29	男	1940 年 9 月 17 日
张永发	沂南县铜井镇珠宝庄	29	男	1940 年 9 月 17 日
崔中信	沂南县葛沟镇小康村	31	男	1940 年
徐凤山	沂南县葛沟镇里甲官庄村	25	男	1940 年
杜守迎	沂南县葛沟镇葛沟北村	46	男	1940 年
王存得	沂南县葛沟镇东安乐村	48	男	1940 年
任文清	沂南县葛沟镇葛沟北村	43	女	1940 年
刘公勤	沂南县依汶镇邵家湖村	58	男	1940 年
代建顺	沂南县依汶镇邵家湖村	52	男	1940 年
邵振明	沂南县依汶镇邵家湖村	54	男	1940 年
代现忠	沂南县依汶镇邵家湖村	—	男	1940 年
代现洪	沂南县依汶镇邵家湖村	50	男	1940 年
代廷文	沂南县依汶镇邵家湖村	62	男	1940 年
蒋光山	沂南县杨家坡镇高阜村	34	男	1940 年
吕宜尚	沂南杨家坡镇县高阜村	29	男	1940 年
王进段	沂南县大庄镇双礼园村	17	男	1940 年
王在祯	沂南县大庄镇双礼园村	19	男	1940 年
董成仁	沂南县大庄镇双礼园村	16	男	1940 年
李世厚	沂南县大庄镇双礼园村	15	男	1940 年
杜辛陆	沂南县苏村镇大安村	32	男	1940 年
李汉青	沂南县苏村镇大安村	30	男	1940 年
胡家贵	沂南县张庄镇大桥村	—	男	1941 年 1 月
刘三举	沂南县界湖镇付家庄村	32	男	1941 年 2 月 10 日
麻金章	沂南县孙祖镇东高庄村	55	男	1941 年 3 月
高大帅	沂南县孙祖镇东高庄村	50	男	1941 年 3 月
李学湘	沂南县杨家坡镇李家坡村	19	男	1941 年 3 月
刘立斋	沂南县葛沟镇东巩头村	25	男	1941 年 6 月
刘立锋	沂南县葛沟镇东巩头村	20	男	1941 年 6 月
刘玉祥	沂南县界湖镇水浒套村	58	男	1941 年 7 月 7 日
苏良田	沂南县界湖镇水浒套村	50	男	1941 年 7 月 11 日
苏锦文	沂南县界湖镇水浒套村	50	男	1941 年 7 月 11 日
苏锦明	沂南县界湖镇水浒套村	50	男	1941 年 7 月 11 日

姓 名	籍 贯	年 龄	性 别	死难时间
刘小友	沂南县界湖镇水浒套村	53	男	1941 年 7 月 11 日
代文奎	沂南县界湖镇水浒套村	55	男	1941 年 7 月 11 日
代洪春	沂南县界湖镇水浒套村	50	男	1941 年 7 月 11 日
杨曰相	沂南县界湖镇夏庄村	39	女	1941 年 7 月 15 日
刘质通	沂南县界湖镇水浒套村	56	男	1941 年 8 月 3 日
梁兆桶	沂南县界湖镇水浒套村	54	男	1941 年 8 月 4 日
刘 知	沂南县界湖镇水浒套村	56	男	1941 年 8 月 29 日
代凤堂	沂南县依汶镇孙隆村	—	男	1941 年 10 月
代恒聚	沂南县依汶镇孙隆村	—	男	1941 年 10 月
刘召杰	沂南县界湖镇夏庄村	—	男	1941 年 10 月 6 日
张成美	沂南县岸堤镇佛山村	—	男	1941 年 11 月
张敬福	沂南县岸堤镇佛山村	—	男	1941 年 11 月
孟兆修	沂南县岸堤镇佛山村	—	男	1941 年 11 月
张敬廷	沂南县岸堤镇佛山村	—	男	1941 年 11 月
张敬台	沂南县岸堤镇佛山村	—	男	1941 年 11 月
刘枚松	沂南县岸堤镇佛山村	—	男	1941 年 11 月
贾相乾	沂南县葛沟镇葛沟北村	41	男	1941 年
王世元	沂南县葛沟镇安太庄村	34	男	1941 年
高寿峰	沂南县铜井镇花山前村	—	男	1941 年
高光玉之母	沂南县铜井镇花山前村	—	女	1941 年
高光锡	沂南县铜井镇花山前村	—	男	1941 年
高光录	沂南县铜井镇花山前村	—	男	1941 年
高光英	沂南县铜井镇花山前村	—	女	1941 年
高相街	沂南县铜井镇花山前村	—	男	1941 年
高光田	沂南县铜井镇花山前村	—	男	1941 年
高光照	沂南县铜井镇花山前村	—	男	1941 年
范相鼎	沂南县铜井镇单家庄	45	男	1941 年
范相泰	沂南县铜井镇单家庄	38	男	1941 年
高丙和	沂南县铜井镇单家庄	30	男	1941 年
高丙成	沂南县铜井镇单家庄	31	男	1941 年
李 麻	沂南县铜井镇单家庄	18	男	1941 年
孙 闯	沂南县铜井镇单家庄	20	男	1941 年
范相福	沂南县铜井镇单家庄	36	男	1941 年
范长远	沂南县铜井镇范家庄	25	男	1941 年

姓 名	籍 贯	年龄	性别	死难时间
范茂山	沂南县铜井镇范家庄	20	男	1941 年
范增元之姐	沂南县铜井镇范家庄	13	女	1941 年
范 升	沂南县铜井镇范家庄	—	男	1941 年
范汝奎之兄	沂南县铜井镇范家庄	22	男	1941 年
范成希之祖母	沂南县铜井镇范家庄	38	女	1941 年
范成希之祖父	沂南县铜井镇范家庄	40	男	1941 年
刘西成	沂南县铜井镇新王前村	24	男	1941 年
高洪会	沂南县铜井镇保泉村	—	男	1941 年
高洪民	沂南县铜井镇保泉村	—	男	1941 年
高洪国	沂南县铜井镇保泉村	—	男	1941 年
高洪园	沂南县铜井镇保泉村	—	男	1941 年
张顺征	沂南县砖埠镇南黄埠村	30	男	1941 年
陈德福	沂南县砖埠镇铁山子村	20	男	1941 年
李庆明	沂南县砖埠镇铁山子村	36	男	1941 年
郑荣献	沂南县依汶镇安丰村	42	男	1941 年
赵本成	沂南县依汶镇邵家湖村	50	男	1941 年
国洪亮之姐	沂南县依汶镇国家庄	31	女	1941 年
国洪亮之母	沂南县依汶镇国家庄	51	女	1941 年
朱增德	沂南县依汶镇埠口村	22	男	1941 年
刘德修	沂南县马牧池乡小洼村	19	男	1941 年
从玉扩	沂南经济开发区芙蓉庄村	34	男	1941 年
王圣林	沂南县杨家坡镇王家官庄	19	男	1941 年
孙王氏	沂南县杨家坡镇考瞳村	39	女	1941 年
王富美	沂南县杨家坡镇考瞳村	15	女	1941 年
王佃勤	沂南县青驼镇石门	20	男	1941 年
冯善吉	沂南县青驼镇大冯家楼村	—	男	1941 年
冯俭吉	沂南县青驼镇大冯家楼村	—	男	1941 年
冯光全	沂南县青驼镇大冯家楼村	—	男	1941 年
高希生	沂南县青驼镇南长汪	—	男	1941 年
张现荣	沂南县青驼镇南长汪	—	男	1941 年
徐 梅	沂南县大庄镇双礼园村	—	女	1941 年
王在沾	沂南县大庄镇双礼园村	21	男	1941 年
李玉厚	沂南县大庄镇双礼园村	19	男	1941 年
王振荣	沂南县苏村镇姚营村	—	男	1941 年

姓 名	籍 贯	年 龄	性 别	死难时间
王振荣之妻	沂南县苏村镇姚营村	—	女	1941 年
王立合	沂南县苏村镇姚营村	—	男	1941 年
王立福	沂南县苏村镇姚营村	—	男	1941 年
王立春	沂南县苏村镇姚营村	—	男	1941 年
王振荣之子	沂南县苏村镇姚营村	—	男	1941 年
曹复利	沂南县苏村镇大营村	20	男	1941 年
曹幸林	沂南县苏村镇大营村	25	男	1941 年
姚金兰	沂南县界湖镇圣良庄村	23	男	1941 年
董明修	沂南县岸堤镇兴旺庄村	21	男	1941 年
马富吉	沂南县岸堤镇兴旺庄村	21	男	1941 年
曹守田	沂南县岸堤镇兴旺庄村	21	男	1941 年
胡守存	沂南县岸堤镇兴旺庄村	20	男	1941 年
曹守庭	沂南县岸堤镇兴旺庄村	23	男	1941 年
孟宪拨	沂南县张庄镇大桥村	—	男	1941 年
刘长杰	沂南县界湖镇夏庄村	31	男	1941 年
张敬路	沂南县界湖镇金场村	32	男	1942 年 2 月 23 日
郭西英	沂南县杨家坡镇李家坡村	16	男	1942 年 3 月
郭永彩	沂南县杨家坡镇李家坡村	17	女	1942 年 3 月
李玉送	沂南县杨家坡镇李家坡村	51	男	1942 年 3 月
李学秀	沂南县杨家坡镇李家坡村	18	女	1942 年 4 月
董 大	沂南县界湖镇金场村	38	男	1942 年 4 月 5 日
聂为枚	沂南县界湖镇后中疃	—	男	1942 年 8 月 23 日
郑泰和	沂南县界湖镇圣良庄村	20	男	1942 年 8 月 27 日
姜得清	沂南县葛沟镇安太庄村	21	男	1942 年
刘廷怀	沂南县葛沟镇东巩头村	24	男	1942 年
李秋兰	沂南县葛沟镇葛沟北村	36	女	1942 年
黄廷发	沂南县葛沟镇黄屯村	42	男	1942 年
汪聚勋	沂南县砖埠镇汪家庄村	19	男	1942 年
高西彪	沂南县依汶镇满庄村	45	男	1942 年
陈 华	沂南县依汶镇满庄村	46	男	1942 年
卢德茂	沂南县依汶镇运粮村	39	男	1942 年
卢纪勇	沂南县依汶镇运粮村	42	男	1942 年
卢兆国	沂南县依汶镇运粮村	44	男	1942 年
卢纪照	沂南县依汶镇运粮村	45	男	1942 年

姓 名	籍 贯	年 龄	性 别	死难时间
代堂云	沂南县依汶镇孙隆村	—	男	1942 年
王立生	沂南县马牧池乡朱家坡村	26	男	1942 年
邱文海	沂南县杨家坡镇坊南村	17	男	1942 年
王洪振	沂南县双堠镇艾于湖村	30	男	1942 年
于臣苍	沂南县双堠镇艾于湖村	16	男	1942 年
卢朋胜	沂南县青驼镇左庄子	—	男	1942 年
吕贯甲	沂南县大庄镇坊前村	—	男	1942 年
曹彦林	沂南县苏村镇小营村	35	男	1942 年
曹西来	沂南县苏村镇小营村	32	男	1942 年
曹文林	沂南县苏村镇小营村	29	男	1942 年
曹群	沂南县苏村镇大营村	21	男	1942 年
董其修	沂南县岸堤镇兴旺庄村	35	男	1942 年
付京荣	沂南县岸堤镇兴旺庄村	37	男	1942 年
马汝法	沂南县岸堤镇兴旺庄村	37	男	1942 年
马汝秀	沂南县岸堤镇兴旺庄村	37	女	1942 年
马汝坤	沂南县岸堤镇兴旺庄村	38	男	1942 年
张元小	沂南县岸堤镇王山峪村	32	男	1942 年
刘善伍	沂南县岸堤镇王山峪村	27	男	1942 年
刘坤	沂南县岸堤镇王山峪村	37	男	1942 年
刘曰伦	沂南县岸堤镇王山峪村	25	男	1942 年
杨和田	沂南县岸堤镇王山峪村	40	男	1942 年
刘善仁	沂南县岸堤镇王山峪村	39	男	1942 年
徐坤	沂南县岸堤镇王山峪村	35	男	1942 年
杨永夺	沂南县岸堤镇王山峪村	28	男	1942 年
尹成花	沂南县张庄镇张家岭	—	男	1942 年
马奎杰	沂南县界湖镇马家营村	50	男	1943 年 2 月 10 日
马凤刚	沂南县界湖镇马家营村	55	男	1943 年 2 月 10 日
王洪达	沂南县界湖镇马家营村	25	男	1943 年 2 月 10 日
车路	沂南县界湖镇新庄子村	21	男	1943 年 3 月 5 日
马晋杰	沂南县界湖镇马家营村	43	男	1943 年 4 月
张五	沂南县张庄镇松山村	40	男	1943 年
张三	沂南县张庄镇松山村	44	男	1943 年
尹作元	沂南县张庄镇松山村	33	男	1943 年
尹传厚	沂南县张庄镇松山村	26	男	1943 年

姓　名	籍　贯	年　龄	性　别	死难时间
李运朋	沂南县葛沟镇东安乐村	27	男	1943 年
刘树恒	沂南县铜井镇大杜山村	—	男	1943 年
刘树象	沂南县铜井镇大杜山村	—	男	1943 年
刘树兴	沂南县铜井镇大杜山村	—	男	1943 年
代恒约	沂南县依汶镇孙隆村	—	男	1943 年
代恒约之长子	沂南县依汶镇孙隆村	—	男	1943 年
付光海	沂南县依汶镇孙隆村	—	男	1943 年
代立三	沂南县依汶镇孙隆村	—	男	1943 年
张　荣	沂南县依汶镇孙隆村	—	男	1943 年
付　村	沂南县依汶镇孙隆村	—	男	1943 年
王立德	沂南县马牧池乡朱家坡村	27	男	1943 年
王立新	沂南县马牧池乡朱家坡村	36	男	1943 年
刘树德	沂南县马牧池乡朱家坡村	36	男	1943 年
蒋光树	沂南县杨家坡镇东太阳村	23	男	1943 年
韩青贵	沂南县双堠镇小埠村	—	男	1943 年
赵付贵	沂南县双堠镇小埠村	—	男	1943 年
孙　二	沂南县双堠镇小埠村	—	男	1943 年
韩清义	沂南县双堠镇小埠村	—	男	1943 年
卢善元	沂南县青驼镇斗沟村	29	男	1943 年
卢朋成	沂南县青驼镇左家庄子	—	男	1943 年
徐光化	沂南县苏村镇苏家庄村	—	男	1943 年
徐兴家	沂南县苏村镇苏家庄村	—	男	1943 年
徐兴帮	沂南县苏村镇苏家庄村	—	男	1943 年
徐志培	沂南县苏村镇苏家庄村	—	男	1943 年
戚金成	沂南县苏村镇苏家庄村	—	男	1943 年
徐兴堂	沂南县苏村镇苏家庄村	—	男	1943 年
徐新三	沂南县苏村镇苏家庄村	—	男	1943 年
徐文志	沂南县苏村镇苏家庄村		男	1943 年
徐兴祥	沂南县苏村镇苏家庄村	—	男	1943 年
徐富志	沂南县苏村镇苏家庄村	—	男	1943 年
徐希孟	沂南县苏村镇苏家庄村	—	男	1943 年
徐守信	沂南县苏村镇苏家庄村	—	男	1943 年
徐孝志	沂南县苏村镇苏家庄村	—	男	1943 年
徐兴光	沂南县苏村镇苏家庄村	—	男	1943 年

姓 名	籍 贯	年 龄	性 别	死难时间
徐兴和	沂南县苏村镇苏家庄村	—	男	1943 年
徐爱堂	沂南县苏村镇苏家庄村	—	男	1943 年
徐连堂	沂南县苏村镇苏家庄村	—	男	1943 年
徐中堂	沂南县苏村镇苏家庄村	—	男	1943 年
徐志贵	沂南县苏村镇苏家庄村	—	男	1943 年
徐永池	沂南县苏村镇苏家庄村	—	男	1943 年
徐光汉	沂南县苏村镇苏家庄村	—	男	1943 年
车宝三	沂南县苏村镇夏家庄	38	男	1943 年
吴永明	沂南县苏村镇夏家庄	40	男	1943 年
夏永丰	沂南县苏村镇夏家庄	29	男	1943 年
夏云路	沂南县苏村镇夏家庄	35	男	1943 年
孙 朝	沂南县苏村镇夏家庄	27	男	1943 年
吴安德	沂南县苏村镇夏家庄	30	男	1943 年
夏庆仁	沂南县苏村镇夏家庄	27	男	1943 年
夏洪明	沂南县苏村镇夏家庄	38	男	1943 年
彭乐三	沂南县苏村镇夏家庄	36	男	1943 年
王进叶	沂南县苏村镇夏家庄	30	男	1943 年
范文青	沂南县苏村镇夏家庄	36	男	1943 年
夏洪芦	沂南县苏村镇夏家庄	30	男	1943 年
夏方奉	沂南县苏村镇夏家庄	40	男	1943 年
王振明	沂南县苏村镇夏家庄	41	男	1943 年
王子明	沂南县苏村镇夏家庄	30	男	1943 年
姚佃青	沂南县苏村镇夏家庄	29	男	1943 年
张路青	沂南县苏村镇夏家庄	33	男	1943 年
张全兴	沂南县苏村镇夏家庄	30	男	1943 年
张士杰	沂南县苏村镇夏家庄	28	男	1943 年
夏云海	沂南县苏村镇夏家庄	20	男	1943 年
张佃青	沂南县苏村镇夏家庄	20	男	1943 年
王永堂	沂南县苏村镇夏家庄	35	男	1943 年
李东区	沂南县苏村镇夏家小河	16	男	1943 年
李京田	沂南县苏村镇夏家小河	20	男	1943 年
董文义	沂南县岸堤镇兴旺庄村	45	男	1943 年
董现中	沂南县岸堤镇兴旺庄村	37	男	1943 年
马德龙	沂南县岸堤镇兴旺庄村	27	男	1943 年

姓 名	籍 贯	年 龄	性 别	死难时间
董现申	沂南县岸堤镇兴旺庄村	29	男	1943 年
刘长吉	沂南县岸堤镇兴旺庄村	30	男	1943 年
刘凤吉	沂南县岸堤镇兴旺庄村	27	女	1943 年
董文荣	沂南县岸堤镇兴旺庄村	24	男	1943 年
马玉俊	沂南县岸堤镇兴旺庄村	20	男	1943 年
马玉伦	沂南县岸堤镇兴旺庄村	19	男	1943 年
马立才	沂南县岸堤镇兴旺庄村	18	男	1943 年
郭成桂	沂南县岸堤镇兴旺庄村	20	男	1943 年
张东山	沂南县岸堤镇兴旺庄村	19	男	1943 年
冯光仁	沂南县岸堤镇兴旺庄村	20	男	1943 年
冯光义	沂南县岸堤镇兴旺庄村	21	男	1943 年
张祥同	沂南县岸堤镇兴旺庄村	20	男	1943 年
马汝乾	沂南县岸堤镇兴旺庄村	20	男	1943 年
高红喜	沂南县岸堤镇小峪庄村	23	男	1943 年
唐欣明	沂南县界湖镇大白石村	58	男	1944 年 1 月 1 日
聂明梅	沂南县界湖镇新庄子村	32	男	1944 年 2 月 8 日
王照山	沂南县界湖镇辉峨村	28	男	1944 年 4 月 12 日
田守恒	沂南县界湖镇辉峨村	29	男	1944 年 5 月 6 日
刘絮明	沂南县界湖镇水浒套村	56	男	1944 年 5 月 6 日
朱明言	沂南县界湖镇圣良庄村	34	男	1944 年 5 月 8 日
马文俊	沂南县界湖镇马家营村	53	女	1944 年 6 月
王照顺	沂南县界湖镇辉峨村	31	男	1944 年 6 月 9 日
车 刚	沂南县界湖镇新庄子村	23	男	1944 年 6 月 10 日
韩成春	沂南县双堠镇华石山子	18	男	1944 年 6 月
韩成义	沂南县双堠镇华石山子	28	男	1944 年 6 月
韩法存	沂南县界湖镇辉峨村	31	男	1944 年 6 月 12 日
范春成	沂南县铜井镇山旺庄	21	男	1944 年 7 月
王开录	沂南县葛沟镇王家堰村	31	男	1944 年
武纪全	沂南县铜井镇山旺庄	20	男	1944 年
代恒杰之父	沂南县依汶镇孙隆村	—	男	1944 年
张兆祥	沂南县马牧池乡朱家坡村	31	男	1944 年
丁光明	沂南县杨家坡镇坊南村	23	男	1944 年
蒋光志	沂南县杨家坡镇东太阳村	19	男	1944 年
小 毛	沂南县杨家坡镇东太阳村	24	男	1944 年

姓 名	籍 贯	年 龄	性 别	死难时间
刘树芬	沂南县青驼镇西长汪	—	男	1944 年
张 世	沂南县辛集镇永太村	10	男	1944 年
张少庆	沂南县辛集镇永太村	—	男	1944 年
张 坤	沂南县辛集镇永太村	—	男	1944 年
马得成	沂南县岸堤镇兴旺庄村	38	男	1944 年
董玉修	沂南县岸堤镇兴旺庄村	38	男	1944 年
董文平	沂南县岸堤镇兴旺庄村	38	男	1944 年
董金修	沂南县岸堤镇兴旺庄村	50	男	1944 年
张元彦	沂南县岸堤镇大峪庄村	—	男	1944 年
车玉福	沂南县界湖镇新庄子村	25	男	1945 年 4 月 5 日
邢宝吉	沂南县铜井镇山旺庄	19	男	1945 年 7 月
聂许修	沂南县界湖镇北寨村	26	男	1945 年 8 月 2 日
胡玉合	沂南县界湖镇北寨村	21	男	1945 年 8 月 2 日
袁相治	沂南县界湖镇北寨村	25	男	1945 年 8 月 2 日
刘发春	沂南县葛沟镇小康村	44	男	1945 年
代恒銮之父	沂南县依汶镇孙隆村	—	男	1945 年
张兆奎	沂南县马牧池乡朱家坡村	29	男	1945 年
刘方善	沂南县马牧池乡朱家坡村	34	男	1945 年
刘树格	沂南县马牧池乡朱家坡村	20	男	1945 年
亓兆进	沂南县马牧池乡朱家坡村	25	男	1945 年
吴松元	沂南经济开发区郭家庄村	35	女	1945 年
刘绪厚	沂南县双堠镇西梭庄	52	男	1945 年
刘曰彬	沂南县双堠镇西梭庄	49	男	1945 年
刘曰利	沂南县双堠镇西梭庄	50	男	1945 年
韩义全	沂南县双堠镇小埠村	58	男	1945 年
高延合	沂南县双堠镇小埠村	62	男	1945 年
刘恩国	沂南县大庄镇莪庄村	30	男	1945 年
张佃轻	沂南县辛集镇永太村	22	男	1945 年
田玉光	沂南县岸堤镇大峪庄村	—	男	1945 年
齐花花	沂南县马牧池乡桃花峪村	67	女	—
齐春立	沂南县马牧池乡桃花峪村	—	男	—
齐立春	沂南县马牧池乡桃花峪村	—	男	—
齐民善	沂南县马牧池乡桃花峪村	—	男	—
左振沂	沂南县杨家坡镇南杨坡村	—	男	—

姓　名	籍　贯	年　龄	性　别	死难时间
杨全金	沂南县杨家坡镇南杨坡村	67	男	—
赵新斋	沂南县杨家坡镇南杨坡村	—	男	—
陈泽玉	沂南县杨家坡镇南杨坡村	—	男	—
丁立香	沂南县杨家坡镇南杨坡村	73	女	—
张秀英	沂南县杨家坡镇南杨坡村	—	女	—
卢兆芹	沂南县杨家坡镇南杨坡村	—	男	—
宋　其	沂南县杨家坡镇南杨坡村	73	男	—
赵风周	沂南县杨家坡镇南杨坡村	—	男	—
胡成友	沂南县张庄镇宅子村	—	男	—
合　计	2250			

责任人：刘　剑　邵　勇　　　　　　核实人：刘维常　赵圣忠　　　　　　填表人：隋善红

填报单位（签章）：沂南县委党史资料征集委员会　　　　　　填报时间：2009 年 4 月 18 日

蒙阴县抗日战争时期死难者名录

姓　名	籍　贯	年龄	性　别	死难时间
王士彦	蒙阴县桃墟镇王麻村	42	男	1938 年 3 月
李文英	蒙阴县桃墟镇山南河村	25	女	1938 年 4 月
王长江	蒙阴县垛庄镇保崮门村	20	男	1938 年 6 月
王东海之妹	蒙阴县桃墟镇新官庄村	12	女	1938 年 6 月
李宗玲	蒙阴县高都镇上五庄村	20	男	1938 年 7 月
孙加文	蒙阴县桃墟镇青崖村	24	男	1938 年 8 月
姜书臣	蒙阴县蒙阴镇李家庄村	25	男	1938 年 9 月
魏长利	蒙阴县桃墟镇山南河村	37	男	1938 年 9 月
魏怀德	蒙阴县垛庄镇朱红圈村	52	男	1938 年 10 月
刘乃秀	蒙阴县垛庄镇朱红圈村	50	男	1938 年 10 月
王　氏	蒙阴县垛庄镇桑园村	18	女	1938 年 10 月
王兆来长子	蒙阴县垛庄镇桑园村	20	男	1938 年 10 月
石贞松	蒙阴县桃墟镇小王庄村	18	男	1938 年 10 月
魏胜德	蒙阴县桃墟镇小王庄村	52	男	1938 年 10 月
潘来胜之父	蒙阴县桃墟镇减家庄村	70	男	1938 年 10 月
王四燕	蒙阴县桃墟镇黑峪村	41	男	1938 年 10 月
莫纪德	蒙阴县垛庄镇垛庄居委	—	男	1938 年 1 月底
六妮子	蒙阴县垛庄镇垛庄居委	—	男	1938 年 1 月底
朱　贵	蒙阴县垛庄镇垛庄居委	—	男	1938 年 1 月底
万宗祥之父	蒙阴县垛庄镇垛庄居委	—	男	1938 年 1 月底
乔善玉	蒙阴县垛庄镇垛庄居委	—	男	1938 年 1 月底
王景元	蒙阴县垛庄镇垛庄居委	36	男	1938 年 1 月底
潘老头	蒙阴县垛庄镇垛庄居委	—	男	1938 年 1 月底
潘　荣	蒙阴县垛庄镇垛庄居委	41	男	1938 年 11 月
卜召山	蒙阴县垛庄镇垛庄居委	53	男	1938 年 11 月
徐××	蒙阴县桃墟镇步连庄村	40	男	1938 年 11 月
时家祥	蒙阴县桃墟镇大站村	30	男	1938 年 12 月
王佃祥	蒙阴县垛庄镇垛庄居委	40	男	1938 年
李长水	蒙阴县垛庄镇疃里村	19	男	1938 年
段道进	蒙阴县垛庄镇东长明村	—	男	1938 年
杨兆廷	蒙阴县垛庄镇南蓉芙村	—	男	1938 年

姓 名	籍 贯	年 龄	性 别	死难时间
左 四	蒙阴县垛庄镇南蓉芙村	—	男	1938年
李在法之二叔	蒙阴县垛庄镇沙屋后村	30	男	1938年
王大德	蒙阴县常路镇大常路村	—	男	1938年
李西良	蒙阴县常路镇大常路村	—	男	1938年
乔 文	蒙阴县常路镇大常路村	—	男	1938年
陈来存	蒙阴县常路镇大常路村	—	男	1938年
宋汉庭	蒙阴县联城乡宋家臻子崖村	21	男	1938年
王玉松	蒙阴县联城乡刘庄村	—	男	1938年
四哑巴	蒙阴县联城乡西南峪村	—	男	1938年
王信恒	蒙阴县联城乡西南峪村	—	男	1938年
王立文	蒙阴县桃墟镇小王庄村	20	男	1938年
张类氏	蒙阴县桃墟镇红山村	24	女	1938年
李兴才之叔	蒙阴县桃墟镇郭家水营村	34	男	1938年
于彦春	蒙阴县岱崮镇坡里村	33	男	1938年
孙圣荣	蒙阴县岱崮镇坡里村	31	男	1938年
孙启铭	蒙阴县岱崮镇坡里村	77	男	1938年
包彦春	蒙阴县岱崮镇坡里村	24	男	1938年
张志汉	蒙阴县岱崮镇坡里村	32	男	1938年
包 氏	蒙阴县岱崮镇坡里村	35	女	1938年
伊方保	蒙阴县岱崮镇板崮前村	19	男	1938年
宋树刚	蒙阴县岱崮镇板崮前村	19	男	1938年
伊树仁	蒙阴县岱崮镇梁家场村	18	男	1938年
刘成立	蒙阴县岱崮镇西上峪村	17	男	1938年
齐清顺	蒙阴县岱崮镇王家峪村	33	男	1938年
齐明英	蒙阴县岱崮镇王家峪村	32	女	1938年
齐清顺之长子	蒙阴县岱崮镇王家峪村	—	男	1938年
张东云	蒙阴县岱崮镇王家峪村	28	女	1938年
魏兴禹	蒙阴县岱崮镇王家峪村	54	男	1938年
李长信	蒙阴县旧寨乡书堂村	—	男	1938年
张清春	蒙阴县旧寨乡于家岭村	25	男	1938年
王兆义	蒙阴县蒙阴镇城西村	32	男	1938年
耿文英	蒙阴县蒙阴镇城西村	14	男	1938年
徐敏山	蒙阴县蒙阴镇徐家沟村	22	男	1938年
赵礼安之母	蒙阴县蒙阴镇金山居委	—	女	1938年

姓名	籍贯	年龄	性别	死难时间
王衍俭	蒙阴县蒙阴镇刘官庄村	—	男	1938 年
彭立章	蒙阴县蒙阴镇东汶村	28	男	1938 年
彭传祥	蒙阴县蒙阴镇东汶村	23	男	1938 年
王 杰	蒙阴县野店镇东门村	23	男	1938 年
陈 ×	蒙阴县野店镇东门村	27	男	1938 年
刘元增	蒙阴县野店镇演马庄村	—	男	1938 年
王青新	蒙阴县野店镇演马庄村	—	男	1938 年
李继才	蒙阴县野店镇北坪村	—	男	1938 年
赵存功	蒙阴县野店镇北坪村	—	男	1938 年
包彦材	蒙阴县野店镇板崮崖村	20	男	1938 年
包培秀	蒙阴县野店镇板崮崖村	27	男	1938 年
黄 五	蒙阴县桃墟镇东桃墟村	42	男	1939 年 2 月
公方福	蒙阴县坦埠镇西河南村	27	男	1939 年 6 月
公方忠	蒙阴县坦埠镇西坦埠村	49	男	1939 年 4 月
公茂胜	蒙阴县坦埠镇东西坦埠村	—	男	1939 年 6 月
公茂胜之二叔	蒙阴县坦埠镇东西坦埠村	—	男	1939 年 6 月
公茂胜之三叔	蒙阴县坦埠镇东西坦埠村	—	男	1939 年 6 月
公茂胜之四叔	蒙阴县坦埠镇东西坦埠村	—	男	1939 年 6 月
公侠东之母	蒙阴县坦埠镇东西坦埠村	—	女	1939 年 6 月
公侠东之子	蒙阴县坦埠镇东西坦埠村	—	男	1939 年 6 月
公胶东	蒙阴县坦埠镇东西坦埠村	—	男	1939 年 6 月
公方贤家人	蒙阴县坦埠镇东西坦埠村	—	—	1939 年 6 月
公丕明之父	蒙阴县坦埠镇东西坦埠村	—	男	1939 年 6 月
公方耐	蒙阴县坦埠镇东西坦埠村	—	男	1939 年 6 月
公维英之母	蒙阴县坦埠镇东西坦埠村	—	女	1939 年 6 月
刘乃信之祖父	蒙阴县坦埠镇东西坦埠村	—	男	1939 年 6 月
公方魁之侄女	蒙阴县坦埠镇东西坦埠村	—	女	1939 年 6 月
公方贤之子	蒙阴县坦埠镇东西坦埠村	—	男	1939 年 6 月
公方贤之父	蒙阴县坦埠镇东西坦埠村	—	男	1939 年 6 月
公方芹	蒙阴县坦埠镇东西坦埠村	—	男	1939 年 6 月
公方贤之亲戚	蒙阴县坦埠镇东西坦埠村	—	女	1939 年 6 月
刘月功	蒙阴县坦埠镇东西坦埠村	—	男	1939 年 6 月
刘月功之孙女	蒙阴县坦埠镇东西坦埠村	—	女	1939 年 6 月
刘月功之妻	蒙阴县坦埠镇东西坦埠村	—	女	1939 年 6 月

姓 名	籍 贯	年 龄	性 别	死难时间
公丕文之母	蒙阴县坦埠镇东西坦埠村	—	女	1939 年 6 月
公丕文之亲戚	蒙阴县坦埠镇东西坦埠村	—	男	1939 年 6 月
公茂苍之祖母	蒙阴县坦埠镇东西坦埠村	—	女	1939 年 6 月
公茂龙之父	蒙阴县坦埠镇东西坦埠村	—	男	1939 年 6 月
公方祥	蒙阴县坦埠镇东西坦埠村	—	男	1939 年 6 月
公方祥之妻	蒙阴县坦埠镇东西坦埠村	—	女	1939 年 6 月
公方祥之长子	蒙阴县坦埠镇东西坦埠村	—	男	1939 年 6 月
公方祥之次子	蒙阴县坦埠镇东西坦埠村	—	男	1939 年 6 月
公方祥之三子	蒙阴县坦埠镇东西坦埠村	—	男	1939 年 6 月
公春东	蒙阴县坦埠镇东西坦埠村	—	男	1939 年 6 月
公春东之子	蒙阴县坦埠镇东西坦埠村	—	男	1939 年 6 月
公大头	蒙阴县坦埠镇东西坦埠村	—	男	1939 年 6 月
公方惠·	蒙阴县坦埠镇东西坦埠村	—	男	1939 年 6 月
杜在朝	蒙阴县坦埠镇东西坦埠村	—	男	1939 年 6 月
刘月功之外甥	蒙阴县坦埠镇东西坦埠村	—	男	1939 年 6 月
公丕祥	蒙阴县坦埠镇故县村	35	男	1939 年 6 月
公丕臻·	蒙阴县坦埠镇故县村	—	男	1939 年 6 月
戚贵录	蒙阴县野店镇安平崮村	—	男	1939 年 6 月
公卫东	蒙阴县野店镇东坪村	42	男	1939 年 6 月
宋××	蒙阴县旧寨乡北楼村	19	男	1939 年 6 月
王　×	蒙阴县野店镇烟庄村	—	男	1939 年 6 月
徐志慎	蒙阴县旧寨乡上大洼村	41	男	1939 年 7 月
曹树林	蒙阴县垛庄镇石屋山村	18	男	1939 年 7 月
刘京财	蒙阴县蒙阴镇马家花园村	26	男	1939 年 9 月
徐勤来	蒙阴县高都镇上五庄村	17	男	1939 年 9 月
刘昌安	蒙阴县高都镇上五庄村	19	男	1939 年 9 月
徐再才	蒙阴县高都镇上五庄村	12	男	1939 年 10 月
华增福	蒙阴县界牌镇丁旺庄村	22	男	1939 年
郭来柱	蒙阴县旧寨乡书堂村	—	男	1939 年
唐允派	蒙阴县旧寨乡书堂村	—	男	1939 年
李丕灼	蒙阴县蒙阴镇公家万村	17	男	1939 年
李大为	蒙阴县蒙阴镇南官庄村	76	男	1939 年
宋玉山	蒙阴县蒙阴镇北竺院村	—	男	1939 年
宋保玉之女	蒙阴县蒙阴镇北竺院村	—	女	1939 年

姓 名	籍 贯	年 龄	性 别	死难时间
李现周	蒙阴县坦埠镇来石庄村	60	男	1939 年
宋汉云	蒙阴县坦埠镇下东门村	—	男	1939 年
李平章	蒙阴县坦埠镇东崖子村	13	男	1939 年
王 ×	蒙阴县野店镇烟庄村	—	男	1939 年
王玉高	蒙阴县垛庄镇下河村	42	男	1939 年
殷文顺	蒙阴县垛庄镇沙屋后村	36	男	1939 年
类结巴子	蒙阴县联城乡西南峪村	—	男	1939 年
王志兰	蒙阴县联城乡宝兴店村	—	男	1939 年
张长松	蒙阴县联城乡龙榜崖村	19	男	1939 年
边×田	蒙阴县联城乡类家城子村	19	男	1939 年
张付德	蒙阴县联城乡宋家城子村	29	男	1939 年
王庆生	蒙阴县联城乡铁头仓村	—	男	1939 年
王信行	蒙阴县联城乡西南峪村	15	男	1939 年
王信美	蒙阴县联城乡西南峪村	—	男	1939 年
李生义	蒙阴县桃墟镇布袋峪村	22	男	1939 年
王应刚	蒙阴县桃墟镇西桃墟村	39	男	1939 年
公方宾	蒙阴县桃墟镇宋家庄村	19	男	1939 年
张白氏	蒙阴县桃墟镇红山村	29	女	1939 年
蹇令堂	蒙阴县岱崮镇上旺村	—	男	1939 年
高 四	蒙阴县岱崮镇上旺村	—	男	1939 年
蹇家贞	蒙阴县岱崮镇上旺村	—	男	1939 年
孙继友	蒙阴县岱崮镇上旺村	—	男	1939 年
赵 三	蒙阴县岱崮镇上旺村	—	男	1939 年
张佃江	蒙阴县岱崮镇上旺村	—	男	1939 年
蹇家利	蒙阴县岱崮镇上旺村	—	男	1939 年
任立秋	蒙阴县岱崮镇蒋家庄村	—	男	1939 年
赵传朱之兄	蒙阴县岱崮镇五里沟村	—	男	1939 年
伊树坤	蒙阴县岱崮镇先头峪村	39	男	1939 年
伊永昌	蒙阴县岱崮镇先头峪村	24	男	1939 年
徐志田	蒙阴县岱崮镇先头峪村	23	男	1939 年
徐志和	蒙阴县岱崮镇先头峪村	24	男	1939 年
王增路	蒙阴县岱崮镇先头峪村	32	男	1939 年
王增征	蒙阴县岱崮镇先头峪村	20	男	1939 年
娄伊氏	蒙阴县岱崮镇先头峪村	19	女	1939 年

姓 名	籍 贯	年 龄	性 别	死难时间
赵传祥	蒙阴县岱崮镇先头峪村	14	男	1939 年
刘德厚之弟	蒙阴县旧寨乡旧寨村	20	男	1939 年
石立生	蒙阴县桃墟镇于里河村	39	男	1940 年 3 月
石贞弟	蒙阴县桃墟镇西桃墟村	37	男	1940 年 3 月
杨振山之妻	蒙阴县坦埠镇潘庄村	16	女	1940 年 3 月
张 氏	蒙阴县桃墟镇西桃墟村	75	女	1940 年 4 月 8 日
刘昌平	蒙阴县高都镇上五庄村	22	男	1940 年 4 月 27 日
徐勤贵	蒙阴县高都镇上五庄村	31	男	1940 年 4 月 27 日
刘昌秋	蒙阴县高都镇上五庄村	24	男	1940 年 4 月 27 日
张有才	蒙阴县垛庄镇凤凰山村	12	男	1940 年 4 月
王彦俊	蒙阴县岱崮镇核桃万村	25	男	1940 年 4 月
公茂沂	蒙阴县坦埠镇西河南村	22	男	1940 年 4 月
石 刚	蒙阴县旧寨乡旧寨村	19	男	1940 年 4 月
公田东之长子	蒙阴县坦埠镇沙沟村	22	男	1940 年 5 月
刘曰昌	蒙阴县垛庄镇豆角峪村	—	男	1940 年 5 月
徐成芹	蒙阴县高都镇上五庄村	18	男	1940 年 6 月
王信德	蒙阴县旧寨乡旧寨村	24	男	1940 年 8 月
公章东	蒙阴县坦埠镇东坦埠村	48	男	1940 年 8 月
宋汉四	蒙阴县高都镇蔡庄村	17	男	1940 年 8 月
薛庆胜	蒙阴县常路镇薛家官庄村	19	男	1940 年 8 月
杨松贤	蒙阴县垛庄镇南蓉芙村	—	男	1940 年 8 月
孙 ×	蒙阴县野店镇安平崮村	—	男	1940 年 10 月
王 ×	蒙阴县野店镇安平崮村	—	男	1940 年 10 月
王柱子	蒙阴县野店镇郭庄村	14	男	1940 年 10 月
伊 ×	蒙阴县野店镇郭庄村	25	女	1940 年 10 月
伊淑圣	蒙阴县野店镇郭庄村	61	男	1940 年 10 月
赵久才之兄	蒙阴县界牌镇马头崮村	—	男	1940 年 12 月
张开明	蒙阴县岱崮镇板崮前村	21	男	1940 年 12 月
李成林	蒙阴县垛庄镇垛庄居委	46	男	1940 年
王京原	蒙阴县垛庄镇垛庄居委	40	男	1940 年
刘月刚之女	蒙阴县垛庄镇疃里村	20	女	1940 年
段道成	蒙阴县垛庄镇东长明村	—	男	1940 年
高怀柏	蒙阴县垛庄镇南蓉芙村	—	男	1940 年
刘增蒿	蒙阴县垛庄镇垛庄居委	20	男	1940 年

姓 名	籍 贯	年 龄	性 别	死难时间
李玉顺	蒙阴县垛庄镇垛庄居委	20	男	1940 年
刘 全	蒙阴县垛庄镇垛庄居委	19	男	1940 年
韩光全	蒙阴县垛庄镇桑行子村	22	男	1940 年
张宗思	蒙阴县垛庄镇大山寺村	23	男	1940 年
刘乃敏	蒙阴县垛庄镇大山寺村	23	男	1940 年
刘增厚	蒙阴县垛庄镇大山寺村	23	男	1940 年
刘乃喻	蒙阴县垛庄镇师古庄村	—	男	1940 年
王焕明	蒙阴县界牌镇曹家圈村	22	男	1940 年
张彦梅	蒙阴县界牌镇上庄村	19	男	1940 年
王方起	蒙阴县联城乡大王庄村	—	男	1940 年
王士田	蒙阴县联城乡大王庄村	—	男	1940 年
沈二拐子	蒙阴县联城乡罗家沟村	—	男	1940 年
张维京	蒙阴县联城乡罗家沟村	—	男	1940 年
吕杨氏	蒙阴县联城乡杨家庄村	—	女	1940 年
李焕云	蒙阴县桃墟镇石家水营村	50	女	1940 年
吕佃堂之二兄	蒙阴县桃墟镇南洼村	44	男	1940 年
公方振	蒙阴县桃墟镇野老峪村	22	男	1940 年
杨学进	蒙阴县桃墟镇新村	27	男	1940 年
崔宗胜	蒙阴县桃墟镇大王庄村	41	男	1940 年
胡凤祥	蒙阴县桃墟镇大王庄村	39	男	1940 年
胡长兴	蒙阴县桃墟镇大王庄村	44	男	1940 年
张允柏	蒙阴县桃墟镇红山村	22	男	1940 年
吕佃伦之二弟	蒙阴县桃墟镇大洼村	15	男	1940 年
王兆京	蒙阴县岱崮镇板崮前村	36	男	1940 年
马成友	蒙阴县岱崮镇黑土洼村	36	男	1940 年
马成彦	蒙阴县岱崮镇黑土洼村	30	男	1940 年
宋汉义	蒙阴县岱崮镇河东村	30	男	1940 年
周茂林	蒙阴县岱崮镇五里沟村	—	男	1940 年
蒋文东	蒙阴县岱崮镇五里沟村	—	男	1940 年
蒋文莲之母	蒙阴县岱崮镇五里沟村	—	女	1940 年
李振标	蒙阴县岱崮镇坡里村	27	男	1940 年
张传忠	蒙阴县岱崮镇坡里村	21	男	1940 年
张贵安	蒙阴县岱崮镇丁家庄村	22	男	1940 年
刘京秀	蒙阴县岱崮镇东峪村	22	男	1940 年

姓 名	籍 贯	年龄	性别	死难时间
李见间	蒙阴县旧寨乡大谢庄村	—	男	1940 年
杨万富	蒙阴县旧寨乡大谢庄村	—	男	1940 年
张圣来	蒙阴县旧寨乡莲汪崖村	—	男	1940 年
宋树利	蒙阴县旧寨乡莲汪崖村	—	男	1940 年
李因实	蒙阴县旧寨乡书堂村	—	男	1940 年
咸少勇	蒙阴县旧寨乡常坪村	—	男	1940 年
王作善	蒙阴县旧寨乡北楼村	62	男	1940 年
彭立楷	蒙阴县蒙阴镇荆汶村	30	男	1940 年
王明绪	蒙阴县蒙阴镇荆汶村	22	男	1940 年
杜现成	蒙阴县蒙阴镇马家花园村	32	男	1940 年
张兆庆	蒙阴县蒙阴镇焕峪村	—	男	1940 年
马清堂	蒙阴县蒙阴镇马家花园村	58	男	1940 年
马佃风	蒙阴县蒙阴镇马家花园村	50	男	1940 年
王兆俊之母	蒙阴县蒙阴镇南官庄村	—	女	1940 年
安保旺之妻	蒙阴县蒙阴镇南官庄村	—	女	1940 年
李大年	蒙阴县蒙阴镇南官庄村	—	男	1940 年
胡茂胜	蒙阴县坦埠镇下东门村	34	男	1940 年
英学孝	蒙阴县坦埠镇诸夏村	70	男	1940 年
公茂玉	蒙阴县坦埠镇西坦埠村	29	男	1940 年
公茂功	蒙阴县坦埠镇故县村	40	男	1940 年
公丕焕	蒙阴县坦埠镇故县村	30	男	1940 年
公茂音	蒙阴县坦埠镇故县村	35	男	1940 年
公茂玲	蒙阴县坦埠镇来石万村	24	男	1940 年
张彦富	蒙阴县坦埠镇张家庄村	26	男	1940 年
闫方军之女	蒙阴县野店镇棋盘石村	—	女	1940 年
邱本生	蒙阴县野店镇野店村	—	男	1940 年
卢 ×	蒙阴县野店镇野店村	—	男	1940 年
卢兴全	蒙阴县野店镇野店村	—	女	1940 年
包贵东	蒙阴县野店镇野店村	—	男	1940 年
伊淑兰	蒙阴县野店镇焦坡村	—	男	1940 年
刘焕青之子	蒙阴县野店镇朱家坡村	—	男	1940 年
伊 ×	蒙阴县野店镇郭庄村	27	男	1940 年
姬万秋	蒙阴县野店镇北晏子村	—	男	1940 年
姬万胜	蒙阴县野店镇北晏子村	—	男	1940 年

姓 名	籍 贯	年 龄	性 别	死难时间
赵方兵	蒙阴县野店镇棋盘石村	—	男	1940 年
闫方军之妻	蒙阴县野店镇棋盘石村	—	女	1940 年
公方瑞之母	蒙阴县野店镇朱家坡村	—	女	1940 年
伊淑江之弟	蒙阴县野店镇梭庄村	—	男	1940 年
公丕增	蒙阴县野店镇上东门村	22	男	1941 年 1 月
黄起玉	蒙阴县桃墟镇西桃墟村	48	男	1941 年 3 月 16 日
段进厚	蒙阴县垛庄镇黄仁村	23	男	1941 年 3 月
段道起	蒙阴县垛庄镇黄仁村	22	男	1941 年 4 月
赵永和	蒙阴县桃墟镇小王庄村	34	男	1941 年 4 月
隋光圣	蒙阴县岱崮镇笊篱坪村	23	男	1941 年 4 月
公普东	蒙阴县岱崮镇笊篱坪村	16	男	1941 年 4 月
公绢东	蒙阴县岱崮镇笊篱坪村	15	男	1941 年 4 月
樊兴勇	蒙阴县高都镇南坪村	—	男	1941 年 5 月
王豆功	蒙阴县坦埠镇来石万村	23	男	1941 年 5 月
冯玉满	蒙阴县坦埠镇海龙万村	25	男	1941 年 5 月
林兆贵	蒙阴县高都镇河西村	58	男	1941 年 5 月
徐业勤	蒙阴县高都镇上五庄村	37	男	1941 年 5 月
李西福	蒙阴县高都镇汇泉坪村	18	男	1941 年 5 月
王金山	蒙阴县垛庄镇白虎峪村	29	男	1941 年 6 月
赵立生	蒙阴县垛庄镇白虎峪村	—	男	1941 年 6 月
杨 美	蒙阴县垛庄镇桑园村	19	男	1941 年 6 月
宋汉日	蒙阴县岱崮镇板崮前村	28	男	1941 年 8 月
段照山	蒙阴县垛庄镇黄仁村	14	男	1941 年 9 月
王学礼	蒙阴县旧寨乡旧寨村	—	男	1941 年 9 月
王慎太	蒙阴县旧寨乡旧寨村	—	男	1941 年 9 月
高民训	蒙阴县旧寨乡旧寨村	20	男	1941 年 9 月
徐贞运	蒙阴县旧寨乡北峪村	35	男	1941 年 9 月
郭永田	蒙阴县旧寨乡书堂村	23	男	1941 年 9 月
王化成	蒙阴县高都镇下汶村	15	男	1941 年 9 月
宋丙臣	蒙阴县高都镇上坦布林村	20	男	1941 年 9 月
赵方兴	蒙阴县野店镇上东门村	24	男	1941 年 10 月
李庆贵	蒙阴县高都镇汇泉坪村	16	男	1941 年 10 月
杨松梅	蒙阴县垛庄镇南蓉芙村	20	男	1941 年 11 月
房永合	蒙阴县垛庄镇横山后村	31	男	1941 年

姓　名	籍　贯	年　龄	性　别	死难时间
万明发	蒙阴县垛庄镇垛庄居委	42	男	1941 年
房　×	蒙阴县垛庄镇垛庄居委	50	男	1941 年
朱可顺	蒙阴县垛庄镇垛庄居委	29	男	1941 年
王京元	蒙阴县垛庄镇垛庄居委	36	男	1941 年
刘子全	蒙阴县垛庄镇垛庄居委	28	男	1941 年
朱可相	蒙阴县垛庄镇垛庄居委	20	男	1941 年
刘目厚	蒙阴县垛庄镇垛庄居委	30	男	1941 年
戴成玉之祖父	蒙阴县垛庄镇戴家沟子村	63	男	1941 年
戴西福	蒙阴县垛庄镇戴家沟子村	—	男	1941 年
马纪山之兄	蒙阴县垛庄镇沙屋后村	24	男	1941 年
田西顺	蒙阴县垛庄镇垛庄居委	—	男	1941 年
曹　大	蒙阴县垛庄镇横山后村	65	男	1941 年
张九清	蒙阴县垛庄镇闫家庄村	55	男	1941 年
王贵友	蒙阴县垛庄镇闫家庄村	36	男	1941 年
孙滋申	蒙阴县联城乡大庄村	37	男	1941 年
孙大啦	蒙阴县联城乡大庄村	—	男	1941 年
张淑提	蒙阴县联城乡大庄村	—	男	1941 年
张胡那	蒙阴县联城乡大庄村	—	男	1941 年
王本荣	蒙阴县联城乡大庄村	—	男	1941 年
公方荣	蒙阴县桃墟镇朱家铺村	40	男	1941 年
李生菊	蒙阴县桃墟镇松林子村	80	女	1941 年
三光棍子	蒙阴县桃墟镇余里河村	68	男	1941 年
李秀兰之祖父	蒙阴县桃墟镇九泉峪村	78	男	1941 年
庄夫恩	蒙阴县岱崮镇大崮村	36	男	1941 年
宋丙堂	蒙阴县岱崮镇大崮村	31	男	1941 年
娄加丽	蒙阴县岱崮镇大崮村	29	女	1941 年
王衍凤	蒙阴县岱崮镇大崮村	39	男	1941 年
王衍秀	蒙阴县岱崮镇大崮村	33	男	1941 年
公四宝	蒙阴县岱崮镇大崮村	29	男	1941 年
薛云东	蒙阴县岱崮镇大崮村	40	男	1941 年
王衍美	蒙阴县岱崮镇大崮村	20	女	1941 年
王衍富	蒙阴县岱崮镇大崮村	21	男	1941 年
焦吉富	蒙阴县岱崮镇大崮村	31	男	1941 年
刘法关	蒙阴县岱崮镇大崮村	50	男	1941 年

姓 名	籍 贯	年 龄	性 别	死难时间
刘法美	蒙阴县岱崮镇大崮村	20	女	1941 年
宋丙录	蒙阴县岱崮镇大崮村	50	男	1941 年
张万富	蒙阴县岱崮镇大崮村	46	男	1941 年
王东仁	蒙阴县岱崮镇大崮村	31	男	1941 年
任传仁	蒙阴县岱崮镇大崮村	40	男	1941 年
王衍芝	蒙阴县岱崮镇大崮村	50	男	1941 年
庄才恩	蒙阴县岱崮镇大崮村	24	男	1941 年
李宏启	蒙阴县岱崮镇台头村	19	男	1941 年
公方申	蒙阴县岱崮镇茶局峪村	19	男	1941 年
公方玲	蒙阴县岱崮镇茶局峪村	21	男	1941 年
公勤东	蒙阴县岱崮镇茶局峪村	24	男	1941 年
公具东	蒙阴县岱崮镇茶局峪村	52	男	1941 年
李瑞芝	蒙阴县岱崮镇茶局峪村	31	男	1941 年
王东理	蒙阴县岱崮镇茶局峪村	31	男	1941 年
公茂义	蒙阴县岱崮镇茶局峪村	20	男	1941 年
公维成	蒙阴县岱崮镇梁家场村	17	男	1941 年
伊方月	蒙阴县岱崮镇板崮前村	24	男	1941 年
杜连海	蒙阴县岱崮镇笊篱坪村	26	男	1941 年
伊永来	蒙阴县岱崮镇梁家场村	28	男	1941 年
王焕书	蒙阴县旧寨乡大谢庄村	—	男	1941 年
张成高	蒙阴县旧寨乡水泉峪村	—	男	1941 年
谢明山	蒙阴县旧寨乡水泉峪村	—	男	1941 年
侯士富	蒙阴县旧寨乡尹家洼村	—	男	1941 年
赵久玲之叔	蒙阴县旧寨乡东彭吴村	39	男	1941 年
赵圣富之父	蒙阴县旧寨乡吕家庄村	—	男	1941 年
赵久全	蒙阴县旧寨乡吕家庄子村	—	男	1941 年
宋佃槐	蒙阴县旧寨乡庙后村	62	男	1941 年
徐志标	蒙阴县旧寨乡南莫庄村	54	男	1941 年
赵传阶	蒙阴县旧寨乡东彭吴村	42	男	1941 年
赵遵富	蒙阴县旧寨乡东彭吴村	39	男	1941 年
王焕之	蒙阴县旧寨乡常坪村	—	男	1941 年
王贵兰	蒙阴县旧寨乡旧寨村	40	男	1941 年
张立全	蒙阴县旧寨乡水泉峪村	23	男	1941 年
李长江	蒙阴县旧寨乡龙王峪村	21	男	1941 年

姓 名	籍 贯	年龄	性别	死难时间
公茂成	蒙阴县旧寨乡李家宅子村	—	男	1941 年
公茂成之妻	蒙阴县旧寨乡李家宅子村	61	女	1941 年
公茂成之子	蒙阴县旧寨乡李家宅子村	39	男	1941 年
池正江之女	蒙阴县旧寨乡李家宅子村	21	女	1941 年
褚 三	蒙阴县蒙阴镇石门村	—	男	1941 年
刘佃起	蒙阴县坦埠镇诸夏村	29	男	1941 年
龚佃文之父	蒙阴县坦埠镇张林村	32	男	1941 年
王成林	蒙阴县坦埠镇张林村	35	男	1941 年
冯 ×	—	—	男	1941 年
林西孟	蒙阴县高都镇河西村	33	男	1941 年
刘乃举	蒙阴县垛庄镇青石峪村	26	男	1942 年 1 月
刘曰信	蒙阴县垛庄镇青石峪村	20	男	1942 年 1 月
徐明芹	蒙阴县高都镇上五庄村	32	男	1942 年 2 月
刘洪赤	蒙阴县垛庄镇垛庄居委	21	男	1942 年 3 月
王 汉	蒙阴县垛庄镇田家村	44	男	1942 年 3 月
王崔氏	蒙阴县桃墟镇红山头村	61	女	1942 年 3 月
王张氏	蒙阴县桃墟镇红山头村	63	女	1942 年 3 月
刘学五	蒙阴县桃墟镇红山头村	37	男	1942 年 3 月
张兆星之母	蒙阴县桃墟镇红山头村	33	女	1942 年 3 月
冯玉西	蒙阴县坦埠镇海龙万村	23	男	1942 年 3 月
杨发林	蒙阴县垛庄镇南蓉芙村	43	男	1942 年 4 月
杜连启	蒙阴县岱崮镇十字涧村	24	男	1942 年 4 月
薛茂金	蒙阴县高都镇蔡庄村	29	男	1942 年 5 月
公方焕之母	蒙阴县坦埠镇沙沟村	—	女	1942 年 7 月
公方焕之妻	蒙阴县坦埠镇沙沟村	52	女	1942 年 7 月
公方焕之子	蒙阴县坦埠镇沙沟村	21	男	1942 年 7 月
任和利	蒙阴县桃墟镇西周村	28	男	1942 年 7 月
姬秀明	蒙阴县岱崮镇贾庄村	22	男	1942 年 9 月
魏兆恒	蒙阴县垛庄镇崖头挡村	73	男	1942 年 10 月
刘长安之弟	蒙阴县界牌镇杨树底村	—	男	1942 年 12 月
刘彬厚	蒙阴县界牌镇北庄村	28	男	1942 年 12 月
李贵全	蒙阴县垛庄镇闫家庄村	57	男	1942 年
刘增厚	蒙阴县垛庄镇泉桥村	27	男	1942 年
刘洪臣	蒙阴县垛庄镇垛庄居委	25	男	1942 年

姓　名	籍　贯	年　龄	性　别	死难时间
朱德明	蒙阴县垛庄镇后里村	20	男	1942 年
刘培后	蒙阴县垛庄镇后里村	17	男	1942 年
刘相后	蒙阴县垛庄镇后里村	15	男	1942 年
闫徐四	蒙阴县垛庄镇田家庄村	15	男	1942 年
田作义	蒙阴县垛庄镇田家庄村	52	男	1942 年
徐连全	蒙阴县垛庄镇沙屋后村	32	男	1942 年
李得全之兄	蒙阴县垛庄镇手巾峪村	20	男	1942 年
戚纪成之弟	蒙阴县垛庄镇手巾峪村	18	男	1942 年
段才后	蒙阴县垛庄镇垛庄居委	22	男	1942 年
高作恒	蒙阴县垛庄镇垛庄居委	18	男	1942 年
张庆桂	蒙阴县垛庄镇垛庄居委	31	男	1942 年
杨德友	蒙阴县垛庄镇大山寺村	22	男	1942 年
王玉发	蒙阴县垛庄镇闫家庄村	38	男	1942 年
房朱氏	蒙阴县垛庄镇闫家庄村	32	女	1942 年
赵为军	蒙阴县常路镇西下庄村	20	男	1942 年
魏家礼	蒙阴县常路镇新兴居委	26	男	1942 年
刘乃全	蒙阴县界牌镇杨树底村	—	男	1942 年
邢化起	蒙阴县联城乡布洼村	38	男	1942 年
邢运贺	蒙阴县联城乡布洼村	36	男	1942 年
孙自京	蒙阴县联城乡常岭村	35	男	1942 年
尚朝爱之兄	蒙阴县桃墟镇松山村	75	男	1942 年
高　×	蒙阴县桃墟镇新官庄村	—	—	1942 年
张　×	蒙阴县桃墟镇新官庄村	—	—	1942 年
李　秀	蒙阴县岱崮镇蒋家庄村	39	男	1942 年
历玉合	蒙阴县岱崮镇东峪村	71	男	1942 年
历　田	蒙阴县岱崮镇东峪村	75	男	1942 年
历玉友	蒙阴县岱崮镇东峪村	—	男	1942 年
宋汉松	蒙阴县岱崮镇丁家庄村	16	男	1942 年
夏茂珍	蒙阴县岱崮镇丁家庄村	9	女	1942 年
夏汝海	蒙阴县岱崮镇丁家庄村	40	男	1942 年
英佃光	蒙阴县岱崮镇燕窝村	46	男	1942 年
公方花	蒙阴县岱崮镇燕窝村	45	女	1942 年
刘圣连	蒙阴县岱崮镇燕窝村	36	男	1942 年
杜丙军	蒙阴县岱崮镇杜家坡村	22	男	1942 年

姓 名	籍 贯	年 龄	性 别	死难时间
薛文祥	蒙阴县岱崮镇十字涧村	27	男	1942 年
高保勋	蒙阴县岱崮镇贾庄村	23	男	1942 年
宋丙山	蒙阴县岱崮镇五里沟村	—	男	1942 年
郭守东	蒙阴县岱崮镇五里沟村	—	男	1942 年
郭其岭	蒙阴县岱崮镇坡里村	24	男	1942 年
张立柯	蒙阴县旧寨乡书堂村	—	男	1942 年
徐敏信	蒙阴县旧寨乡书堂村	—	男	1942 年
代彦臣	蒙阴县旧寨乡旧寨村	21	男	1942 年
任 刚	蒙阴县蒙阴镇东关居委	19	男	1942 年
王发祥	蒙阴县蒙阴镇张家楼村	18	男	1942 年
刘堃然	蒙阴县蒙阴镇汶溪居委	—	男	1942 年
李大功	蒙阴县蒙阴镇万宝地村	—	男	1942 年
姜纪成	蒙阴县蒙阴镇白杨铺村	—	男	1942 年
英瑞现	蒙阴县坦埠镇英家山村	22	男	1942 年
邢加连	蒙阴县坦埠镇艾山前村	44	男	1942 年
张大成	蒙阴县坦埠镇诸夏村	30	男	1942 年
宋树金之子	蒙阴县坦埠镇来石万村	5	男	1942 年
王斗功	蒙阴县坦埠镇来石万村	—	男	1942 年
公茂成	蒙阴县坦埠镇响水庄村	27	男	1942 年
朱山廷	蒙阴县野店镇朱家坡村	25	男	1942 年
伊淑江	蒙阴县野店镇马头崖村	48	男	1942 年
谢西合	蒙阴县高都镇下坦布林村	—	男	1942 年
孙效玉	蒙阴县高都镇大孙官庄村	21	男	1942 年
苏芹友	蒙阴县高都镇蔡庄村	26	男	1942 年
宋树岗	蒙阴县岱崮镇板崮前村	21	男	1943 年 1 月
公方京	蒙阴县桃墟镇宋庄村	52	男	1943 年 3 月
王信周	蒙阴县桃墟镇宋庄村	53	男	1943 年 3 月
王光太	蒙阴县桃墟镇宋庄村	57	男	1943 年 3 月
王寿军	蒙阴县桃墟镇宋庄村	33	男	1943 年 3 月
杨得山	蒙阴县垛庄镇石屋山村	22	男	1943 年 4 月
唐圣云	蒙阴县高都镇河西村	35	男	1943 年 5 月
崔仲节	蒙阴县高都镇上温村	28	男	1943 年 7 月
任兴禄	蒙阴县桃墟镇西周村	38	男	1943 年 7 月
王明生	蒙阴县蒙阴镇小河村	17	男	1943 年 7 月

姓 名	籍 贯	年 龄	性 别	死难时间
周端明	蒙阴县野店镇毛坪村	—	男	1943 年 8 月
李大进	蒙阴县野店镇毛坪村	—	男	1943 年 8 月
王昌民	蒙阴县垛庄镇豆角峪村	—	男	1943 年 9 月
高大志	蒙阴县岱崮镇贾庄村	20	男	1943 年 9 月
高大义	蒙阴县岱崮镇贾庄村	21	男	1943 年 9 月
杨玉清	蒙阴县高都镇蔡庄村	20	男	1943 年 9 月
张荣得之祖父	蒙阴县界牌镇杨树底村	—	男	1943 年秋
王光东之大舅	蒙阴县界牌镇莫峪子村	—	男	1943 年冬
郭长江	蒙阴县旧寨乡北楼村	28	男	1943 年
徐茂田	蒙阴县垛庄镇泉桥村	20	男	1943 年
卢善堂	蒙阴县垛庄镇东长明村	18	男	1943 年
赵遵相	蒙阴县旧寨乡吕家庄村	19	男	1943 年
包丕山	蒙阴县岱崮镇板崮前村	25	男	1943 年
徐立同	蒙阴县垛庄镇垛庄居委	18	男	1943 年
刘增运	蒙阴县垛庄镇垛庄居委	25	女	1943 年
左玉祥	蒙阴县垛庄镇南蓉芙村	—	男	1943 年
王建利	蒙阴县垛庄镇下峪村	—	男	1943 年
李 权	蒙阴县垛庄镇西长明村	—	男	1943 年
刘二厚	蒙阴县垛庄镇沙屋后村	41	男	1943 年
殷 二	蒙阴县垛庄镇沙屋后村	28	男	1943 年
刘四厚	蒙阴县垛庄镇垛庄居委	18	男	1943 年
杨兆春	蒙阴县垛庄镇垛庄居委	38	男	1943 年
王焕浙	蒙阴县界牌镇曹家圈村	42	男	1943 年
王焕仁	蒙阴县界牌镇石宝峪村	20	男	1943 年
高吉来	蒙阴县界牌镇杨树底村	22	男	1943 年
刘旺举	蒙阴县界牌镇杨树底村	—	男	1943 年
王彦东	蒙阴县岱崮镇板崮前村	—	男	1943 年
宋王氏	蒙阴县岱崮镇板崮前村	23	女	1943 年
孙昌叶	蒙阴县岱崮镇东峪村	32	男	1943 年
姚宏成	蒙阴县岱崮镇台头村	36	男	1943 年
公丕义	蒙阴县岱崮镇梁家场村	13	男	1943 年
郭 五	蒙阴县岱崮镇梁家场村	20	男	1943 年
赵久海	蒙阴县岱崮镇梁家场村	—	男	1943 年
赵久海之子	蒙阴县岱崮镇梁家场村	—	男	1943 年

姓 名	籍 贯	年 龄	性 别	死难时间
赵遵贞之妻	蒙阴县岱崮镇梁家场村	—	女	1943 年
赵遵贞之女	蒙阴县岱崮镇梁家场村	—	女	1943 年
伊树三	蒙阴县岱崮镇梁家场村	—	男	1943 年
孙孝福	蒙阴县岱崮镇大朱家庄村	55	男	1943 年
公丕和之母	蒙阴县岱崮镇河东村	27	女	1943 年
伊佃汉	蒙阴县岱崮镇河东村	28	男	1943 年
杜玉乾	蒙阴县岱崮镇杜家坡村	30	男	1943 年
杜玉明	蒙阴县岱崮镇杜家坡村	25	男	1943 年
公丕元	蒙阴县岱崮镇杜家坡村	31	男	1943 年
公山东	蒙阴县岱崮镇杜家坡村	22	男	1943 年
公庆芳	蒙阴县岱崮镇十字涧村	—	女	1943 年
孙长圣之兄	蒙阴县岱崮镇五里沟村	—	男	1943 年
伊廷玉	蒙阴县岱崮镇坡里村	26	男	1943 年
李光胜	蒙阴县旧寨乡马家庄子村	20	男	1943 年
公方成	蒙阴县旧寨乡旧寨村	26	男	1943 年
李作臣	蒙阴县旧寨乡旧寨村	23	男	1943 年
郭长红	蒙阴县旧寨乡北楼村	28	男	1943 年
公继玉	蒙阴县旧寨乡上河村	24	男	1943 年
于焕章	蒙阴县蒙阴镇城西村	43	男	1943 年
薛茂仁	蒙阴县蒙阴镇山头村	23	男	1943 年
亓振法	蒙阴县蒙阴镇石桥村	—	男	1943 年
李炳均	蒙阴县蒙阴镇铁城村	25	男	1943 年
李丙申	蒙阴县蒙阴镇东汶村	57	男	1943 年
李大德	蒙阴县蒙阴镇南官庄村	—	男	1943 年
魏友廷	蒙阴县蒙阴镇万宝地村	55	男	1943 年
公维全	蒙阴县蒙阴镇东城村	—	男	1943 年
苏 ×	蒙阴县坦埠镇诸夏村	38	男	1943 年
戴继尊	蒙阴县坦埠镇戴家庄村	57	男	1943 年
单 ×	蒙阴县坦埠镇戴家庄村	53	男	1943 年
张申兰	蒙阴县坦埠镇来石万村	—	男	1943 年
公丕美	蒙阴县坦埠镇故县村	—	男	1943 年
公维凡	蒙阴县坦埠镇故县村	—	男	1943 年
公维意	蒙阴县坦埠镇黄家庄村	22	男	1943 年
公方合	蒙阴县坦埠镇黄家庄村	30	男	1943 年

姓 名	籍 贯	年 龄	性 别	死难时间
伊永德	蒙阴县野店镇烟庄村	—	男	1943 年
公方召之子	蒙阴县坦埠镇西河南村	21	男	1944 年 1 月
唐淑先	蒙阴县高都镇河西村	34	男	1944 年 2 月
程方友	蒙阴县垛庄镇高家庄村	23	男	1944 年 3 月
公方田	蒙阴县坦埠镇西河南村	52	男	1944 年 3 月
刘明一	—	23	男	1944 年 3 月
赵遵起	蒙阴县坦埠镇沙沟村	24	男	1944 年 3 月
薛庆山	蒙阴县高都镇西峪村	—	男	1944 年 3 月
苗全才	蒙阴县蒙阴镇保德居委	16	男	1944 年 3 月
公旭东	蒙阴县坦埠镇东西坦埠村	—	男	1944 年 4 月
公 浩	蒙阴县坦埠镇东西坦埠村		男	1944 年 4 月
公胶东之子	蒙阴县坦埠镇东西坦埠村		男	1944 年 4 月
公胶东之亲戚	蒙阴县坦埠镇东西坦埠村		男	1944 年 4 月
李二毛	蒙阴县坦埠镇东西坦埠村		男	1944 年 4 月
公茂云之祖母	蒙阴县坦埠镇东西坦埠村	—	女	1944 年 4 月
唐 ×	蒙阴县坦埠镇东西坦埠村	—	男	1944 年 4 月
柱 子	蒙阴县高都镇南坪村	20	男	1944 年 5 月
魏宗加	蒙阴县垛庄镇石马庄村	—	男	1944 年 6 月
王焕兴	蒙阴县界牌镇重山村	31	男	1944 年 7 月
刘乃全	蒙阴县界牌镇牛蹄湾村	26	男	1944 年 8 月
王光全之父	蒙阴县桃墟镇大庙村	55	男	1944 年 9 月
薛其清	蒙阴县高都镇河西村	27	男	1944 年 10 月
沈西太	蒙阴县界牌镇河头泉村	19	男	1944 年 10 月
徐共清	蒙阴县高都镇河西村	27	男	1944 年 10 月
宋丙财	蒙阴县高都镇上坦布林村	23	男	1944 年 11 月
董建章	蒙阴县界牌镇北河东新村官庄	24	男	1944 年
公伦东	蒙阴县坦埠镇东坦埠村	23	男	1944 年
王均全	蒙阴县岱崮镇河东村	11	男	1944 年
程云吉	蒙阴县垛庄镇程家庄村	24	男	1944 年
刘少山	蒙阴县垛庄镇手巾峪村	23	男	1944 年
王西胜	蒙阴县垛庄镇业家构村	29	男	1944 年
王永到	蒙阴县垛庄镇阎家庄村	30	男	1944 年
谢有发	蒙阴县垛庄镇垛庄居委	36	男	1944 年
韩兴本	蒙阴县垛庄镇疃里村	43	男	1944 年

姓 名	籍 贯	年 龄	性 别	死难时间
王现成	蒙阴县垛庄镇下河村	19	男	1944 年
张学资	蒙阴县垛庄镇西长明村	81	男	1944 年
仵廷营	蒙阴县垛庄镇营里村	—	男	1944 年
仵 坤	蒙阴县垛庄镇营里村	—	男	1944 年
代西伍	蒙阴县垛庄镇垛庄居委	34	男	1944 年
刘长青	蒙阴县垛庄镇垛庄居委	21	男	1944 年
段兆生	蒙阴县垛庄镇南蓉芙村	38	男	1944 年
彭玉庆	蒙阴县垛庄镇南蓉芙村	21	男	1944 年
宋汉臣	蒙阴县垛庄镇南蓉芙村	23	男	1944 年
左长贵	蒙阴县垛庄镇南蓉芙村	24	男	1944 年
乔圣洪	蒙阴县常路镇大常路村	—	男	1944 年
秦元文	蒙阴县常路镇西北楼村	17	男	1944 年
秦贞勋	蒙阴县常路镇西北楼村	20	男	1944 年
薛其廷	蒙阴县常路镇岭南头村	16	男	1944 年
李传江	蒙阴县常路镇山泉官庄村	—	男	1944 年
薛荣梁	蒙阴县常路镇山泉官庄村	—	男	1944 年
王在琢	蒙阴县界牌镇孙家峪子村	24	男	1944 年
邢运安	蒙阴县联城乡布洼村	26	男	1944 年
赵学良	蒙阴县桃墟镇马家店子村	—	男	1944 年
杜守汉	蒙阴县桃墟镇松林子村	33	男	1944 年
蹇刘氏	蒙阴县岱崮镇东峪村	—	女	1944 年
王建祥	蒙阴县岱崮镇东峪村	21	男	1944 年
王建奎	蒙阴县岱崮镇东峪村	21	男	1944 年
张四福	蒙阴县岱崮镇丁家庄村	15	男	1944 年
岳长勤	蒙阴县岱崮镇蒋家庄村	—	男	1944 年
郭德友	蒙阴县岱崮镇蒋家庄村	—	男	1944 年
刘瑞才之二叔	蒙阴县岱崮镇河东村	28	男	1944 年
刘瑞才之祖母	蒙阴县岱崮镇河东村	50	女	1944 年
刘法进	蒙阴县岱崮镇杜家坡村	17	男	1944 年
吴怀宝	蒙阴县岱崮镇板崮前村	37	男	1944 年
李 决	蒙阴县岱崮镇十字涧村	26	男	1944 年
公方良	蒙阴县岱崮镇十字涧村	23	男	1944 年
马付祥	蒙阴县旧寨乡马家良村	—	男	1944 年
马顺祥	蒙阴县旧寨乡马家良村	—	男	1944 年

姓 名	籍 贯	年 龄	性 别	死难时间
宋兆全	蒙阴县旧寨乡旧寨村	35	男	1944 年
谢明庭	蒙阴县旧寨乡水泉峪村	25	男	1944 年
刘树义	蒙阴县旧寨乡北官庄村	23	男	1944 年
李桂本	蒙阴县旧寨乡谢庄村	23	男	1944 年
禹传山	蒙阴县蒙阴镇东关居委	—	男	1944 年
彭传秋	蒙阴县蒙阴镇荆汶村	24	男	1944 年
王衍福	蒙阴县蒙阴镇曹庄村	—	男	1944 年
王东峰	蒙阴县蒙阴镇曹庄村	—	男	1944 年
公金东	蒙阴县坦埠镇西坦埠村	18	男	1944 年
安成玉	蒙阴县坦埠镇西坦埠村	19	男	1944 年
吴凤法	蒙阴县坦埠镇西坦埠村	25	男	1944 年
杜高志	蒙阴县坦埠镇东西坦埠村	—	男	1944 年
凉 风	蒙阴县坦埠镇东西坦埠村	—	男	1944 年
林 四	蒙阴县坦埠镇东西坦埠村	—	男	1944 年
杜 年	蒙阴县坦埠镇东西坦埠村	—	男	1944 年
毕仁义	蒙阴县坦埠镇东西坦埠村	—	男	1944 年
张道平之祖父	蒙阴县坦埠镇东西坦埠村		男	1944 年
苏万松	蒙阴县坦埠镇来石万村	—	男	1944 年
包衍同之父	蒙阴县坦埠镇来石庄村	—	男	1944 年
冯修凯	蒙阴县坦埠镇下东门村	—	男	1944 年
曲宝德之父	蒙阴县坦埠镇张家庄村	38	男	1944 年
徐 二	蒙阴县坦埠镇张家庄村	47	男	1944 年
李 二	蒙阴县坦埠镇潘庄村	53	男	1944 年
公茂拾	蒙阴县坦埠镇鑫中山村	41	男	1944 年
朱振荣	蒙阴县野店镇朱家坡村	34	男	1944 年
王化雨	蒙阴县高都镇上温村	—	男	1944 年
徐敏山	蒙阴县高都镇石星沟村	—	男	1944 年
邢家胜	蒙阴县坦埠镇艾山前村	21	男	1945 年 1 月
公丕来之妻	蒙阴县坦埠镇故县村	40	女	1945 年 2 月
公丕叶	蒙阴县坦埠镇故县村	40	男	1945 年 2 月
殷立福	蒙阴县高都镇唐家峪村	44	男	1945 年 3 月
曹余后	蒙阴县垛庄镇杜家岭村	24	男	1945 年 3 月
王青文	蒙阴县坦埠镇来石庄村	—	—	1945 年 3 月
房连增	蒙阴县垛庄镇业家沟村	28	男	1945 年 3 月

姓 名	籍 贯	年 龄	性 别	死难时间
刘同发	蒙阴县野店镇上东门村	22	男	1945 年 4 月
巩成进	蒙阴县旧寨乡向阳峪村	24	男	1945 年 5 月
李应春	蒙阴县岱崮镇上旺庄村	24	男	1945 年 5 月
张荣庆	蒙阴县野店镇南晏子村	25	男	1945 年 6 月
公隋东	蒙阴县野店镇核桃峪村	24	男	1945 年 7 月
赵长保	蒙阴县垛庄镇黄仁村	25	男	1945 年 7 月
崔立志	蒙阴县桃墟镇安口村	28	男	1945 年 8 月
彭连吉	蒙阴县蒙阴镇刘官庄村	22	男	1945 年 8 月
宋丙奎	蒙阴县旧寨乡李家宅子村	19	男	1945 年
王东兴	蒙阴县岱崮镇板崮前村	19	男	1945 年
张清保	蒙阴县旧寨乡莲旺崖村	26	男	1945 年
公茂春	蒙阴县坦埠镇东河南村	20	男	1945 年
公茂玉	蒙阴县坦埠镇东河南村	20	男	1945 年
齐尚文	蒙阴县联城乡王家村	34	男	1945 年
高阳发	蒙阴县岱崮镇板崮前村	31	男	1945 年
牛世才	蒙阴县岱崮东峪村	14	男	1945 年
李钦友	蒙阴县界牌镇河东新村北河东	37	男	1945 年
霍增满	蒙阴县高都镇后佛峪村	—	男	1945 年
张京德	蒙阴县岱崮镇西上峪村	—	男	1945 年
苗万福	蒙阴县野店镇演马庄村	28	男	1945 年
殷立资	蒙阴县旧寨乡北楼村	26	男	1945 年
刘树相	蒙阴县界牌镇曹家圈村	23	男	1945 年
杨贵增	蒙阴县野店镇毛坪村	—	男	1945 年
张明法	蒙阴县联城乡大城子村	20	男	1945 年
王义学	蒙阴县联城乡西南峪村	20	男	1945 年
来现增	蒙阴县垛庄镇瓦子坪村	17	男	1945 年
李纪法	蒙阴县垛庄镇程家庄村	23	男	1945 年
位宗恩	蒙阴县垛庄镇罗圈崖村	27	男	1945 年
董德仁	蒙阴县垛庄镇黄仁村	21	男	1945 年
彭元聪	蒙阴县垛庄镇彭家宅村	25	男	1945 年
赵付海	蒙阴县垛庄镇师古庄村	26	男	1945 年
戚宝升	蒙阴县垛庄镇桑园村	18	男	1945 年
张九青	蒙阴县垛庄镇阎家庄村	35	男	1945 年
任玉中	蒙阴县垛庄镇垛庄居委	44	男	1945 年

姓名	籍贯	年龄	性别	死难时间
李进存	蒙阴县垛庄镇瞳里村	38	男	1945 年
郭 群	蒙阴县垛庄镇瞳里村	22	男	1945 年
房成柱	蒙阴县垛庄镇瞳里村	22	男	1945 年
卢正兰	蒙阴县垛庄镇瞳里村	12	女	1945 年
李 四	蒙阴县垛庄镇瞳里村	30	男	1945 年
刘杰后	蒙阴县垛庄镇后里村	19	男	1945 年
朱立昌	蒙阴县垛庄镇后里村	15	男	1945 年
李玉全	蒙阴县垛庄镇后里村	20	男	1945 年
胡玉祥	蒙阴县垛庄镇后里村	30	男	1945 年
仵增祥	蒙阴县垛庄镇营里村	—	男	1945 年
张秀如	蒙阴县垛庄镇营里村	—	男	1945 年
赵宝全之父	蒙阴县垛庄镇沙屋后村	40	男	1945 年
马风祥	蒙阴县垛庄镇桑行子村	21	男	1945 年
杨兆林	蒙阴县垛庄镇南蓉芙村	25	男	1945 年
曹如厚	蒙阴县垛庄镇杜家岭村	22	男	1945 年
曹顺厚	蒙阴县垛庄镇杜家岭村	23	男	1945 年
张应厚	蒙阴县垛庄镇杜家岭村	21	男	1945 年
曹祥厚	蒙阴县垛庄镇杜家岭村	21	男	1945 年
吴继贞	蒙阴县界牌镇长郎村	18	男	1945 年
秦根川	蒙阴县桃墟镇马家店子村	22	男	1945 年
李秀文	蒙阴县桃墟镇杏山村	31	男	1945 年
石运明	蒙阴县桃墟镇陡山村	—	男	1945 年
张万坡	蒙阴县岱崮镇板崮前村	27	男	1945 年
段兴明	蒙阴县岱崮镇东峪村	21	男	1945 年
公茂围	蒙阴县岱崮镇杜家坡村	39	男	1945 年
公丕顺	蒙阴县岱崮镇马子石沟村	21	男	1945 年
公丕来	蒙阴县岱崮镇杜家坡村	16	男	1945 年
公有东	蒙阴县岱崮镇杜家坡村	19	男	1945 年
公成东	蒙阴县岱崮镇杜家坡村	30	男	1945 年
杜玉河	蒙阴县岱崮镇杜家坡村	26	男	1945 年
公丕青	蒙阴县岱崮镇杜家坡村	18	男	1945 年
公茂刚	蒙阴县岱崮镇杜家坡村	19	男	1945 年
公茂启	蒙阴县岱崮镇杜家坡村	22	男	1945 年
刘法沂	蒙阴县岱崮镇杜家坡村	19	男	1945 年

姓 名	籍 贯	年 龄	性 别	死难时间
刘法贵	蒙阴县岱崮镇杜家坡村	21	男	1945 年
公丕友	蒙阴县岱崮镇杜家坡村	18	男	1945 年
公颜东	蒙阴县岱崮镇笊篱坪村	19	男	1945 年
高大任	蒙阴县岱崮镇贾庄村	29	男	1945 年
伊永堂	蒙阴县岱崮镇先头峪村	16	男	1945 年
姚洪喜	蒙阴县岱崮镇茶局峪村	29	男	1945 年
谭纪顺	蒙阴县岱崮镇上茶局峪村	29	男	1945 年
孙居圣	蒙阴县岱崮镇坡里村	24	男	1945 年
潘振华	蒙阴县岱崮镇坡里村	27	男	1945 年
邱双财	蒙阴县岱崮镇坡里村	22	男	1945 年
王明祥	蒙阴县岱崮镇坡里村	19	男	1945 年
王明亮	蒙阴县岱崮镇坡里村	21	男	1945 年
赵传甲	蒙阴县旧寨乡杏山子村	40	男	1945 年
公玉中	蒙阴县旧寨乡上河村	50	男	1945 年
王少成	蒙阴县旧寨乡西彭吴村	—	男	1945 年
赵传增	蒙阴县旧寨乡西彭吴村	—	男	1945 年
徐志标	蒙阴县旧寨乡北莫庄村	—	男	1945 年
宋树文	蒙阴县旧寨乡北楼村	29	男	1945 年
张正良	蒙阴县旧寨乡谢庄村	24	男	1945 年
王寿学	蒙阴县蒙阴镇徐家沟村	22	男	1945 年
董纪孔	蒙阴县蒙阴镇荆汶村	21	男	1945 年
张正良	蒙阴县蒙阴镇铁城村	24	男	1945 年
公衍科	蒙阴县蒙阴镇铁城村	24	男	1945 年
李瑞胜	蒙阴县蒙阴镇万宝地村	—	男	1945 年
龚敬堂	蒙阴县坦埠镇石龙庄村	28	男	1945 年
赵圣合	蒙阴县坦埠镇苏家沟村	22	男	1945 年
公茂芝	蒙阴县坦埠镇东河南村	25	男	1945 年
张佃文	蒙阴县坦埠镇东河南村	45	男	1945 年
张友合	蒙阴县坦埠镇东坦埠村	18	男	1945 年
邢兆庆	蒙阴县坦埠镇西坦埠村	20	男	1945 年
朱公氏	蒙阴县坦埠镇故县村	—	女	1945 年
公茂传之妻	蒙阴县坦埠镇故县村	70	女	1945 年
公茂来之妹	蒙阴县坦埠镇故县村	18	女	1945 年
宋　×	蒙阴县坦埠镇戴家庄村	45	男	1945 年

姓 名	籍 贯	年 龄	性 别	死难时间
公维义	蒙阴县坦埠镇故县村	—	男	1945 年
张 三	蒙阴县坦埠镇故县村	60	男	1945 年
苗万富	蒙阴县野店镇演马庄村	28	男	1945 年
赵明珠	蒙阴县高都镇上五庄村	60	男	1945 年
赵明起	蒙阴县高都镇上五庄村	63	男	1945 年
王义友	蒙阴县高都镇邓家崖村	23	男	1945 年
曹大骡子	蒙阴县界牌镇	—	男	—
李刘氏	蒙阴县界牌镇北太平村	—	女	—
王焕存	蒙阴县界牌镇重山村	—	男	—
宋汉东	蒙阴县联城乡宋家榛子崖村	—	男	—
范成奎	蒙阴县岱崮镇上旺村	—	男	—
蹇令信	蒙阴县岱崮镇上旺村	—	男	—
赵继圣	蒙阴县岱崮镇十字涧村	—	男	—
王志相	蒙阴县旧寨乡北楼村	26	男	—
宋汉奎	蒙阴县旧寨乡北楼村	21	男	—
胡秀英	蒙阴县旧寨乡北楼村	70	女	—
胡秀英之女	蒙阴县旧寨乡北楼村	27	女	—
张德成	蒙阴县蒙阴镇北竺院村	—	男	—
张德成之妻	蒙阴县蒙阴镇北竺院村	—	女	—
张允庆	蒙阴县蒙阴镇大峪村	—	男	—
江玉同	蒙阴县野店镇黄崖村	—	男	—
孟光东	蒙阴县岱崮镇丁家庄村	30	男	1939 年
丁意金	蒙阴县野店镇翻金峪村	—	男	1939 年
英树全	蒙阴县岱崮镇蒋家庄村	32	男	1940 年
包彦柱	蒙阴县岱崮镇蒋家庄村	26	男	1940 年
丁守礼	蒙阴县野店镇翻金峪村	—	男	1940 年
马忠信	蒙阴县垛庄镇南蓉芙村	—	男	1940 年
张李氏	蒙阴县岱崮镇蒋家庄村	35	女	1941 年
侯元奎	蒙阴县旧寨乡莲汪崖村	—	男	1941 年
张西德之父	蒙阴县旧寨乡莲汪崖村	—	男	1941 年
英玉富	蒙阴县岱崮镇燕窝村	—	男	1942 年
张荣珍	蒙阴县界牌镇杨树底村	—	男	1942 年
丁玉才	蒙阴县桃墟镇新官庄村	42	男	1942 年
陈汝仁	蒙阴县联城乡小庄村	50	男	1942 年

姓 名	籍 贯	年 龄	性 别	死难时间
陈忠厚	蒙阴县联城乡小庄村	—	男	1942 年
夏雨满	蒙阴县岱崮镇丁家庄村	33	男	1943 年
徐志仁	蒙阴县旧寨乡南莫庄村	65	男	1943 年
孙玉文	蒙阴县联城乡杨家臻子崖村	—	男	1943 年
李玉山	蒙阴县联城乡堂子村	—	男	1943 年
李现庭	蒙阴县联城乡堂子村	—	男	1943 年
狗 蛋	蒙阴县联城乡禹家城子村	—	男	1943 年
陈方仁	蒙阴县联城乡小庄村	67	男	1943 年
陈海昌	蒙阴县联城乡小庄村	45	男	1943 年
张继庆	蒙阴县联城乡小庄村		男	1943 年
类淑美	蒙阴县联城乡铁头仓村		女	1943 年
类淑军	蒙阴县联城乡铁头仓村		男	1943 年
季葛氏	蒙阴县联城乡铁头仓村		女	1943 年
类 氏	蒙阴县联城乡铁头仓村		女	1943 年
赵 氏	蒙阴县联城乡铁头仓村		女	1943 年
杨臣蛋	蒙阴县联城乡铁头仓村	—	男	1943 年
公方堂	蒙阴县蒙阴镇东关居委		男	1944 年
刘 二	蒙阴县联城乡大庄村	—	男	1944 年
蹇家雨	蒙阴县坦埠镇蹇家庄村		男	1944 年
闫兴信	蒙阴县岱崮镇马子石沟村	—	男	1945 年
于凤道	蒙阴县旧寨乡大上峪村	70	男	1945 年
熊自友	蒙阴县旧寨乡西彭吴村	—	男	1945 年
杨佃存	蒙阴县旧寨乡西彭吴村	—	男	1945 年
孙玉成	蒙阴县联城乡布洼村	43	男	1945 年
戴继全	蒙阴县坦埠镇戴家庄村	45	男	1945 年
徐敏乾	蒙阴县旧寨乡北莫庄村	—	男	—
徐志荣	蒙阴县旧寨乡北莫庄村	—	男	—
徐敏焕	蒙阴县旧寨乡北莫庄村	—	男	—
王德明	蒙阴县旧寨乡北莫庄村	—	男	—
赵圣年	蒙阴县旧寨乡北楼村	—	男	—
殷立四	蒙阴县旧寨乡北楼村	—	男	—
马 军	蒙阴县旧寨乡北楼村	—	男	—
宋丙太	蒙阴县旧寨乡北楼村	—	男	—
伊淑安	蒙阴县野店镇梭庄村	—	男	—

姓　名	籍　贯	年　龄	性　别	死难时间
合　计	**813**			

责任人：赵久丰　任　波　　　核实人：任　波　赵　国　王铭铎　填表人：杨秀明

填报单位（签章）：蒙阴县委党史研究室　　　　　　　　填报时间：2009 年 4 月 15 日

禹城市抗日战争时期死难者名录

姓 名	籍 贯	年 龄	性 别	死难时间
牛尔仁	禹城市十里望回族乡十里望村	62	男	1937 年 11 月
熊有林	禹城市张庄镇后黄村	26	男	1937 年 11 月
李 丽	禹城市张庄镇沟刘村	27	女	1937 年 11 月
洪金泰	禹城市十里望回族乡高庄村	46	男	1937 年 11 月
洪三亭	禹城市十里望回族乡高庄村	—	男	1937 年 11 月
郭春山	禹城市伦镇军屯村	—	男	1938 年 2 月
李文章	禹城市伦镇军屯村	—	男	1938 年 2 月
李加合	禹城市伦镇军屯村	—	男	1938 年 2 月
宋吉柱	禹城市李屯乡鞠宋村	32	男	1937 年
刘 星	禹城市李屯乡鞠宋村	25	男	1937 年
高冈明	禹城市李屯乡鞠宋村	34	男	1937 年
赵玉坤	禹城市市中街道赵庄村	18	男	1937 年
王付庆	禹城市市中街道赵庄村	20	男	1937 年
魏桂香之曾祖父	禹城市梁家镇李关村	72	男	1939 年 10 月
魏桂香之曾祖母	禹城市梁家镇李关村	72	女	1939 年 10 月
毕德顺	禹城市梁家镇孙坊村	45	男	1937 年
毕风祥	禹城市梁家镇孙坊村	23	男	1937 年
赵登梯	禹城市梁家镇孙坊村	46	男	1937 年
赵文学	禹城市梁家镇孙坊村	24	男	1937 年
刘 ×	禹城市房寺镇大赵村	33	男	1937 年
张志胜	禹城市房寺镇大赵村	32	男	1937 年
张志水	禹城市房寺镇大赵村	33	男	1937 年
张孝木	禹城市伦镇万庄村	20	男	1937 年
宋之堂	禹城市伦镇万庄村	20	男	1937 年
宋永春	禹城市伦镇宋寨子村	—	男	1939 年
李佃安	禹城市辛店镇辛店西街	20	男	1937 年
邱登小	禹城市辛店镇辛店西街	22	男	1937 年
姜玉林	禹城市张庄镇姜庄村	16	男	1937 年
徐保三	禹城市市中街道王寺村	60	男	1937 年
徐善星	禹城市市中街道王寺村	43	男	1937 年
徐宝年	禹城市市中街道王寺村	62	男	1938 年 8 月

姓　名	籍　贯	年　龄	性　别	死难时间
徐统华	禹城市市中街道王寺村	35	男	1938 年 8 月
徐统星	禹城市市中街道王寺村	53	男	1938 年 8 月
徐延温	禹城市市中街道王寺村	44	男	1938 年 8 月
郭静三	禹城市市中街道王寺村	64	男	1938 年 8 月
位传臣	禹城市市中街道王寺村	45	男	1938 年 8 月
徐统续	禹城市市中街道王寺村	45	男	1938 年 8 月
徐同盛	禹城市市中街道王寺村	62	男	1938 年 8 月
徐同氏	禹城市市中街道王寺村	73	女	1938 年 8 月
徐家田	禹城市房寺镇茂徐村	30	男	1937 年
刘玉恩	禹城市梁家镇北陈村	31	男	1937 年
信光庭	禹城市梁家镇信庄村	30	男	1937 年
李更伍	禹城市梁家镇信庄村	26	男	1937 年
徐光春	禹城市梁家镇信庄村	27	男	1937 年
刘云峰	禹城市梁家镇国屯村	15	男	1937 年
吴士堂	禹城市梁家镇国屯村	21	男	1937 年
庞清明	禹城市十里望回族乡大庞村	51	男	1937 年
齐银国	禹城市安仁镇齐庄村	32	男	1940 年 6 月
三行子	禹城市安仁镇殷庄村	36	男	1937 年
周兴合	禹城市张庄镇周庄村	10	男	1937 年
周振栾	禹城市张庄镇周庄村	27	男	1937 年
张吉镐	禹城市房寺镇大赵村	45	男	1937 年
刘金福	禹城市市中街道北街	23	男	1937 年
王文杰	禹城市市中街道北街	21	男	1937 年
王振东	禹城市市中街道北街	20	男	1937 年
王冠三	禹城市市中街道北街	23	男	1937 年
李加俊	禹城市市中街道北街	38	男	1937 年
大　小	禹城市市中街道北街	17	男	1937 年
二　小	禹城市市中街道北街	15	男	1937 年
张加喜	禹城市市中胡庄村	—	男	1937 年
王金安	禹城市梁家镇王义罗村	35	男	1937 年
马岩岭	禹城市市中街道小张村	20	男	1937 年
刘相然	禹城市安仁镇俭刘村	45	男	1938 年 10 月
王占芳	禹城市安仁镇俭刘村	60	男	1938 年 10 月
张　祥	禹城市辛寨镇辛寨村	40	男	1938 年 10 月

姓 名	籍 贯	年 龄	性 别	死难时间
孙士香	禹城市张庄镇黎济寨村	61	男	1938 年 10 月
王清云	禹城市张庄镇黎济寨村	73	男	1938 年 10 月
赵殿会	禹城市张庄镇黎济寨村	53	男	1938 年 10 月
杨乱子	禹城市张庄镇黎济寨村	42	男	1938 年 10 月
卢平原	禹城市张庄镇黎济寨村	16	男	1938 年 10 月
杨二傻	禹城市张庄镇黎济寨村	32	男	1938 年 10 月
海荣子	禹城市张庄镇黎济寨村	28	女	1938 年 10 月
徐连坤	禹城市莒镇乡徐集村	—	男	1938 年 1 月
范秀荣	禹城市莒镇乡徐集村	—	男	1938 年 1 月
焦天明	禹城市十里望回族乡大王楼村	37	男	1938 年 1 月
王 ×	禹城市梁家镇吴东王村	43	男	1938 年 1 月
于敬文	禹城市市中街道石屯南街	45	男	1938 年 10 月
张×东	禹城市辛寨镇辛寨街道	38	男	1938 年 12 月
孙义先	禹城市安仁镇孙庄村	23	男	1938 年 3 月
苏九成	禹城市辛店镇苏庄村	45	男	1938 年 4 月
安丙凯	禹城市辛寨镇辛寨街	40	男	1938 年 7 月
赵书友	禹城市市中街道赵庄村	17	男	1938 年 7 月
赵书海	禹城市市中街道赵庄村	18	男	1938 年 7 月
于清臣	禹城市辛店镇小周村	20	男	1938 年 7 月
二把子	禹城市市中街道尚务头村	17	男	1938 年 7 月
杨 顿	禹城市市中街道东堂村	20	男	1938 年 7 月
杨玉停	禹城市市中街道东堂村	45	女	1938 年 7 月
杨 柱	禹城市市中街道东堂村	13	男	1938 年 7 月
杨 群	禹城市市中街道东堂村	11	男	1938 年 7 月
杨 胡	禹城市市中街道东堂村	50	男	1938 年 7 月
杨淘气	禹城市市中街道东堂村	16	男	1938 年 7 月
徐 喜	禹城市市中街道东堂村	12	女	1938 年 7 月
徐小生	禹城市市中街道东堂村	10	男	1938 年 7 月
徐小三	禹城市市中街道东堂村	8	男	1938 年 7 月
杨 昌	禹城市市中街道东堂村	46	男	1938 年 7 月
杨希文	禹城市市中街道东堂村	52	男	1938 年 7 月
闫立成	禹城市市中街道东堂村	59	男	1938 年 7 月
闫登庆	禹城市市中街道东堂村	34	男	1938 年 7 月
郑长法	禹城市市中街道东堂村	42	男	1938 年 7 月

姓 名	籍 贯	年 龄	性 别	死难时间
王 竞	禹城市市中街道东堂村	65	男	1938 年 7 月
李荟平	禹城市莒镇乡杨集村	41	男	1938 年 7 月
侯大柱	禹城市房寺镇大店李村	17	男	1938 年 7 月
邢仁洪	禹城市张庄镇北邢村	30	男	1938 年 7 月
王长清	禹城市梁家镇五合村	41	男	1938 年 8 月
谢连克	禹城市梁家镇吴院村	60	男	1938 年 8 月
霍风志	禹城市张庄镇北丘村	24	男	1938 年 9 月
群 子	禹城市张庄镇郝胡村	18	男	1938 年 9 月
李全德	禹城市张庄镇小油坊村	65	男	1937 年 10 月
夏楚氏	禹城市莒镇乡河南张村	29	女	1938 年 9 月
殷登起	禹城市十里望回族乡殷庄村	32	男	1938 年 9 月
金春德	禹城市十里望回族乡金庄村	20	男	1938 年 11 月
吕金木	禹城市李屯王辛村	17	男	1938 年
史云祥	禹城市伦镇史庄村	28	男	1938 年
窦其金	禹城市伦镇义和窦村	24	男	1938 年
杜来勤	禹城市辛店镇街西村	56	男	1938 年
李维善	禹城市辛店镇爪张村	—	男	1938 年
张和银	禹城市辛店镇爪张村	—	男	1938 年
梁庆付	禹城市辛店镇亚梁村	30	男	1938 年
李振国	禹城市辛店镇西苑村	27	男	1938 年
李让三	禹城市辛店镇李伯辛村	27	男	1938 年
李玉泉	禹城市辛店镇李伯辛村	40	男	1938 年
章清山	禹城市辛店镇李伯辛村	24	男	1938 年
杨文治	禹城市辛店镇李伯辛村	33	男	1938 年
袁宝庆	禹城市辛店镇东袁村	30	男	1938 年
袁宝文	禹城市辛店镇东袁村	32	男	1938 年
邢长木	禹城市张庄镇三殿庙村	63	男	1938 年
孙永常	禹城市张庄镇南孙村	12	男	1938 年
孙年喜	禹城市张庄镇南孙村	18	男	1938 年
陈保富	禹城市梁家镇夏庄	—	男	1938 年
陈士英	禹城市梁家镇夏庄	—	男	1938 年
王训良	禹城市梁家镇崔庄	26	男	—
张登忠	禹城市房寺镇学古	41	男	1938 年
陈延顺	禹城市房寺镇陈庄	34	男	1938 年

姓 名	籍 贯	年 龄	性 别	死难时间
陈延奎	禹城市房寺镇陈庄	20	男	1938 年
吴士刘	禹城市房寺镇吴楼	28	男	1938 年
吴专军	禹城市房寺镇吴楼	31	男	1938 年
王云台	禹城市梁家镇小罗村	40	男	1938 年
信长星	禹城市梁家镇信庄村	38	男	1938 年
王桂林	禹城市梁家镇大尹村	35	男	1938 年
尹吉明	禹城市梁家镇大尹村	58	男	1938 年
信书良	禹城市梁家镇信庄村	50	男	1938 年
陈兰各	禹城市梁家镇莒镇乡莒镇街	—	男	1938 年
赵德付	禹城市房寺镇河口赵村	40	男	1938 年
齐书贵	禹城市安仁镇高老吾村	22	男	1938 年 10 月
路金堂	禹城市梁家镇小罗村	23	男	1938 年
孔云林	禹城市安仁镇泾河涯村	30	男	1938 年 10 月
王乃明	禹城市张庄镇大洼王村	30	男	1938 年
刘九行	禹城市张庄镇刘寺村	31	男	1938 年
纪长跃	禹城市莒镇乡莒镇街	45	男	1938 年
王永胜	禹城市市中街道后屯村	30	男	1938 年 10 月
王永法	禹城市市中街道后屯村	48	男	1938 年 10 月
董余功	禹城市市中街道后屯村	40	男	1938 年 10 月
潘久富	禹城市辛店镇	25	男	1938 年
周登生	禹城市梁家镇小纪庄	57	男	1937 年 10 月
陈明堂	禹城市梁家镇	50	男	1938 年
邱登山	禹城市辛店镇南街	42	男	1938 年
刘玉恩	禹城市梁家镇陈庄	37	男	1938 年
李金章	禹城市辛店镇北街	48	男	1938 年
戚成才	禹城市安仁镇碾子刘村	29	男	1939 年 1 月
于老四	禹城市梁家镇豆庄	30	男	1939 年 1 月
张凤元	禹城市梁家镇豆庄	35	男	1939 年 1 月
王朝发	禹城市房寺镇邢店村	30	男	1939 年 1 月
李守业	禹城市辛寨镇大李村	36	男	1939 年 3 月
李荣丙	禹城市李屯乡李法桥村	27	男	1939 年 8 月
李常松	禹城市李屯乡李法桥村	19	男	1939 年 4 月
王大妮	禹城市李屯乡李法桥村	19	男	1939 年 4 月
李和松	禹城市李屯乡李法桥村	19	男	1939 年 4 月

姓 名	籍 贯	年 龄	性 别	死难时间
李荣夏	禹城市李屯乡李法桥村	19	男	1939 年 4 月
刘三成	禹城市辛店镇官庄村	31	男	1939 年 4 月
王奎岭	禹城市辛店镇街南村	62	男	1939 年 5 月
金成子	禹城市辛店镇唐庄村	24	男	1939 年 5 月
唐宝敬	禹城市辛店镇唐庄村	20	男	1939 年 5 月
任增宽	禹城市辛店镇寺前刘村	49	男	1939 年 5 月
吴德府	禹城市辛店镇寺前刘村	52	男	1939 年 5 月
孙嘎子	禹城市张庄镇北孙村	12	男	1939 年 5 月
柴云红	禹城市张庄镇北丘村	23	男	1939 年 6 月
李西普	禹城市市中街道寺后李村	24	男	1939 年 7 月
赵玉章	禹城市市中街道赵庄村	20	男	1939 年 6 月
刘合德	禹城市安仁镇碾子刘村	44	男	1939 年 1 月
于曼青	禹城市李屯乡李屯村	23	男	1939 年 7 月
张平寇	禹城市李屯乡李屯村	22	男	1939 年 7 月
李荣读	禹城市李屯乡李法桥村	20	男	1939 年 7 月
张金文	禹城市辛店镇前赵村	34	男	1939 年 7 月
王子昌	禹城市辛店镇前赵村	36	男	1939 年 7 月
王连路	禹城市李屯乡李法桥村	22	男	1939 年 8 月
赵克珠	禹城市辛店镇刘景吴村	21	男	1939 年 11 月
王 秃	禹城市辛店镇刘景吴村	22	男	1939 年 11 月
杨恩劳	禹城市辛店镇刘景吴村	22	男	1939 年 11 月
王立德	禹城市辛店镇刘景吴村	23	男	1940 年 10 月
金在海	禹城市十里望回族乡金庄村	29	男	1939 年 11 月
王庭汉	禹城市莒镇乡靛池村	40	男	1939 年 12 月
郑庆村	禹城市莒镇乡靛池村	28	男	1939 年 12 月
刘德山	禹城市安仁镇俭刘村	26	男	1939 年
刘德贤	禹城市安仁镇俭刘村	35	男	1939 年
李天友	禹城市安仁镇西街村	—	男	1939 年
窦玉德	禹城市伦镇义和窦村	35	男	1939 年
高全信	禹城市伦镇台楼村	—	男	1940 年 1 月
张连三	禹城市伦镇岩东村	—	男	1939 年
朱志信	禹城市伦镇小辛村	—	男	1939 年
刘保元	禹城市市中街道黄店村	35	男	1939 年 3 月
李继业	禹城市市中街道黄店村	—	男	1939 年 3 月

姓 名	籍 贯	年 龄	性 别	死难时间
王悦东	禹城市市中街道黄店村	—	男	1939 年 3 月
李加友	禹城市市中街道黄店村	—	男	1939 年 3 月
贾德来	禹城市辛店镇贾庄村	—	男	1939 年
刘文宝	禹城市辛店镇贾庄村	—	男	1939 年
王大玉	禹城市辛店镇贾庄村	—	男	1939 年
刘玉山	禹城市辛店镇刘庄村	—	男	1939 年
周长海	禹城市辛店镇大周村	20	男	1939 年
崔玉堂	禹城市辛店镇常刘村	50	男	1939 年
魏相田	禹城市市中街道焦庄村	32	男	1939 年
柴连雷	禹城市梁家镇小赵	—	男	1939 年
赵 呢	禹城市梁家镇贾庄	31	男	1939 年
旮文起	禹城市房寺镇户李	20	男	1939 年
王云亭	禹城市梁家镇镇小罗村	43	男	1939 年
曹洪义	禹城市梁家镇小丁村	32	男	1939 年
李付亭	禹城市十里望回族乡田庄村	25	男	1939 年
李保善	禹城市十里望回族乡田庄村	20	男	1939 年
张春才	禹城市辛店镇张集村	24	男	1939 年
王东什	禹城市张庄镇西赵村	18	男	1939 年秋
刘臭小	禹城市莒镇乡小庄村	—	男	1939 年春
位长住	禹城市市中街道廿里铺东街	10	男	1939 年秋
王全意	禹城市市中街道廿里铺东街	10	男	1939 年秋
王春维	禹城市李屯乡张王村	—	男	1940 年 10 月
刘恩杰	禹城市辛店镇刘景吴村	—	—	1940 年 10 月
李兆贵	禹城市莒镇乡碱李村	41	男	1940 年 10 月
李重宽	禹城市辛寨镇大李村	28	男	1940 年 3 月
家玉庆	禹城市辛寨镇小李村	60	男	1940 年 3 月
贾玉山	禹城市辛寨镇小李村	62	男	1940 年 3 月
李相英	禹城市辛寨镇小李村	21	女	1940 年 3 月
李继明	禹城市辛寨镇小李村	40	男	1940 年 3 月
张新贞	禹城市十里望回族乡毛园村	16	男	1940 年 6 月
于清连	禹城市辛店镇西于村	25	男	1940 年 7 月
张荣贤	禹城市辛店镇西于村	31	男	1940 年 7 月
于学忠	禹城市辛店镇西于村	30	男	1941 年 7 月
孙树旗	禹城市辛店镇孙庄村	30	男	1940 年 7 月

姓 名	籍 贯	年 龄	性 别	死难时间
孙 俭	禹城市辛店镇孙庄村	30	男	1940 年 7 月
大河子	禹城市辛店镇刘景吴村	23	男	1940 年 8 月
沈得广	禹城市莒镇乡靛池村	31	男	1940 年 8 月
王恩都	禹城市市中街道刘少胡村	37	男	1940 年 9 月
陶清海	禹城市安仁镇陈庄村	33	男	1940 年秋
史云献	禹城市伦镇史庄村	—	男	1938 年
史云吉	禹城市伦镇史庄村	19	男	1938 年
于元祥	禹城市伦镇于庄村	21	男	1940 年
吕日根	禹城市伦镇于庄村	20	男	1940 年
陈金胜	禹城市伦镇西街村	8	男	1940 年
宋洪龙	禹城市伦镇宋寨子村	—	男	1940 年
王玉佩	禹城市市中街道后马屯村	35	男	1940 年春
刘结实	禹城市市中街道小张村	14	男	1940 年
刘兆一	禹城市市中街道小张村	19	男	1940 年
于思清	禹城市辛店镇街东村	43	男	1940 年
王又岭	禹城市辛店镇夏庄村	47	男	1940 年 10 月
苑其周	禹城市辛店镇西苑村	18	男	1940 年
卢希周	禹城市辛店镇西苑村	20	男	1940 年
于金海	禹城市辛店镇辛店北街	22	男	1940 年
刘兰田	禹城市辛店镇辛店北街	40	男	1940 年
谢林云	禹城市辛店镇张西尧村	27	男	1940 年
安宝伍	禹城市辛店镇张西尧村	23	男	1940 年
谢小宝	禹城市辛店镇张西尧村	30	男	1940 年
赵力田	禹城市辛店镇田楼村	27	男	1940 年
李玉关	禹城市辛店镇刘亭村	27	男	1940 年秋
郭振祥	禹城市辛店镇大郭村	25	男	1940 年
郭李氏	禹城市辛店镇大郭村	22	女	1940 年
王洪章	禹城市辛店镇骆庄村	—	男	1940 年
崔玉山	禹城市辛店镇常刘村	38	男	1940 年
崔玉增	禹城市辛店镇常刘村	40	男	1940 年
李文海	禹城市市中街道白衣堂村	32	男	1945 年 4 月
张元义	禹城市市中街道果林村	32	男	1940 年
王高兰	禹城市张庄镇黎济寨村	27	男	1940 年
信星妮	禹城市梁家镇王桂亭	30	男	1940 年

姓 名	籍 贯	年 龄	性 别	死难时间
王寿千	禹城市梁家镇小罗村	60	男	1939 年
王克勤	禹城市梁家镇东店村	45	男	1940 年
杨付友	禹城市梁家镇马庙村	45	男	1940 年
李永庆	禹城市莒镇乡前刘村	23	男	1940 年
李荫泮	禹城市莒镇乡前刘村	50	男	1940 年
王德贵	禹城市十里望回族乡粉王村	43	男	1940 年
秦长银	禹城市辛店镇大秦村	30	男	1940 年夏
张希荣	禹城市辛店镇张集村	21	男	1940 年春
王明章	禹城市辛店镇王山村	38	男	1940 年 3 月
田汝四	禹城市安仁镇后楼村	40	男	1940 年
殷风河	禹城市十里望回族乡殷庄村	24	男	1944 年 9 月
高 ×	禹城市十里望回族乡前高村	19	男	1940 年
杨东成	禹城市安仁镇南芦村	23	男	1940 年 6 月
边连吉	禹城市安仁镇药王村	33	男	1940 年 6 月
齐银图	禹城市安仁镇齐庄村	35	男	1940 年 6 月
李肥子	禹城市安仁镇孙庄村	—	男	1940 年冬
孙思祥	禹城市梁家镇前孙村	34	男	1940 年秋
张祖海	禹城市市中街道东军张村	20	男	1940 年
王文章	禹城市伦镇王水村	24	男	1941 年 2 月
陈学志	禹城市市中街道小魏村	—	男	1941 年 5 月
王杨氏	禹城市市中街道小魏村	—	女	1941 年 5 月
孟祥臣	禹城市莒镇乡后庙村	8	男	1941 年 7 月
孙明泉	禹城市梁家镇小罗村	21	男	1941 年 7 月
殷小河	禹城市十里望回族乡殷庄村	24	男	1941 年 7 月
栗西志	禹城市安仁镇魏栗村	33	男	1941 年 7 月
王来友	禹城市十里望回族乡西大桥	—	男	1941 年夏
李学民	禹城市梁家镇来凤街	50	男	1941 年夏
战金才	禹城市安仁镇于孟村	22	男	1941 年 4 月
马长友	禹城市房寺镇马沙村	41	男	1941 年秋
马双庆	禹城市房寺镇马沙村	18	男	1941 年秋
王和里	禹城市伦镇乡薛官屯村	31	男	1941 年
于天法	禹城市伦镇乡于庄村	21	男	1941 年
张九山	禹城市伦镇乡于庄村	22	男	1941 年
孙玉山	禹城市伦镇河南宋村	25	女	1941 年春

姓 名	籍 贯	年 龄	性 别	死难时间
辛小民	禹城市辛店镇小崔村	40	男	1941 年
崔玉晨	禹城市辛店镇常崔村	41	男	1941 年
马有三	禹城市张庄镇纪庄村	17	男	1941 年
赵金顺	禹城市莒镇乡大郑村	30	男	1941 年
米进山	禹城市十里望回族乡后高村	27	男	1941 年
张新征	禹城市辛店镇张集村	22	男	1941 年春
高长春	禹城市辛店镇大谢村	30	男	1941 年春
范春子	禹城市辛店镇大谢村	20	男	1941 年春
张喜子	禹城市辛店镇张庄村	34	男	1941 年春
王佃青	禹城市辛店镇玉山村	19	男	1941 年 4 月
邹汉开	禹城市辛店镇前邹村	40	男	1941 年
杨孝井	禹城市梁家镇方庄村	16	男	1942 年 1 月
于俊友	禹城市辛店镇大郭村	43	男	1942 年 2 月
宋加水	禹城市伦镇牌子村	36	男	1942 年 3 月
宋浩泉	禹城市伦镇牌子村	36	男	1942 年 3 月
庞占元	禹城市安仁镇庞李村	19	男	1942 年 3 月
庞业青	禹城市安仁镇庞李村	15	男	1942 年 3 月
庞占坤	禹城市安仁镇庞李村	18	男	1942 年 3 月
庞业海	禹城市安仁镇庞李村	25	男	1942 年 3 月
庞占生	禹城市安仁镇庞李村	22	男	1942 年 3 月
庞吉臣	禹城市安仁镇庞李村	26	男	1942 年 3 月
庞业俊	禹城市安仁镇庞李村	17	男	1942 年 3 月
庞业善	禹城市安仁镇庞李村	21	男	1942 年 3 月
庞业仁	禹城市安仁镇庞李村	9	男	1942 年 3 月
张立昌	禹城市李屯乡李法桥村	18	男	1942 年 7 月
李常松	禹城市李屯乡李法桥村	18	男	1942 年 8 月
李刚松	禹城市李屯乡李法桥村	18	男	1942 年 8 月
季立春	禹城市李屯乡季庄村	—	男	1942 年 11 月
孟兆祥	禹城市张庄镇孟庄村	28	男	1942 年 12 月
姚俊明	禹城市安仁镇姚宋村	31	男	1942 年 5 月
姚春新	禹城市安仁镇姚宋村	26	男	1942 年秋
柳大更	禹城市安仁镇南街	—	男	1942 年
狗闲子	禹城市安仁镇南街	—	男	1942 年
庄殿吉	禹城市安仁镇食合杨村	30	男	1942 年秋

姓 名	籍 贯	年 龄	性 别	死难时间
张金亭	禹城市李屯乡后武村	—	男	1942 年
崔学文	禹城市李屯乡欧庄村	26	男	1942 年
朱金海	禹城市李屯乡朱庄村	18	男	1944 年
朱 地	禹城市李屯乡朱庄村	23	男	1942 年
郭延庆	禹城市伦镇镇薛官屯村	25	男	1942 年
史明远	禹城市伦镇镇史庄村	—	男	1942 年
窦抽子	禹城市伦镇镇南窦村	—	男	1942 年
朱羲之	禹城市伦镇镇朱五村	33	男	1943 年
姜玉辉	禹城市伦镇镇西街村	—	男	1942 年
宋永砖	禹城市伦镇镇宋寨子村	—	男	1942 年
李付亭	禹城市辛店镇任庄村	—	男	1942 年
杨道春	禹城市辛店镇任庄村	—	男	1942 年
大昇子	禹城市辛店镇任庄村	—	男	1942 年
小宝子	禹城市辛店镇任庄村	—	男	1942 年
崔献华	禹城市辛店镇崔楼村	52	男	1942 年
于德柱	禹城市辛店镇大郭村	21	男	1942 年
于德治	禹城市辛店镇大郭村	19	男	1942 年
段淑云	禹城市张庄镇大段村	17	女	1942 年
王清连	禹城市梁家镇王桂亭村	28	男	1942 年
王朝俊	禹城市梁家镇杨庄村	78	男	1942 年
刘士良	禹城市梁家镇小罗村	—	男	1942 年
杨恨友	禹城市十里望回族乡宋庄村	41	男	1942 年
张树德	禹城市辛店镇张集村	19	男	1942 年 1 月
张希东	禹城市辛店镇张集村	21	男	1942 年 3 月
香 子	禹城市辛店镇后邹村	17	男	1942 年
枣胡球	禹城市安仁镇马庄村	13	男	1943 年 10 月
刁春业	禹城市辛店镇刁庄村	—	男	1943 年 3 月
毕学成	禹城市辛店镇刁庄村	—	男	1943 年 3 月
毕学顺	禹城市辛店镇刁庄村	—	男	1943 年 3 月
毕圣泉	禹城市辛店镇刁庄村	—	男	1943 年 3 月
刁贵业	禹城市辛店镇刁庄村	—	男	1943 年 3 月
王善贵	禹城市梁家镇王院村	40	男	1943 年 3 月
高 山	禹城市李屯乡老高村	26	男	1943 年 4 月
杨新任	禹城市伦镇杨桥村	—	男	1943 年 5 月

姓 名	籍 贯	年 龄	性 别	死难时间
张登峰	禹城市市中街道廿里铺北街	32	男	1943 年 6 月
毕学志	禹城市辛店镇刁庄村	—	男	1943 年 7 月
李文英	禹城市梁家镇小罗村	26	男	1943 年 8 月
王兴友	禹城市伦镇河口李村	59	男	1943 年 2 月
王李氏	禹城市伦镇河口李村	60	女	1943 年 2 月
王学友	禹城市伦镇河口李村	34	男	1943 年 2 月
王兴起	禹城市伦镇河口李村	60	男	1943 年 2 月
王赵氏	禹城市伦镇河口李村	39	女	1943 年 2 月
李长法	禹城市伦镇河口李村	58	男	1943 年 2 月
孙春胜	禹城市李屯乡朱庄村	19	男	1942 年
聂志增	禹城市李屯乡孙塘村	25	男	1943 年
关延明	禹城市伦镇薛官屯村	20	男	1943 年
李存收	禹城市伦镇薛官屯村	30	男	1943 年
郭杰三	禹城市伦镇薛官屯村	24	男	1943 年
李超水	禹城市伦镇寺前李村	40	男	1943 年
李朝珏	禹城市伦镇寺前李村	25	男	1943 年
张 强	禹城市伦镇岩东村	—	男	1940 年
杨开元	禹城市伦镇东杨村	—	男	1943 年
杨慎辉	禹城市伦镇东杨村	—	男	1943 年
王玉兰	禹城市市中街道后马屯村	15	女	1943 年春
赵长善	禹城市市中街道杨全村	20	男	1937 年 11 月
大来子	禹城市市中街道杓头李村	—	男	1943 年
秦玉珍	禹城市市中街道秦老庄村	24	男	1943 年
刘风路	禹城市辛店镇刘崔村	20	男	1943 年
王树荣	禹城市辛店镇王景吴村	22	男	1943 年
李综月	禹城市辛店镇姜牌寨村	27	男	1943 年
李苍哲	禹城市辛店镇姜牌寨村	20	男	1943 年
李玉德	禹城市辛店镇姜牌寨村	18	男	1943 年
王洪升	禹城市辛店镇姜牌寨村	17	男	1943 年
王李氏	禹城市辛店镇姜牌寨村	18	女	1943 年
王清成	禹城市辛店镇姜牌寨村	20	男	1943 年
崔绪金	禹城市辛店镇崔楼村	32	男	1943 年
孙学烟	禹城市辛店镇常刘村	45	男	1943 年
王振元	禹城市张庄镇何庄村	48	男	1943 年

姓 名	籍 贯	年 龄	性 别	死难时间
段海潮	禹城市张庄镇大段村	22	男	1943 年
王宝云	禹城市梁家镇店前张	45	男	1943 年
赵希才	禹城市梁家镇木金王	35	男	1943 年
邵老二	禹城市梁家镇王桂亭	40	男	1943 年
刘兰芝	禹城市梁家镇镇双庙村	—	女	1943 年
朱凤江	禹城市房寺镇朱庄村	20	男	1943 年
李孝水	禹城市十里望回族乡田庄村	30	男	1943 年
李吉胜	禹城市十里望回族乡田庄村	32	男	1943 年
邓传斌	禹城市十里望回族乡田屯村	—	男	1943 年
韩云海	禹城市十里望回族乡南陈村	36	男	1943 年
张德仁	禹城市辛店镇张集村	22	男	1943 年
张 ×	禹城市梁家镇后屯村	33	男	1943 年
孙思发	禹城市梁家镇前孙村	30	男	1943 年
李学方	禹城市安仁镇高老吾村	20	男	1943 年
苓月虎	禹城市市中街道杨城子村	45	男	1944 年 7 月
杨子华	禹城市伦镇东杨村	—	男	1944 年 2 月
刘法孔	禹城市辛店镇李泗湖村	30	男	1943 年
李文忠	禹城市房寺镇大店李村	32	男	1944 年 4 月
李万富	禹城市房寺镇大店李村	32	男	1944 年 4 月
于殿付	禹城市市中街道于庄村	—	—	1944 年 6 月
邢玉恒	禹城市李屯乡单庄村	22	男	1944 年 7 月
杨成中	禹城市伦镇东杨村	—	男	1944 年 7 月
冯玉荣之母	禹城市梁家镇赵庄村	38	女	1944 年 7 月
冯志江	禹城市梁家镇赵庄村	30	男	1944 年 7 月
冯志海	禹城市梁家镇赵庄村	29	男	1944 年 7 月
三生子	禹城市安仁镇马庄村	15	男	1944 年 8 月
武振东	禹城市安仁镇食合杨村	—	男	1944 年 8 月
李文全	禹城市房寺镇大店李村	37	男	1944 年 8 月
韩锡聪	禹城市十里望回族乡王桥村	40	男	1944 年 9 月
李龙信	禹城市十里望回族乡王桥村	15	男	1944 年 9 月
李二秃	禹城市十里望回族乡王桥村	17	男	1944 年 9 月
大秃子	禹城市安仁镇马庄村	14	男	1944 年 12 月
杨韩氏	禹城市十里望回族乡金庄村	27	女	1944 年 12 月
赵恒海	禹城市安仁镇东赵村	35	男	1944 年秋

姓 名	籍 贯	年 龄	性 别	死难时间
赵恒生	禹城市安仁镇东赵村	23	男	1944 年秋
郭延美	禹城市安仁镇刁杨郭村	32	男	1944 年秋
李长山之妻	禹城市李屯乡后武村	—	女	1944 年
单守田	禹城市李屯乡李法桥村	17	男	1944 年 4 月
单守才	禹城市李屯乡李法桥村	19	男	1944 年 4 月
李岭松	禹城市李屯乡李法桥村	21	男	1944 年 4 月
李生松	禹城市李屯乡李法桥村	23	男	1944 年 4 月
王玉苟	禹城市李屯乡李法桥村	23	男	1944 年 4 月
王连立	禹城市李屯乡李法桥村	23	男	1944 年 4 月
李星松	禹城市李屯乡李法桥村	17	男	1944 年 4 月
李茂星	禹城市李屯乡李法桥村	17	男	1944 年 4 月
单守法	禹城市李屯乡李法桥村	17	男	1944 年 4 月
李玉德	禹城市李屯乡李法桥村	20	男	1944 年 4 月
李翠松	禹城市李屯乡李法桥村	25	男	1944 年 4 月
李怀松	禹城市李屯乡李法桥村	25	男	1944 年 4 月
吴永海	禹城市李屯乡李法桥村	18	男	1944 年 4 月
李茂海	禹城市李屯乡李法桥村	16	男	1944 年 4 月
王连地	禹城市李屯乡李法桥村	22	男	1944 年 4 月
张立贞	禹城市李屯乡李法桥村	—	男	1944 年
朱相海	禹城市李屯乡朱庄村	19	男	1945 年
孙荣广	禹城市李屯乡孙塘村	14	男	1944 年
李荣宣	禹城市李屯乡李法桥村	20	男	1944 年 4 月
李荣程	禹城市李屯乡李法桥村	20	男	1944 年 4 月
李安松	禹城市李屯乡李法桥村	23	男	1944 年 4 月
郭延顺	禹城市伦镇镇薛官屯村	21	男	1944 年
王拽株	禹城市伦镇镇薛官屯村	23	男	1944 年
张金加	禹城市伦镇镇韩庄村	28	男	1944 年
张金山	禹城市伦镇镇韩庄村	20	男	1944 年
张付东	禹城市伦镇镇韩庄村	18	男	1944 年
杨戌礼	禹城市伦镇镇韩庄村	23	男	1944 年
杨享元	禹城市伦镇镇韩庄村	22	男	1944 年
杨发亭	禹城市伦镇镇韩庄村	24	男	1944 年
韩连里	禹城市伦镇镇韩庄村	23	男	1944 年
孙长修	禹城市伦镇镇纸孙村	38	男	1944 年

姓名	籍贯	年龄	性别	死难时间
陈吉才	禹城市伦镇镇台楼村	—	男	1944 年
李振范	禹城市伦镇镇宋寨子村	—	男	1940 年秋
宋新时	禹城市伦镇镇宋寨子村	—	男	1944 年
马长胜	禹城市辛店镇姜牌寨村	51	男	1944 年
崔玉润	禹城市辛店镇崔楼村	41	男	1944 年
唐玉山	禹城市张庄镇洼里冯村		男	1944 年
张笑山	禹城市梁家镇西吕	—	男	1944 年
甚丙臣	禹城市梁家镇西吕		男	1944 年
司丰林	禹城市房寺镇夏庄	22	男	1944 年
董来成	禹城市房寺镇董庄		男	1944 年
李业庆	禹城市市中街道于庄村	15	男	1938 年 2 月
王成山	禹城市梁家镇小罗村	46	男	1944 年
段少春	禹城市张庄镇大段村	30	男	1944 年
段尔霞	禹城市张庄镇大段村	25	男	1944 年
段尔西	禹城市张庄镇大段村	27	男	1944 年
段尔达	禹城市张庄镇大段村	30	男	1944 年
李云祥	禹城市张庄镇大段村	45	男	1944 年
李振兴	禹城市张庄镇大段村	21	男	1944 年
李贵有	禹城市伦镇石虎宋村	—	男	1945 年 1 月
赵传汤	禹城市伦镇沈屯村	59	男	1945 年 5 月
冯登楼	禹城市辛店镇良合村	—	男	1945 年 8 月
冯司氏	禹城市辛店镇良合村	—	女	1945 年 8 月
李 ×	禹城市辛店镇良合村	—	男	1945 年 8 月
孙振华	禹城市辛店镇良合村	—	男	1945 年 8 月
李兆祥	禹城市辛店镇良合村	—	男	1945 年 8 月
朱 海	禹城市李屯乡朱庄村	—	男	1943 年
郭延贵	禹城市伦镇薛官屯村	23	男	1945 年
郭庆会	禹城市伦镇薛官屯村	20	男	1945 年
张德申	禹城市伦镇薛官屯村	21	男	1945 年
郭小燕	禹城市伦镇薛官屯村	19	男	1945 年
郭庆玉	禹城市伦镇薛官屯村	22	男	1945 年
李存才	禹城市伦镇薛官屯村	20	男	1945 年
郭小土	禹城市伦镇薛官屯村	21	男	1945 年
窦玉英	禹城市伦镇薛官屯村	19	女	1945 年

姓 名	籍 贯	年 龄	性 别	死难时间
魏传敬	禹城市伦镇薛官屯村	20	男	1945 年
郭小七	禹城市伦镇薛官屯村	20	男	1945 年
郭小五	禹城市伦镇薛官屯村	21	男	1945 年
孙合洋	禹城市伦镇薛官屯村	20	男	1945 年
王和义	禹城市伦镇薛官屯村	35	男	1945 年
刘清善	禹城市伦镇岱屯村	26	男	1945 年
张开路	禹城市伦镇岱屯村	27	男	1945 年
窦京之	禹城市伦镇南窦村	28	男	1943 年
杨秀珍	禹城市市中街道秦老庄村	21	女	1945 年
杨秀珍之子	禹城市市中街道秦老庄村	2	男	1945 年
王传祥	禹城市辛店镇王景吴村	30	男	1945 年
杨道忠	禹城市辛店镇姜牌寨村	45	男	1945 年
陈志付	禹城市市中街道白衣堂村	18	男	1945 年
于店明	禹城市梁家镇小尹村	32	男	1945 年
耿兰亭	禹城市房寺镇耿王村	14	男	1945 年
段廷光	禹城市张庄镇大段村	37	男	1945 年
张道友	禹城市辛店镇张集村	26	男	1945 年
王振华	禹城市李屯乡丁寺村	—	男	1939 年
曲开春	禹城市李屯乡丁寺村	29	男	1939 年
聂见明	禹城市李屯乡丁寺村	29	男	1940 年夏
王石成	禹城市李屯乡丁寺村	—	男	1940 年秋
聂见广	禹城市李屯乡丁寺村	30	男	1945 年
王 桂	禹城市李屯乡王辛村	50	男	1943 年
王殿荣	禹城市李屯乡王辛村	60	男	1943 年
王曰文	禹城市李屯乡王辛村	40	男	1943 年
王曰会之妻	禹城市李屯乡王辛村	60	女	1943 年
郭铁贞	禹城市伦镇薛官屯村	22	男	—
杨洪付	禹城市伦镇杨桥村	—	男	1943 年 5 月
杨心臣	禹城市伦镇杨桥村	—	男	1943 年 5 月
杨立格	禹城市伦镇杨桥村	—	男	1943 年 5 月
杨心德	禹城市伦镇杨桥村	—	男	1943 年 5 月
牟金栋	禹城市辛店牟庄村	18	男	1941 年
尚有才	禹城市张庄镇前王村	20	男	1945 年
王 ×	禹城市张庄镇前王村	16	男	1945 年

姓 名	籍 贯	年 龄	性 别	死难时间
王 ×	禹城市张庄镇前王村	40	女	1937 年 11 月
尚青云	禹城市张庄镇前王村	24	男	1945 年
李荣田之叔父	禹城市张庄镇小油坊村	50	男	1937 年 10 月
李文德之父	禹城市张庄镇小油坊村	55	男	1937 年 10 月
李付永之父	禹城市张庄镇小油坊村	60	男	1937 年 10 月
李付永之妻	禹城市张庄镇小油坊村	35	女	1937 年 10 月
李喜田	禹城市张庄镇小油坊村	30	男	1937 年 10 月
李喜田之妻	禹城市张庄镇小油坊村	30	女	1937 年 10 月
李喜田之子	禹城市张庄镇小油坊村	6	男	1937 年 10 月
李全珍之祖父	禹城市张庄镇小油坊村	55	男	1937 年 10 月
李全珍之祖母	禹城市张庄镇小油坊村	50	女	1937 年 10 月
李全明之祖母	禹城市张庄镇小油坊村	55	女	1937 年 10 月
李云同之母	禹城市张庄镇小油坊村	35	女	1937 年 10 月
张丙恒	禹城市梁家镇王化屯村	22	男	1938 年 5 月
冯云店	禹城市梁家镇前冯村	—	男	—
张柴金	禹城市梁家镇前冯村	—	男	—
陈丙堂	禹城市梁家镇来凤街	—	男	—
三瞎子	禹城市梁家镇来凤街	—	男	—
王成山之妻	禹城市梁家镇王义村	46	女	1944 年 7 月
王凤中	禹城市梁家镇王义村	—	男	1942 年
高洪子	禹城市莒镇乡莒镇街	—	男	—
陈学正	禹城市莒镇乡莒镇街	—	男	—
高廷梁	禹城市莒镇乡莒镇街	—	男	—
姜振苗	禹城市莒镇乡莒镇街	—	男	—
孙荣生	禹城市莒镇乡莒镇街	—	男	—
陈兰起	禹城市莒镇乡莒镇街	—	男	—
姜生子	禹城市莒镇乡莒镇街	—	男	—
李全有	禹城市梁家镇镇小苏村	—	男	—
王朝全	禹城市房寺镇邢店村	32	男	—
王冠合	禹城市房寺镇邢店村	31	男	—
赵关加	禹城市房寺镇邢店村	33	男	—
赵洪都	禹城市房寺镇崔庄村	45	男	—
赵向振	禹城市房寺镇崔庄村	50	男	—
崔玉明	禹城市房寺镇崔庄村	19	男	—

姓 名	籍 贯	年 龄	性 别	死难时间
小九拿	禹城市十里望回族乡粉王村	21	男	—
小付拿	禹城市十里望回族乡粉王村	23	男	—
程　×	禹城市十里望回族乡朱屯村	—	女	—
高希才	禹城市十里望回族乡高板村	—	男	—
高登云	禹城市市中街道刘庄村	—	男	1938 年
韩云得	禹城市房寺镇窦王村	35	男	1938 年
韩德顺	禹城市房寺镇窦王村	27	男	1938 年
韩同红	禹城市房寺镇窦王村	27	男	1938 年
刘先河	禹城市十里望回族乡张韩杨村	47	男	1937 年
李三元	禹城市安仁镇齐庄村	—	男	1937 年
张德会	禹城市梁家镇小王村	18	男	1937 年
锁　柱	禹城市安仁镇孙庄村	20	男	1938 年 3 月
宁　子	禹城市安仁镇孙庄村	22	男	1938 年 3 月
小　木	禹城市安仁镇孙庄村	24	男	1938 年 3 月
李合平	禹城市安仁镇孙庄村	21	男	1938 年 3 月
赵书学	禹城市安仁镇西赵村	22	男	1938 年 3 月
王海元	禹城市市中街道赵庄村	18	男	1938 年 7 月
杨文风	禹城市安仁镇大杨村	38	男	1938 年 9 月
长　明	禹城市安仁镇俭刘村	10	男	1938 年 12 月
小分户	禹城市安仁镇俭刘村	19	男	1938 年 12 月
小航子	禹城市安仁镇俭刘村	19	男	1938 年 12 月
刘青起	禹城市安仁镇俭刘村	19	男	1938 年 12 月
王恩坤	禹城市辛店镇王景吴村	27	男	1938 年
田才元	禹城市安仁镇后楼村	35	男	1939 年
田二秃	禹城市安仁镇后楼村	20	男	1939 年
李发山	禹城市安仁镇后楼村	45	男	1939 年
边延荣	禹城市安仁镇后楼村	35	男	1940 年
翟其康	禹城市安仁镇后楼村	40	男	1940 年
田成树	禹城市安仁镇后楼村	30	男	1940 年
翟光其	禹城市安仁镇后楼村	32	男	1940 年
王连银	禹城市安仁镇北街	24	男	1938 年夏
王清子	禹城市安仁镇北街村	20	男	1938 年夏
李怀喜	禹城市安仁镇北街村	21	男	1938 年夏
李怀信	禹城市安仁镇北街村	22	男	1938 年夏

姓 名	籍 贯	年 龄	性 别	死难时间
张中臣	禹城市安仁镇张庄村	18	男	1938 年秋
张中文	禹城市安仁镇张庄村	18	男	1938 年秋
张法度	禹城市安仁镇张庄村	17	男	1938 年秋
张怀坚	禹城市安仁镇张庄村	18	男	1938 年秋
高志禄	禹城市安仁镇高庄村	—	男	1938 年
高志芳	禹城市安仁镇高庄村	—	男	1938 年
高志亭	禹城市安仁镇高庄村	—	男	1938 年
高志迅	禹城市安仁镇高庄村	—	男	1938 年
赵书学	禹城市安仁镇西赵村	32	男	1938 年秋
赵云清	禹城市安仁镇东赵村	28	男	1938 年秋
刘长银	禹城市李屯乡前车刘村	20	男	1938 年
程远洁	禹城市梁家镇唐屯村	—	男	1938 年
程远林	禹城市梁家镇唐屯村	—	男	1938 年
程远洪	禹城市梁家镇唐屯村	—	男	1938 年
程运林	禹城市梁家镇唐屯村	—	男	1938 年
郑腊月	禹城市莒镇乡小郑村	—	男	1938 年冬
王木文	禹城市莒镇乡神庄村		男	1938 年秋
张兆司	禹城市莒镇乡神庄村	—	男	1938 年
刘击森	禹城市房寺镇南刘村	17	男	1938 年
王金利	禹城市房寺镇南刘村	17	男	1938 年
苑荣付	禹城市房寺镇苑庄村	33	男	1938 年
金增路	禹城市房寺镇窦王村	28	男	1938 年
张兴三	禹城市房寺镇石佛寺村	—	男	1938 年
石琴堂	禹城市房寺镇石佛寺村	—	男	1938 年
王召义	禹城市房寺镇石佛寺村	—	男	1938 年
刘殿祥	禹城市张庄镇刘立庙村	27	男	1938 年
王文海	禹城市张庄镇沟刘村	39	男	1938 年
郭吉财	禹城市安仁镇隋庄村	—	男	1939 年 10 月
隋小臧	禹城市安仁镇隋庄村	—	男	1939 年 10 月
隋小臭	禹城市安仁镇隋庄村	—	男	1939 年 10 月
孙春寿	禹城市辛店镇孙庄村	25	男	1939 年 5 月
唐洪凡	禹城市辛店镇唐庄村	30	男	1942 年 5 月
李文山	禹城市房寺镇大店李村	22	男	1939 年 6 月
韩振德	禹城市十里望回族乡刘普站村	26	男	1939 年 12 月

姓　名	籍　贯	年　龄	性　别	死难时间
韩希正	禹城市十里望回族乡刘普站村	30	男	1939 年 12 月
韩振朝	禹城市十里望回族乡刘普站村	29	男	1939 年 12 月
邹发义	禹城市辛店镇后邹村	20	男	1939 年
杨守成	禹城市安仁镇王子付村	26	男	1939 年春
冯贵典	禹城市安仁镇王子付村	18	男	1939 年
赵文林	禹城市安仁镇王子付村	30	男	1939 年 12 月
冯成典	禹城市安仁镇王子付村	22	男	1939 年 12 月
冯云岭	禹城市安仁镇王子付村	24	男	1944 年
杨德路	禹城市安仁镇王子付村	23	男	1939 年 12 月
冯云芝	禹城市安仁镇王子付村	24	男	1939 年 12 月
冯登路	禹城市安仁镇王子付村	29	男	1939 年 12 月
王英俊	禹城市安仁镇王子付村	31	男	1939 年 12 月
冯登明	禹城市安仁镇王子付村	19	男	1939 年 12 月
冯登荣	禹城市安仁镇王子付村	26	男	1944 年
冯老邦	禹城市安仁镇王子付村	26	男	1939 年 12 月
武庆山	禹城市安仁镇武庄村	35	男	1939 年 12 月
冯杨子	禹城市安仁镇冯旺村	19	男	1939 年秋
冯圣良之兄	禹城市安仁镇冯旺村	—	男	1939 年秋
冯石头	禹城市安仁镇冯旺村	17	男	1939 年秋
李振道	禹城市李屯乡丁寺村	—	男	1939 年 12 月
李振湖	禹城市李屯乡丁寺村	—	男	1939 年 12 月
孟　×	禹城市市中街道姚高村	19	男	1939 年
王清玉	禹城市梁家镇木金王村	20	男	1939 年
赵金荣	禹城市梁家镇木金王村	20	男	1939 年
柴连金	禹城市梁家镇小赵村	—	男	1939 年
孙长营	禹城市梁家镇西店村	—	男	1939 年
李升宝	禹城市梁家镇西店村	—	男	1939 年
李月昆	禹城市梁家镇西店村	—	男	1939 年
张寿店	禹城市梁家镇前张村	37	男	1938 年
张仁华	禹城市梁家镇前张村	38	男	1938 年
张守远	禹城市梁家镇前张村	31	男	1938 年
李金友	禹城市梁家镇小苏村	—	男	1939 年
金　和	禹城市梁家镇王桂亭村	—	男	1939 年
杨洪林	禹城市梁家镇李美村	29	男	1939 年

姓 名	籍 贯	年 龄	性 别	死难时间
郭延全	禹城市梁家镇国屯村	16	男	1940 年
国砚宝	禹城市梁家镇国屯村	15	男	1940 年
国砚泉	禹城市梁家镇国屯村	16	男	1940 年
国砚泽	禹城市梁家镇国屯村	17	男	1940 年
李振山	禹城市梁家镇马庙村	35	男	1939 年
毛玉庆	禹城市梁家镇马庙村	36	男	1939 年
褚成德	禹城市梁家镇马庙村	29	男	1939 年
王德贵	禹城市房寺镇王屠村	22	男	1939 年
陈方金	禹城市房寺镇木王村	52	男	1939 年
张学宽	禹城市房寺镇学古村	40	男	1939 年
张海忠	禹城市房寺镇学古村	37	男	1939 年
蒋吉星	禹城市房寺镇东蒋村	20	男	1939 年
蒋九红	禹城市房寺镇东蒋村	24	男	1939 年
马德根	禹城市房寺镇苑庄村	36	男	1939 年
马德顺	禹城市房寺镇苑庄村	34	男	1939 年
吴士纯	禹城市房寺镇吴楼村	38	男	1939 年
孙丙义	禹城市梁家镇五合村	32	男	1940 年 5 月
解正青	禹城市伦镇解水村	—	男	1940 年
吴文章	禹城市梁家镇吴东王村	—	男	1940 年
王四那	禹城市梁家镇小韩村	—	男	1940 年
王三那	禹城市梁家镇小韩村	—	男	1940 年
张中元	禹城市梁家镇小韩村	—	男	1940 年
张中正	禹城市梁家镇小韩村	—	男	1940 年
赵庆木	禹城市市中街道后琢子村	27	男	1940 年
邱长义	禹城市市中街道西李泉村	28	男	1940 年春
李思军	禹城市市中街道西李泉村	28	男	1940 年春
金 ×	禹城市辛店镇陈庄村	32	男	1940 年秋
崔献立	禹城市辛店镇崔楼村	20	男	1940 年
田立官	禹城市安仁镇后楼村	48	男	1940 年秋
田成岷	禹城市安仁镇后楼村	17	男	1940 年春
吕孬子	禹城市安仁镇东西路村	20	男	1940 年春
刘振忠	禹城市安仁镇碾子刘村	17	男	1940 年
刘洪儒	禹城市安仁镇碾子刘村	51	男	1940 年
刘洪讯	禹城市安仁镇碾子刘村	49	男	1940 年

姓　名	籍　贯	年龄	性别	死难时间
戚友汤	禹城市安仁镇碾子刘村	28	男	1940 年
刘洪风	禹城市安仁镇碾子刘村	18	男	1940 年
刘洪章	禹城市安仁镇碾子刘村	45	男	1940 年
刘宪德	禹城市安仁镇碾子刘村	46	男	1940 年
戚发才	禹城市安仁镇碾子刘村	21	男	1940 年
戚友明	禹城市安仁镇碾子刘村	26	男	1940 年
刘洪业	禹城市安仁镇碾子刘村	20	男	1940 年
刘洪吉	禹城市安仁镇碾子刘村	21	男	1940 年
刘洪才	禹城市安仁镇碾子刘村	38	男	1939 年
刘付会	禹城市安仁镇碾子刘村	16	男	1940 年
王效孔	禹城市安仁镇碾子刘村	16	男	1940 年
刘洪富	禹城市安仁镇碾子刘村	15	男	1940 年
刘洪运	禹城市安仁镇碾子刘村	17	男	1940 年
刘洪英	禹城市安仁镇碾子刘村	15	男	1940 年
郝吉胜	禹城市梁家镇大王村	20	男	1943 年
杨利元	禹城市梁家镇田辛村	—	男	1940 年
长　江	禹城市梁家镇国屯村	16	男	1940 年
小王子	禹城市梁家镇国屯村	17	男	1940 年
秋　根	禹城市梁家镇国屯村	16	男	1940 年
张宪良	禹城市梁家镇大尹村	22	男	1940 年
李　勤	禹城市十里望回族乡小邵村	39	男	1942 年 3 月
李长代	禹城市十里望回族乡小邵村	39	男	1941 年 9 月
殷五正	禹城市十里望回族乡吴庄村	34	男	1941 年 7 月
蔡明子	禹城市十里望回族乡盐池崔村	29	男	1937 年 12 月
李长棍	禹城市十里望回族乡小邵村	40	男	1941 年 9 月
李怀珍	禹城市十里望回族乡小邵村	39	男	1941 年 9 月
路廷俊	禹城市安仁镇东西路村	23	男	1941 年
柴清河	禹城市安仁镇大付村	21	男	1941 年 2 月
杨库三	禹城市安仁镇大杨村	—	男	1941 年
李长春	禹城市梁家镇毛子张村	21	男	1941 年
李振安	禹城市梁家镇毛子张村	32	男	1941 年
李荣德	禹城市梁家镇徐庄村	35	男	1941 年
孙先合	禹城市梁家镇徐庄村	—	男	1941 年
雷永昌	禹城市梁家镇徐庄村	—	男	1941 年

姓 名	籍 贯	年 龄	性 别	死难时间
霍香文	禹城市梁家镇徐庄村	—	男	1941 年
李寿德	禹城市梁家镇徐庄村	—	男	1941 年
雷水田	禹城市梁家镇徐庄村	—	男	1941 年
邢吉汉	禹城市张庄镇南邢村	20	男	1941 年
胡万海	禹城市张庄镇胡庄村	20	男	1941 年
邵宝山	禹城市十里望回族乡小邵村	33	男	1942 年 1 月
柳金争	禹城市市中街道罗张村	52	男	1942 年 3 月
柳义和	禹城市市中街道罗张村	20	男	1942 年 3 月
杨兆林	禹城市市中街道罗张村	30	男	1942 年 3 月
唐洪田	禹城市辛店镇唐庄村	42	男	1942 年 5 月
王玉青	禹城市市中街道三义庙村	27	男	1942 年秋
王长青	禹城市市中街道三义庙村	—	男	1942 年秋
刘文华	禹城市市中街道三义庙村	—	男	1942 年秋
王玉增	禹城市市中街道三义庙村	—	男	1942 年秋
王德修	禹城市市中街道三义庙村	—	男	1942 年秋
邢吉礼	禹城市市中街道邢庄村	28	男	1942 年春
邢吉仁	禹城市市中街道邢庄村	45	男	1942 年春
徐洪珍	禹城市市中街道东曹坡村	48	男	1942 年秋
李法兴	禹城市市中街道夏李村	32	男	1942 年
孙石山	禹城市辛店镇辛河辛村	27	男	1942 年
张汝彬	禹城市安仁镇颜坊村	21	男	1942 年春
张汝明	禹城市安仁镇颜坊村	22	男	1942 年春
柴清连	禹城市安仁镇大付村	23	男	1942 年
柴付臣	禹城市安仁镇大付村	21	男	1942 年
武曰荣	禹城市梁家镇武庄村	26	男	1942 年
高长玉	禹城市梁家镇武庄村	30	男	1942 年
李中华	禹城市梁家镇来凤村	26	男	1942 年
李长祥	禹城市梁家镇来凤村	25	男	1942 年
王吉祥	禹城市房寺镇楼子王村	25	男	1942 年
单传海	禹城市莒镇乡邓庄村	41	男	1943 年 2 月
李长付	禹城市市中街道前马屯村	21	男	1943 年 3 月
刁会业	禹城市辛店镇刁庄村	—	男	1943 年 3 月
李长付	禹城市市中街道前马屯村	21	男	1943 年 3 月
孙奉岭	禹城市梁家镇孙院村	55	男	1943 年 4 月

姓 名	籍 贯	年 龄	性 别	死难时间
李金河	禹城市梁家镇小杜村	—	男	1943 年 6 月
李德才	禹城市梁家镇小杜村	—	男	1943 年 6 月
杜希连	禹城市梁家镇小杜村	—	男	1943 年 6 月
张忠元	禹城市梁家镇梁庄村	—	男	—
梁志水	禹城市梁家镇梁庄村	—	男	—
李边祥	禹城市梁家镇后冯村	—	男	1937 年
张希文	禹城市市中办小韩村	—	男	1943 年夏
张友海	禹城市辛店镇田楼村	26	男	1943 年
董海石	禹城市辛店镇东董村	20	男	1943 年
周先志	禹城市安仁镇周庄村	28	男	1943 年春
周绍合	禹城市安仁镇周庄村	12	男	1943 年春
周先迈	禹城市安仁镇周庄村	—	男	1943 年春
周先忠	禹城市安仁镇周庄村	—	男	1943 年春
周先吾	禹城市安仁镇周庄村	—	男	1943 年春
周绍喜	禹城市安仁镇周庄村	—	男	1943 年春
周绍梦	禹城市安仁镇周庄村	—	男	1943 年春
周绍兰	禹城市安仁镇周庄村	—	男	1943 年春
孟昭贵	禹城市安仁镇孟庄村	—	男	1942 年秋
和 吉	禹城市安仁镇孟庄村	—	男	1942 年秋
杨占英	禹城市李屯乡朱庄村	21	男	1943 年
刘金贵	禹城市梁家镇齐刘村	—	男	1943 年
刘金春	禹城市梁家镇齐刘村	—	男	1943 年
孙树哪	禹城市梁家镇长里孙村	20	男	1943 年
孙秀顺	禹城市梁家镇明湖寨村	—	男	1943 年
王兰普	禹城市梁家镇明湖寨村	—	男	1943 年
王玉明	禹城市梁家镇明湖寨村	—	男	1943 年
孙德发	禹城市梁家镇孙院村	—	男	1943 年
孙德昌	禹城市梁家镇孙院村	—	男	1943 年
王加庆	禹城市梁家镇大王村	22	男	1943 年
孙思庆	禹城市梁家镇前孙村	—	男	1943 年
杨友明	禹城市梁家镇方庄村	—	男	1943 年
张学伍	禹城市梁家镇方庄村	—	男	1943 年
王振员	禹城市梁家镇来凤村	—	男	1943 年
张容年	禹城市梁家镇来凤村	—	男	1943 年

姓 名	籍 贯	年 龄	性 别	死难时间
李学文	禹城市梁家镇前屯村	30	男	1943 年
刘玉灰	禹城市梁家镇后屯村	—	男	1943 年
焦发祥	禹城市梁家镇后屯村	—	男	1943 年
李洪富	禹城市梁家镇东吕村	13	男	1943 年
朱宝全	禹城市梁家镇东吕村	15	男	1943 年
张吉明	禹城市梁家镇英王村	—	男	1943 年
张吉和	禹城市梁家镇英王村	—	男	1943 年
李清庆	禹城市莒镇乡前刘村	19	男	1943 年
高希山	禹城市十里望回族乡前邢村	18	男	1943 年
邢庆义	禹城市十里望回族乡前邢村	19	男	1943 年
白廷河	禹城市房寺镇善集村	42	男	1944 年 1 月
訾文山	禹城市房寺镇小于村	30	男	1944 年 1 月
王国美	禹城市十里望回族乡店子村	32	男	1944 年 2 月
张忠和	禹城市十里望回族乡张庄村	42	男	1944 年 2 月
刘汉东	禹城市辛店镇李泗湖村	21	男	1944 年 5 月
谢树田	禹城市辛店镇张拐村	42	男	1944 年 7 月
魏相统	禹城市市中街道薛庄村	19	男	1944 年 8 月
孙小傻	禹城市十里望回族乡殷庄村	18	男	1944 年 9 月
安保翠	禹城市辛店镇张西尧村	16	男	1944 年
安方得	禹城市辛店镇张西尧村	18	男	1944 年
安方中	禹城市辛店镇张西尧村	18	男	1944 年
安方金	禹城市辛店镇张西尧村	27	男	1944 年
安保祥	禹城市辛店镇张西尧村	24	男	1944 年
王文治	禹城市梁家镇张邦村	—	男	1944 年
冯占礼	禹城市梁家镇张邦村	—	男	1944 年
张京明	禹城市梁家镇店前张村	24	男	1944 年
邓光成	禹城市梁家镇西小张村	30	男	1944 年
张道个	禹城市梁家镇西小张村	28	男	1944 年
张希坚	禹城市梁家镇西小张村	32	男	1944 年
贺兆义	禹城市梁家镇前屯村	30	男	1944 年
王玉都	禹城市梁家镇王白村	23	男	1944 年
杨兵银	禹城市房寺镇魏庄村	21	男	1944 年
赵连明	禹城市莒镇乡大郑村	18	男	1944 年
郑永江	禹城市莒镇乡大郑村	40	男	1944 年

姓 名	籍 贯	年 龄	性 别	死难时间
李玉芳	禹城市房寺镇新李村	36	男	1944 年
李希友	禹城市房寺镇新李村	18	男	1944 年
李希祥	禹城市房寺镇新李村	21	男	1944 年
富 常	禹城市房寺镇新李村	33	男	1944 年
张 海	禹城市房寺镇新李村	18	男	1944 年
李希才	禹城市房寺镇新李村	17	男	1944 年
冯义顺	禹城市房寺镇东蒋村	30	男	1944 年
王长洪	禹城市房寺镇红星村	—	男	1944 年
王国山	禹城市十里望回族乡店子村	—	男	—
张松林	禹城市十里望回族乡张庄村	43	男	1944 年 11 月
刘洪义	禹城市十里望回族乡石佛院村	—	男	1944 年春
刘洪义之长子	禹城市十里望回族乡石佛院村	—	男	1944 年春
刘洪义之次子	禹城市十里望回族乡石佛院村	—	男	1944 年春
高清河	禹城市房寺镇高庄村	16	男	1945 年 1 月
许振纪	禹城市市中街道张陈村	14	男	1945 年 8 月
陈官学	禹城市市中街道张陈村	16	男	1945 年 8 月
许振三	禹城市市中街道张陈村	15	男	1945 年 8 月
李存信	禹城市伦镇秦庄村	22	男	1945 年 5 月
李映春	禹城市张庄镇洼里冯村	—	男	1945 年
赵学水	禹城市辛店镇后赵村	33	男	1945 年 11 月
李清山	禹城市辛店镇李伯辛村	22	男	1938 年
王子春	禹城市安仁镇齐庄村	—	男	—
齐可化	禹城市安仁镇齐庄村	—	男	—
齐可水	禹城市安仁镇齐庄村	—	男	—
王子霞	禹城市安仁镇齐庄村	—	男	—
齐全图	禹城市安仁镇齐庄村	—	男	—
庞业春	禹城市安仁镇齐庄村	—	男	—
王子善	禹城市安仁镇齐庄村	—	男	—
齐爱图	禹城市安仁镇齐庄村	—	男	—
齐西图	禹城市安仁镇齐庄村	—	男	—
李全山	禹城市安仁镇齐庄村	—	男	—
齐可明	禹城市安仁镇齐庄村	—	男	—
王希胜	禹城市安仁镇齐庄村	—	男	—
齐荣图	禹城市安仁镇齐庄村	—	男	—

姓 名	籍 贯	年 龄	性 别	死难时间
李 合	禹城市李屯乡苗林村	16	男	—
李 ×	禹城市李屯乡苗林村	17	男	—
焦学仁	禹城市梁家镇尼庄村	—	男	—
梁书才	禹城市梁家镇尼庄村	—	男	—
孙建才	禹城市梁家镇尼庄村	—	男	—
焦丙纤	禹城市梁家镇尼庄村	—	男	—
杨树明	禹城市梁家镇尼庄村	—	男	—
李惠呢	禹城市梁家镇尼庄村	—	男	—
陈景文	禹城市梁家镇来凤村	40	男	—
信殿军	禹城市梁家镇来凤村	—	男	—
李茂亭	禹城市梁家镇五合村	—	男	—
李希臣	禹城市梁家镇五合村	—	男	—
王洪林	禹城市梁家镇五合村	—	男	—
孙丙义	禹城市梁家镇五合村	32	男	—
王洪吉	禹城市梁家镇五合村	—	男	—
王二春	禹城市房寺镇邢店村	15	男	—
李长友之子	禹城市房寺镇邢店村	17	男	—
王冠顺	禹城市房寺镇邢店村	30	男	—
殷福冉	禹城市十里望回族乡郝庄村	14	男	1943 年 5 月
殷桂然	禹城市十里望回族乡郝庄村	14	男	1943 年 5 月
程义让	禹城市十里望回族乡朱屯村	—	男	1945 年
秦吉顺之兄	禹城市十里望回族乡田屯村	—	男	1943 年
郝志同	禹城市十里望回族乡郝庄村	17	男	1942 年
尚有成	禹城市张庄镇贾庄村	21	男	1945 年
尚有功	禹城市张庄镇贾庄村	23	男	1945 年
合 计	906			

责任人：徐光辉　王　刚　　　　　核实人：马　建　　　　　填表人：马　建
填报单位（签章）：禹城市委党史研究室　　　　　填报时间：2009 年 5 月 10 日

宁津县抗日战争时期死难者名录

姓 名	籍 贯	年 龄	性 别	死难时间
王思乐	宁津县时集镇后仓村	45	男	1937 年
周桂云	宁津县杜集镇张学武村	33	女	1937 年
李兰树	宁津县长官镇李庄村	32	男	1937 年
王连第	宁津县时集镇王庭村	27	男	1937 年
李寿明	宁津县长官镇李庄村	38	男	1937 年
李山元	宁津县长官镇李庄村	37	男	1937 年
刘向云	宁津县城区办西关里村	38	男	1937 年
谷文峰	宁津县大曹镇霍庄村	43	男	1937 年
谷文忠	宁津县大曹镇霍庄村	30	男	1937 年
李德玉	宁津县长官镇李庄村	34	男	1938 年 2 月
高元山	宁津县长官镇田庄村	35	男	1938 年 2 月
王 金	宁津县长官镇田庄村	21	男	1938 年 2 月
张连顺	宁津县长官镇田庄村	37	男	1938 年 2 月
刘玉传	宁津县相衙镇刘道村	23	男	1938 年 6 月
荆宝田	宁津县长官镇郭相村	18	男	1938 年 7 月
李青涛	宁津县长官镇李庄村	32	男	1938 年 9 月
李树林	宁津县大曹镇西李村	—	男	1938 年 11 月 13 日
李福德	宁津县大曹镇西李村	—	男	1938 年 11 月 13 日
李彦岭	宁津县大曹镇西李村	—	男	1938 年 11 月 13 日
王景山	宁津县大曹镇王布谏村	27	男	1938 年 11 月 13 日
高振全	宁津县大曹镇王布谏村	24	男	1938 年 11 月 13 日
高成赞	宁津县大曹镇王布谏村	43	男	1938 年 11 月 13 日
王书文	宁津县大曹镇王布谏村	30	男	1938 年 11 月 13 日
王书文之妻	宁津县大曹镇霍庄村	31	女	1938 年 11 月
王书甫	宁津县大曹镇霍庄村	44	男	1938 年 11 月
高成赞之妻	宁津县大曹镇霍庄村	45	女	1938 年 11 月
樊秀喜	宁津县大曹镇高集村	24	男	1938 年 11 月
樊金章	宁津县大曹镇高集村	29	男	1938 年 11 月
樊金昌	宁津县大曹镇高集村	37	男	1938 年 11 月
樊兴田	宁津县大曹镇高集村	26	男	1938 年 11 月
樊兴帮	宁津县大曹镇高集村	24	男	1938 年 11 月

姓　名	籍　贯	年　龄	性　别	死难时间
高成军	宁津县大曹镇高集村	28	男	1938 年 11 月
高成章	宁津县大曹镇高集村	22	男	1938 年 11 月
单海德	宁津县张大庄乡前徐村	18	男	1938 年 12 月
李德合	宁津县长官镇李庄村	29	男	1939 年 1 月
赵令章	宁津县柴胡店镇毕子刘村	32	男	1939 年 3 月
马步云	宁津县长官镇双孟村	20	男	1939 年 4 月
康云山	宁津县长官镇双孟村	20	男	1939 年 4 月
张连升	宁津县长官镇田庄村	34	男	1939 年 4 月
王青山	宁津县长官镇田庄村	22	男	1939 年 4 月
张元顺	宁津县长官镇田庄村	38	男	1939 年 4 月
田二万	宁津县长官镇田庄村	32	男	1939 年 4 月
魏　柱	宁津县杜集镇魏安村	30	男	1939 年 5 月
张永福	宁津县杜集镇韩庄村	27	男	1939 年 5 月
张兴元之父	宁津县杜集镇张边头村	57	男	1939 年 7 月
李连山	宁津县柴胡店镇逯铁匠村	19	男	1939 年 7 月
刘德顺	宁津县大柳镇孟寺村	18	男	1939 年 10 月
邢卫荣	宁津县大柳镇邢庄村	27	男	1939 年 11 月
夏广敬	宁津县柴胡店镇夏家村	23	男	1940 年 1 月
夏德帽	宁津县柴胡店镇夏家村	24	男	1940 年 1 月
李清西	宁津县杜集镇韩庄村	24	女	1940 年 2 月
孙怀悦	宁津县张大庄乡十王庙	30	男	1940 年 2 月
王清臣	宁津县长官镇郭相村	20	男	1940 年 3 月
荆长江	宁津县长官镇郭相村	18	男	1940 年 3 月
王井法	宁津县长官镇郭相村	24	男	1940 年 3 月
李风瑞	宁津县杜集镇韩庄村	23	男	1940 年 3 月
刘洪武	宁津县张大庄乡刘辉村	18	男	1940 年 3 月
刘　岐	宁津县张大庄乡刘辉村	19	男	1940 年 3 月
崔凤伍	宁津县杜集镇魏安村	35	男	1940 年 4 月
魏春林	宁津县杜集镇魏安村	32	男	1940 年 4 月
孙保德	宁津县杜集镇魏安村	26	男	1940 年 4 月
王吉清	宁津县杜集镇魏安村	55	男	1940 年 4 月
李　秃	宁津县杜集镇魏安村	30	男	1940 年 4 月
孟金声	宁津县张大庄乡十王庙村	35	男	1940 年 4 月
李书贵	宁津县长官镇双孟村	20	男	1940 年 5 月

姓 名	籍 贯	年 龄	性 别	死难时间
马金堂	宁津县长官镇双孟村	20	男	1940 年 5 月
冯宝焕	宁津县张大庄乡冯庄村	40	男	1940 年 6 月
张风伍	宁津县刘营伍乡庞寨村	37	男	1940 年 6 月
杨宝财	宁津县张大庄乡铁马村	35	男	1940 年 7 月
王书云	宁津县大柳镇石庄村	—	男	1940 年 7 月
王希东	宁津县大柳镇石庄村	—	男	1940 年 7 月
于殿安	宁津县大柳镇石庄村	—	男	1940 年 7 月
王保全	宁津县大柳镇石庄村	—	男	1940 年 7 月
于殿明	宁津县大柳镇石庄村	—	男	1940 年 7 月
于殿奎	宁津县大柳镇石庄村	—	男	1940 年 7 月
曲文和	宁津县大柳镇石庄村	—	男	1940 年 7 月
李 顺	宁津县大柳镇财李村	60	男	1940 年 8 月
李玉可	宁津县大柳镇财李村	60	男	1940 年 8 月
滕书胜	宁津县宁津镇滕张村	52	男	1940 年 8 月
张风祥	宁津县大曹镇张傲村	—	男	1940 年 9 月
张书虎	宁津县大曹镇张傲村	—	男	1940 年 9 月
张民元	宁津县大曹镇张傲村	—	男	1940 年 9 月
王元西	宁津县杜集镇亚庄村	48	男	1940 年 10 月
张奎文	宁津县大柳镇张斋村	36	男	1940 年 10 月
王思镇	宁津县时集镇后仓村	16	男	1940 年 10 月
周万里	宁津县刘营伍乡周庄村	35	男	1940 年 11 月
周万义	宁津县刘营伍乡周庄村	29	男	1940 年 11 月
蒋福田	宁津县张大庄乡十王庙村	30	男	1940 年 12 月
李 兰	宁津县大柳镇李满村	—	男	1941 年 2 月
王文全	宁津县大柳镇李满村	—	男	1941 年 2 月
孙金宝	宁津县大柳镇李满村	—	男	1941 年 2 月
贾棒峰	宁津县大柳镇李满村	—	男	1941 年 2 月
贾 仓	宁津县大柳镇李满村	—	男	1941 年 2 月
贾大洋	宁津县大柳镇李满村	—	男	1941 年 2 月
孙好俊	宁津县大柳镇李满村	—	男	1941 年 2 月
孙好杰	宁津县大柳镇李满村	—	男	1941 年 2 月
田奎元	宁津县大柳镇李满村	—	男	1941 年 2 月
王 爱	宁津县大柳镇李满村	13	女	1941 年 2 月
杜胜治	宁津县大柳镇李满村	—	男	1941 年 2 月

姓 名	籍 贯	年 龄	性 别	死难时间
杜清林	宁津县大柳镇李满村	—	男	1941 年 2 月
杜胜德	宁津县大柳镇李满村	—	男	1941 年 2 月
贾清峰	宁津县大柳镇李满村	—	男	1941 年 2 月
孙风池	宁津县大柳镇李满村	—	男	1941 年 2 月
孙好净	宁津县大柳镇李满村	—	男	1941 年 2 月
贾广胜	宁津县大柳镇李满村	—	男	1941 年 2 月
杜清州	宁津县大柳镇李满村	—	男	1941 年 2 月
王风岭	宁津县大柳镇李满村	—	男	1941 年 2 月
王 氏	宁津县大柳镇李满村	—	女	1941 年 2 月
张书芹	宁津县大柳镇小马村	52	男	1941 年 2 月
李吉太	宁津县张大庄乡十王庙村	36	男	1941 年 3 月
司书田	宁津县柴胡店镇南街	23	男	1941 年 3 月
张德合	宁津县长官镇西曹村	30	男	1941 年 4 月
王 峰	宁津县杜集镇亚庄村	30	男	1941 年 4 月
井汉臣	宁津县张大庄乡清明寺村	41	男	1941 年 4 月
马庆善	宁津县长官镇双孟村	26	男	1941 年 6 月
黄振全	宁津县保店镇黄庄村	37	男	1941 年 6 月
段景增	宁津县杜集镇博古寺村	40	男	1941 年 6 月
姚金田	宁津县张大庄乡王庄村	—	男	1941 年 6 月
周德明	宁津县刘营伍乡周庄村	—	男	1941 年 8 月
李绍明	宁津县杜集镇李明村	—	男	1941 年 9 月
刘济普	宁津县张大庄乡刘辉村	—	男	1941 年 9 月
刘九洲	宁津县刘营伍乡西刘村	—	男	1941 年 9 月
刘玉之	宁津县刘营伍乡西刘村	—	男	1941 年 9 月
刘清怀	宁津县刘营伍乡西刘村	—	男	1941 年 9 月
刘方训	宁津县刘营伍乡西刘村	20	男	1941 年 9 月
刘清和	宁津县刘营伍乡西刘村	20	男	1941 年 9 月
邢二民	宁津县大柳镇邢庄村	26	男	1941 年 11 月
王俊海	宁津县大柳镇后魏村	30	男	1942 年 1 月
田克敬	宁津县长官镇艾庄村	30	男	1942 年 2 月
孙书和	宁津县张大庄乡十王庙村	22	男	1942 年 2 月
牛吉元	宁津县杜集镇牛庄村	25	男	1942 年 3 月
张风锡	宁津县杜集镇崔庄村	21	男	1944 年 1 月
李玉潮	宁津县张大庄乡白集村	19	男	1942 年 3 月

姓 名	籍 贯	年龄	性别	死难时间
艾金奎	宁津县长官镇艾庄村	40	男	1942年5月
艾义林	宁津县长官镇艾庄村	25	男	1942年5月
赵振河	宁津县长官镇东吉村	40	男	1942年5月
李丙锡	宁津县长官镇东曹堂	57	男	1942年5月
李 巨	宁津县长官镇东曹堂	58	男	1942年5月
张永安	宁津县杜集镇韩庄村	32	男	1942年5月
张志贞	宁津县张大庄乡白集村	46	男	1942年5月
李喜才	宁津县张大庄乡白集村	16	男	1942年5月
焦希孔	宁津县张大庄乡冯庄村	61	男	1942年5月
焦刚元	宁津县张大庄乡冯庄村	50	男	1942年5月
冯会林	宁津县张大庄乡冯庄村	46	男	1942年5月
刘保太	宁津县张大庄乡冯庄村	45	男	1942年5月
刘国女	宁津县张大庄乡冯庄村	3	女	1942年5月
冯恩昌	宁津县张大庄乡冯庄村	63	男	1942年5月
冯奎林	宁津县张大庄乡冯庄村	32	男	1942年5月
冯宝竹	宁津县张大庄乡冯庄村	39	男	1942年5月
焦希娥	宁津县张大庄乡冯庄村	38	男	1942年5月
刘宝林	宁津县张大庄乡冯庄村	45	男	1942年5月
曹德合	宁津县长官镇西曹村	28	男	1942年6月
王 蛋	宁津县长官镇西曹村	21	男	1942年6月
武希桥	宁津县长官镇东曹堂	24	男	1942年6月
武清方	宁津县长官镇东曹堂	32	男	1942年6月
李 同	宁津县长官镇东曹堂	55	男	1942年6月
武青唐	宁津县长官镇东曹堂	42	男	1942年6月
郝石头	宁津县长官镇东曹堂	15	男	1942年6月
刘善长	宁津县刘营伍乡前寺村	—	男	1942年6月
刘连起	宁津县刘营伍乡前寺村	—	男	1942年6月
刘善田	宁津县刘营伍乡前寺村	—	男	1942年6月
刘会正	宁津县刘营伍乡前寺村	—	男	1942年6月
刘营仙	宁津县刘营伍乡前寺村	—	男	1942年6月
周清泉	宁津县刘营伍乡周庄村	21	男	1942年6月
张友山	宁津县张大庄乡白集村	63	男	1942年8月
郑吉桢	宁津县张大庄乡白集村	65	男	1942年8月
高玉清	宁津县张大庄乡白集村	63	男	1942年8月

姓 名	籍 贯	年 龄	性 别	死难时间
郑吉星	宁津县张大庄乡白集村	60	男	1942 年 8 月
张友才	宁津县张大庄乡白集村	56	男	1942 年 8 月
李清元	宁津县张大庄乡白集村	60	男	1942 年 8 月
张连越	宁津县张大庄乡白集村	53	男	1942 年 8 月
杨超西	宁津县张大庄乡杨庄村	58	男	1942 年 8 月
滕明杰	宁津县宁津镇滕张村	49	男	1942 年 9 月
杨德兰	宁津县张大庄乡铁马村	30	男	1942 年 10 月
刘连友	宁津县刘营伍乡前寺村	—	男	1942 年 10 月
鲁洪升	宁津县长官镇西曹村	20	男	1942 年 11 月
张风成	宁津县杜集镇崔庄村	25	男	1942 年 12 月
李风山	宁津县杜集镇韩庄村	32	男	1943 年 1 月
邢奎甲	宁津县大柳镇邢庄村	—	男	1943 年 2 月
邢金贵	宁津县大柳镇邢庄村	—	男	1943 年 2 月
邢文成	宁津县大柳镇邢庄村	—	男	1943 年 2 月
邢丙跃	宁津县大柳镇邢庄村	29	男	1943 年 2 月
王玉田	宁津县大柳镇庞寺村	38	男	1943 年 2 月
于清贵	宁津县大柳镇庞寺村	38	男	1943 年 2 月
庞立成	宁津县大柳镇庞寺村	23	男	1943 年 2 月
王殿举	宁津县大柳镇庞寺村	34	男	1943 年 2 月
于清德	宁津县大柳镇庞寺村	21	男	1943 年 2 月
杨福奎	宁津县时集镇大曹村	35	男	1943 年 2 月
刘德才	宁津县长官镇西刘村	24	男	1943 年 5 月
艾长良	宁津县长官镇艾庄村	40	男	1943 年 6 月
陈志富	宁津县时集镇大曹村	35	男	1943 年 6 月
陈芳圃	宁津县时集镇大曹村	32	男	1943 年 6 月
田克礼	宁津县长官镇艾庄村	22	男	1943 年 7 月
赵长星	宁津县长官镇前吉村	26	男	1943 年 7 月
杨振全	宁津县杜集镇后杨堡村	22	男	1943 年 7 月
孟传洲	宁津县张大庄乡十王庙村	28	男	1943 年 7 月
马三黑	宁津县大柳镇小马村	65	男	1943 年 7 月
刘登起	宁津县宁津镇雷庄村	21	男	1943 年 7 月
杨 震	宁津县时集镇大曹村	30	男	1943 年 7 月
卢玉和	宁津县杜集镇卢庄村	34	男	1943 年 8 月
柴启国	宁津县张大庄乡王庄村	19	男	1943 年 8 月

姓名	籍贯	年龄	性别	死难时间
李兰枝	宁津县张大庄乡清明寺村	30	男	1943 年 9 月
弭明成	宁津县宁津镇东弭河村	34	男	1943 年 9 月
艾杰池	宁津县长官镇艾庄村	22	男	1943 年 10 月
田如祥	宁津县长官镇艾庄村	30	男	1943 年 11 月
孙庆功	宁津县柴胡店镇后孔房村	25	男	1943 年 11 月
杨印西	宁津县张大庄乡杨庄村	50	男	1943 年 12 月
杨有志	宁津县张大庄乡杨庄村	51	男	1943 年 12 月
李玉林	宁津县张大庄乡清明寺村	40	男	1943 年 12 月
郭德荣	宁津县大柳镇小郭村	—	男	1944 年 1 月
孟传长	宁津县张大庄乡十王庙村	29	男	1944 年 3 月
孟宪章	宁津县张大庄乡十王庙村	31	男	1944 年 3 月
唐国彦	宁津县大柳镇黄庄村	24	男	1944 年 5 月
石东波	宁津县长官镇小桑村	23	男	1944 年 6 月
杨长有	宁津县时集镇大曹村	29	男	1944 年 6 月
崔长廷	宁津县杜集镇崔庄村	34	男	1945 年 6 月
蒋怀芝	宁津县张大庄乡十王庙村	24	男	1944 年 7 月
王树亭	宁津县时集镇大曹村	30	男	1944 年 7 月
陈方成	宁津县长官镇黄庄村	23	男	1944 年 8 月
石建珍	宁津县长官镇小桑村	22	男	1944 年 8 月
张续恕	宁津县张大庄乡中村	22	男	1944 年 8 月
张 四	宁津县时集镇大曹村	40	男	1944 年 8 月
张如升	宁津县杜集镇后杨堡村	31	男	1944 年 9 月
贾振和	宁津县杜集镇后杨堡村	21	男	1944 年 10 月
司学艳	宁津县柴胡店镇南街	20	男	1944 年 10 月
李奎元	宁津县宁津镇李拔贡村	51	男	1944 年 12 月
王月潭	宁津县柴胡店镇王知村	33	男	1944 年 12 月
李朝岗	宁津县杜集镇李明村	17	男	1945 年 1 月
张义楼	宁津县杜集镇后杨堡村	23	男	1945 年 3 月
徐寿山	宁津县时集镇杨西川村	38	男	1945 年 3 月
郭长峰	宁津县杜集镇大郭村	22	男	1945 年 4 月
郭长明	宁津县杜集镇大郭村	24	男	1945 年 4 月
赵殿堂	宁津县杜集镇大郭村	40	男	1945 年 4 月
赵玉生	宁津县杜集镇大郭村	27	男	1945 年 4 月
刘汝明	宁津县宁津镇刘于村	27	男	1945 年 6 月

姓 名	籍 贯	年 龄	性 别	死难时间
杨福春	宁津县时集镇大曹村	31	男	1945 年 6 月
李玉芝	宁津县时集镇李庄村	54	男	1945 年 6 月
赵现臣	宁津县长官镇黄庄村	19	男	1945 年 7 月
赵 红	宁津县长官镇黄庄村	20	男	1945 年 7 月
段建营	宁津县杜集镇东段集村	—	男	1945 年 7 月
陈 刚	宁津县时集镇大曹村	36	男	1945 年 7 月
王忠元	宁津县时集镇大曹村	40	男	1945 年 7 月
张彦如	宁津县杜集镇张学武村	29	男	1945 年 8 月
邓玉祥	宁津县时集镇大曹村	26	男	1945 年 8 月
张跃华	宁津县时集镇后环村	21	男	1945 年 8 月
苏云桥	宁津县杜集镇大苏村	16	男	—
周万年	宁津县刘营伍乡周庄村	24	男	—
冯兰忠	宁津县开发区詹庄村	—	男	—
占子元	宁津县开发区詹庄村	—	男	—
王国贞	宁津县杜集镇王纸村	—	男	—
李 权	宁津县长官镇长王村	18	男	1937 年
王二麻	宁津县长官镇长王村	19	男	1937 年
刘俊山	宁津县长官镇长王村	19	男	1937 年
卢风志	宁津县相衙镇东卢集村	19	男	1937 年
张学增	宁津县宁津镇南北庄	32	男	1937 年
纪宝田	宁津县宁津镇辛庄村	20	男	1937 年
宗寿利	宁津县刘营伍乡后宗村	40	男	1937 年
崔龙章	宁津县刘营伍乡崔庄村	—	男	1937 年
崔兰泉	宁津县刘营伍乡崔庄村	—	男	1937 年
白立明	宁津县柴胡店镇小白村	44	男	1937 年
汤广武	宁津县柴胡店镇汤庄村	50	男	1937 年
汤连廷	宁津县柴胡店镇汤庄村	22	男	1937 年
贾金城	宁津县长官镇长东一村	8	男	1938 年
李举善	宁津县长官镇李名扬村	21	男	1938 年
李清涛	宁津县长官镇李名扬村	25	男	1938 年
刘德骏	宁津县长官镇长南村	19	男	1938 年
付元升	宁津县长官镇小候村	23	男	1938 年
郑怀忠	宁津县相衙镇西卢集	27	男	1938 年
杨贵堂	宁津县开发区义合庄村	22	男	1938 年

姓 名	籍 贯	年 龄	性 别	死难时间
高丙德	宁津县杜集镇段庄村	18	男	1938 年
李务训	宁津县杜集镇李麻村	35	男	1938 年
刘风环	宁津县张大庄乡前村	15	男	1938 年
王红庆	宁津县大曹镇盖佃王村	37	男	1938 年
王军庆	宁津县大曹镇盖佃王村	42	男	1938 年
赵延亭	宁津县大曹镇大赵村	17	男	1938 年
刘福起	宁津县大曹镇西潭村	29	男	1938 年
宋方起	宁津县大柳镇宋夏村	27	男	1938 年
郝金生	宁津县大柳镇大郭村	24	男	1938 年
赵风香	宁津县大柳镇中陶村	21	男	1938 年
杜秀军	宁津县大柳镇七间厅村	18	男	1938 年
李风明	宁津县大柳镇李小章村	24	男	1938 年
张殿贵	宁津县宁津镇南北庄	27	男	1938 年
宗立志	宁津县刘营伍乡后宗村	23	男	1938 年
宗立新	宁津县刘营伍乡后宗村	28	男	1938 年
王俊汉	宁津县刘营伍乡王庄村	20	男	1938 年
刘丙利	宁津县刘营伍乡刘庄村	27	男	1938 年
刘代路	宁津县刘营伍乡东刘村	20	男	1938 年
刘书清	宁津县刘营伍乡东刘村	21	女	1938 年
白立庆	宁津县柴胡店镇小白村	46	男	1938 年
王广荣	宁津县柴胡店镇普东村	27	男	1938 年
王太祥	宁津县柴胡店镇普西村	40	男	1938 年
王开修	宁津县柴胡店镇王知村	19	男	1938 年
李金泉	宁津县长官镇辛集村	21	男	1939 年
李占元	宁津县长官镇李名扬村	20	男	1939 年
李振吉	宁津县长官镇李名扬村	18	男	1939 年
刘焕忠	宁津县长官镇长南村	18	男	1939 年
赵汉宗	宁津县长官镇张凤巢村	30	男	1939 年
赵希彦	宁津县长官镇张凤巢村	48	男	1939 年
时 氏	宁津县城区办西关外村	—	女	1939 年
付德合	宁津县长官镇长杨村	39	男	1939 年
付朝阁	宁津县杜集镇小付村	34	男	1939 年
舒秀山	宁津县杜集镇东舒村	—	男	1939 年
舒永才	宁津县杜集镇东舒村	—	男	1939 年

姓 名	籍 贯	年 龄	性 别	死难时间
李永安	宁津县杜集镇李麻村	31	男	1939 年
郭风锡	宁津县杜集镇大郭村	28	男	1939 年
郭长恩	宁津县杜集镇大郭村	21	男	1939 年
郭玉晶	宁津县杜集镇大郭村	28	男	1939 年
孟传德	宁津县杜集镇大郭村	30	男	1939 年
于长埂	宁津县杜集镇大郭村	29	男	1939 年
崔长埂	宁津县杜集镇大郭村	35	男	1939 年
纪寿山	宁津县杜集镇大郭村	40	男	1939 年
仝井成	宁津县杜集镇仝庄村	19	男	1939 年
刘会广	宁津县杜集镇前杨堡村	20	男	1939 年
张恩荣	宁津县张大庄乡李七村	—	男	1939 年
李殿云	宁津县张大庄乡李七村	19	男	1939 年
刘一清	宁津县张大庄乡刘庄村	29	男	1939 年
李兰海	宁津县大曹镇乔王代庄	31	男	1939 年
代风武	宁津县大曹镇乔王代庄	27	男	1939 年
刘德山	宁津县大柳镇刘庄村	47	男	1939 年
高立帮	宁津县大柳镇高伊范村	28	男	1939 年
范朝俊	宁津县大柳镇高伊范村	23	男	1939 年
张贵枝	宁津县大柳镇七间厅村	—	男	1939 年
张本友	宁津县宁津镇百佛堂村	21	男	1939 年
张卫和	宁津县宁津镇百佛堂村	27	男	1939 年
张卫岐	宁津县宁津镇百佛堂村	24	男	1939 年
蔡德喜	宁津县宁津镇蔡庄村	22	男	1939 年
李广成	宁津县宁津镇魏庄村	26	男	1939 年
刘清生	宁津县刘营伍乡前寺村	—	男	1939 年
商喜林	宁津县刘营伍乡前商村	46	男	1939 年
刘宪德	宁津县刘营伍乡刘庄村	31	男	1939 年
刘俊波	宁津县刘营伍乡前刘村	54	男	1939 年
柴文兴	宁津县时集镇柴庄村	35	男	1939 年
周俊义	宁津县柴胡店镇大周村	42	男	1939 年
张书智	宁津县柴胡店镇王知村	20	男	1939 年
路立友	宁津县柴胡店镇路庄村	—	男	1939 年
马龙田	宁津县柴胡店镇小马村	24	男	1939 年
吴长海	宁津县长官镇西吉村	30	男	1940 年

姓　名	籍　贯	年　龄	性　别	死难时间
邢　年	宁津县长官镇西苑村	21	男	1940 年
赵　森	宁津县长官镇果子赵村	25	男	1940 年
赵怀青	宁津县长官镇张凤巢村	18	男	1940 年
曹春长	宁津县长官镇小曹村	32	男	1940 年
张俊田	宁津县相衙镇前纸房村	—	男	1940 年
高维忠	宁津县城区办帽杨村	33	男	1940 年
杨书清	宁津县城区办杨环村	25	男	1940 年
仇玉珍	宁津县城区办张铁锅村	46	男	1940 年
孙广法	宁津县城区办张铁锅村	41	男	1940 年
孙风名	宁津县城区办张铁锅村	49	男	1940 年
孙广会	宁津县城区办张铁锅村	39	男	1940 年
马　东	宁津县城区办李元村	38	男	1940 年
韩清池	宁津县杜集镇肖庄村	—	男	1940 年
周之祯	宁津县杜集镇肖庄村	—	男	1940 年
肖友山	宁津县杜集镇仲伍村	—	男	1940 年
王　氏	宁津县杜集镇龙庄村	32	女	1940 年
银客化	宁津县杜集镇银相公村	55	男	1940 年
银客文	宁津县杜集镇银相公村	56	男	1940 年
王增祥	宁津县杜集镇王廷府	—	男	1940 年
张相辰	宁津县杜集镇王廷府	—	男	1940 年
王连升	宁津县杜集镇李麻村	29	男	1940 年
郭　氏	宁津县杜集镇大郭村	30	女	1940 年
李忠春	宁津县杜集镇后杨堡村	22	男	1940 年
刘二秃	宁津县杜集镇前杨堡村	18	男	1940 年
张金前	宁津县杜集镇张学武村	27	男	1940 年
张荣成	宁津县杜集镇张学武村	18	男	1940 年
张清杰	宁津县杜集镇张旭村	—	男	1940 年
段建堂	宁津县杜集镇东段集村	—	男	1940 年
段宝明	宁津县杜集镇东段集村	—	男	1940 年
段景池	宁津县杜集镇东段集村	—	男	1940 年
段宝忠	宁津县杜集镇东段集村	—	男	1940 年
段宝义	宁津县杜集镇东段集村	—	男	1940 年
段宝胜	宁津县杜集镇东段集村	—	男	1940 年
杜泽田	宁津县杜集镇杜集村	30	男	1940 年

姓 名	籍 贯	年龄	性别	死难时间
祸有升	宁津县张大庄乡王庄村	20	男	1940 年
冯 木	宁津县张大庄乡大白村	29	男	1940 年
张斌峨	宁津县张大庄乡中村	20	男	1940 年
张福良	宁津县张大庄乡后村	27	男	1940 年
张福俊	宁津县张大庄乡后村	20	男	1940 年
张 阳	宁津县张大庄乡张户头村	—	男	1940 年
张国清	宁津县张大庄乡张户头村	—	男	1940 年
张寿清	宁津县张大庄乡张户头村	—	男	1940 年
张兰会	宁津县张大庄乡双碓村	33	男	1940 年
张丙文	宁津县大柳镇大郭村	35	男	1940 年
张策平	宁津县宁津镇南北庄	42	男	1940 年
张思通	宁津县宁津镇南北庄	28	男	1940 年
唐景文	宁津县宁津镇小祁村	46	男	1940 年
许长贵	宁津县宁津镇刘刚村	20	男	1940 年
宋书枝	宁津县宁津镇刘刚村	20	男	1940 年
刘长荣	宁津县刘营伍乡寨东村	—	男	1940 年
于向胜	宁津县刘营伍乡寨东村	22	男	1940 年
张殿春	宁津县刘营伍乡张庄村	34	男	1940 年
张会吉	宁津县刘营伍乡张庄村	37	男	1940 年
王同党	宁津县刘营伍乡老君堂村	25	男	1940 年
王玉溪	宁津县刘营伍乡老君堂村	27	男	1940 年
商彦起	宁津县刘营伍乡前商村	49	男	1940 年
商彦如	宁津县刘营伍乡前商村	—	男	1940 年
商喜连	宁津县刘营伍乡前商村	—	男	1940 年
商贵芳	宁津县刘营伍乡前商村	—	男	1940 年
商振成	宁津县刘营伍乡前商村	—	男	1940 年
付长贤	宁津县刘营伍乡付庙村	—	男	1940 年
刘发志	宁津县刘营伍乡后刘村	43	男	1940 年
张丙全	宁津县刘营伍乡贾庄村	17	男	1940 年
张连元	宁津县时集镇后环村	53	男	1940 年
张之周	宁津县柴胡店镇张庄村	40	男	1940 年
张之文	宁津县柴胡店镇张庄村	38	男	1940 年
张之珍	宁津县柴胡店镇张庄村	36	男	1940 年
张玉荣	宁津县柴胡店镇张庄村	36	男	1940 年

姓　名	籍　贯	年　龄	性　别	死难时间
张华春	宁津县柴胡店镇张庄村	38	男	1940 年
张登云	宁津县柴胡店镇张庄村	40	男	1940 年
张之义	宁津县柴胡店镇张庄村	48	男	1940 年
张林胜	宁津县柴胡店镇张庄村	50	男	1940 年
周同科	宁津县柴胡店镇大周村	42	男	1940 年
王陆山	宁津县柴胡店镇普东村	19	男	1940 年
付坤堂	宁津县柴胡店镇普东村	21	男	1940 年
王广秀	宁津县柴胡店镇普东村	20	男	1940 年
路长洲	宁津县柴胡店镇路庄村	—	男	1940 年
崔大芝	宁津县柴胡店镇崔杨村	44	男	1940 年
崔德华	宁津县柴胡店镇崔杨村	15	男	1940 年
王景春	宁津县柴胡店镇崔杨村	32	男	1940 年
吕葫芦	宁津县柴胡店镇崔杨村	29	男	1940 年
魏玉贞	宁津县柴胡店镇魏庄村	30	男	1940 年
刘秀利	宁津县柴胡店镇方庄村	11	男	1940 年
孟玉民	宁津县柴胡店镇方庄村	27	男	1940 年
李清峰	宁津县长官镇辛集村	60	男	1941 年
李向田	宁津县长官镇辛集村	61	男	1941 年
李老二	宁津县长官镇辛集村	65	男	1941 年
张书德	宁津县长官镇辛庄村	19	男	1941 年
张金山	宁津县长官镇罗张村	23	男	1941 年
周书合	宁津县长官镇小周村	23	男	1941 年
苑　奎	宁津县长官镇西苑村	24	男	1941 年
王　岐	宁津县长官镇长王村	20	男	1941 年
王　田	宁津县长官镇长王村	22	男	1941 年
王吉清	宁津县长官镇西王村	—	男	1941 年
王德明	宁津县长官镇西王村	—	男	1941 年
赵焕友三弟	宁津县长官镇果子赵村	40	男	1941 年
李老二	宁津县长官镇果子赵村	32	男	1941 年
张木胜	宁津县长官镇张凤巢村	30	男	1941 年
张金才	宁津县长官镇张凤巢村	17	男	1941 年
张奎林	宁津县长官镇张凤巢村	20	男	1941 年
陈志强	宁津县保店镇铁庄村	—	男	1941 年
回锁柱	宁津县保店镇西回村	18	男	1941 年

姓 名	籍 贯	年 龄	性 别	死难时间
回殿云	宁津县保店镇西回村	1,7	男	1941 年
王开俊	宁津县相衙镇杨年村	41	男	1941 年
冯占元	宁津县相衙镇冯庄村	24	男	1941 年
李振华	宁津县杜集镇五大庄村	25	男	1941 年
杜景起	宁津县杜集镇后水村	—	男	1941 年
张如真	宁津县杜集镇后水村	—	男	1941 年
王宝真	宁津县杜集镇后水村	—	男	1941 年
白玉起	宁津县杜集镇博古寺村	35	男	1941 年
李清珍	宁津县杜集镇李麻村	33	男	1941 年
李振刚	宁津县杜集镇李麻村	32	男	1941 年
杨秀池	宁津县杜集镇杨纸村	23	男	1941 年
姜新堂	宁津县杜集镇后姜村	40	男	1941 年
张宝智	宁津县杜集镇张学武村	23	男	1941 年
张德英	宁津县杜集镇张学武村	19	男	1941 年
张如彬	宁津县杜集镇张学武村	—	男	1941 年
姚中福	宁津县杜集镇姚庄村	—	男	1941 年
姚中珍	宁津县杜集镇姚庄村	—	男	1941 年
姚立发	宁津县杜集镇姚庄村	—	男	1941 年
姚 万	宁津县杜集镇姚庄村	—	男	1941 年
魏茂林	宁津县张大庄乡白菜魏村	26	男	1941 年
张俊昌	宁津县张大庄乡杏行村	23	男	1941 年
徐建三	宁津县张大庄乡杏行村	—	男	1941 年
张茂林	宁津县张大庄乡杏行村	—	男	1941 年
刘清西	宁津县张大庄乡前村	13	男	1941 年
李长山	宁津县张大庄乡李七村	—	男	1941 年
张 氏	宁津县张大庄乡李七村	—	女	1941 年
李西恩	宁津县张大庄乡李七村	—	男	1941 年
李书练	宁津县张大庄乡李七村	—	男	1941 年
柴启树	宁津县张大庄乡王庄村	32	男	1941 年
张长青	宁津县张大庄乡白集村	36	男	1941 年
张金塘	宁津县张大庄乡白集村	45	男	1941 年
张有经	宁津县张大庄乡白集村	35	男	1941 年
白云帅	宁津县张大庄乡大白村	30	男	1941 年
王德新	宁津县张大庄乡程庄村	—	男	1941 年

姓 名	籍 贯	年 龄	性 别	死难时间
王桂廷	宁津县张大庄乡程庄村	—	男	1941 年
韩掌柜	宁津县张大庄乡程庄村	—	男	1941 年
郑广平	宁津县张大庄乡大郑村	16	男	1941 年
沈吉德	宁津县张大庄乡双碓村	60	男	1941 年
赵胜全	宁津县大曹镇管庄村	86	男	1941 年
刘红臣	宁津县大柳镇潘庄村	29	男	1941 年
赵风义	宁津县大柳镇中陶村	23	男	1941 年
高立邦	宁津县大柳镇高伊范村	22	男	1941 年
谢元德	宁津县大柳镇谢庄村	28	男	1941 年
谢东生	宁津县大柳镇谢庄村	33	男	1941 年
张振清	宁津县大柳镇七间厅村	38	男	1941 年
桑秀云	宁津县大柳镇桑庄村	28	男	1941 年
桑瑞和	宁津县大柳镇桑庄村	26	男	1941 年
桑 船	宁津县大柳镇桑庄村	16	男	1941 年
桑秀岩	宁津县大柳镇桑庄村	27	男	1941 年
桑秀珍	宁津县大柳镇桑庄村	24	男	1941 年
桑瑞芹	宁津县大柳镇桑庄村	25	男	1941 年
于慎起	宁津县宁津镇辛庄村	22	男	1941 年
刘逸仙	宁津县刘营伍乡前寺村	—	男	1941 年
张玉田	宁津县刘营伍乡河西村	34	男	1941 年
崔如彦	宁津县刘营伍乡崔庄村	—	男	1941 年
张景俊	宁津县时集镇马庄村	22	男	1941 年
王路森	宁津县柴胡店镇亓家村	20	男	1941 年
李殿兴	宁津县柴胡店镇张集村	—	男	1941 年
李 庆	宁津县柴胡店镇张集村	—	男	1941 年
李子昆之父	宁津县柴胡店镇张集村	—	男	1941 年
李同太	宁津县柴胡店镇张集村	—	男	1941 年
张玉恒	宁津县柴胡店镇张庄村	25	男	1941 年
王玉臻	宁津县柴胡店镇普东村	20	男	1941 年
王晋升	宁津县柴胡店镇普东村	19	男	1941 年
王玉恒	宁津县柴胡店镇普东村	30	男	1941 年
汤宝员	宁津县柴胡店镇普东村	24	男	1941 年
王玉成	宁津县柴胡店镇普东村	23	男	1941 年
王晋山	宁津县柴胡店镇普东村	23	男	1941 年

姓 名	籍 贯	年 龄	性 别	死难时间
盖万江	宁津县柴胡店镇盖家村	41	男	1941 年
魏连明	宁津县柴胡店镇盖家村	42	男	1941 年
崔殿重	宁津县柴胡店镇崔杨村	20	男	1941 年
孙廷街	宁津县柴胡店镇后孔房村	25	男	1941 年
刘连栋	宁津县柴胡店镇方庄村	—	男	1941 年
贾来林	宁津县长官镇贾庄村	31	男	1942 年
贾桂林	宁津县长官镇贾庄村	27	男	1942 年
贾安林	宁津县长官镇贾庄村	36	男	1942 年
褚立楼	宁津县长官镇贾庄村	36	男	1942 年
焦保树	宁津县长官镇贾庄村	42	男	1943 年
李寿朋	宁津县长官镇刘宅村	45	男	1942 年
曹善忠	宁津县长官镇小曹村	28	男	1942 年
曹善荣	宁津县长官镇小曹村	23	男	1942 年
付瑞峰	宁津县长官镇小曹村	30	男	1942 年
曹福成	宁津县长官镇小曹村	25	男	1942 年
曹长灵	宁津县长官镇小曹村	29	男	1942 年
曹清泉	宁津县长官镇小曹村	40	男	1942 年
曹虎亮	宁津县长官镇小曹村	31	男	1942 年
刘二头之女	宁津县保店镇灰刘村	16	女	1942 年
刘月辉	宁津县保店镇后高村	45	男	1942 年
张 赖	宁津县保店镇东高村	—	男	1942 年
王春喜	宁津县保店镇王勉村	—	男	1942 年
徐太平	宁津县长官镇坡李村	38	男	1942 年
李书成	宁津县长官镇坡李村	40	男	1942 年
李义荣	宁津县长官镇坡李村	51	男	1942 年
许洪福	宁津县长官镇化庄村	47	男	1942 年
赵连臣	宁津县长官镇黄庄村	24	男	1942 年
章玉桥	宁津县长官镇辛庄村	41	男	1942 年
刘福贵	宁津县长官镇东刘村	26	男	1942 年
刘泽函	宁津县长官镇东刘村	25	男	1942 年
刘清升	宁津县长官镇东刘村	20	男	1942 年
刘有阁	宁津县长官镇东刘村	20	男	1942 年
王贵泉	宁津县长官镇西王村	—	男	1942 年
王贵良	宁津县长官镇西王村	—	男	1942 年

姓 名	籍 贯	年 龄	性 别	死难时间
孙金明	宁津县长官镇东王村	25	男	1942 年
郝连荣	宁津县长官镇薛庄村	16	男	1942 年
刘 来	宁津县长官镇薛庄村	22	男	1942 年
薛联祥	宁津县长官镇薛庄村	26	男	1942 年
刘鼎铭	宁津县长官镇西刘村	21	男	1942 年
刘成文	宁津县长官镇西刘村	21	男	1942 年
赵瑞田之祖母	宁津县长官镇果子赵村	51	女	1942 年
赵振凯	宁津县长官镇果子赵村	45	男	1942 年
赵庆常之祖父	宁津县长官镇果子赵村	52	男	1942 年
赵树怀之母	宁津县长官镇果子赵村	46	女	1942 年
赵 氏	宁津县长官镇果子赵村	48	女	1942 年
赵增秀	宁津县长官镇果子赵村	50	男	1942 年
苑如介	宁津县长官镇仇庄村	42	男	1942 年
赵仁德	宁津县长官镇张凤巢村	19	男	1942 年
袁小炼	宁津县保店镇小姜村	—	男	1942 年
姜兰亭	宁津县保店镇小姜村	—	男	1942 年
翟中阁	宁津县保店镇满东村	—	男	1942 年
蒙奎中	宁津县保店镇铁庄村	—	男	1942 年
刘万路	宁津县保店镇后高村	75	男	1942 年
史学孔	宁津县保店镇后高村	30	男	1942 年
孙广业	宁津县相衙镇孙庄村	60	男	1942 年
孙万清	宁津县相衙镇孙庄村	50	男	1942 年
张青杰	宁津县开发区义合庄村	28	男	1942 年
吴喜兰	宁津县开发区谢东村	—	男	1942 年
张福田	宁津县杜集镇张古村	21	男	1942 年
刘向义	宁津县杜集镇西舒村	—	男	1942 年
刘立志	宁津县杜集镇肖庄村	—	男	1942 年
肖文会	宁津县杜集镇肖庄村	—	男	1942 年
肖其和	宁津县杜集镇仲伍村	—	男	1942 年
苏景兰	宁津县杜集镇仲伍村	—	男	1942 年
肖其禄	宁津县杜集镇仲伍村	—	男	1942 年
郝刘氏	宁津县杜集镇仲伍村	—	女	1942 年
郝金灵	宁津县杜集镇仲伍村	—	男	1942 年
付孟堂	宁津县杜集镇小付村	40	男	1942 年

姓 名	籍 贯	年 龄	性 别	死难时间
刘德福	宁津县杜集镇大刘集村	—	男	1942 年
张汉文	宁津县杜集镇钟楼张村	—	男	1942 年
李贵新	宁津县杜集镇李麻村	18	男	1942 年
李召兴	宁津县杜集镇李麻村	37	男	1942 年
杨文周	宁津县杜集镇杨纸村	20	男	1942 年
张 镇	宁津县杜集镇前杨堡村	21	男	1942 年
刘玉楼	宁津县杜集镇前杨堡村	42	男	1942 年
刘会武	宁津县杜集镇前杨堡村	22	男	1942 年
李德宝	宁津县杜集镇河李村	20	男	1942 年
王振华	宁津县杜集镇王纸村	26	男	1942 年
段景峰	宁津县杜集镇小段村	—	男	1942 年 5 月
魏秀元	宁津县张大庄乡白菜魏村	24	男	1942 年 5 月
魏红元	宁津县张大庄乡白菜魏村	23	男	1942 年 5 月
魏香海	宁津县张大庄乡白菜魏村	20	男	1942 年 5 月
魏福治	宁津县张大庄乡白菜魏村	21	男	1942 年 5 月
魏永安	宁津县张大庄乡白菜魏村	30	男	1942 年 5 月
魏展元	宁津县张大庄乡白菜魏村	20	男	1942 年 5 月
魏保成	宁津县张大庄乡白菜魏村	20	男	1942 年 5 月
魏展香	宁津县张大庄乡白菜魏村	20	男	1942 年 5 月
魏绪元	宁津县张大庄乡白菜魏村	21	男	1942 年 5 月
魏清西	宁津县张大庄乡白菜魏村	18	男	1942 年 5 月
魏德义	宁津县张大庄乡白菜魏村	21	男	1942 年 5 月
魏 明	宁津县张大庄乡白菜魏村	21	男	1942 年 5 月
魏 德	宁津县张大庄乡白菜魏村	18	男	1942 年 5 月
魏 松	宁津县张大庄乡白菜魏村	21	男	1942 年 5 月
魏 岗	宁津县张大庄乡白菜魏村	19	男	1942 年 5 月
魏 马	宁津县张大庄乡白菜魏村	23	男	1942 年 5 月
魏 文	宁津县张大庄乡白菜魏村	19	男	1942 年 5 月
魏 等	宁津县张大庄乡白菜魏村	20	男	1942 年 5 月
魏 龙	宁津县张大庄乡白菜魏村	21	男	1942 年 5 月
魏福清	宁津县张大庄乡白菜魏村	21	男	1942 年 5 月
魏洪元	宁津县张大庄乡白菜魏村	21	男	1942 年 5 月
张俊喜	宁津县张大庄乡杏行村	19	男	1942 年
张福茂	宁津县张大庄乡杏行村	40	男	1942 年

姓 名	籍 贯	年 龄	性 别	死难时间
徐井润	宁津县张大庄乡杏行村	28	男	1942 年
张秀芝	宁津县张大庄乡杏行村	25	男	1942 年
张金堂	宁津县张大庄乡杏行村	41	男	1942 年
张泽田	宁津县张大庄乡杏行村	35	男	1942 年
张俊起	宁津县张大庄乡杏行村	—	男	1942 年
张春榜	宁津县张大庄乡杏行村	—	男	1942 年
张书彬	宁津县张大庄乡杏行村	—	男	1942 年
崔秀生	宁津县张大庄乡杏行村	—	男	1942 年
张汝鹅	宁津县张大庄乡前村	26	男	1942 年
李有福	宁津县张大庄乡前村	—	男	1942 年
张松林	宁津县张大庄乡李七村	—	男	1942 年
张 良	宁津县张大庄乡李七村	—	男	1942 年
张元志	宁津县张大庄乡李七村	—	男	1942 年
李 氏	宁津县张大庄乡李七村	—	女	1942 年
张永存	宁津县张大庄乡李七村	—	男	1942 年
柴勇泉	宁津县张大庄乡王庄村	28	男	1942 年
杜有章	宁津县张大庄乡后郑村	66	男	1942 年
张书林	宁津县张大庄乡姚口村	28	男	1942 年
郑长根	宁津县张大庄乡郑义门村	—	男	1942 年
郑长本	宁津县张大庄乡郑义门村	—	男	1942 年
张书信	宁津县张大庄乡郑义门村	—	男	1942 年
靳其山	宁津县张大庄乡靳庄村		男	1942 年
于书申	宁津县张大庄乡靳庄村	—	男	1942 年
李成元	宁津县张大庄乡小郭村	26	男	1942 年
马师学	宁津县张大庄乡小郭村	31	男	1942 年
田俊正	宁津县张大庄乡田庄村	25	男	1942 年
张万金	宁津县张大庄乡田庄村	36	男	1942 年
尹风学	宁津县张大庄乡大尹村	21	男	1942 年
程大周	宁津县张大庄乡程庄村	—	男	1942 年
刘希明	宁津县张大庄乡刘庄村	34	男	1942 年
张太祥	宁津县张大庄乡双碓村	40	男	1942 年
张兰祥	宁津县张大庄乡双碓村	14	男	1942 年
张振台	宁津县张大庄乡张太监村	32	男	1942 年
张连奎	宁津县张大庄乡张太监村	31	男	1942 年

姓　名	籍　贯	年　龄	性　别	死难时间
郑延江	宁津县大柳镇郑庄村	29	男	1942 年
付文潭	宁津县大柳镇付东村	30	男	1942 年
郭　震	宁津县大柳镇大郭村	20	男	1942 年
殷玉杰	宁津县大柳镇小马村	58	男	1942 年
李景武	宁津县大柳镇李白村	—	男	1942 年
张思文	宁津县宁津镇南北庄	31	男	1942 年
张宝明	宁津县宁津镇刘刚村	23	男	1942 年
刘青春	宁津县刘营伍乡前寺村	—	男	1942 年
宋景文	宁津县刘营伍乡宋庄村	35	男	1942 年
宗兰之	宁津县刘营伍乡后宗村	30	男	1942 年
宗连贵	宁津县刘营伍乡后宗村	32	男	1942 年
商江成	宁津县刘营伍乡前商村	58	男	1942 年
张志简	宁津县时集镇马庄村	56	男	1942 年
张景宣	宁津县时集镇马庄村	22	男	1942 年
石广庆	宁津县时集镇高庄村	28	男	1942 年
崔占海	宁津县时集镇李朋村	28	男	1942 年
尤贵德	宁津县时集镇王河村	28	男	1942 年
亓长田	宁津县柴胡店镇亓家村	18	男	1942 年
张玉堂	宁津县柴胡店镇张庄村	—	男	1942 年
张之芳	宁津县柴胡店镇张庄村	—	男	1942 年
张登路	宁津县柴胡店镇张庄村	—	男	1942 年
张登周	宁津县柴胡店镇张庄村	—	男	1942 年
张登亭	宁津县柴胡店镇张庄村	—	男	1942 年
张林风	宁津县柴胡店镇张庄村	18	男	1942 年
张林来	宁津县柴胡店镇张庄村	—	男	1942 年
张玉同	宁津县柴胡店镇张庄村	—	男	1942 年
张林时	宁津县柴胡店镇张庄村	—	男	1942 年
王廷祥	宁津县柴胡店镇普东村	20	男	1942 年
王玉森	宁津县柴胡店镇普东村	20	男	1942 年
李义书	宁津县柴胡店镇普西村	30	男	1942 年
张文彬	宁津县柴胡店镇光明村	26	男	1942 年
艾明香	宁津县柴胡店镇前艾村	20	男	1942 年
盖万溪	宁津县柴胡店镇盖家村	28	男	1942 年
盖书春	宁津县柴胡店镇盖家村	24	男	1942 年

姓名	籍贯	年龄	性别	死难时间
姜春平	宁津县柴胡店镇盖家村	33	男	1942 年
姜春秘	宁津县柴胡店镇盖家村	30	男	1942 年
姜世发	宁津县柴胡店镇盖家村	45	男	1942 年
姜兰普	宁津县柴胡店镇盖家村	48	男	1942 年
盖玉兰	宁津县柴胡店镇盖家村	34	男	1942 年
盖占元	宁津县柴胡店镇盖家村	38	男	1942 年
赖书森	宁津县柴胡店镇边庄村	23	男	1942 年
崔思君	宁津县柴胡店镇崔杨村	22	男	1942 年
吕吉廷	宁津县柴胡店镇崔杨村	16	男	1942 年
崔大儒	宁津县柴胡店镇崔杨村	27	男	1942 年
崔大坤	宁津县柴胡店镇崔杨村	24	男	1942 年
吕丙旭	宁津县柴胡店镇崔杨村	14	男	1942 年
崔德良	宁津县柴胡店镇崔杨村	21	男	1942 年
崔德礼	宁津县柴胡店镇崔杨村	16	男	1942 年
贾绍林	宁津县长官镇贾庄村	27	男	1943 年
贾有才	宁津县长官镇贾庄村	32	男	1943 年
杨 氏	宁津县长官镇贾庄村	37	女	1943 年
刘明义	宁津县长官镇小高村	25	男	1943 年
刘升兰	宁津县长官镇小高村	38	男	1944 年
王丙田	宁津县长官镇刘宅村	23	男	1943 年
王秀峰	宁津县长官镇刘宅村	27	男	1943 年
孟广学	宁津县长官镇刘宅村	23	男	1943 年
师振全	宁津县保店镇灰街村	50	男	1943 年
李书廷	宁津县保店镇灰街村	50	男	1943 年
陶廷路	宁津县保店镇陶庄村	19	男	1943 年
贾八实	宁津县保店镇东迟村	40	男	1943 年
李海荣	宁津县长官镇坡李村	20	男	1943 年
贾 四	宁津县长官镇坡李村	20	男	1943 年
李 斗	宁津县长官镇郑庄村	28	男	1943 年
曹全山	宁津县长官镇西曹村	34	男	1943 年
周洞城	宁津县长官镇长北村	36	男	1943 年
周金忠	宁津县长官镇长北村	28	男	1943 年
黄 德	宁津县长官镇黄庄村	25	男	1943 年
张利山	宁津县长官镇辛庄村	40	男	1943 年

姓 名	籍 贯	年 龄	性 别	死难时间
刘官祥	宁津县长官镇东刘村	32	男	1943 年
张振山	宁津县长官镇罗张村	21	男	1943 年
张兰亭	宁津县长官镇罗张村	23	男	1943 年
张长德	宁津县长官镇罗张村	19	男	1943 年
张于亭	宁津县长官镇罗张村	22	男	1943 年
张金堂	宁津县长官镇罗张村	20	男	1943 年
张振文	宁津县长官镇罗张村	21	男	1943 年
李秀成	宁津县长官镇李名扬村	23	男	1943 年
付老三	宁津县长官镇付庄村	26	男	1943 年
刘大伟	宁津县长官镇付庄村	23	男	1943 年
刘煊文	宁津县长官镇西刘村	40	男	1943 年
刘春玉	宁津县长官镇西刘村	20	男	1943 年
刘有来	宁津县长官镇西刘村	21	男	1943 年
刘有桥	宁津县长官镇西刘村	22	男	1943 年
刘殿兴	宁津县长官镇西刘村	20	男	1943 年
赵增甲	宁津县长官镇果子赵村	49	男	1943 年
王希贵	宁津县长官镇仇庄村	35	男	1943 年
刘连会	宁津县保店镇皂户李村	50	男	1943 年
白文焕	宁津县相衙镇前白厂	33	男	1943 年
朱恩生	宁津县相衙镇冯庄村	19	男	1943 年
白明武	宁津县相衙镇后白厂村	26	男	1943 年
张殿栋	宁津县相衙镇前纸坊村	21	男	1943 年
孙万金	宁津县相衙镇孙庄村	30	男	1943 年
李淮青	宁津县杜集镇银庄村	—	男	1943 年
李连升	宁津县杜集镇五大庄村	22	男	1943 年
张宝忠	宁津县杜集镇张古村	34	男	1943 年
苏广综	宁津县杜集镇仲苏村	—	男	1943 年
李务华	宁津县杜集镇李麻村	38	男	1943 年
李庆峰	宁津县杜集镇李麻村	25	男	1943 年
郭风奎	宁津县杜集镇大郭村	29	男	1943 年
仝井山	宁津县杜集镇仝庄村	27	男	1943 年
仝 党	宁津县杜集镇仝庄村	19	男	1943 年
李金阶	宁津县杜集镇高苏村	25	男	1943 年
王西恩	宁津县杜集镇王纸村	55	男	1943 年

姓 名	籍 贯	年 龄	性 别	死难时间
张太荣	宁津县杜集镇西段村	—	男	1943 年
焦殿荣	宁津县杜集镇小焦村	—	男	1943 年
郑清长	宁津县张大庄乡前村	21	男	1943 年
李书各	宁津县张大庄乡李七村	—	男	1943 年
李希文	宁津县张大庄乡李七村	—	男	1943 年
柴路义	宁津县张大庄乡王庄村	21	男	1943 年
杜兰友	宁津县张大庄乡后郑村	31	男	1943 年
杜金升	宁津县张大庄乡后郑村	18	男	1943 年
郑发林	宁津县张大庄乡后郑村	20	男	1943 年
杜书平	宁津县张大庄乡后郑村	21	男	1943 年
张树元	宁津县张大庄乡姚口村	27	男	1943 年
郑恩山	宁津县张大庄乡大郑村	18	男	1943 年
李凤田之妻	宁津县张大庄乡大鱼李村	30	女	1943 年
葛怀山	宁津县张大庄乡房庄村	20	男	1943 年
张克文	宁津县大曹镇张傲村	46	男	1943 年
李景川	宁津县大柳镇李白村	—	男	1943 年
高喜胜	宁津县大柳镇高伊范村	22	男	1943 年
范冠文	宁津县大柳镇高伊范村	21	男	1943 年
潘文华	宁津县宁津镇谢集村	60	男	1943 年
苏德胜	宁津县宁津镇栾庄村	35	男	1943 年
王德润	宁津县刘营伍乡老君堂村	30	男	1943 年
王同福	宁津县刘营伍乡老君堂村	28	男	1943 年
王晓峰	宁津县刘营伍乡老君堂村	26	男	1943 年
商喜元	宁津县刘营伍乡前商村	37	男	1943 年
曹春阁	宁津县刘营伍乡曹茂伍村	23	男	1943 年
周万同	宁津县刘营伍乡周庄村	36	男	1943 年
周万行	宁津县刘营伍乡周庄村	18	男	1943 年
杨文奎	宁津县时集镇杨大庄村	20	男	1943 年
杨会章	宁津县时集镇杨大庄村	24	男	1943 年
杨如茂	宁津县时集镇杨大庄村	33	男	1942 年
张秀林	宁津县时集镇马庄村	40	男	1943 年
马景福	宁津县时集镇马庄村	40	男	1943 年
王金章	宁津县时集镇马厂村	17	男	1943 年
王振武	宁津县时集镇马厂村	18	男	1943 年

姓 名	籍 贯	年龄	性别	死难时间
王 毛	宁津县时集镇马厂村	17	男	1943 年
王 三	宁津县时集镇马厂村	17	男	1943 年
刘新升	宁津县时集镇刘万仓村	72	男	1943 年
刘 星	宁津县时集镇刘万仓村	40	男	1943 年
杨峰志	宁津县时集镇前片杨	21	男	1943 年
齐陆氏	宁津县柴胡店镇亓家村	—	女	1943 年
张林长	宁津县柴胡店镇张庄村	50	男	1943 年
张林西	宁津县柴胡店镇张庄村	25	男	1943 年
周书格	宁津县柴胡店镇大周村	35	男	1943 年
周立凡	宁津县柴胡店镇大周村	35	男	1943 年
周 拾	宁津县柴胡店镇大周村	34	男	1943 年
周忠权	宁津县柴胡店镇大周村	36	男	1943 年
王万路	宁津县柴胡店镇光明村	24	男	1943 年
盖津源	宁津县柴胡店镇盖家村	40	男	1943 年
吴广德	宁津县柴胡店镇边庄村	22	男	1943 年
赵玉廷	宁津县长官镇郑庄村	26	男	1944 年
张金庆	宁津县长官镇罗张村	31	男	1944 年
刘振枝	宁津县长官镇小刘村	20	男	1944 年
苑胜山	宁津县长官镇仇庄村	41	男	1944 年
周国栋	宁津县长官镇仇庄村	40	男	1944 年
马文升	宁津县长官镇张凤巢村	20	男	1944 年
赵汉涛	宁津县长官镇张凤巢村	24	男	1944 年
曲发堂	宁津县保店镇范庄村	22	男	1944 年
朱振峰	宁津县相衙镇冯庄村	40	男	1944 年
白明德	宁津县相衙镇后白厂村	24	男	1944 年
阙井坤	宁津县相衙镇朱道口村	—	男	1944 年
王巨本	宁津县城区办东关村	28	男	1944 年
孟吉仁	宁津县杜集镇龙庄村	19	男	1944 年
王振荣	宁津县杜集镇王廷府	—	男	1944 年
王春芝	宁津县杜集镇王廷府	—	男	1944 年
郭风全	宁津县杜集镇大郭村	21	男	1944 年
李金贵	宁津县杜集镇高苏村	23	男	1944 年
郝寿祥	宁津县杜集镇后郝村	19	男	1944 年
郝寿灵	宁津县杜集镇后郝村	22	男	1944 年

姓 名	籍 贯	年 龄	性 别	死难时间
王永厚	宁津县杜集镇大王村	22	男	1944 年
王西恩	宁津县杜集镇大王村	31	男	1944 年
李庆选	宁津县杜集镇大王村	19	男	1944 年
王永茂	宁津县杜集镇大王村	25	男	1944 年
杜智田	宁津县杜集镇杜集村	20	男	1944 年
杜成田	宁津县杜集镇杜集村	22	男	1944 年
王志安	宁津县张大庄乡王庄村	19	男	1944 年
谢老四	宁津县张大庄乡庞庄村	22	男	1944 年
田明凤	宁津县张大庄乡大鱼李村	23	男	1944 年
陈方祥	宁津县张大庄乡大鱼李村	35	男	1944 年
葛怀春	宁津县张大庄乡房庄村	22	男	1944 年
周连升	宁津县大曹镇宋蒋村	—	男	1944 年
蒋殿文	宁津县大曹镇宋蒋村	—	男	1944 年
潘　仓	宁津县大柳镇潘庄村	28	男	1944 年
潘文焕	宁津县大柳镇潘庄村	31	男	1944 年
潘　八	宁津县大柳镇潘庄村	28	男	1944 年
王春和	宁津县大柳镇李铁匠村	23	男	1944 年
于风瑞	宁津县大柳镇李铁匠村	30	男	1944 年
罗玉普	宁津县大柳镇罗庄村	22	男	1944 年
伊清池	宁津县大柳镇高伊范村	21	男	1944 年
李田元	宁津县大柳镇李架子村	23	男	1944 年
曹春元	宁津县刘营伍乡曹茂伍村	26	男	1944 年
王寿宣	宁津县时集镇马厂村	18	男	1944 年
商云田	宁津县时集镇前环村	42	男	1944 年
刘文成	宁津县时集镇前环村	30	男	1944 年
张振山	宁津县时集镇虎西村	27	男	1944 年
周春成	宁津县时集镇周集村	15	男	1944 年
田兴奎	宁津县时集镇周集村	25	男	1944 年
张宝堂	宁津县时集镇王菜村	28	男	1944 年
刘明林	宁津县柴胡店镇东店刘村	18	男	1944 年
刘国安	宁津县柴胡店镇东店刘村	21	男	1944 年
付坤龙	宁津县柴胡店镇普东村	27	男	1944 年
张德胜	宁津县柴胡店镇光明村	24	男	1944 年
宋文智	宁津县柴胡店镇小柴村	31	男	1944 年

姓 名	籍 贯	年 龄	性 别	死难时间
柴宪瑞	宁津县柴胡店镇小柴村	36	男	1944 年
柴玉梅	宁津县柴胡店镇小柴村	46	男	1944 年
柴德权	宁津县柴胡店镇小柴村	50	男	1944 年
路廷芬	宁津县柴胡店镇路庄村	—	男	1944 年
路云升	宁津县柴胡店镇路庄村	—	男	1944 年
周丙卫	宁津县柴胡店镇边庄村	25	男	1944 年
孙庆态	宁津县柴胡店镇后孔房村	33	男	1944 年
王俊生	宁津县长官镇贾庄村	27	男	1943 年
李 汉	宁津县长官镇辛集村	23	男	1944 年
张 银	宁津县长官镇东苑村	12	女	1944 年
苑三树	宁津县长官镇东苑村	13	男	1945 年
苑石头	宁津县长官镇小苑村	26	男	1945 年
李玉堂	宁津县长官镇小苑村	19	男	1945 年
李登远	宁津县长官镇长南村	32	男	1945 年
王井龙	宁津县长官镇长南村	28	男	1945 年
李长亭	宁津县长官镇长南村	30	男	1945 年
付印成	宁津县长官镇小候村	30	男	1944 年
王迷糊	宁津县长官镇付庄村	27	男	1945 年
刘天福	宁津县长官镇长西村	—	男	1945 年
吴连贵	宁津县杜集镇五大庄村	26	男	1945 年
孟吉尧	宁津县杜集镇龙庄村	18	男	1945 年
银台池	宁津县杜集镇龙庄村	20	男	1945 年
付清怀	宁津县杜集镇小付村	21	男	1945 年
刘德堂	宁津县杜集镇大刘集村	—	男	1945 年
刘登城	宁津县杜集镇刘双全村	—	男	1945 年
刘长兴	宁津县杜集镇刘双全村	—	男	1945 年
刘宝荣	宁津县杜集镇刘双全村	—	男	1945 年
贾丙海	宁津县杜集镇后杨堡村	—	男	1945 年
王西庆	宁津县杜集镇王纸村	—	男	1945 年
张兰柱	宁津县杜集镇后姜村	—	男	1945 年
张玉全	宁津县杜集镇红庙村	—	男	1945 年
王学义	宁津县杜集镇大王村	—	男	1945 年
纪三友	宁津县杜集镇杜集村	—	男	1945 年
张广太	宁津县张大庄乡李七村	—	男	1945 年

姓　名	籍　贯	年　龄	性　别	死难时间
何应全	宁津县张大庄乡白集村	28	男	1945 年
高荣文	宁津县张大庄乡姚口村	22	男	1945 年
姚玉荣	宁津县张大庄乡姚口村	24	男	1945 年
高树升	宁津县张大庄乡姚口村	28	男	1945 年
庞　长	宁津县张大庄乡庞庄村	23	男	1945 年
田丙祥	宁津县张大庄乡大鱼李村	30	男	1945 年
李　氏	宁津县张大庄乡大鱼李村	28	女	1945 年
刘西忠	宁津县大柳镇刘庄村	19	男	1945 年
刘西芬	宁津县大柳镇刘庄村	21	男	1945 年
刘万俊	宁津县大柳镇刘庄村	20	男	1945 年
孙笃和	宁津县大柳镇茂孙村	30	男	1945 年
孙吉兰	宁津县大柳镇茂孙村	35	男	1945 年
张玉普	宁津县大柳镇大西村	44	男	1945 年
刘治平	宁津县大柳镇潘庄村	32	男	1945 年
潘　珍	宁津县大柳镇潘庄村	31	男	1945 年
潘振荣	宁津县大柳镇潘庄村	33	男	1945 年
马丙仁	宁津县大柳镇李白村	—	男	1945 年
马俊起	宁津县大柳镇李白村	—	男	1945 年
李书德	宁津县大柳镇李白村	—	男	1945 年
刘桂枝	宁津县大柳镇李白村	—	男	1945 年
罗书祥	宁津县大柳镇罗庄村	20	男	1945 年
李秀山	宁津县大柳镇高伊范村	19	男	1945 年
殷其文	宁津县大柳镇大东村	30	男	1945 年
杜秀福	宁津县大柳镇七间厅村	17	男	1945 年
高贵西	宁津县大柳镇高小村	18	男	1945 年
卢玉成	宁津县宁津镇西弭河村	39	男	1945 年
吴在春	宁津县宁津镇王庄村	26	男	1945 年
孙丙忠	宁津县宁津镇南北庄	30	男	1945 年
王寿德	宁津县刘营伍乡老君堂村	30	男	1945 年
张万森	宁津县刘营伍乡张安村	18	男	1945 年
张建震	宁津县刘营伍乡张安村	17	男	1945 年
张忠林	宁津县刘营伍乡张安村	23	男	1945 年
周连池	宁津县刘营伍乡周庄村	31	男	1945 年
周大平	宁津县时集镇前油村	19	男	1945 年

姓　名	籍　贯	年　龄	性　别	死难时间
张恩泉	宁津县时集镇前环村	26	男	1945 年
周风奎	宁津县柴胡店镇小周村	33	男	1945 年
李万祥	宁津县柴胡店镇于庄村	25	男	1945 年
姜永芹	宁津县柴胡店镇盖家村	27	男	1945 年
方连祥	宁津县柴胡店镇方庄村	19	男	1945 年
王兰普	宁津县柴胡店镇普西村	28	男	1945 年
付兰亭	宁津县保店镇王兴吾村	—	男	—
李恩路	宁津县保店镇东长村	40	男	—
杨永福	宁津县保店镇后杨	—	男	—
杨书同	宁津县保店镇后杨	—	男	—
王奎胜之父	宁津县保店镇王千西村	—	男	—
回福讯	宁津县保店镇东回村	—	男	—
王传信	宁津县保店镇王千东村	18	男	—
王俊清	宁津县保店镇王千东村	—	男	—
回福起	宁津县保店镇东回村	—	男	—
李青山	宁津县相衙镇楼子李村	—	男	—
于书升	宁津县相衙镇于庄村	21	男	—
于付俊	宁津县相衙镇于庄村	31	男	—
蔺善同	宁津县相衙镇孔庙村	—	男	—
曹风阁	宁津县相衙镇曹庄村	51	男	—
曹义堂	宁津县相衙镇曹庄村	50	男	—
刘青山	宁津县相衙镇边杨村	—	男	—
刘代成	宁津县相衙镇边杨村	—	男	—
王　浩	宁津县相衙镇边杨村	—	男	—
王殿华	宁津县相衙镇边杨村	—	男	—
王香文	宁津县相衙镇郝庄村	—	男	—
王喜田	宁津县相衙镇郝庄村	—	男	—
郝昂臣	宁津县相衙镇郝庄村	—	男	—
刘福景	宁津县相衙镇惺悟寨村	36	男	—
刘福轮	宁津县相衙镇惺悟寨村	31	男	—
刘森林	宁津县相衙镇惺悟寨村	28	男	—
刘志清	宁津县相衙镇惺悟寨村	25	男	—
齐俊海	宁津县相衙镇惺悟寨村	24	男	—
刘方栋	宁津县相衙镇惺悟寨村	26	男	—

姓 名	籍 贯	年龄	性 别	死难时间
刘贵田	宁津县相衙镇惺悟寨村	27	男	—
刘荣行	宁津县相衙镇惺悟寨村	25	男	—
刘虎臣	宁津县相衙镇惺悟寨村	23	男	—
刘代林	宁津县相衙镇惺悟寨村	26	男	—
刘万荣	宁津县相衙镇惺悟寨村	28	男	—
苏万福	宁津县开发区小香村	—	男	—
任 氏	宁津县开发区东卢村	—	女	—
赵玉俊	宁津县开发区小香村	—	男	—
冯林德	宁津县城区办西关外村	—	男	—
杨金贵	宁津县城区办西关外村	—	男	—
刘立德	宁津县杜集镇刘双全村	17	男	—
刘宪元	宁津县杜集镇刘双全村	25	男	—
张寿堂	宁津县杜集镇张纸村	16	男	—
张金亭	宁津县杜集镇张纸村	28	男	—
张金奎	宁津县杜集镇张纸村	29	男	—
刘玉堂	宁津县杜集镇张纸村	24	男	—
张玉昌	宁津县杜集镇张纸村	28	男	—
张希明	宁津县杜集镇张纸村	25	男	—
张金平	宁津县杜集镇张纸村	29	男	—
李永桂	宁津县杜集镇李麻村	29	男	—
耿占武	宁津县杜集镇红庙村	35	男	—
武之奎	宁津县杜集镇庞庄村	20	男	—
张清西	宁津县张大庄乡张户头村	—	男	—
张印龙	宁津县张大庄乡张户头村	—	男	—
张玉征	宁津县张大庄乡张户头村	—	男	—
张 春	宁津县张大庄乡张户头村	—	男	—
冯风同	宁津县张大庄乡张户头村	—	男	—
张红文	宁津县张大庄乡张户头村	—	男	—
张正田	宁津县张大庄乡张户头村	—	男	—
张尚奎	宁津县张大庄乡张户头村	—	男	—
张连荣	宁津县张大庄乡张户头村	—	男	—
杨书增	宁津县大柳镇前杨村	20	男	—
杨玉亭	宁津县大柳镇杨小村	23	男	—
杨 俊	宁津县大柳镇杨小村	18	男	—

姓 名	籍 贯	年 龄	性 别	死难时间
杜成福	宁津县大柳镇七间厅村	48	男	—
刘连荣	宁津县刘营伍乡前寺村	—	男	—
刘春长	宁津县刘营伍乡前寺村	—	男	—
商秋成	宁津县刘营伍乡商西村	23	男	—
商振春	宁津县刘营伍乡商西村	—	男	—
刘林洲	宁津县刘营伍乡郭庄村	—	男	—
孙月桥	宁津县刘营伍乡孙华门村	31	男	—
孙宝双	宁津县刘营伍乡孙华门村	29	男	—
刘华堂	宁津县刘营伍乡后刘村	24	男	—
刘银堂	宁津县刘营伍乡后刘村	26	男	—
梁 氏	宁津县刘营伍乡刘旺言村	36	女	—
张学宽	宁津县刘营伍乡刘旺言村	—	男	—
张运江	宁津县刘营伍乡刘旺言村	25	男	—
焦奎昌	宁津县时集镇前焦村		男	—
杨玉溪	宁津县时集镇闫庄村	18	男	—
王登堂	宁津县柴胡店镇后寨子村		男	—
王登峰	宁津县柴胡店镇后寨子村		男	—
付恩财	宁津县柴胡店镇后寨子村		男	—
付恩玉	宁津县柴胡店镇后寨子村		男	—
赵 氏	宁津县柴胡店镇王学堂村	—	女	—
关茂荣	宁津县柴胡店镇王学堂村		男	—
韩风堂	宁津县柴胡店镇王学堂村		男	—
艾 学	宁津县柴胡店镇前艾村	—	男	—
赵立业	宁津县柴胡店镇小赵村		男	—
胡之刚	宁津县柴胡店镇小赵村		男	—
赵春和	宁津县柴胡店镇小赵村	—	男	—
金风祥	宁津县柴胡店镇小赵村		男	—
崔仁贵	宁津县柴胡店镇双庙村	—	男	—
崔连起	宁津县柴胡店镇崔庄村		男	—
闫秀峰	宁津县柴胡店镇崔庄村	—	男	—
孟传太	宁津县柴胡店镇方庄村	18	男	—
孟玉俊	宁津县柴胡店镇方庄村	—	男	—
孟传森	宁津县柴胡店镇方庄村	—	男	—
孟吉武	宁津县柴胡店镇方庄村	—	男	—

姓　名	籍　贯	年　龄	性　别	死难时间
齐福祥	宁津县柴胡店镇方庄村	—	男	—
孟兴德	宁津县柴胡店镇方庄村	—	男	—
张连桂	宁津县相衙镇前纸房村	—	男	—
张小坤	宁津县相衙镇张立范	16	男	—
张玉亭	宁津县相衙镇张立范	26	男	—
张宝林	宁津县相衙镇京城张村	—	男	—
门太春	宁津县相衙镇门庄村	—	—	—
门太振	宁津县相衙镇门庄村	—	—	—
门观水	宁津县相衙镇门庄村	—	—	—
刘金兰	宁津县相衙镇门庄村	—	—	—
门富贵	宁津县相衙镇门庄村	—	—	—
门观风	宁津县相衙镇门庄村	—	—	—
王殿秀	宁津县时集镇王菜村	—	男	—
刘景田	宁津县时集镇守墓刘村	40	男	—
刘清臣	宁津县时集镇守墓刘村	42	男	—
李德才	宁津县时集镇李八卦村	—	男	—
李景辉	宁津县时集镇李八卦村	—	男	—
李书兰	宁津县时集镇李八卦村	—	男	—
宋怀晨	宁津县时集镇郑庄村	33	男	—
柴老八	宁津县时集镇柴庄村	—	男	—
李胜于	宁津县长官镇李庄村	25	男	—
张德昌	宁津县长官镇西曹村	22	男	—
刘桐珍	宁津县保店镇后高村	16	男	—
宋清波	宁津县相衙镇宋庄村	21	男	1937 年
宋宝信	宁津县相衙镇宋庄村	22	男	1937 年
刘德同	宁津县长官镇长北村	—	男	1937 年
王长营	宁津县城区办董沙村	—	男	1937 年
刁丙利	宁津县大曹镇韩庄村	17	男	1937 年
杨振明	宁津县大曹镇韩庄村	17	男	1937 年
刘凳林	宁津县柴胡店镇闫集村	—	男	1937 年
张德福	宁津县杜集镇红庙村	21	男	1938 年
宗吉庆	宁津县刘营伍乡后宗村	27	男	1938 年
卢玉梅	宁津县开发区东卢村	—	男	1939 年
卢风廷	宁津县开发区东卢村	—	男	1939 年

姓　名	籍　贯	年　龄	性　别	死难时间
卢春成	宁津县开发区东卢村	—	男	1939 年
卢德修	宁津县开发区东卢村	—	男	1939 年
卢德恒	宁津县开发区东卢村	—	男	1939 年
卢玉臣	宁津县开发区东卢村	—	男	1939 年
张宝堂	宁津县相衙镇张万良村	—	男	1939 年
刘自路	宁津县刘营伍乡后寺村	15	男	1939 年
宗立鹅	宁津县刘营伍乡后宗村	30	男	1939 年
苏风奎	宁津县杜集镇大苏村	15	男	1940 年 1 月
张玉芹	宁津县杜集镇崔庄村	17	男	1940 年 2 月
卢玉明	宁津县杜集镇卢庄村	35	男	1940 年 7 月
刘树国	宁津县长官镇东刘村	25	男	1940 年
卢德祥	宁津县开发区东卢村	—	男	1940 年
张中峰	宁津县杜集镇张旭村	—	男	1940 年
杨振华	宁津县城区办杨环村	—	男	1940 年
张清分	宁津县杜集镇张旭村	—	男	1940 年
张风元	宁津县杜集镇张旭村	—	男	1940 年
郭风明	宁津县大柳镇高伊范村	24	男	1940 年
刘连甲	宁津县刘营伍乡后寺村	20	男	1940 年
张玉祥	宁津县相衙镇杨年村	27	男	1941 年
张清俊	宁津县杜集镇后水村	—	男	1941 年
王风春	宁津县张大庄乡王庄村	25	男	1941 年
宗清田	宁津县刘营伍乡后宗村	46	男	1941 年
杨　雷	宁津县刘营伍乡后宗村	47	男	1941 年
庞风岭	宁津县时集镇后环村	32	男	1941 年
刘　杰	宁津县城区办街市牌村	30	男	1941 年
郑广海	宁津县张大庄乡大郑村	16	男	1941 年
杨长增	宁津县大柳镇杨小村	20	男	1941 年
商风祥	宁津县刘营伍乡前商村	28	男	1941 年
商有德	宁津县刘营伍乡前商村	30	男	1941 年
贾福森	宁津县刘营伍乡前商村	25	男	1941 年
商彦宾	宁津县刘营伍乡前商村	30	男	1941 年
闫丙信	宁津县柴胡店镇闫集村	—	男	1941 年
宋井全	宁津县柴胡店镇闫集村	—	男	1941 年
张风清	宁津县杜集镇张古村	34	男	1942 年

姓 名	籍 贯	年 龄	性 别	死难时间
崔西文	宁津县杜集镇肖庄村	—	男	1942 年
张西臣	宁津县杜集镇红庙村	20	男	1942 年
王志红	宁津县张大庄乡王庄村	21	男	1942 年
王景余	宁津县张大庄乡张香西村	34	男	1942 年
杨三德	宁津县大柳镇鄄子村	30	男	1942 年
杨福海	宁津县大柳镇鄄子村	30	男	1942 年
杨玉才	宁津县大柳镇杨小村	24	男	1942 年
刘风同	宁津县刘营伍乡寨东村	62	男	1942 年
刘景全	宁津县杜集镇杨纸村	25	男	1942 年
刘长荣	宁津县杜集镇杨纸村	18	男	1942 年
郑广成	宁津县张大庄乡大郑村	15	男	1942 年
王振华	宁津县张大庄乡张香西村	36	男	1942 年
周殿章	宁津县张大庄乡张香西村	36	男	1942 年
杨玉波	宁津县大柳镇杨小村	25	男	1942 年
艾 臭	宁津县柴胡店镇前艾村	18	男	1942 年
崔耀廷	宁津县杜集镇崔庄村	25	男	1943 年 1 月
杨忠顺	宁津县时集镇大曹村	27	男	1943 年 5 月
贾传林	宁津县长官镇贾庄村	32	男	1943 年
杨长河	宁津县相衙镇杨年村	29	男	1943 年
郑永起	宁津县相衙镇东卢集村	38	男	1943 年
付连胜	宁津县杜集镇张古村	33	男	1943 年
肖其柱	宁津县杜集镇仲伍村	—	男	1943 年
陈之刚	宁津县杜集镇后陈村	28	男	1943 年
张景福	宁津县宁津镇谢集村	50	男	1943 年
陈木华	宁津县时集镇大曹村	46	男	1943 年
刘殿元	宁津县大曹镇西刘村	—	男	1943 年
高步江	宁津县柴胡店镇大逯村	40	男	1943 年
崔景堂	宁津县杜集镇崔庄村	28	男	1944 年 7 月
李桐林	宁津县张大庄乡清明寺村	23	男	1944 年 5 月
李富贵	宁津县杜集镇韩庄村	17	男	1944 年 9 月
张风林	宁津县杜集镇张古村	34	男	1944 年
付九兴	宁津县刘营伍乡付庙村	—	男	1944 年
肖乐山	宁津县杜集镇仲伍村	—	男	1944 年
付孟春	宁津县杜集镇小付村	40	男	1944 年

姓 名	籍 贯	年 龄	性 别	死难时间
舒俊峰	宁津县杜集镇东舒村	—	男	1944 年
刘德一	宁津县杜集镇大刘集村	—	男	1944 年
李景周	宁津县杜集镇前陈村	25	男	1944 年
李国华	宁津县杜集镇河李村	25	男	1944 年
潘向孟	宁津县大柳镇潘庄村	31	男	1944 年
刘清池	宁津县刘营伍乡刘秋村	23	男	1944 年
张风朝	宁津县集镇崔庄村	20	男	1942 年 3 月
苏文玉	宁津县杜集镇仲苏村	—	男	1945 年
裴永福	宁津县宁津镇李会村	39	男	1945 年 6 月
刘振林	宁津县刘营伍乡刘秋村	25	男	1945 年
刘志可	宁津县大曹镇西刘村	—	男	1945 年
杨永祥	宁津县大柳镇杨小村	19	男	—
杨贵成	宁津县大柳镇鄣子村	—	男	—
王兰英	宁津县保店镇东回村	—	女	—
张忠元	宁津县开发区义和庄村	—	男	—
回清元	宁津县保店镇东回村	—	男	—
回万清	宁津县保店镇东回村	—	男	—
回福存	宁津县保店镇东回村	—	男	—
刘春阳	宁津县柴胡店镇西刘村	—	男	—
刘万路	宁津县保店镇簸箩寨村	21	男	—
李宪和	宁津县保店镇簸箩寨村	30	男	—
刘万贞	宁津县保店镇簸箩寨村	24	男	—
马金山	宁津县保店镇簸箩寨村	19	男	—
卢 成	宁津县开发区西卢村	—	男	—
卢宝文	宁津县开发区西卢村	—	男	—
张正明	宁津县开发区西卢村	—	男	—
卢书臣	宁津县开发区西卢村	—	男	—
卢振祥	宁津县开发区西卢村	—	男	—
合 计	**1147**			

责任人：武恩智 李 群　　　　　核实人：郭晓丽 王新枝　　　　填表人：郭晓丽 王新枝

填报单位（签章）：宁津县委党史研究室　　　　　　　　　　填报时间：2009 年 5 月 12 日

齐河县抗日战争时期死难者名录

姓 名	籍 贯	年 龄	性 别	死难时间
官读扁	齐河县华店乡官庄村	—	男	1937 年 10 月 12 日
郭东风	齐河县华店乡郭庄村	—	男	1937 年 10 月 12 日
郭天曾	齐河县华店乡郭庄村	—	男	1937 年 10 月 12 日
郭振四	齐河县华店乡官庄村	—	男	1937 年 10 月 12 日
四闷闷	齐河县华店乡郭庄村	—	男	1937 年 10 月 12 日
郭风田	齐河县华店乡郭庄村	—	男	1937 年 10 月 12 日
万应帮	齐河县赵官镇古河村	—	男	1937 年 12 月 13 日
万玉胜	齐河县赵官镇古河村	—	男	1937 年 12 月 13 日
官延告	齐河县华店乡官庄村	—	男	1937 年
路永仁	齐河县胡官屯镇路庄村	21	男	1937 年
路永志	齐河县胡官屯镇路庄村	22	男	1937 年
蔡玉石	齐河县华店乡蔡庄村	—	男	1937 年
阮庄子	齐河县华店乡蔡庄村	—	男	1937 年
阮庆风	齐河县华店乡蔡庄村	—	男	1937 年
宫博海	齐河县华店乡蔡庄村	—	男	1937 年
王卖修	齐河县华店乡华店村	36	男	1937 年
丁付子	齐河县华店乡华店村	29	男	1937 年
赵狗子	齐河县焦庙镇辛庄村	30	男	1937 年
姜光亮	齐河县焦庙镇小李村	31	男	1937 年
张万海	齐河县焦庙镇孙黄村	—	男	1937 年
钟 成	齐河县焦庙镇钟庄村	23	男	1937 年
陈风木	齐河县焦庙镇前刘村	16	男	1937 年
陈云亭	齐河县焦庙镇前刘村	17	男	1937 年
王玉珍	齐河县焦庙镇前刘村	16	男	1937 年
张玉堂	齐河县焦庙镇石门张村	32	男	1937 年
杨丙刚	齐河县焦庙镇张杨村	35	男	1937 年
杨孟信	齐河县焦庙镇张杨村	26	男	1937 年
曹庆基	齐河县焦庙镇张杨村	21	男	1937 年
杨元随	齐河县焦庙镇张杨村	23	男	1937 年
华亭卓	齐河县焦庙镇华集村	21	男	1937 年
华道时	齐河县焦庙镇华集村	27	男	1937 年 12 月

姓　名	籍　贯	年　龄	性　别	死难时间
华希都	齐河县焦庙镇华集村	19	男	1937 年
华希忠	齐河县焦庙镇华集村	20	男	1937 年
华希广	齐河县焦庙镇华集村	22	男	1937 年
华希庆	齐河县焦庙镇华集村	26	男	1937 年
华希珠	齐河县焦庙镇华集村	24	男	1937 年 12 月
华相茂	齐河县焦庙镇华集村	47	男	1937 年 12 月
华立远	齐河县焦庙镇华集村	19	男	1937 年 12 月
华学相	齐河县焦庙镇华集村	20	男	1937 年 12 月
范宪茂	齐河县焦庙镇范庄村	—	男	1937 年
钟玉敬	齐河县焦庙镇钟庄村	22	男	1937 年 12 月
钟心怀	齐河县焦庙镇钟庄村	19	男	1937 年 12 月
钟开臣	齐河县焦庙镇钟庄村	25	男	1937 年 12 月
钟继芬	齐河县焦庙镇钟庄村	21	男	1937 年 12 月
钟成华	齐河县焦庙镇钟庄村	28	男	1937 年 12 月
钟玉华	齐河县焦庙镇钟庄村	25	男	1937 年 12 月
钟成怀	齐河县焦庙镇钟庄村	28	男	1937 年 12 月
于继文	齐河县焦庙镇钟庄村	28	男	1937 年 12 月
席庆兰	齐河县焦庙镇席庵村	—	男	1937 年
狗　剩	齐河县刘桥乡武庄村	35	男	1937 年
陈明江	齐河县马集乡马集村	38	男	1937 年
赵善城	齐河县潘店镇邵庄村	45	男	1937 年
宋长山	齐河县潘店镇王对宇村	28	男	1937 年
张山元	齐河县潘店镇邱段村	—	男	1937 年
张曰全	齐河县晏城镇北宋村	29	男	1937 年
孙玉莲	齐河县晏城镇张辛村	52	女	1937 年
姚金珠	齐河县晏城镇张辛村	51	男	1937 年
孙元子	齐河县祝阿镇后河村	—	男	1937 年
张后志	齐河县祝阿镇西关村	46	男	1937 年
房二元	齐河县祝阿镇西郑村	30	男	1937 年
赵明春	齐河县祝阿镇赵井村	—	男	1937 年
宋振元	齐河县祝阿镇官庄村	35	男	1937 年
赵金杰	齐河县祝阿镇后拐村	19	男	1937 年
顾延芳	齐河县马集乡顾道口村	19	男	1938 年 3 月
王学仟	齐河县宣章屯镇王保村	40	男	1938 年 3 月 3 日

姓 名	籍 贯	年 龄	性 别	死难时间
王二呢	齐河县宣章屯镇王保村	30	男	1938 年 3 月 3 日
王田呢	齐河县宣章屯镇王保村	31	男	1938 年 3 月 3 日
黄连东	齐河县大黄乡刘东村	26	男	1938 年 3 月 7 日
卢现洲	齐河县胡官屯镇芦庄村	32	男	1938 年 4 月
付延珩	齐河县赵官镇付庄村	29	男	1938 年 4 月
张希勤	齐河县宣章屯镇宣章村	40	男	1938 年 5 月
方志刚	齐河县马集乡雷屯村	19	男	1938 年 5 月
李开任	齐河县胡官屯镇南李村	20	男	1938 年 6 月
李友香	齐河县胡官屯镇南李村	20	男	1938 年 6 月
付杰三	齐河县赵官镇付庄村	28	男	1938 年 6 月
陈常来	齐河县潘店镇坊子村	27	男	1938 年 7 月
李清华	齐河县潘店镇南祁村	—	男	1938 年 9 月
赵绪俊	齐河县赵官镇程官村	31	男	1938 年 9 月
刘文贤	齐河县马集乡封官村	32	男	1938 年 11 月
卢居祯	齐河县焦庙镇王桥村	—	男	1938 年 12 月
车吉坤	齐河县刘桥乡车王村	32	男	1938 年 12 月
车秀生	齐河县刘桥乡车王村	18	男	1938 年 12 月
车玉芹	齐河县刘桥乡车王村	28	男	1938 年 12 月
刘玉山	齐河县胡官屯镇杨道口村	23	男	1938 年
黄云英	齐河县胡官屯镇杨道口村	25	女	1938 年
付忠贵	齐河县胡官屯镇新付村	—	男	1938 年
王新利	齐河县仁里集镇王西村	45	男	1938 年
孙平先	齐河县仁里集镇孙庄村	56	男	1938 年
靳可义	齐河县仁里集镇辛东村	20	男	1938 年
李传金	齐河县赵官镇南何村	21	男	1938 年
王传生	齐河县赵官镇张庄村	50	男	1938 年
董佳水	齐河县赵官镇董寺村	20	男	1938 年
王大全	齐河县赵官镇北一村	47	男	1938 年
李逢禄	齐河县安头乡王举村	37	男	1938 年 10 月
李逢祥	齐河县安头乡王举村	38	男	1938 年 10 月
王长泰	齐河县安头乡王举村	42	男	1938 年 10 月
王金铭	齐河县安头乡王举村	41	男	1938 年 10 月
王金涵	齐河县安头乡王举村	38	男	1938 年 10 月
王曹氏	齐河县安头乡王举村	37	女	1938 年 10 月

姓 名	籍 贯	年 龄	性 别	死难时间
王长盛	齐河县安头乡王举村	38	男	1938 年 10 月
王金河	齐河县安头乡王举村	40	男	1938 年 10 月
王长斗	齐河县安头乡王举村	42	男	1938 年 10 月
王金琢	齐河县安头乡王举村	42	男	1938 年 10 月
王长祥	齐河县安头乡王举村	43	男	1938 年 10 月
王长星	齐河县安头乡王举村	45	男	1938 年 10 月
王士让	齐河县安头乡王举村	32	男	1938 年 10 月
王士俭	齐河县安头乡王举村	34	男	1938 年 10 月
王金盘	齐河县安头乡王举村	40	男	1938 年 10 月
宗焕邦	齐河县安头乡王举村	42	男	1938 年 10 月
张相武	齐河县安头乡王举村	43	男	1938 年 10 月
刘丙张	齐河县安头乡王举村	—	男	1938 年
刘金华	齐河县安头乡王举村	—	男	1938 年
张立堂	齐河县安头乡王举村	38	男	1938 年
张明军	齐河县华店乡小周村	60	男	1938 年
姜林宝	齐河县华店乡姜庄村	30	男	1938 年
小水城	齐河县华店乡白庄村	—	男	1938 年
赵建贞	齐河县焦庙镇潘赵村	20	男	1938 年
刘发广	齐河县焦庙镇后刘村	—	男	1938 年
姜玉江	齐河县焦庙镇姜庄村	—	男	1938 年
姜荣贵	齐河县焦庙镇姜庄村	—	男	1938 年
陈连增	齐河县焦庙镇黄屯村	60	男	1938 年
黄德富	齐河县焦庙镇黄屯村	24	男	1938 年
席保银	齐河县焦庙镇黄屯村	28	男	1938 年
刘文学	齐河县焦庙镇黄屯村	25	男	1938 年
陈建都	齐河县焦庙镇贾市村	37	男	1938 年
张长孝	齐河县焦庙镇贾市村	45	男	1938 年
张小黑	齐河县焦庙镇贾市村	23	男	1938 年
贾子礼	齐河县焦庙镇贾市村	35	男	1938 年
杨元德	齐河县焦庙镇张杨村	27	男	1938 年
刘京义	齐河县焦庙镇张杨村	24	男	1938 年
杨海云	齐河县焦庙镇张杨村	37	男	1938 年
张秀文	齐河县焦庙镇张杨村	27	男	1938 年
李成年	齐河县刘桥乡李茂吾村	—	男	1938 年

姓　名	籍　贯	年龄	性别	死难时间
李宪贵	齐河县刘桥乡李茂吾村	—	男	1938 年
何小涛	齐河县刘桥乡李茂吾村	—	男	1938 年
李木生	齐河县刘桥乡李茂吾村	—	男	1938 年
李宪法	齐河县刘桥乡李茂吾村	—	男	1938 年
李三平	齐河县刘桥乡李茂吾村	—	男	1938 年
刘加丰	齐河县刘桥乡大刘村	21	男	1938 年
白成义	齐河县刘桥乡良庄村	32	男	1938 年
张士连	齐河县刘桥乡塘坊村	39	男	1938 年
张北武	齐河县刘桥乡塘坊村	40	男	1938 年
宋德岩	齐河县刘桥乡宋庄村	50	男	1938 年
侯友成	齐河县刘桥乡崔庄村	30	男	1938 年
郑武领	齐河县马集乡东朱村	26	男	1938 年
李风安	齐河县潘店镇十里务村	18	男	1938 年
张兆家	齐河县潘店镇张庄村	23	男	1938 年
张庆仁	齐河县潘店镇张庄村	15	男	1938 年
高希河	齐河县潘店镇北街村	23	男	1938 年
郭传金	齐河县潘店镇李官村	18	男	1938 年
徐传宝	齐河县潘店镇邱段村	—	男	1938 年
高中道	齐河县潘店镇大杨村	45	男	1938 年
马　小	齐河县潘店镇张楼村	—	男	1938 年
吴心忠	齐河县潘店镇有粮村	31	男	1938 年
赵长星	齐河县潘店镇有粮村	30	男	1938 年
朱正利	齐河县潘店镇金马村	20	男	1938 年
张光成	齐河县潘店镇王对宇村	27	男	1938 年
李庆华	齐河县潘店镇南祁村	20	男	1938 年
朱士栋	齐河县潘店镇朱庄村	—	男	1938 年
朱连华	齐河县潘店镇朱庄村	—	男	1938 年
赵家友	齐河县潘店镇曲庄村	—	男	1938 年
贾敦关	齐河县宣章屯镇戚官村	34	男	1938 年
贾相等	齐河县宣章屯镇戚官村	34	男	1938 年
明文升	齐河县宣章屯镇明庄村	34	男	1938 年
徐向武	齐河县晏城镇王官村	—	男	1938 年
魏龙德	齐河县晏城镇大魏村	30	男	1938 年
魏传富	齐河县晏城镇大魏村	35	男	1938 年

姓　名	籍　贯	年　龄	性　别	死难时间
魏传孟	齐河县晏城镇大魏村	33	男	1938 年
魏家新	齐河县晏城镇大魏村	26	男	1938 年
陈广才	齐河县祝阿镇左三里村	40	男	1938 年
王德恩	齐河县祝阿镇左三里村	21	男	1938 年
王青城	齐河县祝阿镇左三里村	40	男	1938 年
王世元	齐河县祝阿镇西颜村	33	男	1938 年
张风仪	齐河县祝阿镇前营村	—	男	1938 年
张永明	齐河县祝阿镇前营村	—	男	1938 年
徐茂新	齐河县祝阿镇大周村	23	男	1938 年
甄有贞	齐河县祝阿镇前甄村	40	男	1938 年
张红爱	齐河县祝阿镇古楼村	21	男	1938 年
老　憨	齐河县祝阿镇古楼村	23	男	1938 年
王玉章	齐河县祝阿镇王坊村	44	男	1938 年
王　梅	齐河县祝阿镇王坊村	46	男	1938 年
马传宝	齐河县祝阿镇河口闫村	—	男	1938 年
李金章	齐河县祝阿镇大周村	—	男	1938 年
李清秋	齐河县祝阿镇小周村	—	男	1938 年
吴　考	齐河县祝阿镇小周村	—	男	1938 年
李绍基	齐河县祝阿镇李三里	16	男	1938 年
李光木	齐河县祝阿镇李三里	15	男	1938 年
杨成明	齐河县大黄乡石碑杨村	21	男	1938 年
杨希安	齐河县大黄乡石碑杨村	26	男	1938 年
祝不理	齐河县大黄乡祝楼村	—	男	1938 年
康元善	齐河县宣章屯镇康庄村	70	男	1938 年
刘　伟	齐河县宣章屯镇康庄村	21	男	1938 年
徐潘勤	齐河县宣章屯镇康庄村	30	男	1938 年
隋继运	齐河县潘店镇李官村	—	男	1939 年 1 月
王文走	齐河县潘店镇李官村	—	男	1939 年 1 月
王庆杭	齐河县潘店镇李官村	—	男	1939 年 1 月
李少臣	齐河县祝阿镇孟铺村	—	男	1939 年 1 月
乔长义	齐河县焦庙镇纸营村	—	男	1939 年 3 月
乔长重	齐河县焦庙镇纸营村	—	男	1939 年 3 月
崔传甲	齐河县赵官镇崔桥村	39	男	1939 年 3 月
崔加亮	齐河县赵官镇崔桥村	59	男	1939 年 3 月

姓 名	籍 贯	年 龄	性 别	死难时间
刘兴常	齐河县仁里集镇前刘村	33	男	1939 年 5 月
艾照廷	齐河县赵官镇邱庄村	19	男	1939 年 6 月
宋家平	齐河县胡官屯镇宋庄村	23	男	1939 年 6 月 28 日
滕文河	齐河县胡官屯镇梁官屯村	17	男	1939 年 7 月
吴大妮	齐河县刘桥乡车王村	18	女	1939 年 7 月
王殿臣	齐河县华店乡尹屯村	23	男	1939 年 7 月 12 日
王长进	齐河县华店乡尹屯村	24	男	1939 年 7 月 12 日
刘长代	齐河县华店乡尹屯村	40	男	1939 年 7 月 12 日
房希凡	齐河县华店乡尹屯村	42	男	1939 年 7 月 12 日
古怀之	齐河县华店乡尹屯村	53	男	1939 年 7 月 12 日
王照兵	齐河县华店乡辛店村	78	男	1939 年 7 月 12 日
李思德	齐河县胡官屯镇司李村	45	男	1939 年 8 月
李志煜	齐河县马集乡东朱村	31	男	1939 年 8 月
季常星	齐河县潘店镇坊子村	30	男	1939 年 8 月
王丕文	齐河县赵官镇东尹村	18	男	1939 年 8 月 4 日
尹作祥	齐河县赵官镇东尹村	20	男	1939 年 8 月 4 日
朱志东	齐河县胡官屯镇后朱楼村	20	男	1939 年 9 月
胡天泽	齐河县胡官屯镇刘坡头村	25	男	1939 年 9 月
高传正	齐河县刘桥乡高庄村	20	男	1939 年 9 月
李永岱	齐河县刘桥乡老李村	22	男	1939 年 9 月
马刚头	齐河县赵官镇官庄村	48	男	1939 年 9 月
王申告	齐河县赵官镇王厅村	60	男	1939 年 9 月 15 日
李传泽	齐河县刘桥乡老李村	26	男	1939 年 11 月
徐照贤	齐河县赵官镇北二村	25	男	1939 年 11 月
郝景高	齐河县表白寺镇孙东村	30	男	1939 年 12 月
吴庆来	齐河县胡官屯镇吴集村	26	男	1939 年
吴庆昌	齐河县胡官屯镇吴集村	23	男	1939 年
吴庆山	齐河县胡官屯镇吴集村	25	男	1939 年
吴长林	齐河县胡官屯镇吴集村	39	男	1939 年
朱西路	齐河县胡官屯镇后朱楼村	29	男	1939 年
张其河	齐河县胡官屯镇大耿村	21	男	1939 年
付作金	齐河县胡官屯镇后朱楼村	28	男	1939 年
訾学孔	齐河县焦庙镇后刘村	20	男	1939 年
刘庆山	齐河县焦庙镇后刘村	21	男	1939 年

姓　名	籍　贯	年　龄	性　别	死难时间
袁茂林	齐河县焦庙镇东袁村	21	男	1939 年
鞠继花	齐河县焦庙镇季中村	43	男	1939 年
苏传河	齐河县焦庙镇季中村	28	男	1939 年
杨庆林	齐河县焦庙镇季中村	25	男	1939 年
贾光宅	齐河县焦庙镇贾庄村	35	男	1939 年
李光代	齐河县焦庙镇西李楼	—	男	1939 年
李光金	齐河县焦庙镇西李楼	—	男	1939 年
李光繁	齐河县焦庙镇西李楼	—	男	1939 年
陈庆河	齐河县焦庙镇西李楼村	—	男	1939 年
李存洪	齐河县焦庙镇西李楼村	—	男	1939 年
李启田	齐河县焦庙镇西李楼村	—	男	1939 年
董尚和	齐河县焦庙镇小刘村	22	男	1939 年
李恩基	齐河县焦庙镇靓池村	43	男	1939 年
郭庆振	齐河县焦庙镇双庙村	18	男	1939 年
张杰三	齐河县焦庙镇张弓辰村	20	男	1939 年
杨永茂	齐河县焦庙镇曲屯村	23	男	1939 年
王　瓜	齐河县焦庙镇曲屯村	24	男	1939 年
孙廷顺	齐河县焦庙镇曲屯村	23	男	1939 年
杨木代	齐河县焦庙镇曲屯村	25	男	1939 年
王培仁	齐河县马集乡邱集村	28	男	1939 年
景文亭	齐河县马集乡红堂村	19	男	1939 年
郑庆堂	齐河县马集乡西侯村	26	男	1939 年
程现文	齐河县马集乡东朱村	28	男	1939 年
张成金	齐河县潘店镇靖庄村	30	男	1939 年
张成兴	齐河县潘店镇靖庄村	29	男	1939 年
毛现德	齐河县潘店镇靖庄村	39	男	1939 年
陈洪保	齐河县潘店镇西屯村	40	男	1939 年
陈广珠	齐河县潘店镇陈屯村	23	男	1939 年
陈洪成	齐河县潘店镇陈屯村	20	男	1939 年
陈洪全	齐河县潘店镇陈屯村	21	男	1939 年
张自政	齐河县潘店镇南街	27	男	1939 年
孙富祥	齐河县潘店镇北街村	22	男	1939 年
程光至	齐河县潘店镇有粮村	23	男	1939 年
吴玉銮	齐河县潘店镇吴庄村	22	男	1939 年

姓 名	籍 贯	年 龄	性 别	死难时间
吴玉新	齐河县潘店镇吴庄村	23	男	1939 年
李彩亭	齐河县潘店镇洪张村	30	男	1939 年
祁宗玉	齐河县潘店镇南祁村	20	男	1939 年
董效连	齐河县晏城镇兴隆村	20	男	1939 年
董庆民	齐河县晏城镇兴隆村	60	男	1939 年
康玉录	齐河县宣章屯镇康庄村	62	男	1939 年
康寿生	齐河县宣章屯镇康庄村	25	男	1939 年
张水子	齐河县表白寺镇大周村	21	男	1939 年
王长山	齐河县表白寺镇大周村	51	男	1939 年
刘风玉	齐河县表白寺镇大周村	37	男	1939 年
刘春朴	齐河县表白寺镇大周村	21	男	1939 年
张世平	齐河县表白寺镇大周村	23	男	1939 年
宋大辰	齐河县胡官屯镇郑官村	18	男	1939 年
孔凡杰	齐河县胡官屯镇周苏村	20	男	1939 年
孔庆德	齐河县胡官屯镇马集村	19	男	1939 年
李良鑫	齐河县胡官屯镇纸坊村	—	男	1939 年
王传璞	齐河县仁里集镇辛北村	21	男	1939 年
柴庆岱	齐河县仁里集镇大柴村	18	男	1939 年
崔富义	齐河县仁里集镇辛东村	19	男	1939 年
魏春香	齐河县仁里集镇魏庄村	30	男	1939 年
董昭木	齐河县仁里集镇董集村	20	男	1939 年
董甲亭	齐河县赵官镇董桥村	30	男	1939 年
董承太	齐河县赵官镇董桥村	30	男	1939 年
刘曰亲	齐河县赵官镇刘庄村	41	男	1939 年
尹承海	齐河县赵官镇东尹村	21	男	1939 年
朱振全	齐河县赵官镇邱庄村	25	男	1939 年
常士志	齐河县赵官镇西街村	—	男	1939 年
常士节	齐河县赵官镇西街村	—	男	1939 年
阮法银	齐河县赵官镇东街村	40	男	1939 年
石宽成	齐河县晏城镇姜屯村	31	男	1939 年
王宜茂	齐河县晏城镇姜屯村	35	男	1939 年
王长田	齐河县晏城镇姜屯村	18	男	1939 年
田树年	齐河县晏城镇杜东村	54	男	1939 年
魏道德	齐河县晏城镇大魏村	28	男	1939 年

姓 名	籍 贯	年 龄	性 别	死难时间
魏传臣	齐河县晏城镇大魏村	27	男	1939 年
左佃香	齐河县祝阿镇左三里村	50	女	1939 年
郭德水	齐河县祝阿镇大林郭村	28	男	1939 年
刘怀景	齐河县祝阿镇马坊村	20	男	1939 年
王德洪	齐河县祝阿镇池庄村	35	男	1939 年
郭庆茂	齐河县祝阿镇西宝村	30	男	1939 年
岳廷干	齐河县潘店镇岳刘村	48	男	1940 年 1 月
赵思礼	齐河县潘店镇岳刘村	45	男	1940 年 1 月
岳启玉	齐河县潘店镇岳刘村	—	男	1940 年 1 月
赵思河	齐河县潘店镇岳刘村	—	男	1940 年 1 月
刘明忠	齐河县仁里集镇王东村	40	男	1940 年 1 月
陶现廷	齐河县胡官屯镇陶庄村	40	男	1940 年 2 月
李加凡	齐河县刘桥乡十甲王村	56	男	1940 年 2 月
王学林	齐河县刘桥乡十甲王村	54	男	1940 年 2 月
苏传峰	齐河县胡官屯镇周苏村	18	男	1940 年 2 月
李守贵	齐河县胡官屯镇胡官屯村	19	男	1940 年 3 月
孙长江	齐河县潘店镇赵庄村	—	男	1940 年 3 月
张怀山	齐河县潘店镇何庄村	—	男	1940 年 3 月
曹思温	齐河县胡官屯镇胡官屯村	23	男	1940 年 4 月
刘德元	齐河县马集乡邱集村	36	男	1940 年 4 月
张永星	齐河县潘店镇有粮村	36	男	1940 年 4 月
杨武城	齐河县马集乡杨庄村	22	男	1940 年 5 月
高希建	齐河县赵官镇刘东村	55	男	1940 年 5 月
明宗文	齐河县胡官屯镇大明村	—	男	1940 年 6 月
高会聪	齐河县胡官屯镇孔官村	30	男	1940 年 6 月
李瑞孔	齐河县马集乡苑庄村	15	男	1940 年 6 月
王吉祥	齐河县马集乡苑庄村	31	男	1940 年 7 月
李昌平	齐河县马集乡苑庄村	12	女	1940 年 7 月
张元身	齐河县潘店镇丰王村	30	男	1940 年 8 月
焦路昌	齐河县祝阿镇五里村	25	男	1940 年 8 月
骆付永	齐河县祝阿镇五里村	21	男	1940 年 8 月
李洪福	齐河县华店乡西油村	—	男	1940 年 9 月
国立帅	齐河县仁里集镇田庄村	26	男	1940 年 9 月
阮长风	齐河县赵官镇阮庄村	24	男	1940 年 10 月

姓 名	籍 贯	年 龄	性 别	死难时间
荣胜道	齐河县仁里集镇荣庄村	58	男	1940 年 10 月 4 日
张会来	齐河县胡官屯镇富足店村	23	男	1940 年 11 月
袁玉宾	齐河县华店乡甄孙村	52	男	1940 年 11 月
陈玉禄	齐河县马集乡马集村	21	男	1940 年 11 月
尉春昌	齐河县潘店镇洪张村	18	男	1940 年 11 月
李庆友	齐河县潘店镇洪张村	30	男	1940 年 11 月
李兰英	齐河县潘店镇洪张村	18	女	1940 年 11 月
张荣阳	齐河县刘桥乡马庄村	22	男	1940 年 12 月
耿好三	齐河县胡官屯镇大耿村	30	男	1940 年
姜垂诚	齐河县华店乡姜南村	—	男	1940 年
李长发	齐河县焦庙镇辛庄村	23	男	1940 年
张狗胜	齐河县焦庙镇辛庄村	31	男	1940 年
吴玉堂	齐河县焦庙镇后刘村	28	男	1940 年
李思田	齐河县焦庙镇大孙村	28	男	1940 年
张少连	齐河县焦庙镇团圆村	22	男	1940 年
宋子恒	齐河县焦庙镇吕庄村	—	男	1940 年
王风武	齐河县焦庙镇老王村	21	男	1940 年
赵明珍	齐河县焦庙镇前刘村	20	男	1940 年
杨成仁	齐河县焦庙镇张杨村	22	男	1940 年
杨海波	齐河县焦庙镇张杨村	29	男	1940 年
张吉祥	齐河县刘桥乡塘坊村	19	男	1940 年
王教文	齐河县刘桥乡塘坊村	17	男	1940 年
郑吉江	齐河县刘桥乡后郑村	19	男	1940 年
韩维堂	齐河县刘桥乡后郑村	—	男	1940 年
李元良	齐河县刘桥乡陈楼村	21	男	1940 年
焦锡木	齐河县刘桥乡陈楼村	23	男	1940 年
焦怀玉	齐河县刘桥乡老焦村	28	男	1940 年
张庆轩	齐河县马集乡油坊村	27	男	1940 年
王法珍	齐河县马集乡王楼村	31	男	1940 年
刘兴玉	齐河县马集乡王楼村	32	男	1940 年
杨荣英	齐河县马集乡杨庄村	29	男	1940 年
郑庆兰	齐河县马集乡西侯村	35	男	1940 年
路玉法	齐河县马集乡路庄村	29	男	1940 年
潘其诗	齐河县马集乡南五庙村	21	男	1940 年

姓 名	籍 贯	年 龄	性 别	死难时间
于长槐	齐河县潘店镇小徐村	38	男	1940 年
李启阶	齐河县潘店镇十里务村	32	男	1940 年
张树义	齐河县潘店镇胡楼村	26	男	1940 年
王 ×	齐河县潘店镇靖庄村	43	男	1940 年
张慎之	齐河县表白寺镇孔家村	40	男	1940 年
张承仪	齐河县表白寺镇孔家村	42	男	1940 年
黄希贤	齐河县表白寺镇彦庄村	24	男	1940 年
孔庆元	齐河县胡官屯镇孔老村	17	男	1940 年
孙凡胜	齐河县胡官屯镇孔老村	19	男	1940 年
孔庆武	齐河县胡官屯镇坎台村	21	男	1940 年
段义兴	齐河县胡官屯镇段庄	—	男	1940 年
付作文	齐河县胡官屯镇老付村	—	男	1940 年
付作旺	齐河县胡官屯镇老付村	—	男	1940 年
付 显	齐河县胡官屯镇老付村	—	男	1940 年
付作琴	齐河县胡官屯镇新付村	—	男	1940 年
张盘功	齐河县仁里集镇前宋村	40	男	1940 年
蒋甲厚	齐河县仁里集镇蒋庄村	23	男	1940 年
田 忠	齐河县仁里集镇大田村	23	男	1940 年
郑遵德	齐河县仁里集镇郑庄村	45	男	1940 年
刘庆玉	齐河县仁里集镇后刘村	30	男	1940 年
靳维海	齐河县仁里集镇靳庄村	30	男	1940 年
王修振	齐河县仁里集镇辛东村	21	男	1940 年
张成银	齐河县仁里集镇辛东村	20	男	1940 年
冯绪路	齐河县赵官镇冯厅村	21	男	1940 年
郭光石	齐河县赵官镇律东村	28	男	1940 年
李庆昌	齐河县赵官镇刘西村	23	男	1940 年
李传本	齐河县赵官镇刘西村	46	男	1940 年
李庆柱	齐河县赵官镇刘西村	39	男	1940 年
李传义	齐河县赵官镇刘西村	23	男	1940 年
李延铭	齐河县赵官镇李全村	30	男	1940 年
尹绪江	齐河县赵官镇东尹村	67	男	1940 年
张培方	齐河县潘店镇靖庄村	27	男	1940 年
李大车	齐河县潘店镇马庄村	19	男	1940 年
刘长伦	齐河县潘店镇于科村	77	男	1940 年

姓　名	籍　贯	年　龄	性　别	死难时间
刘恒荣	齐河县潘店镇中屯村	—	男	1940 年
梁厚连	齐河县潘店镇田庄村	—	男	1940 年
曲永胜	齐河县潘店镇李官村	—	男	1940 年
祁宗新	齐河县潘店镇南祁村	21	男	1940 年
朱华林	齐河县潘店镇朱庄村	—	男	1940 年
祁宗法	齐河县潘店镇南祁村	—	男	1940 年
陈光政	齐河县潘店镇姚庄村	—	男	1940 年
刘福勤	齐河县潘店镇姚庄村	—	男	1940 年
贺书兰	齐河县宣章屯镇辛兴村	43	男	1940 年
张文彬	齐河县宣章屯镇辛兴村	40	男	1940 年
王庆恩	齐河县晏城镇葛李村	39	男	1940 年
魏传爵	齐河县晏城镇大魏村	38	男	1940 年
魏传寄	齐河县晏城镇大魏村	45	男	1940 年
魏家桐	齐河县晏城镇大魏村	40	男	1940 年
魏德运	齐河县晏城镇大魏村	38	男	1940 年
田德孝	齐河县晏城镇贾庄村	—	男	1940 年
刘怀宝	齐河县祝阿镇马坊村	19	男	1940 年
官延礼	齐河县祝阿镇小八里村	—	男	1940 年
刘景春	齐河县祝阿镇河口闫村	—	男	1940 年
刘玉兰	齐河县祝阿镇尹屯村	45	女	1940 年
郭六月	齐河县祝阿镇西宝村	20	男	1940 年
毛八十	齐河县祝阿镇西宝村	19	男	1940 年
翟乃仁	齐河县祝阿镇西宝村	20	男	1940 年
万振杰	齐河县大黄乡生官村	17	男	1941 年 1 月
纪五岳	齐河县刘桥乡纪庄村	32	男	1941 年 1 月
李元超	齐河县马集乡苑庄村	29	男	1941 年 1 月
刘元坤	齐河县马集乡封官村	40	男	1941 年 1 月
郑顺青	齐河县马集乡西郑村	19	男	1941 年 1 月
李兆明	齐河县潘店李营村	—	男	1941 年 1 月 14 日
李兴木	齐河县潘店李营村	—	男	1941 年 1 月 14 日
宋玉兴	齐河县胡官屯镇赵官屯村	24	男	1941 年 1 月 15 日
李朝青	齐河县潘店镇何庄村	31	男	1941 年 2 月
李朝法	齐河县潘店镇何庄村	32	男	1941 年 2 月
李朝臣	齐河县潘店镇何庄村	34	男	1941 年 2 月

姓 名	籍 贯	年 龄	性 别	死难时间
老 五	齐河县潘店镇何庄村	41	男	1941 年 2 月
阮长义	齐河县赵官镇阮庄村	17	男	1941 年 2 月
王清汉	齐河县潘店镇王堂村	35	男	1941 年 3 月
王牛田	齐河县潘店镇王堂村	38	男	1941 年 3 月
柴坤田	齐河县仁里集镇大柴村	—	男	1941 年 3 月
柴干巴	齐河县仁里集镇大柴村	—	男	1941 年 3 月
柴家银	齐河县仁里集镇大柴村	—	男	1941 年 3 月
柴玉生	齐河县仁里集镇大柴村	—	男	1941 年 3 月
高 民	齐河县仁里集镇菜园村	39	男	1941 年 3 月
刘长集	齐河县马集乡邱集村	27	男	1941 年 4 月
刘德玉	齐河县潘店镇刘洼村	—	男	1941 年 4 月
季京生	齐河县潘店镇坊子村	—	男	1941 年 4 月
李凤明	齐河县胡官屯镇南李村	25	男	1941 年 5 月
李端坤	齐河县胡官屯镇南李村	34	男	1941 年 5 月
李凤山	齐河县胡官屯镇南李村	19	男	1941 年 5 月
郑庆银	齐河县马集乡后郑村	22	男	1941 年 5 月
王新兰	齐河县潘店镇李汉武村	28	男	1941 年 5 月
王新全	齐河县潘店镇李汉武村	23	男	1941 年 5 月
孙玉臣	齐河县刘桥乡朱庄村	29	男	1941 年 6 月
赵富森	齐河县胡官屯镇姬庄村	25	男	1941 年 7 月
曹文恒	齐河县胡官屯镇沙张村	53	男	1941 年 7 月
李友山	齐河县胡官屯镇沙张村	25	男	1941 年 7 月
宰庆海	齐河县刘桥乡纪庄村	37	男	1941 年 7 月
张夫山	齐河县潘店镇丰王村	36	男	1941 年 7 月
余家成	齐河县胡官屯镇赵官屯村	30	男	1941 年 8 月
董佳芝	齐河县赵官镇董桥村	53	男	1941 年 8 月 3 日
董承章	齐河县赵官镇董桥村	56	男	1941 年 8 月 3 日
林光茂	齐河县赵官镇董桥村	61	男	1941 年 8 月 3 日
邓学兰	齐河县赵官镇董桥村	52	女	1941 年 8 月 3 日
邢遵平	齐河县仁里集镇桑海子村	43	男	1941 年 10 月
方 念	齐河县仁里集镇桑海子村	70	男	1941 年 10 月
徐召水	齐河县刘桥乡孟店村	31	男	1941 年 11 月
孙庆河	齐河县刘桥乡孙庄村	21	男	1941 年 11 月
孟若玄	齐河县赵官镇北二村	25	男	1941 年 12 月

姓 名	籍 贯	年 龄	性 别	死难时间
齐传道	齐河县大黄乡王洪村	25	男	1941 年
赵信普	齐河县大黄乡大赵村	27	男	1941 年
刘德山	齐河县宣章屯镇李坊村	76	男	1941 年
张允明	齐河县表白寺镇红李村	19	男	1941 年
王展良	齐河县表白寺镇红李村	17	男	1941 年
郝福之	齐河县表白寺镇潘庄村	18	男	1941 年
曹瑞达	齐河县胡官屯镇曹村	19	男	1941 年
苏厚森	齐河县胡官屯镇周苏村	19	男	1941 年
柴卫山	齐河县仁里集镇大柴村	—	男	1941 年
李加丘	齐河县仁里集镇仁西村	26	男	1941 年
高加福	齐河县仁里集镇西高村	22	男	1941 年
高传培	齐河县仁里集镇西高村	22	女	1941 年
李廷运	齐河县仁里集镇苏塘子村	24	男	1941 年
王京洪	齐河县仁里集镇武庄村	30	男	1941 年
潘占俭	齐河县仁里集镇董营子村	20	男	1941 年
郭玉山	齐河县仁里集镇郭庄村	20	男	1941 年
郑永申	齐河县仁里集镇郑庄村	30	男	1941 年
蒋绪亮	齐河县仁里集镇蒋庄村	60	男	1941 年
孟 良	齐河县仁里集镇大田村	30	男	1941 年
李传芝	齐河县赵官镇南何村	30	男	1941 年
李兴良	齐河县赵官镇银杏村	21	男	1941 年
李延成	齐河县赵官镇李全村	27	男	1941 年
董京仁	齐河县赵官镇崔庄村	23	男	1941 年
王丕雪	齐河县赵官镇于宅村	25	男	1941 年
常立训	齐河县赵官镇西街村	28	男	1941 年
娄来星	齐河县赵官镇律北村	24	男	1941 年
孔祥义	齐河县大黄乡刘西村	24	男	1941 年
吴旺兰	齐河县胡官屯镇武庄村	50	男	1941 年
武百友	齐河县胡官屯镇武庄村	27	男	1941 年
武百月	齐河县胡官屯镇武庄村	35	男	1941 年
房泽孟	齐河县胡官屯镇房庄村	37	男	1941 年
路可坚	齐河县胡官屯镇路庄村	30	男	1941 年
路可尧	齐河县胡官屯镇路庄村	20	男	1941 年
杨平芝	齐河县焦庙镇季中村	26	男	1941 年

续表

姓 名	籍 贯	年 龄	性 别	死难时间
卢连科	齐河县焦庙镇季东村	21	男	1941 年
谯廷荣	齐河县焦庙镇谯庄村	—	男	1941 年
庞敬春	齐河县焦庙镇姜堂村	29	男	1941 年
李其兰	齐河县焦庙镇西李楼村	25	男	1941 年
李存孝	齐河县焦庙镇西李楼村	25	男	1941 年
宋兴志	齐河县焦庙镇老王村	20	男	1941 年
宋传法	齐河县焦庙镇宋坊村	24	男	1941 年
李登代	齐河县焦庙镇宋坊村	28	男	1941 年
王新泽	齐河县焦庙镇三王村	20	男	1941 年
张爱一	齐河县刘桥乡马庄村	32	男	1941 年
冯可法	齐河县刘桥乡田西村	30	男	1941 年
张明让	齐河县马集乡油坊村	24	男	1941 年
张明书	齐河县马集乡油坊村	26	男	1941 年
张明云	齐河县马集乡油坊村	23	男	1941 年
张庆皋	齐河县马集乡油坊村	21	男	1941 年
马振范	齐河县马集乡马集村	24	男	1941 年
陈兴田	齐河县马集乡马集村	21	男	1941 年
李圣珠	齐河县马集乡马集村	26	男	1941 年
李建兴	齐河县马集乡马集村	19	男	1941 年
王志怀	齐河县马集乡王楼村	22	男	1941 年
王志林	齐河县马集乡王楼村	25	男	1941 年
王云龙	齐河县马集乡王楼村	19	男	1941 年
李玉轩	齐河县马集乡李聩村	31	男	1941 年
李玉超	齐河县马集乡李聩村	18	男	1941 年
郑传法	齐河县马集乡东朱村	31	男	1941 年
孟宪君	齐河县马集乡南五庙村	24	男	1941 年
郑衍禹	齐河县马集乡西郑村	20	男	1941 年
侯延峰	齐河县马集乡东侯村	22	男	1941 年
李振国	齐河县潘店镇郑刘村	13	男	1941 年
李殿臣	齐河县潘店镇何庄	—	男	1941 年
王长友	齐河县潘店镇王显武村	53	男	1941 年
王长文	齐河县潘店镇王显武村	51	男	1941 年
王守岩	齐河县潘店镇王显武村	39	男	1941 年
李长镇	齐河县潘店镇胡楼村	22	男	1941 年

姓 名	籍 贯	年 龄	性 别	死难时间
张京凤	齐河县潘店镇靖庄村	32	男	1941 年
马清凤	齐河县潘店镇马庄村	53	男	1941 年
张景水	齐河县潘店镇西场村	22	男	1941 年
庞成可	齐河县潘店镇陈庄村	—	男	1941 年
张绪成	齐河县潘店镇姚庄村	38	男	1941 年
张石头	齐河县潘店镇位楼村	15	男	1941 年
魏吉合	齐河县潘店镇前刘楼	21	男	1941 年
陈成玉	齐河县潘店镇陈屯村	—	男	1941 年
于庆信	齐河县潘店镇于屯村	—	男	1941 年
徐传浩	齐河县潘店镇徐楼村	—	男	1941 年
庞 统	齐河县潘店镇杨河口村	—	男	1941 年
张 振	齐河县潘店镇姚庄村	—	男	1941 年
刘士杰	齐河县宣章屯镇戚官村	33	男	1941 年
张春三	齐河县宣章屯镇戚官村	42	男	1941 年
张士贵	齐河县宣章屯镇戚官村	36	男	1941 年
贾相业	齐河县宣章屯镇戚官村	35	男	1941 年
贾乃礼	齐河县宣章屯镇明庄村	42	男	1941 年
齐和义	齐河县宣章屯镇麦坡村	21	男	1941 年
李继商	齐河县晏城镇毛官屯村	40	男	1941 年
王文喜	齐河县晏城镇晏城街村	—	男	1941 年
杨付全	齐河县祝阿镇小肖村	20	男	1941 年
王克姬	齐河县祝阿镇王辛村	25	男	1941 年
李继春	齐河县祝阿镇后营村	—	男	1941 年
王可达	齐河县祝阿镇前营村	—	男	1941 年
张希升	齐河县祝阿镇前营村	—	男	1941 年
高登山	齐河县祝阿镇大周村	—	男	1941 年
赵洪志	齐河县祝阿镇赵井村	—	男	1941 年
吕长东	齐河县祝阿镇小营村	—	男	1941 年
吕长安	齐河县祝阿镇小营村	—	男	1941 年
吕洪思	齐河县祝阿镇南吕村	—	男	1941 年
王兴义	齐河县祝阿镇东宝村	22	男	1941 年
猴云岭	齐河县祝阿镇猴庄村	28	男	1941 年
赵建廷	齐河县焦庙镇潘赵村	19	男	1942 年 1 月
刘德彬	齐河县马集乡邱集村	35	男	1942 年 1 月

姓 名	籍 贯	年 龄	性 别	死难时间
李志晨	齐河县马集乡杨孟村	24	男	1942 年 1 月
韩宝让	齐河县马集乡韩庄村	19	男	1942 年 1 月
赵富伦	齐河县潘店镇何庄	—	男	1942 年 1 月
胡同胜	齐河县宣章屯镇戚官村	32	男	1942 年 1 月
陈清宪	齐河县宣章屯镇甘东村	28	男	1942 年 1 月
张如齐	齐河县大黄乡刘东村	24	男	1942 年 2 月
宋家兴	齐河县胡官屯镇宋庄村	25	男	1942 年 2 月
李治正	齐河县马集乡北方寺村	27	男	1942 年 2 月
张法才	齐河县潘店镇丰王村	22	男	1942 年 2 月
刘明芳	齐河县仁里集镇王东村	39	男	1942 年 2 月
王景春	齐河县大黄乡后王村	31	男	1942 年 2 月
孙相军	齐河县潘店镇孙堂村	21	男	1942 年 3 月
刘振山	齐河县仁里集镇史庄村	32	男	1942 年 3 月
刘保珍	齐河县仁里集镇史庄村	30	男	1942 年 3 月
刘秀英	齐河县仁里集镇史庄村	29	女	1942 年 3 月
刘明修	齐河县仁里集镇史庄村	33	男	1942 年 3 月
马永玉	齐河县仁里集镇马庄村	36	男	1942 年 3 月
马永生	齐河县仁里集镇马庄村	32	男	1942 年 3 月
吕武林	齐河县宣章屯镇老吕村	36	男	1942 年 3 月
房士云	齐河县胡官屯镇房庄村	21	男	1942 年 4 月
马加常	齐河县华店乡华店村	—	男	1942 年 4 月
刘少坤	齐河县马集乡邱集村	26	男	1942 年 4 月
聂宜之	齐河县表白寺镇南贾村	22	男	1942 年 4 月
李庆明	齐河县仁里集镇李庄村	18	男	1942 年 4 月
袁兴甲	齐河县宣章屯镇马庄村	29	男	1942 年 4 月
房玉廷	齐河县胡官屯镇房庄村	28	男	1942 年 5 月
栾金兰	齐河县刘桥乡栾庄村	—	男	1942 年 5 月
潘士荣	齐河县潘店镇何庄	—	男	1942 年 5 月
高尚修	齐河县仁里集镇大高村	50	男	1942 年 5 月
张绍朋	齐河县赵官镇官庄村	—	男	1942 年 5 月 12 日
贾丹义	齐河县表白寺镇后孙村	23	男	1942 年 6 月
柴夫修	齐河县仁里集镇前屯村	34	男	1942 年 6 月
陈端福	齐河县大黄乡小陈村	27	男	1942 年 6 月
段良镇	齐河县潘店镇何庄	—	男	1942 年 7 月

姓 名	籍 贯	年 龄	性 别	死难时间
张兰升	齐河县潘店镇果刘村	18	男	1942 年 7 月
赵肩仁	齐河县仁里集镇律墓赵村	27	男	1942 年 7 月
赵思岐	齐河县仁里集镇律墓赵村	31	男	1942 年 7 月
康可浩	齐河县刘桥乡康庄村	27	男	1942 年 8 月
陈云浩	齐河县潘店镇陈屯村	—	男	1942 年 8 月
苏桂芳	齐河县仁里集镇苏塘子村	13	女	1942 年 8 月
肖道理	齐河县仁里集镇苏塘子村	37	男	1942 年 8 月
董京雪	齐河县赵官镇董桥村	42	男	1942 年 8 月 3 日
陈洪英	齐河县胡官屯镇白草林村	20	男	1942 年 9 月
刘洪河	齐河县仁里集镇前刘村	32	男	1942 年 9 月
胡玉星	齐河县仁里集镇大田村	32	男	1942 年 9 月
胡传里	齐河县仁里集镇大田村	11	男	1942 年 9 月
田绍芶	齐河县仁里集镇田西村	20	男	1942 年 9 月
田昭友	齐河县仁里集镇田西村	18	男	1942 年 9 月
赵继梦	齐河县仁里集镇律墓赵村	40	男	1942 年 10 月
李老五	齐河县仁里集镇李集村	46	男	1942 年 10 月
张兴洁	齐河县仁里集镇王堂村	40	男	1942 年 10 月
杨君达	齐河县仁里集镇王堂村	42	男	1942 年 10 月
蒋甲元	齐河县仁里集镇蒋庄村	20	男	1942 年 10 月
宋尚志	齐河县胡官屯镇赵官屯村	19	男	1942 年 12 月
李光距	齐河县焦庙镇冯李村	54	男	1942 年 12 月
聂司德	齐河县表白寺镇老聂村	60	男	1942 年 12 月
聂修之	齐河县表白寺镇老聂村	41	男	1942 年 12 月
聂风祥	齐河县表白寺镇老聂村	59	男	1942 年 12 月
甄荣三	齐河县大黄乡甄庄村	20	男	1942 年 12 月
甄道丁	齐河县大黄乡甄庄村	16	男	1942 年 12 月
甄道思	齐河县大黄乡甄庄村	26	男	1942 年 12 月
胡安水	齐河县宣章屯镇戚官村	36	男	1942 年 12 月
郑华林	齐河县安头乡鲍官屯村	40	男	1942 年
宋绳孟	齐河县安头乡鲍官村	41	男	1942 年
张清斋	齐河县大黄乡袁李村	25	男	1942 年
朱丙香	齐河县胡官屯镇前朱楼村	27	男	1942 年
王林昌	齐河县胡官屯镇郭陈村	—	男	1942 年
明传起	齐河县胡官屯镇大明村	—	男	1942 年

姓　名	籍　贯	年　龄	性　别	死难时间
李广亮	齐河县胡官屯镇李永富村	27	男	1942 年
李洪儒	齐河县华店乡西油村	—	男	1942 年
袁子河	齐河县焦庙镇东袁村	22	男	1942 年
刘曰河	齐河县焦庙镇季东村	26	男	1942 年
董文庆	齐河县焦庙镇孙黄村	—	男	1942 年
刘希雨	齐河县焦庙镇小刘村	22	男	1942 年
彭方清	齐河县焦庙镇郭窑村	28	男	1942 年
王长荣	齐河县焦庙镇苇叶村	18	男	1942 年
王文月	齐河县焦庙镇苇叶村	20	男	1942 年
李发柱	齐河县大黄乡李庄村	18	男	1942 年
张汉景	齐河县大黄乡义和村	24	男	1942 年
张连富	齐河县表白寺镇赵席村	26	男	1942 年
刘连杰	齐河县表白寺镇赵席村	24	男	1942 年
郝京成	齐河县表白寺镇潘庄村	42	男	1942 年
董玉才	齐河县表白寺镇小董村	31	男	1942 年
张宗怀	齐河县表白寺镇义和村	30	男	1942 年
张一曾	齐河县表白寺镇义和村	51	男	1942 年
曹国宽	齐河县胡官屯镇曹庄村	30	男	1942 年
孙凡格	齐河县胡官屯镇孔老村	21	男	1942 年
孔宪忠	齐河县胡官屯镇坟台村	46	男	1942 年
孔庆利	齐河县胡官屯镇坟台村	46	男	1942 年
孙庆玉	齐河县胡官屯镇十八户村	30	男	1942 年
姚绪仓	齐河县仁里集镇后刘村	63	男	1942 年
于化花	齐河县仁里集镇田东村	61	男	1942 年
郭常兰	齐河县仁里集镇张铺村	23	男	1942 年
董衍礼	齐河县仁里集镇董营子村	24	男	1942 年
董绪忠	齐河县仁里集镇董集村	23	男	1942 年
石光荣	齐河县仁里集镇石围子村	20	男	1942 年
宋德贵	齐河县仁里集镇张塘子村	20	男	1942 年
郭方山	齐河县仁里集镇郭庄村	21	男	1942 年
郭相明	齐河县仁里集镇郭庄村	23	男	1942 年
王书兴	齐河县仁里集镇前刘村	30	男	1942 年
郑兴芝	齐河县仁里集镇郑庄村	27	男	1942 年
段方友	齐河县仁里集镇段庄村	30	男	1942 年

姓 名	籍 贯	年 龄	性 别	死难时间
段德水	齐河县仁里集镇段庄村	19	男	1942 年
段方俭	齐河县仁里集镇段庄村	40	男	1942 年
王川红	齐河县仁里集镇段庄村	55	女	1942 年
赵永茂	齐河县赵官镇西赵村	47	男	1942 年
王兴俊	齐河县赵官镇季北王村	52	男	1942 年
王光木	齐河县赵官镇季北王村	35	男	1942 年
王玉华	齐河县赵官镇季北王村	47	男	1942 年
孟现同	齐河县赵官镇郭庄村	62	男	1942 年
李德泉	齐河县赵官镇大马头村	24	男	1942 年
胡继昌	齐河县赵官镇大胡村	26	男	1942 年
胡立昌	齐河县赵官镇小胡村	24	男	1942 年
胡吉元	齐河县赵官镇小胡村	19	男	1942 年
十 月	齐河县仁里集镇前燕村	—	男	1942 年
徐庆江	齐河县仁里集镇前燕村	—	男	1942 年
冯兆更	齐河县仁里集镇牛集村	48	男	1942 年
牛传林	齐河县仁里集镇牛集村	63	男	1942 年
王丁子	齐河县仁里集镇张铺村	19	男	1942 年
赵吉路	齐河县赵官镇西赵村	45	男	1942 年
王文崇	齐河县焦庙镇苇叶村	22	男	1942 年
王化天	齐河县焦庙镇苇叶村	19	男	1942 年
王怀兰	齐河县焦庙镇三合村	32	男	1942 年
王金合	齐河县焦庙镇三合村	34	男	1942 年
王春合	齐河县焦庙镇杜庄村	36	男	1942 年
宋高德	齐河县焦庙镇宋坊村	20	男	1942 年
宋喜俊	齐河县焦庙镇宋坊村	22	男	1942 年
朱成祥	齐河县焦庙镇宋坊村	28	男	1942 年
宋明辰	齐河县焦庙镇宋坊村	26	男	1942 年
刘风冬	齐河县焦庙镇东贾庄村	27	男	1942 年
刘丙辉	齐河县焦庙镇曲屯村	26	男	1942 年
崔玉林	齐河县刘桥乡崔庄村	—	男	1942 年
张朋祥	齐河县刘桥乡马庄村	40	男	1942 年
张连祥	齐河县刘桥乡马庄村	40	男	1942 年
王兆顺	齐河县刘桥乡孟店村	27	男	1942 年
孟庆典	齐河县刘桥乡大孟村	27	男	1942 年

姓 名	籍 贯	年 龄	性 别	死难时间
孟宪秋	齐河县刘桥乡大孟村	23	男	1942 年
张明珠	齐河县马集乡油坊村	38	男	1942 年
王 牛	齐河县马集乡秋王村	18	男	1942 年
张玉盛	齐河县马集乡马集村	29	男	1942 年
刘宪贵	齐河县马集乡西侯村	23	男	1942 年
刘吉法	齐河县马集乡封官村	27	男	1942 年
孙文忠	齐河县马集乡封官村	21	男	1942 年
李成虎	齐河县马集乡封官村	35	男	1942 年
李玉印	齐河县马集乡李瞵村	29	男	1942 年
李兴雨	齐河县马集乡李瞵村	19	男	1942 年
朱 华	齐河县马集乡东朱村	28	男	1942 年
方玉义	齐河县马集乡雷屯村	18	男	1942 年
郑传元	齐河县马集乡西郑村	19	男	1942 年
刘春水	齐河县潘店镇于科	—	男	1942 年
张成华	齐河县潘店镇靖庄村	28	男	1942 年
陈云太	齐河县潘店镇西屯村	39	男	1942 年
杨时中	齐河县潘店镇李杨村	42	男	1942 年
杨敬刚	齐河县潘店镇李杨村	—	男	1942 年
杨道刚	齐河县潘店镇李杨村	—	男	1942 年
梁成莲	齐河县潘店镇田庄村	21	男	1942 年
葛明清	齐河县潘店镇葛庄村	60	男	1942 年
吴登秀	齐河县潘店镇葛庄村	28	男	1942 年
闫培显	齐河县潘店镇西街村	22	男	1942 年
张景霄	齐河县潘店镇西街村	37	男	1942 年
张承坤	齐河县潘店镇西街村	23	男	1942 年
闫申泮	齐河县潘店镇西街村	48	男	1942 年
潘爱兰	齐河县潘店镇于屯村	—	女	1942 年
王京山	齐河县潘店镇王西川	26	男	1942 年
李甲林	齐河县潘店镇前刘楼	28	男	1942 年
李甲刚	齐河县潘店镇前刘楼	14	男	1942 年
田洪汉	齐河县潘店镇刘洼村	—	男	1942 年
张茂林	齐河县潘店镇西腰村	—	男	1942 年
祁宗荣	齐河县潘店镇南祁村	24	男	1942 年
贾乃森	齐河县宣章屯镇贾庄村	36	男	1942 年

姓　名	籍　贯	年　龄	性　别	死难时间
邢××	齐河县晏城镇西魏村	—	男	1942 年
李茂贤	齐河县晏城镇毛官屯村	42	男	1942 年
徐月连	齐河县晏城镇王官村	34	男	1942 年
石云志	齐河县晏城镇王官村	51	男	1942 年
王宝泉	齐河县晏城镇狮子王村	—	男	1942 年
王传文	齐河县晏城镇狮子王村	—	男	1942 年
张成元	齐河县晏城镇小李村	—	男	1942 年
张成甲	齐河县晏城镇小李村	—	男	1942 年
安连生	齐河县晏城镇小安村	56	男	1942 年
葛玉安	齐河县祝阿镇葛谢村	—	男	1942 年
王维全	齐河县祝阿镇王辛村	31	男	1942 年
单冬岭	齐河县祝阿镇后营村	—	男	1942 年
刘　花	齐河县祝阿镇后营村	10	女	1942 年
赵凤坤	齐河县祝阿镇赵井村	—	男	1942 年
徐兆廉	齐河县祝阿镇马坊村	45	男	1942 年
徐汝春	齐河县祝阿镇马坊村	16	男	1942 年
王维香	齐河县祝阿镇杨井村	43	男	1942 年
付廷祥	齐河县祝阿镇杨井村	41	男	1942 年
杨传信	齐河县祝阿镇东郑村	31	男	1942 年
张荣东	齐河县祝阿镇南吕村	—	男	1942 年
赵洪春	齐河县祝阿镇赵井村	20	男	1942 年
张友北	齐河县祝阿镇邱庄村	25	男	1942 年
贾成义	齐河县祝阿镇前甄村	—	男	1942 年
甄如明	齐河县祝阿镇前甄村	22	男	1942 年
卢秀英	齐河县胡官屯镇马安屯村	46	女	1943 年 1 月
刘令斩	齐河县刘桥乡大刘村	26	男	1943 年 1 月
庄庆云	齐河县仁里集镇后宋村	25	男	1943 年 2 月
杜有林	齐河县赵官镇董桥村	50	男	1943 年 2 月
董佳藻	齐河县赵官镇董桥村	38	男	1943 年 2 月
董京山	齐河县赵官镇董桥村	18	男	1943 年 2 月
董承元	齐河县赵官镇董桥村	52	男	1943 年 2 月
康丰友	齐河县宣章屯镇康庄村	31	男	1943 年 2 月
康元凯	齐河县宣章屯镇康庄村	34	男	1943 年 2 月
石殿岭	齐河县马集乡石拐村	31	男	1943 年 3 月

姓 名	籍 贯	年 龄	性 别	死难时间
孙德才	齐河县宣章屯镇戚官村	30	男	1943 年 3 月
张士田	齐河县宣章屯镇戚官村	30	男	1943 年 3 月
燕庆荣	齐河县马集乡燕庄村	23	男	1943 年 4 月
季立商	齐河县潘店镇季庄村	55	男	1943 年 4 月
刘兴玉	齐河县潘店镇岳刘村	28	男	1943 年 4 月
孙德书	齐河县表白寺镇后孙村	23	男	1943 年 4 月
郑庆元	齐河县仁里集镇田西村	30	男	1943 年 4 月
荆如生	齐河县宣章屯镇宋安村	24	男	1943 年 4 月
方志德	齐河县马集乡雷屯村	22	男	1943 年 5 月
王兆俭	齐河县潘店镇丰王村	23	男	1943 年 5 月
张勇成	齐河县潘店镇太平村	32	男	1943 年 5 月
郑学明	齐河县大黄乡郝桥村	28	男	1943 年 5 月
刘洪志	齐河县马集乡封官村	24	男	1943 年 6 月
李树仁	齐河县马集乡南方寺村	17	男	1943 年 6 月
张法礼	齐河县潘店镇丰王村	31	男	1943 年 6 月
赵桐富	齐河县仁里集镇高赵村	20	男	1943 年 6 月
蒋甲安	齐河县仁里集镇蒋庄村	28	男	1943 年 6 月
谢洪柱	齐河县赵官镇水西村	35	男	1943 年 6 月
王京云	齐河县宣章屯镇甘东村	24	男	1943 年 6 月
王友民	齐河县胡官屯镇赵官屯村	27	男	1943 年 7 月
房世冬	齐河县胡官屯镇房庄村	22	男	1943 年 7 月
耿好成	齐河县胡官屯镇大耿村	26	男	1943 年 7 月
甄孝因	齐河县华店乡甄孙村	18	男	1943 年 7 月
赵荣庆	齐河县潘店镇邵庄村	40	男	1943 年 7 月
张玉山	齐河县潘店镇何庄村	62	男	1943 年 7 月
张道秋	齐河县潘店镇何庄村	65	男	1943 年 7 月
杨方岭	齐河县潘店镇何庄村	53	男	1943 年 7 月
张永祥	齐河县潘店镇西腰村	50	男	1943 年 7 月
张兆岭	齐河县潘店镇魏庄村	—	男	1943 年 7 月
季振华	齐河县潘店镇郑刘村	—	男	1943 年 7 月
高德海	齐河县仁里集镇大高村	49	男	1943 年 7 月
朱各杨	齐河县仁里集镇朱庄村	65	男	1943 年 7 月
朱双威	齐河县仁里集镇前庄村	36	男	1943 年 7 月
柴书信	齐河县仁里集镇大柴村	25	男	1943 年 7 月

姓　名	籍　贯	年　龄	性　别	死难时间
付庆环	齐河县赵官镇付庄村	29	男	1943 年 7 月
贺生登	齐河县宣章屯镇前王村	38	男	1943 年 7 月
陈遥驰	齐河县刘桥乡陈庄村	24	男	1943 年 8 月
段方贵	齐河县潘店镇北段村	65	男	1943 年 8 月
孙秀武	齐河县表白寺镇后孙村	18	男	1943 年 8 月
刘绪海	齐河县仁里集镇梅庄村	20	男	1943 年 8 月
陈安明	齐河县宣章屯镇甘东村	27	男	1943 年 8 月
郝玉成	齐河县潘店镇郝庄村	57	男	1943 年 9 月
孟庆申	齐河县潘店镇孟庄村	51	男	1943 年 9 月
孟庆瑞	齐河县潘店镇孟庄村	32	男	1943 年 9 月
祁宗商	齐河县潘店镇西祁村	41	男	1943 年 9 月
祁连华	齐河县潘店镇西祁村	40	男	1943 年 9 月
李法臣	齐河县潘店镇孔贯村	23	男	1943 年 9 月
郑衍福	齐河县仁里集镇郑坊村	50	男	1943 年 9 月
张俊生	齐河县仁里集镇郑坊村	28	男	1943 年 9 月
汝安水	齐河县仁里集镇魏庄村	40	男	1943 年 9 月
郝京国	齐河县表白寺镇袁庄村	19	男	1943 年 10 月
李数江	齐河县仁里集镇高赵村	12	男	1943 年 10 月
尚如昌	齐河县仁里集镇后宋村	19	男	1943 年 10 月
郑立店	齐河县胡官屯镇郑楼村	47	男	1943 年 11 月
李兴德	齐河县华店乡西油村	—	男	1943 年 11 月
雷玉林	齐河县刘桥乡史庄村	30	男	1943 年 11 月
王明君	齐河县马集乡苑庄村	26	男	1943 年 11 月
任连孝	齐河县表白寺镇孙西村	25	男	1943 年 11 月
卞富城	齐河县表白寺镇孙西村	20	男	1943 年 11 月
郝玉龙	齐河县表白寺镇孙西村	21	男	1943 年 11 月
丁德明	齐河县表白寺镇孙西村	30	男	1943 年 11 月
黄临鸡	齐河县表白寺镇孙西村	31	女	1943 年 11 月
贾志何	齐河县表白寺镇孙西村	27	男	1943 年 12 月
王长安	齐河县大黄乡后王村	27	男	1943 年 12 月 1 日
许之良	齐河县安头乡钱官屯村	—	男	1943 年
朱志台	齐河县胡官屯镇前朱楼村	34	男	1943 年
魏文远	齐河县胡官屯镇司营村	18	男	1943 年
朱士庚	齐河县胡官屯镇大刘村	—	男	1943 年

姓　名	籍　贯	年　龄	性　别	死难时间
彭延功	齐河县胡官屯镇大刘村	—	男	1943 年
房世才	齐河县胡官屯镇大刘村	—	男	1943 年
明延德	齐河县胡官屯镇大明村	21	男	1943 年
李连水	齐河县胡官屯镇大李村	—	男	1943 年
王文臣	齐河县华店乡王楼村	—	男	1943 年
张来银	齐河县华店乡蔡庄村	—	男	1943 年
孙孝祖	齐河县大黄乡大埝村	27	男	1943 年
于红龙	齐河县大黄乡彭太村	24	男	1943 年
李长先	齐河县大黄乡李庄村	22	男	1943 年
段传诚	齐河县大黄乡北段村	20	男	1943 年
赵学成	齐河县大黄乡仓上村	24	男	1943 年
张世英	齐河县大黄乡大张村	20	男	1943 年
宗化邦	齐河县宣章屯镇李坊村	23	男	1943 年
张　玉	齐河县表白寺镇赵席村	23	男	1943 年
张清连	齐河县表白寺镇铁锅村	35	男	1943 年
张承让	齐河县表白寺镇良庄村	31	男	1943 年
郝玉凯	齐河县表白寺镇潘庄村	24	男	1943 年
张义俊	齐河县表白寺镇蔡东村	40	男	1943 年
管吉友	齐河县表白寺镇西刘村	25	男	1943 年
孙德鸿	齐河县表白寺镇后孙村	25	男	1943 年
魏庆芬	齐河县表白寺镇魏庄村	17	男	1943 年
张成付	齐河县表白寺镇南陈村	30	男	1943 年
张承训	齐河县表白寺镇张沛村	25	男	1943 年
张振祥	齐河县表白寺镇张沛村	28	男	1943 年
张九昌	齐河县表白寺镇张沛村	19	男	1943 年
黑　小	齐河县表白寺镇张沛村	19	男	1943 年
李金成	齐河县表白寺镇义和村	27	男	1943 年
谭风祥	齐河县表白寺镇谭庄村	35	男	1943 年
李玉连	齐河县胡官屯镇杨道口村	27	男	1943 年
王守英	齐河县胡官屯镇杨道口村	25	男	1943 年
刘丰荣	齐河县胡官屯镇杨道口村	23	男	1943 年
张立海	齐河县胡官屯镇周庄村	28	男	1943 年
周　臣	齐河县胡官屯镇周苏村	14	男	1943 年
付作银	齐河县胡官屯镇老付村	—	男	1943 年

姓名	籍贯	年龄	性别	死难时间
付作贵	齐河县胡官屯镇老付村	—	男	1943 年
谯应清	齐河县胡官屯镇杨道口村	20	男	1943 年
王正和	齐河县胡官屯镇杨道口村	31	男	1943 年
刘春洪	齐河县潘店镇于科	—	男	1943 年
李三十	齐河县仁里集镇李庄村	19	男	1943 年
李万章	齐河县仁里集镇李庄村	31	男	1943 年
姚玉岑	齐河县仁里集镇后刘村	36	男	1943 年
姚思宪	齐河县仁里集镇后刘村	32	男	1943 年
付忠社	齐河县仁里集镇后刘村	39	男	1943 年
李廷友	齐河县仁里集镇仁西村	23	男	1943 年
王贞香	齐河县仁里集镇王南村	40	男	1943 年
王书贵	齐河县仁里集镇韩胡村	27	男	1943 年
王继武	齐河县仁里集镇北王村	30	男	1943 年
董臣荣	齐河县仁里集镇石围子村	22	男	1943 年
石光廷	齐河县仁里集镇张塘子村	40	男	1943 年
马存孝	齐河县仁里集镇李集村	30	男	1943 年
高化银	齐河县仁里集镇三合村	18	男	1943 年
李成海	齐河县仁里集镇西李村	24	男	1943 年
李爱华	齐河县仁里集镇西李村	22	男	1943 年
郑 涛	齐河县仁里集镇郑庄村	23	男	1943 年
郭绪芝	齐河县仁里集镇张铺村	22	男	1943 年
郭邦庆	齐河县仁里集镇张铺村	21	男	1943 年
郑化柱	齐河县仁里集镇索庄村	21	男	1943 年
郑传富	齐河县仁里集镇田西村	29	男	1943 年
客在典	齐河县仁里集镇客王村	20	男	1943 年
郭相邦	齐河县仁里集镇郭庄村	29	男	1943 年
肖银昌	齐河县仁里集镇辛南村	28	男	1943 年
辛绍芳	齐河县仁里集镇辛南村	32	男	1943 年
王绪贵	齐河县仁里集镇辛东村	24	男	1943 年
白传红	齐河县仁里集镇柴洼村	25	男	1943 年
滕勇七	齐河县仁里集镇辛中村	20	男	1943 年
王绪诚之子	齐河县仁里集镇辛北村	21	男	1943 年
王照孟	齐河县仁里集镇辛北村	20	男	1943 年
王绪烈	齐河县仁里集镇辛北村	19	男	1943 年

姓 名	籍 贯	年 龄	性 别	死难时间
王绪根	齐河县仁里集镇辛北村	20	男	1943 年
高庆安	齐河县仁里集镇三合村	70	男	1943 年
李明道	齐河县仁里集镇仁西村	45	男	1943 年
赵连信	齐河县赵官镇东赵村	38	男	1943 年
赵连绪	齐河县赵官镇东赵村	31	男	1943 年
赵连顺	齐河县赵官镇东赵村	45	男	1943 年
赵连松	齐河县赵官镇东赵村	47	男	1943 年
赵连水	齐河县赵官镇东赵村	45	男	1943 年
赵连林	齐河县赵官镇东赵村	35	男	1943 年
李昭生	齐河县赵官镇银杏村	28	男	1943 年
刘春文	齐河县赵官镇刘庄村	42	男	1943 年
刘宗贞	齐河县赵官镇刘庄村	35	男	1943 年
刘宗见	齐河县赵官镇刘庄村	38	男	1943 年
李金山	齐河县赵官镇大马头村	22	男	1943 年
时盛成	齐河县赵官镇大胡村	30	男	1943 年
刘明忠	齐河县赵官镇刘黄村	40	男	1943 年
刘钦河	齐河县赵官镇刘黄村	41	男	1943 年
汪加河	齐河县赵官镇吕西村	34	男	1943 年
张光金	齐河县赵官镇律北村	26	男	1943 年
郭传刚	齐河县仁里集镇张铺村	18	男	1943 年
黄延孔	齐河县仁里集镇后王村	46	男	1943 年
牛传武	齐河县仁里集镇牛集村	25	男	1943 年
杨风裕	齐河县华店乡士茂王村	—	男	1943 年
房庆忠	齐河县焦庙镇高房村	23	男	1943 年
陈相君	齐河县焦庙镇王桥村	—	男	1943 年
李启钰	齐河县焦庙镇西李楼村	21	男	1943 年
乔荣仁	齐河县焦庙镇焦庙村	30	男	1943 年
钟银和	齐河县焦庙镇钟庄村	22	男	1943 年
钟成久	齐河县焦庙镇西姜村	23	男	1943 年
杜 振	齐河县焦庙镇宋坊村	20	男	1943 年
宋传禹	齐河县焦庙镇宋坊村	19	男	1943 年
陈云生	齐河县焦庙镇前刘村	17	男	1943 年
杨成娥	齐河县焦庙镇张杨村	32	男	1943 年
苑成只	齐河县刘桥乡东苑村	—	男	1943 年

姓 名	籍 贯	年 龄	性 别	死难时间
魏九明	齐河县刘桥乡邵庄村	—	男	1943 年
高泽安	齐河县刘桥乡高庄村	23	男	1943 年
吴玉清	齐河县刘桥乡吴庄村	20	男	1943 年
王吉武	齐河县刘桥乡车王村	18	男	1943 年
王宝三	齐河县刘桥乡太平村	23	男	1943 年
曹玉俭	齐河县刘桥乡乔庄村	20	男	1943 年
刘加俊	齐河县刘桥乡大刘村	32	男	1943 年
康元福	齐河县刘桥乡康庄村	21	男	1943 年
刘登娥	齐河县刘桥乡大刘村	24	男	1943 年
范吉胜	齐河县刘桥乡于屯村	32	男	1943 年
刘绪海	齐河县刘桥乡西杨村	25	男	1943 年
孙 城	齐河县刘桥乡武庄村	40	男	1943 年
木 子	齐河县刘桥乡武庄村	25	男	1943 年
李玉芳	齐河县刘桥乡位庄村	38	男	1943 年
陈希俭	齐河县刘桥乡陈庄村	44	男	1943 年
徐永水	齐河县刘桥乡孟店村	33	男	1943 年
曹馨馥	齐河县刘桥乡乔庄村	20	男	1943 年
周兆海	齐河县刘桥乡刘桥村	27	男	1943 年
马寿昌	齐河县马集乡马集村	24	男	1943 年
刘景荣	齐河县马集乡王楼村	19	男	1943 年
吴贞德	齐河县马集乡红堂村	24	男	1943 年
郑传海	齐河县马集乡东郑村	38	男	1943 年
田绍丁	齐河县马集乡东郑村	21	男	1943 年
郑传明	齐河县马集乡东郑村	21	男	1943 年
刘文富	齐河县马集乡封官村	26	男	1943 年
田克东	齐河县马集乡封官村	23	男	1943 年
田德亮	齐河县马集乡封官村	21	男	1943 年
郑久功	齐河县马集乡东朱村	28	男	1943 年
李治友	齐河县马集乡北方寺村	35	男	1943 年
顾延环	齐河县马集乡顾道口村	21	男	1943 年
陈永泰	齐河县潘店镇西屯村	32	男	1943 年
陈光良	齐河县潘店镇西屯村	41	男	1943 年
张绪臣	齐河县潘店镇南街村	30	男	1943 年
张承祥	齐河县潘店镇东元村	22	男	1943 年

姓 名	籍 贯	年 龄	性 别	死难时间
葛明信	齐河县潘店镇葛庄村	61	男	1943 年
张承进	齐河县潘店镇位楼村	20	男	1943 年
孙富友	齐河县潘店镇北街村	—	男	1943 年
张京春	齐河县潘店镇北街村	—	男	1943 年
戚法禹	齐河县潘店镇洪孙村	23	男	1943 年
闫庆三	齐河县潘店镇翟庄村	20	男	1943 年
臧春昌	齐河县潘店镇臧庄村	18	男	1943 年
段德章	齐河县潘店镇沈庄村	—	男	1943 年
张绪五	齐河县潘店镇姚庄村	—	男	1943 年
杨孟江	齐河县潘店镇大杨村	—	男	1943 年
孙洪才	齐河县宣章屯镇戚官村	33	男	1943 年
胡成祥	齐河县宣章屯镇戚官村	34	男	1943 年
贾延忠	齐河县宣章屯镇明庄村	33	男	1943 年
贾延升	齐河县宣章屯镇明庄村	31	男	1943 年
黄孝儒	齐河县晏城镇黄庄村	32	男	1943 年
王全云	齐河县晏城镇姜屯村	20	男	1943 年
王玉全	齐河县晏城镇福王村	29	男	1943 年
安 德	齐河县晏城镇福王村	42	男	1943 年
安俊中	齐河县晏城镇福王村	52	男	1943 年
沈景明	齐河县晏城镇义和村	26	男	1943 年
李传亭	齐河县祝阿镇白毛李村	—	男	1943 年
王世昌	齐河县祝阿镇后营村	—	男	1943 年
吴法川	齐河县祝阿镇龙庄村	20	男	1943 年
张荣春	齐河县祝阿镇南昌村	18	男	1943 年
吕洪恩	齐河县祝阿镇南昌村	44	男	1943 年
张立功	齐河县祝阿镇肖屯村	—	男	1943 年
肖曰武	齐河县祝阿镇马井村	—	男	1943 年
赵希海	齐河县祝阿镇赵井村	—	男	1943 年
郭俊台	齐河县祝阿镇大林郭村	30	男	1943 年
范金水	齐河县祝阿镇巨庄村	12	男	1943 年
姜寿涛	齐河县祝阿镇后庵村	—	男	1943 年
赵长生	齐河县祝阿镇赵井村	20	男	1943 年
王希祥	齐河县祝阿镇邱铺村	23	男	1943 年
甄有元	齐河县祝阿镇前甄村	23	男	1943 年

姓 名	籍 贯	年 龄	性 别	死难时间
房希工	齐河县祝阿镇前甄村	25	男	1943 年
甄义福	齐河县祝阿镇	21	男	1943 年
耿兴路	齐河县祝阿镇前甄村	21	男	1943 年
甄金榜	齐河县祝阿镇前甄村	26	男	1943 年
杨殿仁	齐河县刘桥乡才官屯村	36	男	1944 年 1 月
张中兴	齐河县刘桥乡于庄村	28	男	1944 年 1 月
张合一	齐河县刘桥乡于庄村	32	男	1944 年 1 月
王厚让	齐河县马集乡秋王村	22	男	1944 年 1 月
王玉祯	齐河县马集乡封官村	21	男	1944 年 1 月
朱道正	齐河县马集乡东朱村	30	男	1944 年 1 月
刘加训	齐河县刘桥乡大刘村	25	男	1944 年 1 月 15 日
孙恩顺	齐河县刘桥乡朱庄村	30	男	1944 年 2 月
周庆水	齐河县仁里集镇仁东村	33	男	1944 年 2 月
张印田	齐河县刘桥乡刘桥村	22	男	1944 年 3 月
刘多儿	齐河县仁里集镇刘庄村	16	男	1944 年 3 月
陈可金	齐河县宣章屯镇甘东村	26	男	1944 年 4 月
季京篙	齐河县潘店镇季庄村	60	男	1944 年 4 月
季京宝	齐河县潘店镇季庄村	44	男	1944 年 4 月
周庆玉	齐河县仁里集镇仁东村	31	男	1944 年 4 月
郝梦恩	齐河县表白寺镇崔许村	17	男	1944 年 5 月
郝秋恩	齐河县表白寺镇崔许村	18	男	1944 年 5 月
荣续辛	齐河县仁里集镇荣庄村	45	男	1944 年 5 月
万振贵	齐河县大黄乡生官村	19	男	1944 年 6 月
孟宪洪	齐河县仁里集镇官庄村	21	男	1944 年 6 月
白照海	齐河县焦庙镇西李村	21	男	1944 年 7 月
孙宾如	齐河县华店乡甄孙村	35	男	1944 年 7 月
王传汝	齐河县潘店镇盐古村	65	男	1944 年 7 月
张友善	齐河县表白寺镇官庄村	48	男	1944 年 7 月
贾乃殿	齐河县表白寺镇孙东村	44	男	1944 年 7 月
马传东	齐河县华店乡大朱村	—	男	1944 年 7 月 23 日
姜 兰	齐河县焦庙镇姜堂村	60	男	1944 年 8 月
孔凡茂	齐河县大黄乡孔庄村	27	男	1944 年 8 月
万金城	齐河县大黄乡生官村	23	男	1944 年 8 月
李玉山	齐河县胡官屯镇司李村	30	男	1944 年 8 月

姓 名	籍 贯	年 龄	性 别	死难时间
官读青	齐河县华店乡官庄村	—	男	1944 年 8 月
张现喜	齐河县潘店镇张庄村	23	男	1944 年 8 月
张兆忠	齐河县潘店镇张庄村	25	男	1944 年 8 月
张法功	齐河县潘店镇丰王村	36	男	1944 年 8 月
张永成	齐河县潘店镇太平村	—	男	1944 年 8 月
黄兆武	齐河县赵官镇黄口村	18	男	1944 年 8 月
孟光彬	齐河县赵官镇北二村	26	男	1944 年 8 月
朱善香	齐河县大黄乡朱庄村	35	男	1944 年 8 月
朱善春	齐河县大黄乡朱庄村	32	男	1944 年 8 月
肖叶庭	齐河县赵官镇东水坡村	26	男	1944 年 8 月 14 日
张信一	齐河县刘桥乡大马张村	42	男	1944 年 9 月
张合元	齐河县刘桥乡大马张村	28	男	1944 年 9 月
张荣元	齐河县刘桥乡大马张村	25	男	1944 年 9 月
张金玉	齐河县刘桥乡大马张村	37	男	1944 年 9 月
张金桥	齐河县刘桥乡大马张村	34	男	1944 年 9 月
赵圣连	齐河县马集乡尹庄村	22	男	1944 年 9 月
顾宪兰	齐河县马集乡顾道口村	23	男	1944 年 9 月
杜培德	齐河县大黄乡大黄村	24	男	1944 年 9 月 13 日
闫玉章	齐河县胡官屯镇蛇窝村	—	男	1944 年 9 月 24 日
闫庆山	齐河县胡官屯镇蛇窝村	—	男	1944 年 9 月 24 日
邵庆岭	齐河县胡官屯镇蛇窝村	—	男	1944 年 9 月 24 日
邵庆明	齐河县胡官屯镇蛇窝村	—	女	1944 年 9 月 24 日
邵庆荣	齐河县胡官屯镇蛇窝村	—	女	1944 年 9 月 24 日
邵宏元之女	齐河县胡官屯镇蛇窝村	—	女	1944 年 9 月 24 日
张佃元	齐河县刘桥乡大马张村	40	男	1944 年 9 月 27 日
张云岭	齐河县刘桥乡大马张村	25	男	1944 年 9 月 27 日
张丁子	齐河县刘桥乡大马张村	40	男	1944 年 9 月 27 日
张忠民	齐河县刘桥乡大马张村	27	男	1944 年 9 月 27 日
张忠道	齐河县刘桥乡大马张村	42	男	1944 年 9 月 27 日
张忠仁	齐河县刘桥乡大马张村	29	男	1944 年 9 月 27 日
张盒堂	齐河县刘桥乡大马张村	33	男	1944 年 9 月 27 日
二掌线	齐河县刘桥乡大马张村	50	男	1944 年 9 月 27 日
砖 头	齐河县刘桥乡大马张村	20	男	1944 年 9 月 27 日
张绪乙	齐河县刘桥乡大马张村	42	男	1944 年 9 月 27 日

姓　名	籍　贯	年　龄	性　别	死难时间
袁兴文	齐河县刘桥乡才官屯村	22	男	1944 年 9 月 27 日
袁文兴	齐河县刘桥乡才官屯村	21	男	1944 年 9 月 27 日
刘俊德	齐河县刘桥乡桑刘村	22	男	1944 年 9 月 27 日
刘冠昌	齐河县刘桥乡桑刘村	18	男	1944 年 9 月 27 日
刘文明	齐河县刘桥乡大刘村	28	男	1944 年 11 月
赵希如	齐河县祝阿镇翟庄村	27	男	1944 年 11 月
翟文法	齐河县祝阿镇翟庄村	22	男	1944 年 11 月
王凌水	齐河县祝阿镇前王村	28	男	1944 年 11 月
姜长河	齐河县华店乡姜庄村	26	男	1944 年 11 月 2 日
付清和	齐河县刘桥乡高桥村	20	男	1944 年 11 月 2 日
焦怀忠	齐河县刘桥乡老焦村	19	男	1944 年 11 月 2 日
李洪臣	齐河县华店乡寨子村	—	男	1944 年 12 月
朱连树	齐河县刘桥乡孙庄村	20	男	1944 年 12 月
孙石头	齐河县刘桥乡朱庄村	18	男	1944 年 11 月
孙恩荣	齐河县刘桥乡朱庄村	19	男	1944 年 11 月
王学荣	齐河县刘桥乡朱庄村	19	男	1944 年 11 月
王学胖	齐河县刘桥乡朱庄村	21	男	1944 年 11 月
孙恩配	齐河县刘桥乡朱庄村	23	男	1944 年 11 月
钱昭贵	齐河县仁里集镇大田村	25	男	1944 年 12 月
陈可关	齐河县宣章屯镇明庄村	49	男	1944 年 12 月 17 日
丁学友	齐河县大黄乡刘东村	21	男	1944 年
张祥茂	齐河县胡官屯镇张庄村	28	男	1944 年
李洪木	齐河县华店乡西油村	—	男	1944 年
翟曰兰	齐河县华店乡姜北村	—	男	1944 年
李文功	齐河县华店乡沙李村	24	男	1944 年
曹树刚	齐河县华店乡太平王村	27	男	1944 年
李安原	齐河县华店乡袁庄村	20	男	1944 年
滕德奎	齐河县华店乡滕庄村	—	男	1944 年
史鲁齐	齐河县华店乡史庄村	—	男	1944 年
张大孟	齐河县焦庙镇焦庙村	27	男	1944 年
谯风常	齐河县焦庙镇谯庄村	—	男	1944 年
董克玉	齐河县焦庙镇小刘村	—	男	1944 年
刘成才	齐河县焦庙镇小宅村	19	男	1944 年
杜召会	齐河县焦庙镇杜庄村	26	男	1944 年

姓 名	籍 贯	年 龄	性 别	死难时间
杜庆中	齐河县焦庙镇杜庄村	24	男	1944 年
杜凡菊	齐河县焦庙镇杜庄村	22	男	1944 年
李光业	齐河县焦庙镇西李楼村	22	男	1944 年
尚芹盛	齐河县焦庙镇尚庄村	27	男	1944 年
刘德玉	齐河县焦庙镇尚庄村	25	男	1944 年
张兰玉	齐河县焦庙镇张弓辰村	22	男	1944 年
王肖祥	齐河县焦庙镇陶庄村	24	男	1944 年
王长春	齐河县焦庙镇小宅村	18	男	1944 年
马京忠	齐河县焦庙镇石门张村	22	男	1944 年
张传俭	齐河县刘桥乡耿庄村	17	男	1944 年
张传河	齐河县刘桥乡耿庄村	18	男	1944 年
杨孟盛	齐河县刘桥乡范庄村	37	男	1944 年
周兆和	齐河县刘桥乡刘桥村	22	男	1944 年 11 月
李玉梅	齐河县刘桥乡刘桥村	27	男	1944 年 11 月
周振义	齐河县刘桥乡刘桥村	22	男	1944 年 11 月
焦兴美	齐河县刘桥乡流南村	18	男	1944 年
王法平	齐河县马集乡王楼村	22	男	1944 年
路宗钊	齐河县马集乡路庄村	31	男	1944 年
朱尚领	齐河县马集乡东朱村	27	男	1944 年
李清典	齐河县马集乡杨孟村	21	男	1944 年
李兴奎	齐河县马集乡南方寺村	19	男	1944 年
韩庆水	齐河县马集乡韩庄村	21	男	1944 年
马玉印	齐河县潘店镇郑刘村	—	男	1944 年
李凤泗	齐河县潘店镇十里务村	20	男	1944 年
陈云田	齐河县潘店镇西屯村	34	男	1944 年
陈光彩	齐河县潘店镇中屯村	40	男	1944 年
张承伍	齐河县潘店镇东元村	19	男	1944 年
李朝文	齐河县潘店镇李杨村	—	男	1944 年
赵思生	齐河县潘店镇曲庄村	33	男	1944 年
赵存言	齐河县潘店镇曲庄村	59	男	1944 年
程振怀	齐河县潘店镇有粮村	31	男	1944 年
齐传森	齐河县大黄乡王洪村	20	男	1944 年
高电刚	齐河县大黄乡彭太村	22	男	1944 年
张秀水	齐河县大黄乡彭太村	23	男	1944 年

姓 名	籍 贯	年 龄	性 别	死难时间
马成祥	齐河县大黄乡李庄村	25	男	1944 年
王希亮	齐河县大黄乡李庄村	—	男	1944 年
王良仁	齐河县大黄乡石碑杨村	—	男	1944 年
贺京贵	齐河县宣章屯镇前王村	21	男	1944 年
刘栋子	齐河县表白寺镇赵席村	45	男	1944 年
宋义海	齐河县表白寺镇蔡东村	39	男	1944 年
宋义水	齐河县表白寺镇蔡东村	37	男	1944 年
刘共义	齐河县表白寺镇西刘村	25	男	1944 年
张万喜	齐河县表白寺镇大周村	31	男	1944 年
艾德祯	齐河县表白寺镇古庙村	38	男	1944 年
李京振	齐河县表白寺镇小李村	26	男	1944 年
张振祥	齐河县表白寺镇南陈村	35	男	1944 年
李本发	齐河县表白寺镇大代村	31	男	1944 年
张桂生	齐河县表白寺镇谭庄村	27	男	1944 年
张家祯	齐河县表白寺镇谭庄村	19	男	1944 年
冯兆恩	齐河县表白寺镇李黄村	28	男	1944 年
付作勤	齐河县胡官屯镇新付村	—	男	1944 年
刘成玉	齐河县潘店镇前刘楼村	—	男	1944 年
牛传英	齐河县仁里集镇牛集村	60	男	1944 年
董启忠	齐河县仁里集镇董集村	23	男	1944 年
张少俭	齐河县仁里集镇张塘子村	21	男	1944 年
田会江	齐河县仁里集镇田东村	35	男	1944 年
靳维方	齐河县仁里集镇靳庄村	21	男	1944 年
王祥增	齐河县仁里集镇官庄村	20	男	1944 年
赵永福	齐河县仁里集镇辛东村	33	男	1944 年
王正义	齐河县仁里集镇辛东村	34	男	1944 年
高化银	齐河县仁里集镇三合村	18	男	1944 年
高兴山	齐河县赵官镇东何村	40	男	1944 年
刘俊章	齐河县赵官镇刘庄村	39	男	1944 年
孟现富	齐河县赵官镇南街村	23	男	1944 年
胡玉海	齐河县赵官镇大胡村	20	男	1944 年
胡光铭	齐河县赵官镇小胡村	19	男	1944 年
汪由全	齐河县赵官镇吕西村	30	男	1944 年
汪连之	齐河县赵官镇吕西村	37	男	1944 年

姓 名	籍 贯	年 龄	性 别	死难时间
汪泽之	齐河县赵官镇吕西村	38	男	1944 年
张廷志	齐河县赵官镇邱庄村	23	男	1944 年
艾桐林	齐河县赵官镇邱庄村	23	男	1944 年
韩明礼	齐河县赵官镇古河村	38	男	1944 年
葛庆堂	齐河县赵官镇葛庄村	31	男	1944 年
葛延艮	齐河县赵官镇葛庄村	32	男	1944 年
王东候	齐河县华店乡西油村	19	男	1944 年
韩树训	齐河县华店乡韩辛村	50	男	1944 年
马汉章	齐河县华店乡东油村	53	男	1944 年
王如龙	齐河县仁里集镇后燕村	48	男	1944 年
索吉俊	齐河县仁里集镇索庄村	48	男	1944 年
索兴建	齐河县仁里集镇索庄村	40	男	1944 年
小 六	齐河县仁里集镇索庄村	16	男	1944 年
索吉凡	齐河县仁里集镇索庄村	42	男	1944 年
刘五月	齐河县潘店镇有粮村	30	男	1944 年
宋兆贤	齐河县潘店镇药王庙村	26	男	1944 年
张现金	齐河县潘店镇井王村	24	男	1944 年
王浩然	齐河县潘店镇王对宇村	28	男	1944 年
徐 信	齐河县潘店镇徐楼村	—	男	1944 年
王殿臣	齐河县潘店镇王洲潘	—	男	1944 年
刘兴玉	齐河县潘店镇岳刘村	—	男	1944 年
杨殿树	齐河县潘店镇大杨村	—	男	1944 年
潘尚泉	齐河县潘店镇潘庄村	—	男	1944 年
展士德	齐河县宣章屯镇戚官村	28	男	1944 年
孙德方	齐河县宣章屯镇戚官村	37	男	1944 年
石潮连	齐河县宣章屯镇戚官村	29	男	1944 年
于振海	齐河县宣章屯镇戚官村	32	男	1944 年
贾象来	齐河县宣章屯镇明庄村	30	男	1944 年
宋明延	齐河县晏城镇黄铺村	29	男	1944 年
刘昭方	齐河县晏城镇狮子王村	—	男	1944 年
张春林	齐河县晏城镇狮子王村	—	男	1944 年
王怀恩	齐河县晏城镇狮子王村	—	男	1944 年
孙自静	齐河县晏城镇大魏村	47	男	1944 年
巨永德	齐河县祝阿镇龙庄	—	男	1944 年

姓 名	籍 贯	年 龄	性 别	死难时间
范希金	齐河县祝阿镇范楼村	—	男	1944 年
赵希申	齐河县祝阿镇大周村	—	男	1944 年
赵德书	齐河县祝阿镇马井村	—	男	1944 年
赵学德	齐河县祝阿镇赵井村	—	男	1944 年
赵玉福	齐河县祝阿镇赵井村	21	男	1944 年
赵玉贵	齐河县祝阿镇赵井村	26	男	1944 年
赵玉宝	齐河县祝阿镇赵井村	19	男	1944 年
程兆德	齐河县祝阿镇马坊村	—	男	1944 年
孔祥亮	齐河县胡官屯镇司营村	19	男	1945 年 1 月
徐传江	齐河县潘店镇徐楼村	—	男	1945 年 1 月
明传廷	齐河县胡官屯镇大明村	—	男	1945 年 2 月
宋继清	齐河县华店乡宋庄村	—	男	1945 年 2 月
张瑞友	齐河县赵官镇官庄村	40	男	1945 年 2 月
吕兆福	齐河县华店乡辛店村	—	男	1945 年 3 月
王传祯	齐河县马集乡齐庄村	27	男	1945 年 3 月
张友良	齐河县表白寺镇官庄村	44	男	1945 年 3 月
谢元晨	齐河县表白寺镇后于门村	28	男	1945 年 3 月
李子良	齐河县表白寺镇后于门村	26	男	1945 年 3 月
汤永信	齐河县胡官屯镇张庄村	27	男	1945 年 4 月
何洪福	齐河县大黄乡刘东村	22	男	1945 年 4 月 5 日
张合庆	齐河县大黄乡刘东村	—	男	1945 年 4 月 5 日
陈可友	齐河县宣章屯镇甘东村	22	男	1945 年 5 月
李长山	齐河县焦庙镇辛庄村	18	男	1945 年 5 月
明传刚	齐河县胡官屯镇大明村	—	男	1945 年 5 月
耿庆坤	齐河县胡官屯镇小耿村	25	男	1945 年 5 月
张士楷	齐河县华店乡华庄村	—	男	1945 年 5 月
李兴起	齐河县潘店镇李营村	—	男	1945 年 5 月
潘 斌	齐河县仁里集镇北潘村	21	男	1945 年 5 月
渊吉河	齐河县仁里集镇石桥张村	23	男	1945 年 5 月
于士忠	齐河县潘店镇于屯村	—	男	1945 年 5 月 10 日
李友文	齐河县胡官屯镇大李村	—	男	1945 年 5 月 12 日
徐长忠	齐河县潘店镇曹庙村	—	男	1945 年 6 月
季京伍	齐河县潘店镇坊子村	—	男	1945 年 6 月
刘玉三	齐河县潘店镇坊子村	—	男	1945 年 6 月

姓 名	籍 贯	年 龄	性 别	死难时间
张汉民	齐河县潘店镇西街村	—	男	1945 年 6 月 19 日
万寿连	齐河县华店乡范庄村	—	男	1945 年 7 月
徐孝典	齐河县潘店镇徐楼村	—	男	1945 年 7 月
王传殿	齐河县仁里集镇辛北村	24	男	1945 年 7 月
李景佑	齐河县表白寺镇孙北村	19	男	1945 年 8 月
尚长昌	齐河县仁里集镇辛南村	34	男	1945 年 8 月
张国成	齐河县潘店镇洪张村	25	男	1945 年 9 月
张国芳	齐河县潘店镇洪张村	25	男	1945 年 9 月
郭相禄	齐河县仁里集镇郭庄村	30	男	1945 年 9 月
王绍汉	齐河县仁里集镇左庄村	30	男	1945 年 9 月
周希贤	齐河县赵官镇周娄村	23	男	1945 年 10 月
郑业红	齐河县潘店镇郑刘村	—	男	1945 年 11 月
聂宜金	齐河县表白寺镇南贾村	67	男	1945 年 12 月
房泽银	齐河县赵官镇刘东村	29	男	1945 年 12 月
郑长进	齐河县大黄乡郝桥村	26	男	1945 年 12 月
孙程刚	齐河县安头乡安头村	43	男	1945 年
朱志星	齐河县胡官屯镇前朱楼村	25	男	1945 年
孙家明	齐河县胡官屯镇前朱楼村	44	男	1945 年
王宗常	齐河县胡官屯镇马安屯村	20	男	1945 年
刘庆宝	齐河县胡官屯镇小耿村	22	男	1945 年
小正月	齐河县华店乡土茂王村	—	男	1945 年
张槐先	齐河县华店乡小张村	18	男	1945 年
李建森	齐河县华店乡沙李村	—	男	1945 年
姜其祯	齐河县华店乡姜南村	—	男	1945 年
宋文贵	齐河县华店乡宋庄村	21	男	1945 年
姜天宝	齐河县华店级姜庄村	—	男	1945 年
宋铭林	齐河县华店乡宋庄村	—	男	1945 年
官读生	齐河县华店乡官庄村	—	男	1945 年
朱圣斌	齐河县华店乡西油村	—	男	1945 年
陈登美	齐河县焦庙镇后刘村	30	男	1945 年
姜玉坤	齐河县焦庙镇姜庄村	—	男	1945 年
董玉贤	齐河县焦庙镇小刘村	—	男	1945 年
郑玉曾	齐河县焦庙镇前郑村	—	男	1945 年
肖凌恋	齐河县焦庙镇徐弓匠村	28	男	1945 年

姓 名	籍 贯	年 龄	性 别	死难时间
王兴俊	齐河县焦庙镇陶庄村	18	男	1945 年
贾友海	齐河县焦庙镇前刘村	—	男	1945 年
张 华	齐河县焦庙镇赵官屯村	20	男	1945 年
马怀五	齐河县焦庙镇石门张村	22	男	1945 年
刘丙玉	齐河县马集乡前刘村	27	男	1945 年
杨寸泉	齐河县马集乡杨庄村	22	男	1945 年
田京春	齐河县马集乡东郑村	20	男	1945 年
路明河	齐河县马集乡路庄村	21	男	1945 年
路玉臣	齐河县马集乡路庄村	27	男	1945 年
郑绪海	齐河县马集乡周庄村	23	男	1945 年
张希海	齐河县马集乡周庄村	20	男	1945 年
韩庆忠	齐河县马集乡韩庄村	20	男	1945 年
张玉亭	齐河县马集乡西张村	21	男	1945 年
张培乐	齐河县潘店镇靖庄村	27	男	1945 年
张秋民	齐河县潘店镇靖庄村	29	男	1945 年
张培运	齐河县潘店镇靖庄村	27	男	1945 年
王传文	齐河县潘店镇盐古村	25	男	1945 年
张培发	齐河县潘店镇西场村	35	男	1945 年
张承海	齐河县潘店镇西场村	20	男	1945 年
程振兰	齐河县潘店镇有粮村	31	男	1945 年
宋兆春	齐河县潘店镇药王庙村	26	男	1945 年
李恒山	齐河县潘店镇马庄村	—	男	1945 年
马兰阁	齐河县潘店镇马庄村	—	男	1945 年
杨建山	齐河县潘店镇李庄村	—	男	1945 年
张承玉	齐河县潘店镇西街村	—	男	1945 年
杨兆兴	齐河县潘店镇姚庄村	—	男	1945 年
杨殿保	齐河县潘店镇大杨村	—	男	1945 年
李明学	齐河县仁里集镇仁西村	30	男	1945 年
架旺修	齐河县仁里集镇西染村	29	男	1945 年
马存孝	齐河县仁里集镇马庄村	45	男	1945 年
王祯言	齐河县仁里集镇王南村	35	男	1945 年
曹天祥	齐河县仁里集镇辛铺村	21	男	1945 年
赵礼思	齐河县仁里集镇松林赵村	21	男	1945 年
魏家胜	齐河县晏城镇大魏村	28	男	1945 年

姓　名	籍　贯	年　龄	性　别	死难时间
郑志宽	齐河县晏城镇大冀村	—	男	1945 年
陈冠一	齐河县晏城镇大冀村	—	男	1945 年
李传文	齐河县晏城镇大冀村	—	男	1945 年
李延环	齐河县祝阿镇白毛李村	—	男	1945 年
王元秋	齐河县祝阿镇后营村	—	男	1945 年
杨进河	齐河县祝阿镇西大杨村	—	男	1945 年
高孝勤	齐河县祝阿镇石门高村	21	男	1945 年
孙学带	齐河县祝阿镇鲍庄村	—	男	1945 年
王圣仁	齐河县祝阿镇王小尼	22	男	1945 年
王培栋	齐河县祝阿镇王小尼	26	男	1945 年
郭玉田	齐河县祝阿镇王小尼	21	男	1945 年
王维财	齐河县祝阿镇王辛村	25	男	1945 年
猴银岭	齐河县祝阿镇猴庄村	52	男	1945 年
刘玉坤	齐河县祝阿镇猴庄村	24	男	1945 年
王东岱	齐河县祝阿镇后甄村	32	男	1945 年
王加河	齐河县大黄乡王洪村	25	男	1945 年
赵立忠	齐河县大黄乡大赵村	41	男	1945 年
瓷振德	齐河县大黄乡大张村	—	男	1945 年
朱明三	齐河县表白寺镇朱庄村	20	男	1945 年
贾振田	齐河县表白寺镇良庄村	31	男	1945 年
魏庆才	齐河县表白寺镇魏庄村	20	男	1945 年
王文祥	齐河县表白寺镇张沛村	17	男	1945 年
张振武	齐河县表白寺镇张沛村	18	男	1945 年
郝象银	齐河县表白寺镇袁庄村	21	男	1945 年
郝高升	齐河县表白寺镇袁庄村	20	男	1945 年
王怀玉	齐河县表白寺镇表白寺村	30	男	1945 年
谭玉信	齐河县表白寺镇谭庄村	30	男	1945 年
张新民	齐河县表白寺镇谭庄村	21	男	1945 年
张一方	齐河县表白寺镇谭庄村	21	男	1945 年
付作祥	齐河县胡官屯镇新付村	—	男	1945 年
孙家朋	齐河县潘店镇前刘楼	—	男	1945 年
田爱华	齐河县仁里集镇大田村	29	女	1945 年
张继友	齐河县仁里集镇西高村	22	男	1945 年
张继明	齐河县仁里集镇南张村	30	男	1945 年

姓 名	籍 贯	年 龄	性 别	死难时间
张继道	齐河县仁里集镇南张村	29	男	1945 年
赵德胜	齐河县仁里集镇宋集村	23	男	1945 年
张培元	齐河县仁里集镇梅庄村	21	男	1945 年
杨东生	齐河县仁里集镇田东村	40	男	1945 年
郭相岩	齐河县仁里集镇郭庄村	31	男	1945 年
马玉庆	齐河县仁里集镇官庄村	19	男	1945 年
王传振	齐河县仁里集镇辛北村	23	男	1945 年
王绪本	齐河县仁里集镇辛北村	23	男	1945 年
高延贞	齐河县仁里集镇三合村	25	男	1945 年
杨忠信	齐河县仁里集镇三合村	23	男	1945 年
崔宗浦	齐河县赵官镇崔桥村	35	男	1945 年
李庆祥	齐河县赵官镇银杏村	16	男	1945 年
李庆根	齐河县赵官镇银杏村	22	男	1945 年
邵学亭	齐河县赵官镇邵庄村	40	男	1945 年
张思木	齐河县赵官镇水西村	28	男	1945 年
吴承西	齐河县赵官镇吴庄村	19	男	1945 年
刘德峰	齐河县赵官镇大胡村	26	男	1945 年
汪兴臣	齐河县赵官镇吕西村	29	男	1945 年
郑传禄	齐河县赵官镇北二村	34	男	1945 年
马存玉	齐河县仁里集镇马庄村	36	男	1937 年 11 月
柴东亚	齐河县仁里集镇西柴村	47	男	1937 年
孙永仁	齐河县胡官屯镇赵官屯村	50	男	1937 年
李坤湖	齐河县潘店镇孔贯村	60	男	1937 年
刘庆民	齐河县仁里集镇前屯村	27	男	1937 年
张又亮	齐河县表白寺镇红李村	30	男	1937 年
贾吨年	齐河县表白寺镇红李村	32	男	1937 年
李光胜	齐河县表白寺镇红李村	28	男	1937 年
贾乃福	齐河县表白寺镇红李村	35	男	1937 年
宋瑞山	齐河县胡官屯镇宋庄村	20	男	1937 年
王绪春	齐河县胡官屯镇郭东村	21	男	1937 年
于春英	齐河县胡官屯镇郭东村	30	女	1937 年
郭二妮	齐河县胡官屯镇郭东村	—	女	1937 年
王仁民	齐河县胡官屯镇郭东村	—	男	1937 年
云克广	齐河县胡官屯镇云庄村	42	男	1937 年

姓　名	籍　贯	年　龄	性　别	死难时间
李文忠	齐河县华店乡袁庄村	—	男	1937 年
李大炮	齐河县华店乡袁庄村	—	男	1937 年
姜仁文	齐河县华店乡姜庄村	—	男	1937 年
姜立山	齐河县华店乡姜庄村	—	男	1937 年
小　健	齐河县华店乡大马村	—	男	1937 年
姜好蛋	齐河县华店乡姜庄村	—	男	1937 年
曹洪友	齐河县焦庙镇曹营村	24	男	1937 年
曹洪本	齐河县焦庙镇曹营村	22	男	1937 年
马希月	齐河县焦庙镇徐弓匠村	42	男	1937 年
张绍同	齐河县焦庙镇团圆村	26	男	1937 年
韩庆河	齐河县焦庙镇团圆村	22	男	1937 年
张绍利	齐河县焦庙镇团圆村	23	男	1937 年
秀启重	齐河县焦庙镇团圆村	20	男	1937 年
张培忠	齐河县焦庙镇团圆村	21	男	1937 年
闫登榜	齐河县焦庙镇季西村	23	男	1937 年
刘家本	齐河县焦庙镇季西村	26	男	1937 年
苏厚水	齐河县焦庙镇季西村	24	男	1937 年
李绍年	齐河县焦庙镇大孙村	26	男	1937 年
李家亭	齐河县焦庙镇大孙村	24	男	1937 年
李士利	齐河县焦庙镇大孙村	23	男	1937 年
李家旺	齐河县焦庙镇大孙村	35	男	1937 年
孙永信	齐河县焦庙镇大孙村	28	男	1937 年
李士元	齐河县焦庙镇大孙村	22	男	1937 年
李家凡	齐河县焦庙镇大孙村	26	男	1937 年
郑一宾	齐河县焦庙镇前郑村	—	男	1937 年
王胜江	齐河县焦庙镇周庄村	24	男	1937 年
王风一	齐河县焦庙镇黄马村	31	男	1937 年
高化顺	齐河县焦庙镇西姜村	27	男	1937 年
王永清	齐河县焦庙镇王桥村	23	男	1937 年
张万森	齐河县焦庙镇孙黄村	17	男	1937 年
张玉琢	齐河县焦庙镇孙黄村	16	男	1937 年
乔保林	齐河县焦庙镇纸营村	20	男	1937 年
乔电和	齐河县焦庙镇纸营村	19	男	1937 年
贾树贵	齐河县焦庙镇纸营村	21	男	1937 年

姓 名	籍 贯	年 龄	性 别	死难时间
王新尧	齐河县焦庙镇三王村	52	男	1937 年
李家仁	齐河县焦庙镇季东村	24	男	1937 年
杨现银	齐河县焦庙镇季东村	18	男	1937 年
杨元喜	齐河县焦庙镇季东村	20	男	1937 年
焦希安	齐河县刘桥乡中焦村	39	男	1937 年
段方达	齐河县潘店镇邱段村	60	男	1937 年
朱希芹	齐河县潘店镇徐楼村	25	男	1937 年
刘支孔	齐河县潘店镇刘洼村	17	男	1937 年
刘支贤	齐河县潘店镇刘洼村	15	男	1937 年
刘明三	齐河县潘店镇刘洼村	15	男	1937 年
赵相吕	齐河县仁里集镇高赵村	20	男	1937 年
李明江	齐河县仁里集镇高赵村	11	男	1937 年
杨青河	齐河县晏城镇北魏村	33	男	1937 年
邵廷友	齐河县晏城镇马寨村	19	男	1937 年
张陆清	齐河县晏城镇马寨村	21	男	1937 年
魏传顾	齐河县晏城镇大魏村	26	男	1937 年
二 朱	齐河县晏城镇朱君村	—	男	1937 年
朱振友	齐河县晏城镇朱君村	—	男	1937 年
朱振茂	齐河县晏城镇朱君村	—	男	1937 年
包丰德	齐河县晏城镇朱君村	—	男	1937 年
朱光里	齐河县晏城镇朱君村	—	男	1937 年
朱光任	齐河县晏城镇朱君村	—	男	1937 年
孟宪综	齐河县晏城镇孟孙村	37	男	1937 年
杨杜川	齐河县晏城镇红庙朱村	30	男	1937 年
杨茂川	齐河县晏城镇红庙朱村	31	男	1937 年
杨二麻	齐河县晏城镇岔河杨村	37	男	1937 年
李方同	齐河县晏城镇全玉屯村	20	男	1937 年
王占元	齐河县晏城镇全玉屯村	21	男	1937 年
怀新法	齐河县晏城镇刘王村	—	男	1937 年
刘寿仁	齐河县晏城镇刘王村	—	男	1937 年
孙丙利	齐河县晏城镇孙庄村	49	男	1937 年
孙金伍	齐河县晏城镇孙庄村	47	男	1937 年
孙丙青	齐河县晏城镇孙庄村	47	男	1937 年
徐兰臣	齐河县晏城镇孙庄村	47	男	1937 年

姓 名	籍 贯	年 龄	性 别	死难时间
杨宜柱	齐河县晏城镇前杨村	30	男	1937 年
徐兴银	齐河县晏城镇前杨村	27	男	1937 年
徐德修	齐河县晏城镇陈庄村	37	男	1937 年
徐汉金	齐河县晏城镇碱场村	42	男	1937 年
徐 明	齐河县晏城镇碱场村	27	男	1937 年
孟光胜	齐河县赵官镇孟宅子村	40	男	1937 年
石怀广	齐河县祝阿镇西南街村	—	男	1937 年
宋云熬	齐河县祝阿镇官庄村	—	男	1937 年
宋白头	齐河县祝阿镇官庄村	—	男	1937 年
宋逢明	齐河县祝阿镇官庄村	—	男	1937 年
徐春亭	齐河县祝阿镇官庄村	—	男	1937 年
徐忠光	齐河县祝阿镇官庄村	—	男	1937 年
宋逢春	齐河县祝阿镇官庄村	—	男	1937 年
王军成	齐河县大黄乡东寨村	28	男	1938 年 3 月
王可友	齐河县大黄乡东寨村	28	男	1938 年 3 月
王光清	齐河县大黄乡东寨村	24	男	1938 年 3 月
张忠元	齐河县潘店镇小庄村	25	男	1938 年 3 月
李明臣	齐河县马集乡南方寺村	29	男	1938 年 4 月
李德胜	齐河县潘店镇孔贯村	—	男	1938 年 5 月
王照兴	齐河县胡官屯镇贾王村	55	男	1938 年 6 月
李友顺	齐河县胡官屯镇南李村	50	男	1938 年 8 月
李坤瑞	齐河县潘店镇孔贯村	64	男	1938 年 9 月
李坤河	齐河县潘店镇孔贯村	—	男	1938 年 11 月
魏庆贵	齐河县表白寺镇魏庄村	30	男	1938 年
史庆河	齐河县表白寺镇前杨村	—	男	1938 年
刘兆才	齐河县表白寺镇西刘村	30	男	1938 年
刘贵莲	齐河县表白寺镇西刘村	42	男	1938 年
宋振土	齐河县胡官屯镇宋庄村	39	男	1938 年
白希政	齐河县华店乡白庄村	—	男	1938 年
姜 坤	齐河县华店乡姜南村	—	男	1938 年
姜仁义	齐河县华店乡姜庄村	—	男	1938 年
姜春光	齐河县华店乡小周村	—	男	1938 年
马传风	齐河县华店乡大马村	—	男	1938 年
马二狗	齐河县华店乡大马村	—	男	1938 年

姓 名	籍 贯	年 龄	性 别	死难时间
春 来	齐河县华店乡大马村	—	男	1938 年
马春廷	齐河县华店乡大马村	—	男	1938 年
王 小	齐河县华店乡大马村	—	男	1938 年
立 明	齐河县华店乡大马村	—	男	1938 年
张西祥	齐河县华店乡老张村	—	男	1938 年
姜二旦	齐河县华店乡姜庄村	—	男	1938 年
姜天亮	齐河县华店乡姜庄村	—	男	1938 年
乔保华	齐河县焦庙镇纸营村	—	男	1938 年
乔电路	齐河县焦庙镇纸营村	—	男	1938 年
范云蛋	齐河县焦庙镇范庄	17	男	1938 年
范曰三	齐河县焦庙镇范庄	17	男	1938 年
范曰义	齐河县焦庙镇范庄	20	男	1938 年
范廷胜	齐河县焦庙镇范庄	31	男	1938 年
范传石	齐河县焦庙镇范庄	35	男	1938 年
袁文臣	齐河县焦庙镇西袁村	40	男	1938 年
马明生	齐河县焦庙镇姜堂村	78	男	1938 年
张秀青	齐河县焦庙镇张杨村	29	男	1938 年
宋明德	齐河县焦庙镇宋坊村	35	男	1938 年
王玉庆	齐河县焦庙镇黄马村	32	男	1938 年
李红梅	齐河县焦庙镇白庄村	49	女	1938 年
王方岭	齐河县焦庙镇王老村	19	男	1938 年
赵士山	齐河县焦庙镇西张村	19	男	1938 年
赵永强	齐河县焦庙镇西张村	22	男	1938 年
武大训	齐河县焦庙镇相庄村	43	男	1938 年
范由林	齐河县焦庙镇范庄村	28	男	1938 年
范石头	齐河县焦庙镇范庄村	22	男	1938 年
田大华	齐河县焦庙镇王庄村	26	男	1938 年
张文胜	齐河县焦庙镇王庄村	20	男	1938 年
杨康芝	齐河县焦庙镇季东村	30	男	1938 年
杨立芝	齐河县焦庙镇季东村	32	男	1938 年
杨巨芝	齐河县焦庙镇季东村	19	男	1938 年
彭元银	齐河县焦庙镇彭庄村	—	男	1938 年
彭玉生	齐河县焦庙镇彭庄村	—	男	1938 年
刘少平	齐河县焦庙镇芦庄村	—	男	1938 年

姓 名	籍 贯	年 龄	性 别	死难时间
赵光军	齐河县焦庙镇仁合村	—	男	1938 年
赵大海	齐河县焦庙镇仁合村	—	男	1938 年
李玉强	齐河县焦庙镇房台村	—	男	1938 年
赵安元	齐河县焦庙镇房台村	—	男	1938 年
曹靠海	齐河县焦庙镇曹营村	—	男	1938 年
焦正其	齐河县刘桥乡中焦村	31	男	1938 年
郑同一	齐河县刘桥乡后郑村	51	男	1938 年
车玉明	齐河县刘桥乡车王村	—	男	1938 年
侯庆雨	齐河县马集乡东代村	25	男	1938 年
侯庆友	齐河县马集乡东代村	31	男	1938 年
王明举	齐河县马集乡苑庄村	26	男	1938 年
房世昌	齐河县潘店镇药王庙村	21	男	1938 年
张宗昌	齐河县潘店镇小庄村	—	男	1938 年
徐传宝	齐河县潘店镇徐楼村	18	男	1938 年
李振勇	齐河县晏城镇包东村	24	男	1938 年
王宝庆	齐河县晏城镇大费村	21	男	1938 年
费全福	齐河县晏城镇大费村	19	男	1938 年
费石子	齐河县晏城镇大费村	20	男	1938 年
王清扬	齐河县晏城镇大费村	18	男	1938 年
费金友	齐河县晏城镇大费村	18	男	1938 年
费全木	齐河县晏城镇大费村	20	男	1938 年
王玉富	齐河县晏城镇大费村	19	男	1938 年
杨竹林	齐河县晏城镇红庙朱村	29	男	1938 年
朱文会	齐河县晏城镇红庙朱村	34	男	1938 年
石玉年	齐河县晏城镇桑元赵村	17	男	1938 年
赵春南	齐河县晏城镇桑元赵村	20	男	1938 年
赵德文	齐河县晏城镇桑元赵村	18	男	1938 年
赵长江	齐河县晏城镇石庙村	28	男	1938 年
周光强	齐河县晏城镇石庙村	31	男	1938 年
徐志辉	齐河县晏城镇石庙村	33	男	1938 年
杨圣金	齐河县晏城镇岔河杨村	40	男	1938 年
杨志五	齐河县晏城镇岔河杨村	44	男	1938 年
安志刚	齐河县晏城镇福王村	52	男	1938 年
王玉魁	齐河县晏城镇福王村	29	男	1938 年

姓 名	籍 贯	年 龄	性 别	死难时间
王春发	齐河县晏城镇全玉屯村	24	男	1938 年
曲长顺	齐河县晏城镇栗庄村	39	男	1938 年
曲长贵	齐河县晏城镇栗庄村	40	男	1938 年
曲洪全	齐河县晏城镇栗庄村	30	男	1938 年
曲万春	齐河县晏城镇栗庄村	20	男	1938 年
杜增帮	齐河县晏城镇栗庄村	27	男	1938 年
杜增傲	齐河县晏城镇栗庄村	27	男	1938 年
曲凌云	齐河县晏城镇栗庄村	27	女	1938 年
左文成	齐河县祝阿镇三王村	—	男	1938 年
左西芹	齐河县祝阿镇三王村	—	男	1938 年
左文友	齐河县祝阿镇三王村	—	男	1938 年
左贵友	齐河县祝阿镇三王村	—	男	1938 年
赵付森	齐河县胡官屯镇姬庄村	25	男	1939 年 5 月
龚加广	齐河县仁里集镇仁西村	18	男	1939 年 6 月
李友忠	齐河县胡官屯镇南李村	55	男	1939 年 10 月
李兴尧	齐河县马集乡南方寺村	17	男	1939 年 10 月
李兴坤	齐河县马集乡南方寺村	18	男	1939 年 10 月
李大水	齐河县仁里集镇仁西村	18	男	1939 年 12 月
刘 庆	齐河县表白寺镇西刘村	10	男	1939 年
单石一	齐河县表白寺镇单家村	33	男	1939 年
单廷华	齐河县表白寺镇单家村	30	男	1939 年
祝宝生	齐河县大黄乡祝楼村	—	男	1939 年
李美善	齐河县大黄乡仓上村	20	男	1939 年
宋兰亭	齐河县大黄乡仓上村	33	男	1939 年
李永太	齐河县大黄乡仓上村	57	男	1939 年
张文和	齐河县大黄乡仓上村	55	男	1939 年
郭清仁	齐河县大黄乡南段村	28	男	1939 年
孙丙全	齐河县胡官乡孙名杨村	30	男	1939 年
孙丙义	齐河县胡官乡孙名杨村	32	男	1939 年
孙丙胜	齐河县胡官乡孙名杨村	31	男	1939 年
孙丙仓	齐河县胡官乡孙名杨村	28	男	1939 年
王宝仁	齐河县华店乡华店村	—	男	1939 年
王宝义	齐河县华店乡华店村	—	男	1939 年
张大山	齐河县华店乡华店村	—	男	1939 年

姓 名	籍 贯	年 龄	性 别	死难时间
孙立明	齐河县华店乡华店村	—	男	1939 年
张二石	齐河县华店乡华店村	—	男	1939 年
曹曰青	齐河县华店乡华店村	—	男	1939 年
贾善美	齐河县焦庙镇西贾村	—	男	1939 年
贾善广	齐河县焦庙镇西贾村	—	男	1939 年
李登格	齐河县焦庙镇李官屯村	30	男	1939 年
李登恒	齐河县焦庙镇李官屯村	32	男	1939 年
袁登廷	齐河县焦庙镇西袁村	38	男	1939 年
絮相义	齐河县焦庙镇絮庄村	18	男	1939 年
张明兰	齐河县焦庙镇团圆村	28	男	1939 年
张振方	齐河县焦庙镇团圆村	29	男	1939 年
孔凡喜	齐河县焦庙镇季西村	30	男	1939 年
苏厚田	齐河县焦庙镇季西村	36	男	1939 年
郑传顺	齐河县焦庙镇前郑村	—	男	1939 年
李长富	齐河县焦庙镇赵官屯村	17	男	1939 年
李付珍	齐河县焦庙镇赵官屯村	19	男	1939 年
王胜春	齐河县焦庙镇周庄村	31	男	1939 年
郭有金	齐河县焦庙镇郭窑村	28	男	1939 年
王文元	齐河县焦庙镇王桥村	19	男	1939 年
王永河	齐河县焦庙镇王桥村	19	男	1939 年
王凤河	齐河县焦庙镇东张村	19	男	1939 年
武奎胜	齐河县焦庙镇相庄村	31	男	1939 年
王振义	齐河县焦庙镇流水村	42	男	1939 年
李长红	齐河县焦庙镇季东村	20	男	1939 年
马传章	齐河县焦庙镇马坊村	25	男	1939 年
贾光付	齐河县焦庙镇贾庄村	—	男	1939 年
贾光海	齐河县焦庙镇贾庄村	—	男	1939 年
贾善路	齐河县焦庙镇贾庄村	—	男	1939 年
杨永宽	齐河县焦庙镇郭坊村	19	男	1939 年
杨木东	齐河县焦庙镇郭坊村	18	男	1939 年
李忠祥	齐河县焦庙镇小李村	18	男	1939 年
崔京龙	齐河县焦庙镇小李村	19	男	1939 年
崔京贵	齐河县焦庙镇小李村	20	男	1939 年
韩相尧	齐河县焦庙镇韩庄村	—	男	1939 年

姓 名	籍 贯	年 龄	性 别	死难时间
王光龙	齐河县焦庙镇十槐村	19	男	1939 年
邢玉海	齐河县焦庙镇十槐村	18	男	1939 年
王光辉	齐河县焦庙镇十槐村	17	男	1939 年
杨长水	齐河县焦庙镇曲屯村	18	男	1939 年
陈友明	齐河县焦庙镇曲屯村	19	男	1939 年
陈友成	齐河县焦庙镇曲屯村	18	男	1939 年
杨木祥	齐河县焦庙镇曲屯村	17	男	1939 年
贾吉祥	齐河县焦庙镇贾市村	21	男	1939 年
陈吉虎	齐河县焦庙镇贾市村	19	男	1939 年
陈传祥	齐河县焦庙镇贾市村	19	男	1939 年
陈士龙	齐河县焦庙镇贾市村	18	男	1939 年
贾士昌	齐河县焦庙镇贾市村	18	男	1939 年
贾德芝	齐河县焦庙镇何庙村	—	男	1939 年
贾春合	齐河县焦庙镇何庙村	—	男	1939 年
于镇点	齐河县潘店镇药王庙村	18	男	1939 年
宗兆海	齐河县潘店镇药王庙村	20	男	1939 年
张庆保	齐河县潘店镇药王庙村	23	男	1939 年
李钦盛	齐河县潘店镇南祁村	51	男	1939 年
王书岭	齐河县仁里集镇前刘村	21	男	1939 年
李庆喜	齐河县晏城镇葛李村	—	男	1939 年
费全业	齐河县晏城镇大费村	36	男	1939 年
费成水	齐河县晏城镇大费村	27	男	1939 年
杨洪喜	齐河县晏城镇鲍东村	28	男	1939 年
杨洪田	齐河县晏城镇鲍东村	31	男	1939 年
于丰海	齐河县晏城镇朱楼村	19	男	1939 年
杨圣川	齐河县晏城镇红庙朱村	28	男	1939 年
杨凤同	齐河县晏城镇岔河杨村	42	男	1939 年
王德心	齐河县晏城镇福王村	13	男	1939 年
魏寇乙	齐河县晏城镇小安村	46	男	1939 年
张允海	齐河县晏城镇梯门村	32	男	1939 年
张传封	齐河县晏城镇梯门村	40	男	1939 年
张华之	齐河县晏城镇梯门村	33	男	1939 年
张立之	齐河县晏城镇梯门村	33	男	1939 年
徐德红	齐河县晏城镇碱场村	34	男	1939 年

続表

姓　名	籍　贯	年　龄	性　别	死难时间
徐新生	齐河县晏城镇马庄村	38	男	1939 年
孟　伟	齐河县赵官镇孟宅子村	38	男	1939 年
张治方	齐河县赵官镇官庄村	40	男	1939 年
孟现春	齐河县赵官镇官庄村	19	男	1939 年
房泽青	齐河县赵官镇官庄村	35	男	1939 年
李延吉	齐河县赵官镇官庄村	52	男	1939 年
张二小	齐河县赵官镇官庄村	24	男	1939 年
李庆平	齐河县赵官镇官庄村	44	男	1939 年
武曰成	齐河县赵官镇官庄村	23	男	1939 年
张英子	齐河县赵官镇官庄村	28	男	1939 年
田连杰	齐河县祝阿镇郭闸村	—	男	1939 年
吴平章	齐河县祝阿镇东小辛村	50	男	1939 年
吴金月	齐河县祝阿镇东小辛村	50	男	1939 年
段海林	齐河县潘店镇李营村	—	男	1940 年 1 月
刘享魁	齐河县仁里集镇史庄村	26	男	1940 年 1 月
刘大魁	齐河县仁里集镇史庄村	24	男	1940 年 2 月
刘理魁	齐河县仁里集镇史庄村	26	男	1940 年 2 月
柴延修	齐河县仁里集镇前屯村	32	男	1940 年 2 月
王殿富	齐河县仁里集镇王西村	36	男	1940 年 2 月
郭道谷	齐河县仁里集镇王西村	39	男	1940 年 2 月
王新刚	齐河县仁里集镇王西村	42	男	1940 年 2 月
王贞庆	齐河县仁里集镇王西村	45	男	1940 年 2 月
王连庆	齐河县仁里集镇王西村	40	男	1940 年 2 月
王斌庆	齐河县仁里集镇王西村	30	男	1940 年 2 月
王文庆	齐河县仁里集镇王西村	28	男	1940 年 2 月
马善忠	齐河县仁里集镇马庄村	33	男	1940 年 2 月
李钦财	齐河县潘店镇孔贯村	61	男	1940 年 4 月
李坤雪	齐河县潘店镇孔贯村	49	男	1940 年 6 月
刘俊魁	齐河县仁里集镇史庄村	25	男	1940 年 6 月
尹绪燕	齐河县赵官镇西尹村	36	男	1940 年 6 月
尹绪庆	齐河县赵官镇西尹村	43	男	1940 年 6 月
宋兆修	齐河县安头乡西里仁村	40	男	1940 年
纪光国	齐河县表白寺镇前孙村	29	男	1940 年
魏庆丙	齐河县表白寺镇魏庄村	40	男	1940 年

姓 名	籍 贯	年 龄	性 别	死难时间
魏庆胜	齐河县表白寺镇魏庄村	19	男	1940 年
魏士才	齐河县表白寺镇魏庄村	41	男	1940 年
宋加平	齐河县胡官屯镇宋庄村	28	男	1940 年
宋作青	齐河县胡官屯镇宋庄村	42	男	1940 年
宋振洪	齐河县胡官屯镇宋庄村	44	男	1940 年
姜星连	齐河县华店乡姜庄村	40	男	1940 年
朱景山	齐河县华店乡姜庄村	38	男	1940 年
姜加参	齐河县华店乡姜庄村	35	男	1940 年
朱金青	齐河县华店乡姜庄村	41	男	1940 年
姜以茂	齐河县华店乡姜北村	—	男	1940 年
姜尔申	齐河县华店乡姜北村	—	男	1940 年
姜尔喜	齐河县华店乡姜北村	—	男	1940 年
姜义辉	齐河县华店乡姜北村	—	男	1940 年
刘庆兰	齐河县华店乡姜北村	—	女	1940 年
刘庆云	齐河县华店乡姜北村	—	女	1940 年
翟曰芹	齐河县华店乡姜北村	—	女	1940 年
张景梦	齐河县华店乡姜北村	—	男	1940 年
阮俊生	齐河县华店乡姜北村	—	男	1940 年
张义路	齐河县华店乡明机寨村	—	男	1940 年
张义晨	齐河县华店乡明机寨村	—	男	1940 年
贾正详	齐河县焦庙镇西贾村	—	男	1940 年
郭庆征	齐河县焦庙镇双庙村	18	男	1940 年
郭庆宜	齐河县焦庙镇双庙村	17	男	1940 年
房希安	齐河县焦庙镇双庙村	18	男	1940 年
杨怀荣	齐河县焦庙镇双庙村	20	男	1940 年
谯永昌	齐河县焦庙镇双庙村	19	男	1940 年
郭延礼	齐河县焦庙镇双庙村	19	男	1940 年
杜宪亮	齐河县焦庙镇杜庄村	40	男	1940 年
杜观玉	齐河县焦庙镇杜庄村	38	男	1940 年
曹兴河	齐河县焦庙镇絮庄村	17	男	1940 年
马登来	齐河县焦庙镇耿庄村	35	男	1940 年
申传山	齐河县焦庙镇黄屯村	29	男	1940 年
李德石	齐河县焦庙镇靛池村	26	男	1940 年
冯可木	齐河县焦庙镇冯庄村	28	男	1940 年

姓 名	籍 贯	年 龄	性 别	死难时间
刘贵祥	齐河县焦庙镇赵官屯村	18	男	1940 年
张长龙	齐河县焦庙镇赵官屯村	21	男	1940 年
王长生	齐河县焦庙镇苇叶村	28	男	1940 年
史振华	齐河县焦庙镇黄马村	28	男	1940 年
彭方武	齐河县焦庙镇郭窑村	47	男	1940 年
张曰兴	齐河县焦庙镇白庄村	38	男	1940 年
王永水	齐河县焦庙镇王桥村	21	男	1940 年
姜玉路	齐河县焦庙镇西张村	17	男	1940 年
范德明	齐河县焦庙镇范庄村	30	男	1940 年
范春林	齐河县焦庙镇范庄村	29	男	1940 年
贾大城	齐河县焦庙镇辛庄村	35	男	1940 年
杜荣芝	齐河县焦庙镇贾坊村	—	男	1940 年
杜功训	齐河县焦庙镇贾坊村	—	男	1940 年
姜宝泉	齐河县焦庙镇贾坊村	—	男	1940 年
袁延祯	齐河县焦庙镇贾坊村	—	男	1940 年
杜暑训	齐河县焦庙镇贾坊村	—	男	1940 年
刘怀万	齐河县焦庙镇芦庄村	—	男	1940 年
赵忠良	齐河县焦庙镇老菜村	—	男	1940 年
崔照龙	齐河县焦庙镇石门村	21	男	1940 年
马怀祥	齐河县焦庙镇石门村	18	男	1940 年
郭良富	齐河县焦庙镇石门村	19	男	1940 年
杨木龙	齐河县焦庙镇曲屯村	16	男	1940 年
马乾昌	齐河县马集乡马集村	26	男	1940 年
李圣菊	齐河县马集乡马集村	21	男	1940 年
李清仓	齐河县马集乡娄集村	24	男	1940 年
王学明	齐河县马集乡苑庄村	25	男	1940 年
李之起	齐河县马集乡苑庄村	24	男	1940 年
车长顺	齐河县潘店镇赵屯村	—	男	1940 年
徐长多	齐河县潘店镇徐楼村	18	男	1940 年
徐孝点	齐河县潘店镇徐楼村	20	男	1940 年
沈正月	齐河县潘店镇徐楼村	20	男	1940 年
孟凡义	齐河县仁里集镇官庄村	30	男	1940 年
孟义珍	齐河县仁里集镇官庄村	25	男	1940 年
马万健	齐河县仁里集镇官庄村	27	男	1940 年

姓 名	籍 贯	年 龄	性 别	死难时间
王崇义	齐河县仁里集镇辛北村	30	男	1940 年
白崇正	齐河县仁里集镇辛北村	25	男	1940 年
王绪太	齐河县仁里集镇辛北村	28	男	1940 年
索吉能	齐河县仁里集镇索庄村	36	男	1940 年
王贞四	齐河县仁里集镇王西村	29	男	1940 年
王心庆	齐河县仁里集镇王西村	32	男	1940 年
杨光珠	齐河县仁里集镇枣杨村	33	男	1940 年
王吉喜	齐河县宣章屯镇甘西村	16	男	1940 年
王 玉	齐河县宣章屯镇王井村	28	男	1940 年
王宝林	齐河县宣章屯镇王井村	35	男	1940 年
王宝树	齐河县宣章屯镇王井村	67	男	1940 年
吴德泉	齐河县宣章屯镇小吕村	32	男	1940 年
代丰福	齐河县晏城镇晏城街村	—	男	1940 年
周冠水	齐河县晏城镇周庄村	40	男	1940 年
张照美	齐河县晏城镇大瓜张村	26	女	1940 年
王庆思	齐河县晏城镇葛李村	23	男	1940 年
魏家利	齐河县晏城镇大魏村	40	男	1940 年
魏化行	齐河县晏城镇大魏村	38	男	1940 年
孙希秀	齐河县晏城镇丁庄村	30	男	1940 年
官洪明	齐河县晏城镇中寨村	27	男	1940 年
杨崇泉	齐河县晏城镇楼子张村	92	男	1940 年
魏德房	齐河县晏城镇小安村	40	男	1940 年
魏云章	齐河县晏城镇小安村	52	男	1940 年
马 成	齐河县晏城镇马庄村	32	男	1940 年
林玉河	齐河县晏城镇林庄村	37	男	1940 年
于好芹	齐河县赵官镇于宅子村	35	男	1940 年
张爱华	齐河县赵官镇孟宅子村	52	女	1940 年
孟光友	齐河县赵官镇孟宅子村	34	男	1940 年
张振顺	齐河县赵官镇官庄村	45	男	1940 年
马茂金	齐河县赵官镇官庄村	46	男	1940 年
马茂栓	齐河县赵官镇官庄村	52	男	1940 年
孙红友	齐河县祝阿镇西北街村	—	男	1940 年
孙红岭	齐河县祝阿镇西北街村	—	男	1940 年
韩 六	齐河县祝阿镇北关	—	男	1940 年

姓 名	籍 贯	年 龄	性 别	死难时间
杨天性	齐河县祝阿镇三王村	—	男	1940 年
张学朋	齐河县祝阿镇西南街村	—	男	1940 年
许俊义	齐河县祝阿镇东小辛村	23	男	1940 年
肖友章	齐河县祝阿镇老肖村	—	男	1940 年
肖友范	齐河县祝阿镇老肖村	—	男	1940 年
肖友静	齐河县祝阿镇老肖村	—	男	1940 年
肖友孟	齐河县祝阿镇老肖村	—	男	1940 年
肖友木	齐河县祝阿镇老肖村	—	男	1940 年
刘逢德	齐河县祝阿镇老肖村	—	男	1940 年
肖金路	齐河县祝阿镇老肖村	—	男	1940 年
肖友亮	齐河县祝阿镇老肖村	—	男	1940 年
肖金彪	齐河县祝阿镇老肖村	—	男	1940 年
肖克列	齐河县祝阿镇老肖村	—	男	1940 年
宋加兴	齐河县胡官屯镇宋庄村	41	男	1941 年 2 月
郑庆贵	齐河县马集乡西侯村	24	男	1941 年 2 月
赵志朋	齐河县刘桥乡赵店村	30	男	1941 年 3 月
翟 化	齐河县马集乡方翟村	26	男	1941 年 3 月
张吉庆	齐河县仁里集镇南张村	—	男	1941 年 3 月
张乐关	齐河县仁里集镇南张村	40	男	1941 年 3 月
谭 孝	齐河县马集乡大辛村	22	男	1941 年 3 月 17 日
李钦富	齐河县潘店镇孔贯村	—	男	1941 年 5 月
张修林	齐河县仁里集镇辛东村	40	男	1941 年 7 月
肖昌胜	齐河县仁里集镇辛南村	35	男	1941 年 7 月
赵永祥	齐河县仁里集镇辛东村	30	男	1941 年 8 月
肖胜本	齐河县仁里集镇辛南村	28	男	1941 年 8 月
辛绍成	齐河县仁里集镇辛南村	40	男	1941 年 8 月
辛洪江	齐河县仁里集镇辛南村	37	男	1941 年 8 月
辛绍义	齐河县仁里集镇辛南村	36	男	1941 年 8 月
胡李强	齐河县赵官镇大胡村	28	男	1941 年 8 月
胡立金	齐河县赵官镇大胡村	23	男	1941 年 8 月
时圣叶	齐河县赵官镇大胡村	25	男	1941 年 8 月
李凤银	齐河县胡官乡南李村	18	男	1941 年 9 月
李有顺	齐河县胡官乡南李村	29	男	1941 年 9 月
付延常	齐河县马集乡闫庄村	34	男	1941 年 10 月

姓 名	籍 贯	年 龄	性 别	死难时间
付 三	齐河县马集乡西代村	29	男	1941 年 10 月
刘玉喜	齐河县马集乡西朱村	31	男	1941 年 10 月
刘传告	齐河县马集乡西朱村	28	男	1941 年 10 月
张庆志	齐河县马集乡西张村	27	男	1941 年 10 月
张玉金	齐河县马集乡西张村	26	男	1941 年 10 月
余振英	齐河县马集乡后刘村	27	女	1941 年 10 月
刘页泉	齐河县马集乡后刘村	26	男	1941 年 10 月
王培岭	齐河县马集乡后刘村	25	男	1941 年 10 月
苏登科	齐河县马集乡东代村	29	男	1941 年 10 月
刘延海	齐河县马集乡闫庆村	28	男	1941 年 10 月
杨武成	齐河县马集乡杨庄村	32	男	1941 年 10 月
刘先冬	齐河县仁里集镇仁西村	19	男	1941 年 10 月
郭唐芝	齐河县仁里集镇张铺村	21	男	1941 年 11 月
王本一	齐河县表白寺镇王庄村	30	男	1941 年
魏德月	齐河县表白寺镇魏庄村	20	男	1941 年
魏连胜	齐河县表白寺镇魏庄村	25	男	1941 年
刘贵生	齐河县表白寺镇西刘村	25	男	1941 年
耿家祥	齐河县胡官屯镇小耿村	35	男	1941 年
甄兴春	齐河县华店乡甄孙村	45	男	1941 年
甄林贤	齐河县华店乡甄孙村	53	男	1941 年
甄林丙	齐河县华店乡甄孙村	51	男	1941 年
甄老四	齐河县华店乡甄孙村	31	男	1941 年
贾广和	齐河县焦庙镇西贾村	—	男	1941 年
马明春	齐河县焦庙镇姜堂村	—	男	1941 年
邓连分	齐河县焦庙镇耿庄村	49	男	1941 年
杜庆广	齐河县焦庙镇杜庄村	32	男	1941 年
杜召财	齐河县焦庙镇杜庄村	30	男	1941 年
王化五	齐河县焦庙镇苇叶村	30	男	1941 年
宋树德	齐河县焦庙镇宋坊村	28	男	1941 年
宋玉德	齐河县焦庙镇宋坊村	39	男	1941 年
于连奎	齐河县焦庙镇西姜村	37	男	1941 年
谯永年	齐河县焦庙镇谯庄村	19	男	1941 年
王然靖	齐河县焦庙镇东张村	23	男	1941 年
孙怀山	齐河县焦庙镇纸营村	22	男	1941 年

姓　名	籍　贯	年　龄	性　别	死难时间
黄玉兰	齐河县焦庙镇西张村	24	男	1941 年
邓连岭	齐河县焦庙镇相庄村	60	男	1941 年
马连祥	齐河县焦庙镇季中村	36	男	1941 年
马连征	齐河县焦庙镇季中村	42	男	1941 年
杨同芝	齐河县焦庙镇季中村	31	男	1941 年
杨　林	齐河县焦庙镇季中村	24	男	1941 年
王新雨	齐河县焦庙镇三王村	43	男	1941 年
车玉亮	齐河县刘桥乡车王村	—	男	1941 年
路明易	齐河县马集乡路庄村	29	男	1941 年
路宗水	齐河县马集乡路庄村	20	男	1941 年
路玉生	齐河县马集乡路庄村	23	男	1941 年
路宗祥	齐河县马集乡路庄村	26	男	1941 年
赵成连	齐河县马集乡尹庄村	27	男	1941 年
路秀昌	齐河县马集乡路庄村	25	男	1941 年
路月西	齐河县马集乡路庄村	24	男	1941 年
路扬木	齐河县马集乡路庄村	27	男	1941 年
刘丙鲁	齐河县马集乡前刘村	24	男	1941 年
刘道章	齐河县马集乡前刘村	26	男	1941 年
马丁木	齐河县马集乡马集村	28	男	1941 年
陈兴银	齐河县马集乡马集村	22	男	1941 年
陈俊青	齐河县马集乡马集村	19	男	1941 年
王圣奎	齐河县马集乡王楼村	30	男	1941 年
路明昌	齐河县马集乡路庄村	21	男	1941 年
段好刚	齐河县潘店镇邱段村	18	男	1941 年
孟凡太	齐河县仁里集镇官庄村	40	男	1941 年
马恒康	齐河县仁里集镇官庄村	26	男	1941 年
马恒义	齐河县仁里集镇官庄村	28	男	1941 年
王得顺	齐河县仁里集镇辛西村	30	男	1941 年
王本胜	齐河县仁里集镇辛西村	40	男	1941 年
王绪岗	齐河县仁里集镇辛西村	40	男	1941 年
王固泗	齐河县仁里集镇辛西村	28	男	1941 年
任绪友	齐河县仁里集镇辛铺村	30	男	1941 年
任传太	齐河县仁里集镇辛铺村	25	男	1941 年
任传仓	齐河县仁里集镇辛铺村	30	男	1941 年

姓名	籍贯	年龄	性别	死难时间
任绪才	齐河县仁里集镇辛铺村	29	男	1941 年
王崇本	齐河县仁里集镇辛北村	30	男	1941 年
白传金	齐河县仁里集镇辛北村	26	男	1941 年
辛江成	齐河县仁里集镇辛南村	32	男	1941 年
辛本玉	齐河县仁里集镇辛南村	30	男	1941 年
辛吉曾	齐河县仁里集镇辛南村	22	男	1941 年
辛义海	齐河县仁里集镇辛南村	24	男	1941 年
肖宋昌	齐河县仁里集镇辛南村	26	男	1941 年
肖树成	齐河县仁里集镇辛南村	28	男	1941 年
肖义明	齐河县仁里集镇辛南村	24	男	1941 年
孔凡泗	齐河县仁里集镇东泮村	30	男	1941 年
孔凡昌	齐河县仁里集镇东泮村	29	男	1941 年
高延富	齐河县仁里集镇三合村	30	男	1941 年
朱金木	齐河县晏城镇朱楼村	21	男	1941 年
安文友	齐河县晏城镇丁庄村	25	男	1941 年
官延年	齐河县晏城镇中寨村	23	男	1941 年
田希平	齐河县晏城镇马杜屯村	20	男	1941 年
孟照龙	齐河县赵官镇孟宅子村	39	男	1941 年
王玉闲	齐河县祝阿镇葛谢村	50	男	1941 年
王玉珠	齐河县祝阿镇葛谢村	48	男	1941 年
官读浩	齐河县祝阿镇葛谢村	—	男	1941 年
王金良	齐河县祝阿镇葛谢村	—	男	1941 年
段　泉	齐河县祝阿镇葛谢村	—	男	1941 年
刘云和	齐河县祝阿镇小刘村	—	男	1941 年
刘云亭	齐河县祝阿镇小刘村	—	男	1941 年
王绪江	齐河县仁里集镇辛西村	20	男	1942 年 1 月
郑元城	齐河县马集乡后郑村	26	男	1942 年 2 月
刘永德	齐河县仁里集镇史庄村	18	男	1942 年 2 月
刘永春	齐河县仁里集镇史庄村	19	男	1942 年 2 月
张元明	齐河县刘桥乡刘桥村	31	男	1942 年 3 月
郑衍水	齐河县马集乡西郑村	23	男	1942 年 3 月
郑庆旭	齐河县马集乡西郑村	21	男	1942 年 3 月
郑衍营	齐河县马集乡西郑村	24	男	1942 年 3 月
郑传居	齐河县马集乡西郑村	25	男	1942 年 3 月

姓 名	籍 贯	年 龄	性 别	死难时间
张广玲	齐河县马集乡西郑村	27	男	1942 年 3 月
郑功仓	齐河县马集乡西郑村	25	男	1942 年 3 月
邵学登	齐河县潘店镇邵庄村	35	男	1942 年 3 月
付庆四	齐河县赵官镇付庄村	22	男	1942 年 3 月
雷吉仁	齐河县马集乡雷屯村	28	男	1942 年 4 月
范武臣	齐河县刘桥乡于屯村	20	男	1942 年 5 月
李兴喜	齐河县马集乡南方寺村	20	男	1942 年 5 月
李明晨	齐河县马集乡南方寺村	22	男	1942 年 5 月
方志胜	齐河县马集乡方翟村	28	男	1942 年 5 月
景士菊	齐河县马集乡红堂村	27	男	1942 年 5 月
景士臣	齐河县马集乡红堂村	28	男	1942 年 5 月
员贞得	齐河县马集乡红堂村	29	男	1942 年 5 月
孟光德	齐河县马集乡北王庙村	18	男	1942 年 5 月
邵元兰	齐河县马集乡北王庙村	21	女	1942 年 5 月
张级卯	齐河县马集乡北王庙村	22	男	1942 年 5 月
胡吉明	齐河县赵官镇大胡村	35	男	1942 年 5 月
范武因	齐河县刘桥乡于屯村	27	男	1942 年 6 月
赵吉文	齐河县马集乡赵庄村	26	男	1942 年 6 月
刘洪昌	齐河县马集乡小辛村	23	男	1942 年 6 月
潘红新	齐河县刘桥乡西杨村	30	男	1942 年 7 月
张正银	齐河县仁里集镇辛东村	29	男	1942 年 7 月
肖点江	齐河县仁里集镇辛南村	27	男	1942 年 7 月
潘长齐	齐河县刘桥乡西杨村	17	男	1942 年 8 月
李永信	齐河县刘桥乡西杨村	17	男	1942 年 8 月
范文理	齐河县刘桥乡于屯村	24	男	1942 年 8 月
李志忠	齐河县马集乡南方寺村	21	男	1942 年 8 月
李太仁	齐河县马集乡南方寺村	24	男	1942 年 8 月
李兴海	齐河县马集乡南方寺村	29	男	1942 年 8 月
张川行	齐河县仁里集镇辛东村	30	男	1942 年 8 月
王传忠	齐河县仁里集镇辛东村	29	男	1942 年 8 月
肖明江	齐河县仁里集镇辛南村	30	男	1942 年 8 月
肖明胜	齐河县仁里集镇辛南村	29	男	1942 年 9 月
曹兰文	齐河县胡官屯镇赵官村	27	男	1942 年 10 月
宋加成	齐河县胡官屯镇赵官屯村	30	男	1942 年 12 月

姓 名	籍 贯	年龄	性别	死难时间
王宗路	齐河县表白寺镇王庄村	19	男	1942 年
艾德征	齐河县表白寺镇古庙村	38	男	1942 年
小 仇	齐河县焦庙镇西贾村	—	男	1942 年
张二小	齐河县焦庙镇焦庙村	28	男	1942 年
乔立忠	齐河县焦庙镇焦庙村	18	男	1942 年
乔立贞	齐河县焦庙镇焦庙村	25	男	1942 年
王振桂	齐河县焦庙镇三合村	38	男	1942 年
张凤明	齐河县焦庙镇三合村	23	男	1942 年
王长生	齐河县焦庙镇三合村	23	男	1942 年
袁登舟	齐河县焦庙镇西袁村	52	男	1942 年
李荣新	齐河县焦庙镇白马村	29	男	1942 年
耿立仁	齐河县焦庙镇耿庄村	40	男	1942 年
贾 洪	齐河县焦庙镇耿庄村	60	男	1942 年
马圣银	齐河县焦庙镇新马村	18	男	1942 年
马圣元	齐河县焦庙镇新马村	18	男	1942 年
李太朱	齐河县焦庙镇路庄村	23	男	1942 年
黄来尺	齐河县焦庙镇黄屯村	25	男	1942 年
王发财	齐河县焦庙镇老王村	32	男	1942 年
杜庆银	齐河县焦庙镇吕庄村	28	男	1942 年
王会奎	齐河县焦庙镇苇叶村	35	男	1942 年
郭怀祥	齐河县焦庙镇西姜村	40	男	1942 年
白红玉	齐河县焦庙镇白庄村	34	男	1942 年
陈光范	齐河县焦庙镇王桥村	24	男	1942 年
张贻春	齐河县焦庙镇谯庄村	23	男	1942 年
王朱长	齐河县焦庙镇东张村	21	男	1942 年
乔长生	齐河县焦庙镇纸营村	23	男	1942 年
李长法	齐河县焦庙镇辛庄村	40	男	1942 年
赵志华	齐河县焦庙镇老菜村	—	男	1942 年
范文目	齐河县刘桥乡于屯村	41	男	1942 年
范武周	齐河县刘桥乡于屯村	31	男	1942 年
房希青	齐河县刘桥乡西杨村	25	男	1942 年
潘红年	齐河县刘桥乡西杨村	—	男	1942 年
范文静	齐河县刘桥乡于屯村	59	男	1942 年
范武朋	齐河县刘桥乡于屯村	51	男	1942 年

姓 名	籍 贯	年 龄	性 别	死难时间
范文水	齐河县刘桥乡于屯村	51	男	1942 年
范文成	齐河县刘桥乡于屯村	46	男	1942 年
范武江	齐河县刘桥乡于屯村	46	男	1942 年
焦希正	齐河县刘桥乡中焦村	25	男	1942 年
田景春	齐河县马集乡东郑村	30	男	1942 年
刘文焕	齐河县马集乡前刘村	20	男	1942 年
王允朋	齐河县马集乡王楼村	31	男	1942 年
李昌英	齐河县马集乡苑庄村	21	女	1942 年
付配三	齐河县马集乡西代村	24	男	1942 年
张培虎	齐河县潘店镇东元村	—	男	1942 年
王传义	齐河县仁里集镇辛东村	30	男	1942 年
王本怀	齐河县仁里集镇辛西村	28	男	1942 年
王绪烈	齐河县仁里集镇辛西村	40	男	1942 年
王得刚	齐河县仁里集镇辛西村	28	男	1942 年
王绪怀	齐河县仁里集镇辛西村	30	男	1942 年
王良善	齐河县仁里集镇辛西村	35	男	1942 年
王善金	齐河县仁里集镇辛西村	36	男	1942 年
王善喜	齐河县仁里集镇辛西村	30	男	1942 年
付启怀	齐河县仁里集镇辛西村	27	男	1942 年
付广金	齐河县仁里集镇辛西村	30	男	1942 年
孔庆刚	齐河县仁里集镇东泮村	30	男	1942 年
孔庆义	齐河县仁里集镇东泮村	28	男	1942 年
孔祥太	齐河县仁里集镇东泮村	25	男	1942 年
孔庆伍	齐河县仁里集镇东泮村	40	男	1942 年
白传洪	齐河县仁里集镇柴洼村	26	男	1942 年
武百兴	齐河县仁里集镇柴洼村	18	男	1942 年
王殿色	齐河县仁里集镇王北村	50	男	1942 年
王殿广	齐河县仁里集镇王北村	40	男	1942 年
王殿明	齐河县仁里集镇王北村	38	男	1942 年
王启山	齐河县仁里集镇王北村	39	男	1942 年
王贞里	齐河县仁里集镇王北村	29	男	1942 年
王贞金	齐河县仁里集镇王北村	26	男	1942 年
王文庆	齐河县仁里集镇王北村	37	男	1942 年
王贞海	齐河县仁里集镇王北村	30	男	1942 年

姓 名	籍 贯	年 龄	性 别	死难时间
王贞才	齐河县仁里集镇王北村	38	男	1942 年
董昌坤	齐河县仁里集镇王东村	29	男	1942 年
王祥金	齐河县仁里集镇王东村	40	男	1942 年
王贞坡	齐河县仁里集镇王东村	42	男	1942 年
王贞良	齐河县仁里集镇王东村	42	男	1942 年
王祥木	齐河县仁里集镇王南村	40	男	1942 年
王春一	齐河县仁里集镇王南村	42	男	1942 年
刘占昌	齐河县仁里集镇王南村	38	男	1942 年
王风廷	齐河县仁里集镇王南村	27	男	1942 年
刘文发	齐河县仁里集镇王南村	29	男	1942 年
刘字发	齐河县仁里集镇王南村	41	男	1942 年
王殿可	齐河县仁里集镇王北村	38	男	1942 年
高延财	齐河县仁里集镇三合村	22	男	1942 年
杨洪祥	齐河县晏城镇安付屯村	29	男	1942 年
杨振江	齐河县晏城镇岔河杨村	42	男	1942 年
柳长祥	齐河县晏城镇安辛村	32	男	1942 年
李书元	齐河县晏城镇芦庄村	20	男	1942 年
李书奎	齐河县晏城镇芦庄村	15	男	1942 年
刘传来	齐河县晏城镇楼子张村	—	男	1942 年
李腊子	齐河县晏城镇鲍东村	26	男	1942 年
张宜水	齐河县晏城镇马庄村	25	男	1942 年
李忠街	齐河县晏城镇瓦屋村	59	男	1942 年
田保国	齐河县晏城镇胡官村	30	男	1942 年
聂好章	齐河县晏城镇安辛村	32	男	1942 年
李茂贤	齐河县晏城镇毛官屯村	42	男	1942 年
张春海	齐河县晏城镇小李村	34	男	1942 年
赵长江	齐河县晏城镇黄铺村	30	男	1942 年
宗少玉	齐河县晏城镇毛官周村	23	男	1942 年
宗少勇	齐河县晏城镇毛官周村	23	男	1942 年
董继星	齐河县赵官镇于宅子村	21	男	1942 年
高光宗	齐河县赵官镇刘东村	28	男	1942 年
邵学坛	齐河县赵官镇刘东村	30	男	1942 年
刘奈鲁	齐河县赵官镇刘东村	26	男	1942 年
高玉代	齐河县赵官镇刘东村	30	男	1942 年

姓　名	籍　贯	年　龄	性　别	死难时间
郑立坤	齐河县赵官镇律北村	—	男	1942 年
黑　小	齐河县赵官镇刘黄村	22	男	1942 年
张承起	齐河县赵官镇官庄村	20	男	1942 年
张瑞有	齐河县赵官镇官庄村	50	男	1942 年
李云兰	齐河县赵官镇孟宅子村	40	女	1942 年
孙连甲	齐河县祝阿镇西北街村	—	男	1942 年
孙连杰	齐河县祝阿镇西北街村	—	男	1942 年
孙红雷	齐河县祝阿镇西北街村	—	男	1942 年
王志原	齐河县祝阿镇王楼村	—	男	1942 年
徐善义	齐河县祝阿镇龙庄	72	男	1942 年
谢德友	齐河县祝阿镇花朱村	—	男	1942 年
刘王东	齐河县祝阿镇小刘村	—	男	1942 年
魏克德	齐河县祝阿镇小魏村	—	男	1942 年
魏明亮	齐河县祝阿镇小魏村	—	男	1942 年
魏明昌	齐河县祝阿镇小魏村	—	男	1942 年
王长远	齐河县祝阿镇石屯村	—	男	1942 年
崔英祥	齐河县祝阿镇石屯村	—	男	1942 年
崔善修	齐河县祝阿镇石屯村	—	男	1942 年
李云汉	齐河县祝阿镇石屯村	—	男	1942 年
张金英	齐河县马集乡南王庙村	24	女	1943 年 2 月
张兴德	齐河县马集乡雷屯村	27	男	1943 年 2 月
李坤山	齐河县潘店镇孔贯村	58	男	1943 年 2 月
庄立武	齐河县焦庙镇石门张村	36	男	1943 年 3 月
马京武	齐河县焦庙镇石门张村	37	男	1943 年 3 月
赵圣德	齐河县马集乡尹庄村	27	男	1943 年 4 月
李仁良	齐河县刘桥乡西杨村	24	男	1943 年 5 月
张明树	齐河县马集乡油坊村	26	男	1943 年 5 月
张明才	齐河县马集乡油坊村	29	男	1943 年 5 月
潘中兴	齐河县潘店镇潘庄村	27	男	1943 年 5 月
潘尚金	齐河县潘店镇潘庄村	25	男	1943 年 5 月
潘承合	齐河县潘店镇潘庄村	30	男	1943 年 5 月
胡传林	齐河县赵官镇大胡村	28	男	1943 年 5 月
时圣其	齐河县赵官镇大胡村	23	男	1943 年 5 月
潘长药	齐河县刘桥乡西杨村	20	男	1943 年 6 月

姓 名	籍 贯	年 龄	性 别	死难时间
陈付海	齐河县刘桥乡西杨村	27	男	1943 年 6 月
李玉同	齐河县刘桥乡刘桥村	32	男	1943 年 6 月
林书财	齐河县潘店镇邵庄村	30	男	1943 年 6 月
潘尚功	齐河县潘店镇潘庄村	27	男	1943 年 6 月
马怀夏	齐河县焦庙镇石门张村	27	男	1943 年 7 月
崔传雪	齐河县焦庙镇石门张村	30	男	1943 年 7 月
赵付伦	齐河县潘店镇邵庄村	19	男	1943 年 7 月
李希坚	齐河县仁里集镇东张村	28	男	1943 年 7 月
张　峰	齐河县刘桥乡刘桥村	24	男	1943 年 9 月
朱志台	齐河县胡官屯镇前楼村	50	男	1943 年 10 月
尹作美	齐河县赵官镇西尹村	52	男	1943 年 10 月
贾志河	齐河县表白寺镇孙西村	27	男	1943 年
管吉海	齐河县表白寺镇西刘村	50	男	1943 年
刘贵友	齐河县表白寺镇西刘村	60	男	1943 年
展又治	齐河县大黄乡袁李村	29	男	1943 年
杜兆富	齐河县大黄乡大黄村	27	男	1943 年
王太和	齐河县焦庙镇姜堂村	50	男	1943 年
马光元	齐河县焦庙镇姜堂村	42	男	1943 年
高现贵	齐河县焦庙镇徐弓匠村	40	男	1943 年
李存军	齐河县焦庙镇冯李村	23	男	1943 年
李存山	齐河县焦庙镇冯李村	32	男	1943 年
李存贵	齐河县焦庙镇冯李村	35	男	1943 年
李明义	齐河县焦庙镇冯李村	37	男	1943 年
李太顺	齐河县焦庙镇冯李村	20	男	1943 年
李兴贤	齐河县焦庙镇冯李村	19	男	1943 年
李光太	齐河县焦庙镇冯李村	20	男	1943 年
杨元朝	齐河县焦庙镇冯李村	21	男	1943 年
李兴江	齐河县焦庙镇冯李村	22	男	1943 年
席月仁	齐河县焦庙镇席庵村	30	男	1943 年
郑玉增	齐河县焦庙镇前郑村	—	男	1943 年
冯可友	齐河县焦庙镇冯庄村	51	男	1943 年
王玉五	齐河县焦庙镇老王村	28	男	1943 年
宋传奎	齐河县焦庙镇老王村	25	男	1943 年
杜凡月	齐河县焦庙镇吕庄村	30	男	1943 年

姓 名	籍 贯	年 龄	性 别	死难时间
杜庆丰	齐河县焦庙镇杜庄村	28	男	1943 年
杜凡收	齐河县焦庙镇杜庄村	27	男	1943 年
王兴兰	齐河县焦庙镇白庄村	51	女	1943 年
谯永顺	齐河县焦庙镇谯庄村	21	男	1943 年
谯廷明	齐河县焦庙镇谯庄村	21	男	1943 年
张贻金	齐河县焦庙镇谯庄村	18	男	1943 年
车玉珍	齐河县刘桥乡车王村	49	男	1943 年
郑传旭	齐河县马集乡东郑村	29	男	1943 年
田征丁	齐河县马集乡东郑村	26	男	1943 年
郑传朋	齐河县马集乡东郑村	22	男	1943 年
刘吉安	齐河县马集乡封官村	36	男	1943 年
王长远	齐河县马集乡秋王村	26	男	1943 年
王朱法	齐河县马集乡王楼村	19	男	1943 年
李朝富	齐河县潘店镇李杨村	—	男	1943 年
王传广	齐河县仁里集镇辛西村	30	男	1943 年
王崇江	齐河县仁里集镇辛西村	40	男	1943 年
焦金娥	齐河县仁里集镇翟寺村	28	女	1943 年
刘绪伍	齐河县仁里集镇董营子村	30	男	1943 年
董衍伊	齐河县仁里集镇董营子村	27	男	1943 年
张玉发	齐河县仁里集镇柴洼村	30	男	1943 年
王振东	齐河县晏城镇辛法村	22	男	1943 年
李金泉	齐河县晏城镇辛法屯村	24	男	1943 年
李京文	齐河县晏城镇辛法屯村	27	男	1943 年
李连水	齐河县晏城镇辛法屯村	22	男	1943 年
吴天宝	齐河县晏城镇辛法屯村	27	男	1943 年
张玉民	齐河县晏城镇辛法屯村	22	男	1943 年
刘焕成	齐河县晏城镇辛法屯村	24	男	1943 年
李支斌	齐河县晏城镇葛李村	52	男	1943 年
孟宪德	齐河县晏城镇岔河杨村	46	男	1943 年
李书才	齐河县晏城镇芦庄村	16	男	1943 年
刘孝忠	齐河县晏城镇楼子张村	—	男	1943 年
李文武	齐河县晏城镇楼子张村	—	男	1943 年
刘兆奇	齐河县晏城镇楼子张村	—	男	1943 年
刘一生	齐河县晏城镇楼子张村	—	男	1943 年

姓 名	籍 贯	年 龄	性 别	死难时间
张玉行	齐河县晏城镇东宋村	22	男	1943 年
李振东	齐河县晏城镇西高村	33	男	1943 年
李民魁	齐河县晏城镇小费村	57	男	1943 年
李德安	齐河县晏城镇黄铺村	27	男	1943 年
田德茂	齐河县晏城镇贾庄村	30	男	1943 年
腾振海	齐河县晏城镇贾庄村	29	男	1943 年
李庆彬	齐河县赵官镇刘西村	32	男	1943 年
李延海	齐河县赵官镇刘西村	27	男	1943 年
李传正	齐河县赵官镇刘西村	39	男	1943 年
刘明杰	齐河县赵官镇刘黄村	28	男	1943 年
二讲户	齐河县赵官镇刘黄村	21	男	1943 年
刘文成	齐河县赵官镇刘黄村	27	男	1943 年
赵连株	齐河县赵官镇东赵村	45	男	1943 年
孟光喜	齐河县赵官镇孟宅子村	43	男	1943 年
耿长银	齐河县祝阿镇西北街村	—	男	1943 年
史玉英	齐河县祝阿镇前河村	19	男	1943 年
路继仁	齐河县祝阿镇西北街村	—	男	1943 年
葛秀云	齐河县祝阿镇十二里阁村	—	女	1943 年
刘庆英	齐河县祝阿镇十二里阁村	—	女	1943 年
豹 子	齐河县祝阿镇十二里阁村	—	男	1943 年
许俊一	齐河县祝阿镇东小辛村	17	男	1943 年
刘金峰	齐河县祝阿镇东小辛村	50	男	1943 年
吴金升	齐河县祝阿镇东小辛村	50	男	1943 年
邵洪先	齐河县潘店镇邵庄村	32	男	1944 年 1 月
刘玉齐	齐河县刘桥乡魏庄村	41	男	1944 年 2 月
李 平	齐河县刘桥乡刘桥村	25	男	1944 年 2 月
朱成富	齐河县潘店镇邵庄村	25	男	1944 年 2 月
刘西殿	齐河县潘店镇孙堂村	30	男	1944 年 2 月
李召元	齐河县潘店镇李营村	—	男	1944 年 2 月
时丙义	齐河县赵官镇大胡村	26	男	1944 年 3 月
刘绪国	齐河县赵官镇大胡村	33	男	1944 年 3 月
胡传明	齐河县赵官镇大胡村	26	男	1944 年 3 月
刘加英	齐河县刘桥乡魏庄村	20	女	1944 年 4 月
刘加良	齐河县刘桥乡魏庄村	50	男	1944 年 4 月

姓 名	籍 贯	年龄	性别	死难时间
张朋志	齐河县刘桥乡马庄村	29	男	1944 年 5 月
柴东春	齐河县仁里集镇西柴村	54	男	1944 年 5 月
王桂兰	齐河县仁里集镇马庄村	37	男	1944 年 5 月
潘尚汉	齐河县潘店镇潘庄村	31	男	1944 年 7 月
张振方	齐河县胡官屯镇白草林村	29	男	1944 年 8 月
李起爱	齐河县刘桥乡朱庄村	21	男	1944 年 9 月
张国乙	齐河县刘桥乡大马张村	51	男	1944 年 9 月
张仲严	齐河县刘桥乡大马张村	23	男	1944 年 9 月
张金庆	齐河县刘桥乡大马张村	22	男	1944 年 9 月
张奎元	齐河县刘桥乡大马张村	36	男	1944 年 9 月
王兆增	齐河县刘桥乡大马张村	17	男	1944 年 9 月
赵 双	—	—	男	1944 年 11 月
郑大武	—	—	男	1944 年 11 月
赵凌坤	—	—	男	1944 年 11 月
赵希东	—	31	男	1944 年 11 月
宋鞠涛	—	29	男	1944 年 11 月
战成忠	齐河县刘桥乡战庄村	35	男	1944 年 11 月
吴连杰	—	—	男	1944 年 11 月
李玉岭	—	—	男	1944 年 11 月
杨安本	—	—	男	1944 年 11 月
李金海	—	—	男	1944 年 11 月
王明山	—	—	男	1944 年 11 月
刘加梅	齐河县刘桥乡雷庄村	26	男	1944 年 11 月
杨万荣		—	男	1944 年 11 月
张会元	齐河县刘桥乡大马张村	23	男	1944 年 11 月
张长石	齐河县刘桥乡大马张村	22	男	1944 年 11 月
张铁头	齐河县刘桥乡大马张村	26	男	1944 年 11 月
张忠臣之弟	齐河县刘桥乡大马张村	24	男	1944 年 11 月
张合一	齐河县刘桥乡大马张村	32	男	1944 年 11 月
张忠石之弟	齐河县刘桥乡大马张村	19	男	1944 年 11 月
张忠心	齐河县刘桥乡于庄村	24	男	1944 年 11 月
焦守信	—	—	男	—
李徒贵	—	—	男	—
吕振华	—	—	男	—

姓 名	籍 贯	年 龄	性 别	死难时间
谢学和	—	—	男	—
牛保民	—	—	男	—
王洪祥	—	—	男	—
张洪祥	—	—	男	—
孙××	—	—	男	—
张××	—	—	男	—
张春荣	齐河县刘桥乡刘桥村	23	男	—
周振清	齐河县刘桥乡刘桥村	24	男	—
张×生	齐河县刘桥乡刘桥村	19	男	—
孙长荣	齐河县刘桥乡朱庄村	25	男	1944 年 11 月
孙恩四	齐河县刘桥乡朱庄村	19	男	1944 年 11 月
孙长庚	齐河县刘桥乡朱庄村	32	男	1944 年 11 月
孙恩珠	齐河县刘桥乡朱庄村	23	男	1944 年 11 月
王胖汉	齐河县刘桥乡朱庄村	25	男	1944 年 11 月
邢钢蛋	齐河县刘桥乡朱庄村	22	男	1944 年 11 月
孙长富之父	齐河县刘桥乡朱庄村	46	男	1944 年 11 月
王兴义之子	齐河县刘桥乡朱庄村	21	男	1944 年 11 月
张逢宾	禹城市伦镇	—	男	1944 年 11 月
袁正业	禹城市袁营村	—	男	1944 年 11 月
王连华	禹城市付王堂	—	男	1944 年 11 月
张逢兰	禹城市伦镇	—	男	1944 年 11 月
高庆云	禹城市伦镇	—	男	1944 年 11 月
秦相三	禹城市伦镇	—	男	1944 年 11 月
李若刚	齐河县刘桥乡李茂吾村	20	男	1944 年 12 月
王玉杰	齐河县表白寺镇王庄村	22	男	1944 年
孙关利	齐河县表白寺镇后孙村	26	男	1944 年
刘 海	齐河县表白寺镇西刘村	11	男	1944 年
赵西磁	齐河县大黄乡西赵村	35	男	1944 年
赵大孬	齐河县大黄乡西赵村	25	男	1944 年
高风兰	齐河县大黄乡彭太村	49	男	1944 年
杜崇务	齐河县大黄乡大黄村	20	男	1944 年
杜荣雨	齐河县大黄乡大黄村	27	男	1944 年
夏荣来	齐河县大黄乡大黄村	28	男	1944 年
杜荣木	齐河县大黄乡大黄村	26	男	1944 年

姓 名	籍 贯	年 龄	性 别	死难时间
王成功	齐河县大黄乡石碑杨村	14	男	1944 年
黄少林	齐河县胡官屯镇沟村	30	男	1944 年
张传分	齐河县华店乡张博士村	21	男	1944 年
董兆禾	齐河县焦庙镇董庄村	—	男	1944 年
董传信	齐河县焦庙镇董庄村	—	男	1944 年
董立训	齐河县焦庙镇董庄村	—	男	1944 年
袁红印	齐河县焦庙镇西袁村	60	男	1944 年
马如贵	齐河县焦庙镇徐弓匠村	53	男	1944 年
华立高	齐河县焦庙镇红庙村	50	男	1944 年
吴得利	齐河县焦庙镇吴庄村	21	男	1944 年
李长思	齐河县焦庙镇冯庄村	60	男	1944 年
王胜才	齐河县焦庙镇周庄村	27	男	1944 年
孙风仪	齐河县焦庙镇孙楼村	30	男	1944 年
李三瓶	齐河县刘桥乡李茂吾村	22	男	1944 年
马琚昌	齐河县马集乡马集村	29	男	1944 年
尹作正	齐河县马集乡吴庄村	30	男	1944 年
柴家财	齐河县仁里集镇律墓村	45	男	1944 年
赵延礼	齐河县仁里集镇律墓村	51	男	1944 年
赵启贤	齐河县仁里集镇律墓村	47	男	1944 年
赵启富	齐河县仁里集镇律墓村	38	男	1944 年
聂宜来	齐河县晏城镇芦庄村	17	男	1944 年
王仲田	齐河县晏城镇蛮子营村	19	男	1944 年
李汝孝	齐河县晏城镇焦斌村	17	男	1944 年
孙洪善	齐河县晏城镇丁庄村	26	男	1944 年
李敬国	齐河县晏城镇丁庄村	20	男	1944 年
耿乃吉	齐河县晏城镇丁庄村	23	男	1944 年
孙洪吉	齐河县晏城镇丁庄村	27	男	1944 年
刘付海	齐河县晏城镇刘庙村	23	男	1944 年
刘付堂	齐河县晏城镇刘庙村	20	男	1944 年
张照仁	齐河县晏城镇刘庙村	22	男	1944 年
王宝根	齐河县晏城镇王老实村	25	男	1944 年
王宝元	齐河县晏城镇王老实村	22	男	1944 年
王士礼	齐河县晏城镇王老实村	20	男	1944 年
王士章	齐河县晏城镇王老实村	18	男	1944 年

姓 名	籍 贯	年 龄	性 别	死难时间
宋 三	齐河县晏城镇东宋村	11	男	1944 年
宋德岩	齐河县晏城镇东宋村	23	男	1944 年
李为国	齐河县晏城镇王官屯村	41	男	1944 年
王吉森	齐河县晏城镇王良村	19	男	1944 年
王吉明	齐河县晏城镇王良村	21	男	1944 年
冯玉思	齐河县晏城镇王良村	18	男	1944 年
陈士生	齐河县晏城镇王良村	20	男	1944 年
王庆祥	齐河县晏城镇双庙朱村	20	男	1944 年
张秀洪	齐河县晏城镇双庙朱村	20	男	1944 年
宋曰志	齐河县晏城镇双庙朱村	27	男	1944 年
李连水	齐河县晏城镇纯李村	37	男	1944 年
邵存善	齐河县晏城镇汤庄村	20	男	1944 年
汤兰美	齐河县晏城镇汤庄村	21	女	1944 年
付传武	齐河县晏城镇汤庄村	25	男	1944 年
汤长银	齐河县晏城镇汤庄村	22	男	1944 年
张付全	齐河县晏城镇徐坊村	—	男	1944 年
徐延昌	齐河县晏城镇徐坊村	20	男	1944 年
李家伍	齐河县晏城镇徐坊村	19	男	1944 年
黄登来	齐河县晏城镇徐坊村	21	男	1944 年
王玉荣	齐河县晏城镇徐坊村	23	男	1944 年
杨可才	齐河县晏城镇徐坊村	19	男	1944 年
胡长木	齐河县晏城镇徐坊村	20	男	1944 年
王秋山	齐河县晏城镇徐坊村	23	男	1944 年
王和伍	齐河县晏城镇徐坊村	20	男	1944 年
王和生	齐河县晏城镇徐坊村	22	男	1944 年
王连成	齐河县晏城镇徐坊村	44	男	1944 年
李中学	齐河县晏城镇胡店村	23	男	1944 年
刘金路	齐河县祝阿镇马家园	40	男	1944 年
马传祥	齐河县祝阿镇马家园	18	男	1944 年
马有贤	齐河县祝阿镇马家园	42	男	1944 年
马传忠	齐河县祝阿镇马家园	25	男	1944 年
张三祥	齐河县刘桥乡马庄村	35	男	1945 年 2 月
韩希林	齐河县刘桥乡史庄村	17	男	1945 年 2 月
焦玉峰	齐河县刘桥乡史庄村	19	男	1945 年 2 月

姓 名	籍 贯	年 龄	性 别	死难时间
韩希才	齐河县刘桥乡史庄村	19	男	1945 年 2 月
尹承周	齐河县赵官镇西尹村	48	男	1945 年 3 月
邵绪瑞	齐河县赵官镇邵庄村	25	女	1945 年 4 月 10 日
李若福	齐河县刘桥乡李茂吾村	19	男	1945 年 7 月
刘民昌	齐河县刘桥乡李茂吾村	19	男	1945 年 7 月
李若齐	齐河县刘桥乡李茂吾村	18	男	1945 年 7 月
李化风	齐河县刘桥乡李茂吾村	17	男	1945 年 8 月
李友贵	齐河县安头乡刘言村	43	男	1945 年
李士明	齐河县安头乡刘言村	42	男	1945 年
刘法胜	齐河县安头乡刘言村	41	男	1945 年
翟化仁	齐河县安头乡刘言村	45	男	1945 年
郑九功	齐河县安头乡谢庄村	40	男	1945 年
刘清胜	齐河县安头乡裴庄村	44	男	1945 年
鲁庆龙	齐河县表白寺镇前孙村	22	男	1945 年
朱杨山	齐河县大黄乡韩庄村	—	男	1945 年
万寿星	齐河县华店乡范庄村	—	男	1945 年
邓志海	齐河县焦庙镇耿庄村	36	男	1945 年
钟石头	齐河县焦庙镇红庙村	30	男	1945 年
刘国争	齐河县焦庙镇席庵村	32	男	1945 年
刘吉雨	齐河县焦庙镇后刘村	21	男	1945 年
刘胜广	齐河县焦庙镇后刘村	22	男	1945 年
刘田广	齐河县焦庙镇后刘村	23	男	1945 年
刘广山	齐河县焦庙镇后刘村	22	男	1945 年
李元荣	齐河县焦庙镇王府村	28	男	1945 年
李开文	齐河县马集乡苑庄村	27	男	1945 年
段义祥	齐河县潘店镇邱段村	20	男	1945 年
庞成海	齐河县潘店镇陈庄村	21	男	1945 年
徐传俊	齐河县潘店镇徐楼村	30	男	1945 年
徐长伦	齐河县潘店镇徐楼村	35	男	1945 年
郭相河	齐河县仁里集镇郭庄村	24	男	1945 年
杨丙辰	齐河县晏城镇岔河杨村	33	男	1945 年
孟庆春	齐河县晏城镇岔河杨村	28	男	1945 年
张成山	齐河县晏城镇芦庄村	20	男	1945 年
刘孝文	齐河县晏城镇芦庄村	24	男	1945 年

姓 名	籍 贯	年 龄	性 别	死难时间
王桂田	齐河县晏城镇蛮子营村	20	男	1945 年
刘长清	齐河县晏城镇刘安村	36	男	1945 年
冯善甫	齐河县晏城镇王良村	25	男	1945 年
宋光恩	齐河县晏城镇双庙朱村	25	男	1945 年
李中庆	齐河县晏城镇双庙朱村	29	男	1945 年
王青海	齐河县晏城镇汤庄村	38	男	1945 年
肖文武	齐河县晏城镇毛官周村	30	男	1945 年
闫兴宗	齐河县祝阿镇七里闫村	—	男	1945 年
齐义岭	齐河县祝阿镇七里闫村	—	男	1945 年
刘少新	齐河县祝阿镇七里闫村	—	男	1945 年
段安昌	齐河县祝阿镇崔庄村	—	男	1945 年
段善昌	齐河县祝阿镇崔庄村	—	男	1945 年
孙学田	齐河县祝阿镇孙庄村	—	男	1945 年
朱希汉	齐河县祝阿镇花朱村	—	男	1945 年
朱学延	齐河县祝阿镇花朱村	—	男	1945 年
苑志光	齐河县祝阿镇吉王	—	男	—
王立仁	齐河县祝阿镇邱铺村	—	男	—
杜 一	齐河县祝阿镇邱铺村	—	男	—
杨会绍	齐河县祝阿镇东大杨村	—	男	—
董兵海	齐河县祝阿镇东大杨村	—	男	—
杨玉坡	齐河县祝阿镇东大杨村	—	男	—
张起荣	齐河县潘店镇有粮村	21	男	—
张起政	齐河县潘店镇有粮村	23	男	—
季振忠	齐河县潘店镇郑刘村	—	男	—
魏希文	齐河县晏城镇大魏村	25	男	—
张绍芳	齐河县赵官镇官庄村	40	男	—
孟宪春	齐河县赵官镇官庄村	19	男	—
房泽清	齐河县赵官镇官庄村	35	男	—
张小二	齐河县赵官镇官庄村	24	男	—
李庆年	齐河县赵官镇官庄村	44	男	—
孙付东	齐河县祝阿镇孙庄	—	男	—
曹金保	齐河县祝阿镇北关	40	男	—
曹玉二	齐河县祝阿镇北关	18	男	—
刘金如	齐河县祝阿镇北关	—	男	—

姓 名	籍 贯	年 龄	性 别	死难时间
米文林	齐河县祝阿镇北关	—	男	—
张玉鹏	齐河县祝阿镇大庞	—	男	—
王凤山	齐河县祝阿镇吉王村	—	男	—
车玉海	齐河县祝阿镇吉王村	—	男	—
柴延民	齐河县仁里集镇前屯村	32	男	—
合　计	**2416**			

责任人：刘　军　李志国　　　　　核实人：阮兴珠　孙德奎　　　　　填表人：李志国

填报单位（签章）：齐河县委党史研究室　　　　　　　　填报时间：2009 年 5 月

后　记

　　在中央党史研究室组织指导下，山东省于 2006 年开展了抗日战争时期人口伤亡和财产损失大型调研活动（以下简称"抗损调研"）。抗损调研的成果之一，是通过全省普遍的乡村走访调查，广泛收集见证人和知情人的口述资料，如实记录伤亡者的姓名、籍贯、性别、年龄、死难时间等信息，编纂一部《山东省抗日战争时期伤亡人员名录》（以下简称《名录》）。《名录》于 2010 年编纂完成后，共收录抗日战争时期日军造成的山东现行政区域范围内的伤亡人员 46.9 万余名。以《名录》为基础，我们选择信息比较完整、填写比较规范的 100 个县（市、区）抗日战争时期死难人员名录，经省市县三级党史部门进一步整理、编纂，形成了《山东省百县（市、区）抗日战争时期死难者名录》，共收录死难者169173 人。

　　2005 年，中央党史研究室部署开展《抗日战争时期中国人口伤亡和财产损失》这一重大课题的调研工作。考虑到这项课题是一项艰巨复杂的浩大工程，山东省委党史研究室确定先行试点，在取得经验的基础上全面展开。2006 年 3 月，山东省委党史研究室在全省 17 个市选择 30 个县（市、区）作为抗损调研试点单位。在中央党史研究室指导下，山东省委党史研究室按照全国调研工作方案确定的指导思想、组织领导、调研项目、工作步骤、基本要求等，制定下发了《山东省抗日战争时期人口伤亡和财产损失调研试点工作方案》。各试点县（市、区）建立了两支调研队伍：一是县（市、区）建立由党史、档案、史志等单位人员组成的档案与文献资料查阅队伍；二是乡（镇）、村建立走访调查队伍。调查的方式是：以村为单位，以 70 岁以上老人为重点，走访调查见证人和知情人，调查人员根据访问情况填写调查表，被调查人员确认填写的内容准确无误后签字（按手印）；以乡（镇）为单位对调查表记录的人员伤亡和财产损失情况进行汇总统计；以县（市、区）为单位查阅历史档案和文献资料，细致梳理人员伤亡和财产损失情况记录，汇总统计本县（市、区）人口伤亡和财产损失情况。试点工作于 7 月底结束。

　　试点期间，中央党史研究室不仅从方案规划设计，调研方法步骤确定，以及走访调查和档案查阅等各个环节需要把握的问题，给予我们精心指导，而且一再提出把调研工作做成"基础工程、精品工程、警世工程、传世工程"的标准要求，不断提升我们对这项工作的认识高度。

在中央党史研究室的悉心指导下，试点工作不仅取得重要成果，而且深化了我们对抗损调研工作的认识，增强了我们做好这项工作的责任意识。

一是收集了大量历史档案和文献资料，掌握了历史上山东省对抗损问题的调研情况，对如何深化调研取得了新的认识。

试点期间，30个试点县（市、区）共查阅历史档案2.36万卷，文献资料6859册，收集档案、文献资料3.72万份。主要包括：抗日战争胜利后，山东解放区政府、冀鲁豫解放区政府和国民党山东省政府、国民党青岛市政府对抗日战争时期山东省境内人口伤亡和财产损失所做的调查资料；新中国成立后，为收集日本战犯罪行证据，由山东省人民政府统一组织领导，各级公安、检察机关所做的调查资料；20世纪五六十年代和改革开放以来，各级党史、史志、文史部门，社科研究单位和民间人士对抗日战争时期发生在山东省境内的人口伤亡和财产损失重大事件所做的典型调查资料等。

通过分析这些资料，可以看到，解放区政府和国民党政府所做的调查，调查时间是抗战胜利后至1946年初，调查方法是按照联合国救济总署设定的战争灾害损失调查项目进行的，调查目的在于战后救济与善后，着重于人口伤亡和财产损失的数据统计，其调查覆盖山东全境，统计数据全面、可靠，但缺少伤亡者具体信息的记录。新中国成立后及改革开放新时期的调查，留存了日本战犯和受害人、当事人的大量口供和证词。这些口供和证词记录了伤亡者姓名、被害经过等许多具体信息，但仅限于部分重大事件中的少数伤亡者。据此，我们认识到，虽然通过系统整理散落在各级档案馆、图书馆、博物馆的档案和文献中的历次调查资料，可以在确凿的历史档案、文献资料以及人证、物证等证据的基础上，进一步查明山东省抗日战争时期人口伤亡和财产损失的情况，但还是难以在全省范围内查明伤亡者更多的具体信息。因此，还需要我们做更多的工作。

二是收集了大量见证人、知情人口述资料，掌握了乡村走访调查的样本选择和操作方法，深化了对直接调查重要性的认识。

30个试点县（市、区）走访调查19723个村庄、103.6万人，召开座谈会13.13万人次，收集证人证言22.42万份。这些证言证词记载了当年日军的累累罪行。虽然时间已经过去了六七十年，见证人的有些记忆已很不完整、有些仅是片段式的，但亲眼目睹过同胞亲人惨遭劫难的老人们，仍能清晰讲述出其刻骨铭心的深刻记忆；虽然有些村庄已经消失，有些家族整个被日军杀绝，从而导致一些信息中断，但大多数村庄仍然保留有历史记忆，大量死难者有亲人或后人在世。

基于对证言证词的分析，我们认识到：村落是民族记忆的历史载体、家族生活的社会单元，保留着家族绵延续绝的历史信息；70岁以上老人在抗日战争胜利时已有十几岁，具备准确记忆的能力。以行政村为调查样本、以全省609万在世的70岁以上老人为重点人群，采用乡村走访调查的方法，可以收集更多的抗日战争时期伤亡人员信息，以弥补过去历次调查留下的缺憾。

三是查阅了世界其他国家对二战时期死难者调查的文献资料，增强了我们对历史负责、对死难者亡灵负责、对国际社会和人类文明负责的民族担当意识。

试点期间，山东省委党史研究室组织研究人员查阅了世界各国对二战时期死难者调查和纪念的相关资料。"尊重每一个生命，珍惜每一个人的存亡"，在第二次世界大战灾难的调查和纪念中得到充分体现。2004年，以色列纪念纳粹大屠杀的主题是"直到最后一个犹太人，直到最后一个名字"。在美国建立的珍珠港纪念碑上，死难者有名有姓，十分具体。在泰国、缅甸交界的二战遗址桂河大桥旁，盟军死难者纪念公墓整齐刻写着死难者的名字。铭记死难者的名字，抚平创伤让死难者安息，成为国际社会通行的做法。但是，日本全面侵华战争中造成数百万山东人民伤亡，60多年来在尘封的历史档案中记录的多是一串串伤亡数字，至今没有一部记录死难者相关信息的大型专著。随着当事人和见证者相继逝去，再不完成这方面的调查，将会成为无法弥补的历史缺憾。推动开展一次乡村普遍调查，尽可能多地查找死难者的名字、记录死难者的相关信息，既可告慰死难者的冤魂亡灵，又可留存日军残酷暴行的铁证。这是我们历史工作者的良心所在，责任所在！

中央党史研究室对山东试点工作及取得的成果给予充分肯定和高度评价，同意山东省委党史研究室对试点成果的分析和对抗损调研工作的认识，提出了开展山东省抗日战争时期人口伤亡和财产损失大型调研活动的指导意见，并要求努力实现以下两个主要目标：

一是在收集整理以往历次抗损调研成果的基础上，准确查明山东省抗日战争时期人口伤亡和财产损失的情况。即由省市县三级党史、史志、档案等部门具有一定研究能力的人员，广泛收集散落在各地档案馆、图书馆、博物馆的抗损资料，在系统整理、深入分析研究60多年来各级政府、社会团体、研究机构等调查和研究成果的基础上，准确查明山东省抗日战争时期人口伤亡和财产损失的情况；

　　二是开展一次普遍的乡村走访调查，尽可能多地调查记录伤亡者的信息，弥补以往历次调查的不足。即按照统一方法步骤，由乡村两级组成走访调查队伍，以行政村为调查样本、以70岁以上老人为重点调查人群，通过进村入户走访调查，广泛收集见证人和知情人的口述资料，如实记录死难者的姓名、性别、年龄、籍贯、伤亡时间、伤亡原因等信息。

　　在中央党史研究室的指导下，山东省委党史研究室研究制定了《山东省抗日战争时期人口伤亡和财产损失课题调研工作方案》，明确了抗损调研的指导思想、目标任务、方法步骤和保障措施等要求。在中央党史研究室的推动下，山东省成立了由党史、财政、史志、档案、民政、文化、出版、统计、司法等单位组成的大型调研活动领导小组，下设课题研究办公室（重大专项课题组）。

　　2006年10月中旬，山东省抗损调研领导小组研究通过并下发了《山东省抗日战争时期人口伤亡和财产损失课题调研工作方案》及关于录制走访取证声像资料、重大惨案进行司法公证、编写抗损大事记等相关配套方案，统一复制并下发了由中央党史研究室设计制定的"抗日战争时期人口伤亡调查表"、"抗日战争时期财产损失调查表"、"抗日战争时期人口伤亡统计表"、"抗日战争时期财产损失统计表"。

　　各市、县（市、区）按照方案要求进行了筹备部署：

　　一是组织调研队伍。各市、县（市、区）成立了抗损调查委员会，从党史、史志、档案、民政、统计、图书馆等单位抽调10～20名人员组成抗损课题办公室，主要负责本地调研工作的组织协调，历史档案和文献资料的查阅、收集、分析整理、汇总统计等任务。全省共组织档案文献查阅人员3910名。各乡（镇）抽调5～10人组成走访调查取证组，具体承担本乡（镇）各村的走访调查取证工作。全省各乡（镇）调查组依托村党支部、村委会共组织走访调查取证人员32万余名。

　　二是培训调研人员。各市培训所属县（市、区）骨干调研队伍，培训主要采取以会代训的形式，重点推广试点县（市、区）调研工作中的成功做法。各县（市、区）培训所属乡（镇）调研队伍，培训采取选择一个典型村或镇进行集中调研、现场观摩的形式。

　　三是乡（镇）以行政村为单位对辖区内70岁以上老人登记造册，统一印制并向70岁以上老人发放了"抗日战争时期人口伤亡和财产损失入户调查明白纸"，告知调查的目的和有关事项。

2006年10月25日，山东省抗损调研领导小组召开了全省抗损调研动员会议。10月26日，走访取证工作在全省乡村全面展开。各乡（镇）走访调查取证组携带录音、录像设备和"抗日战争时期人口伤亡调查表"、"抗日战争时期财产损失调查表"等深入辖区行政村走访调查。调查人员主要由乡（镇）调查组人员和村党支部、村委会成员以及离退休老干部和退休教师组成。调查对象是各村70岁以上老人。

调查人员按照"抗日战争时期人口伤亡调查表"设置的栏目，主要询问被调查人所知道的抗日战争时期伤亡者姓名、年龄，伤亡时间、地点、经过（被日军枪杀、烧杀、活埋、砍杀、奸杀、溺水等情节）、伤亡者人数等情况。被调查人讲述，调查人员如实记录。记录完成后调查人员当场向被调查人宣读记录，被调查人确认无误后签名或盖章、按手印，调查人同时填写调查单位、调查人姓名、调查日期。证人讲述的死难者遇难现场遗址存在或部分存在的，调查组在证人指证的遗址现场（田埂、河沟、大树、坟地、小桥、水井、宅基地等）拍摄照片、录制声像资料。至此，形成一份完整的证言证词。

对于文献资料中记载的一次伤亡10人以上的惨案，各县（市、区）课题办公室组织党史、档案、史志等部门专业人员进行了专题调查，调查主要采取召开见证人、知情人座谈会的形式，调查过程全程录音、录像。对证言证词准确完整、具备司法公证条件的惨案，司法公证部门进行了司法公证。

为加强对调研工作的协调和指导，确保乡村走访调查目标的实现，山东省抗损课题研究办公室建立了督导制度、联系点制度、信息通报制度。省市县三级抗损课题研究办公室主任负责本辖区调研工作的督查指导，分别深入市、县（市、区）、乡（镇）检查调研工作开展情况。各市抗损课题研究办公室向所属县（市、区）派出督导员，深入乡（镇）、村检查指导调查取证工作，解决遇到的具体问题。省、市抗损课题研究办公室每位成员确定一个县（市、区）或一个乡（镇）为联系点，各县（市、区）抗损课题研究办公室每位成员联系一个乡（镇）或一个重点村，具体指导调研工作开展。为交流经验，落实措施，山东省抗损课题研究办公室编发课题调研《工作简报》150多期。

截止到2006年12月中旬，大规模的乡村走访取证工作结束，全省乡村两级走访调查队伍共走访调查8万余个行政村、507万余名70岁以上老人，分别占全省行政村总数和70岁以上老人总数的95%和80%以上，共收集证言证词79万余份。录制了包括证人讲述事件过程、事件遗址、有关实物证据等内容的大量影像资料，其中拍摄照片7376幅（同一底片者计为一幅），录音录像49678分钟，制作光盘 2037 张，并对专题调查的 301 个惨案进行了司法公证。

自 2006 年 12 月中旬开始，调研工作进入回头检查和分类汇总调研材料阶段。各乡（镇）调查组回头检查走访调查取证是否有遗漏的重点村庄和重点人群，收集的证言证词中证人是否签名、盖章、留下指纹，证言是否表述准确，调查人、调查单位、调查日期等是否填写齐全。在回头检查的基础上，将有关事件、伤亡者信息等如实记载下来，填写"抗日战争时期人口伤亡统计表"、"抗日战争时期财产损失统计表"。

12 月 16 日，山东省抗损课题研究办公室印制并下发了《山东省抗日战争时期伤亡人员名录》表格。《名录》包括死难人员和受伤人员的"姓名"、"籍贯"、"年龄"、"性别"、"伤亡时间"、"伤亡地点"、"伤亡原因"等要素。《名录》以乡（镇）为单位填写，以县（市、区）为单位汇总，于 2007 年 7 月完成。

自 2007 年 8 月开始，山东省抗损课题研究办公室对各地上报的调研资料进行分类整理和分析研究，发现《名录》明显存在以下不足：一是《名录》收录的伤亡人员数远远少于档案资料中记载的抗日战争时期全省伤亡人数。山东解放区政府和冀鲁豫解放区政府调查统计的山东省平民伤亡人口为 518 万余人，国民党山东省政府和青岛市政府调查统计的全省平民伤亡人口为 653 万余人，《名录》收录的查清姓名的伤亡人员仅有 46 万余人，不到全省实际伤亡人口数的十分之一。分析其中原因，从见证人、知情人的层面看，主要是此次调研距抗日战争胜利已达 61 年之久，大多数见证人、知情人已经去世，加之部分村庄消失、搬迁，大量人口流动，调研活动中接受调查的 70 岁以上老人仅是当时见证人和知情人中的极少部分，而且他们中有些当时年龄较小、记忆模糊，只能回忆印象深刻的部分。从死难者的层面看，主要是记录伤亡者名字信息的家谱、墓碑在"文化大革命"时期大多已被销毁、损坏，许多名字随着时间流逝难以被后人记住。受农村传统习俗的影响，大多数农村妇女没有具体名字，而许多儿童在名字还没有固定下来时就已遇难。许多家族灭绝的遇难者，因没有留下后人而造成信息中断，难以通过知情人准确回忆姓名等信息。二是各县（市、区）名录收录的查清姓名的伤亡人员在人数的多少上与实际伤亡人数的多少不成正比，其中部分县（市、区）在抗日战争时期遭日军破坏程度接近，但所收录的伤亡人员在数量上存在较大差异。主要原因是调研活动的走访调查阶段，各县（市、区）对此项工作的重视程度、投入力量和走访调查的深入细致程度存在较大差异，有些县（市、区）在走访调查中遗漏见证人和知情人，有的在证言证词的梳理中遗漏伤亡者的填写。三是《名录》确定的各项要素有的填写不全，有些填写不完整、不规范。主要原因是，《名录》所依据的"证言证词"记录的要素有许多本身就不完整、不全面，而《名录》填写者来自乡（镇）调查组的数万名调查人员，在填写规范上也难以达到一致。

根据中央党史研究室关于编纂《抗日战争时期中国人口伤亡和财产损失调研丛书》的要求，针对《名录》中存在的主要问题，山东省抗损课题研究办公室于 2009 年初制定下发了《关于编纂〈山东省抗日战争时期伤亡人员名录〉有关要求的通知》（以下简称《通知》）。《通知》要求各市、县（市、区）党史部门以对历史高度负责的精神，集中时间、集中力量，对《名录》进行逐一核实和修订，真正把《名录》编纂成经得起历史检验和各方质疑的精品工程、传世工程、警世工程。《通知》明确了各市、县（市、区）的编纂任务和责任要求，各市委党史研究室负责所辖县（市、区）、高新技术开发区、经济开发区伤亡人员名录补充和核实校订工作的具体部署、组织指导、督促检查和汇总上报工作。各市委党史研究室主任为第一责任人，对本市所辖县（市、区）伤亡人员名录核实校订工作质量和完成时限负总责；确定一名科长为具体责任人，协助第一责任人做好工作部署和组织指导工作，具体做好督促检查和汇总上报工作。各县（市、区）委党史研究室具体负责本县（市、区）伤亡人员名录的补充、核实和校订工作。县（市、区）委党史研究室主任为责任人，对伤亡人员名录的真实性、可靠性负总责。各县（市、区）分别确定 1 至 2 名填表人和核实人。填表人根据《名录》表格的规范标准认真填写，确保无遗漏、无错误。《名录》正式出版后，责任人和填表人、核实人具体负责对来自各方的质询进行答疑。责任人、核实人、填表人在本县（市、区）伤亡人员名录最后一页页尾签名，并注明填报单位和填报时间。

《通知》下发后，各市委党史研究室确定了本市抗日战争时期伤亡人员名录编纂工作第一责任人和直接责任人。全省 140 个县（市、区）和 16 个经济开发区、高新技术开发区共确定了 460 余名责任人、核实人、填表人，并明确了责任。各县（市、区）党史研究室根据《通知》要求，细致梳理调研资料特别是走访调查资料，认真核实伤亡人员各要素，补充遗漏的伤亡人员。部分县（市、区）还针对调研资料中存在的伤亡人员基本要素表述不清、填写不完整等情况，进行实地回访或电话回访，补充了部分遗漏和填写不完整的要素。各县（市、区）抗日战争时期伤亡人员名录补充、核实工作完成后，各市委党史研究室按照《通知》提出的要求，进行了认真审核把关，对达不到要求的，返回县（市、区）进一步修订。

至 2010 年 10 月，全省 140 个县（市、区）和 16 个经济开发区、高新技术开发区共 156 个区域单位全部完成了《名录》的补充、核实和校订工作，共收录抗日战争时期因战争因素造成的、查清姓名的伤亡人员 46 万余名。此后，中央党史研究室安排中共党史出版社对《名录》进行多次编校，但终因《名录》存在伤亡原因、伤亡地点等要素不规范、不完整和缺失较多等诸多因素，未能正式出版。

2014 年初，中央党史研究室组织展开新一轮抗损课题调研成果审核出版工作，并把《名录》纳入《抗日战争时期中国人口伤亡和财产损失调研丛书》第一批出版。按照中央党史研究室的部署要求，山东省抗损课题研究办公室组织力量对 2010 年整理编纂的《名录》再次进行认真审核，从中选择死难者信息比较完整、规范的 100 个县（市、区）死难者名录，组织力量集中进行编纂。在编纂中，删除了信息缺失较多的死难者死难原因、死难地点等要素，保留了信息比较完整的姓名、籍贯、性别、年龄、死难时间等 5 项要素。2014 年 8 月，《山东省百县（市、区）抗日战争时期死难者名录》编纂完成后，山东省抗损课题研究办公室将其下发各市和相关县（市、区）进行了再次核对。

山东省抗日战争时期人口伤亡和财产损失大型调研活动和《山东省百县（市、区）抗日战争时期死难者名录》的编纂工作是一项极其复杂的系统工程。这项工程自始至终按照中央党史研究室设定的调研项目、方法步骤和基本要求开展，自始至终得到中央党史研究室的精心指导，倾注着中央党史研究室领导和专家的智慧和心血；这项工程得到了全省各级各有关部门和广大基层干部的积极支持和热情参与，包含着全省数十万名调研人员的辛勤奉献和全省各级党史部门数百名编纂人员历时数年的艰辛付出。

在调研活动和《名录》编纂过程中，每位死难者的名字，都激起亲历者、知情人难以言尽的惨痛回忆和血泪控诉，他们的所说令人震颤、催人泪下。我们深知：通过系统、详尽、具体的调查，将当年山东人民的巨大伤亡和损失尽可能完整地记载下来，上可告慰死难者的冤魂亡灵，表达后人的祭奠和怀念，下可教育子孙后代"牢记历史、珍爱和平"。我们深感：对发生在六七十年前的巨大灾难进行调查，由于资料散失、在世证人越来越少，调查和研究的难度难以想象，但良心和责任驱使我们力求使调查更加扎实、有力、具体和准确，给历史、给子孙一个负责任的交代。由于对那场巨大的战争灾难进行调查研究，毕竟是一项复杂的浩大工程，需要经过一个长期的研究过程，我们对许多调研资料的梳理还不够细致全面，对调研资料的研究还需进一步深化，我们目前取得的调研成果和研究编纂成果，都与中央党史研究室的要求存在一定差距。我们将以对历史负责、对人民负责、对死难者负责、对子孙负责的态度，不断深化研究，陆续推出阶段性研究成果，为推动人类和平和文明进步作出应有的贡献。

山东省抗损课题研究办公室
山东省委党史研究室重大专项课题组
2014 年 8 月